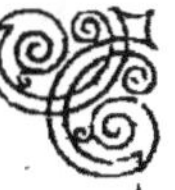

BIBLIOTHÈQUE CONTEMPORAINE

DE STENDHAL

ŒUVRES COMPLÈTES

HISTOIRE

DE LA

PEINTURE EN ITALIE

Nouvelle édition, entièrement revue

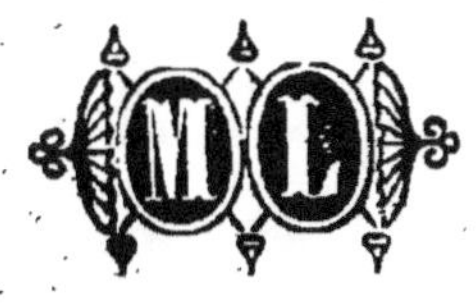

PARIS

MICHEL LÉVY FRÈRES, LIBRAIRES-ÉDITEURS

RUE VIVIENNE, 2 BIS.

1859

ŒUVRES COMPLÈTES

DE

STENDHAL

Paris, imp. de L. TINTERLIN, 3, rue Neuve-des-Bons-Enfants

HISTOIRE

DE

LA PEINTURE

EN ITALIE

PAR

DE STENDHAL

(HENRY BEYLE)

Les Carraches s'éloignèrent de l'affectation
qui était à la mode, et parurent froids.

SEULE ÉDITION COMPLÈTE

ENTIÈREMENT REVUE ET CORRIGÉE

PARIS

MICHEL LÉVY FRÈRES, LIBRAIRES-ÉDITEURS.

RUE VIVIENNE, 2 BIS

1860

A SA MAJESTÉ

NAPOLÉON LE GRAND

EMPEREUR DES FRANÇAIS

RETENU A L'ILE DE SAINTE-HÉLÈNE

Sire,

Je ne puis dédier plus convenablement l'*Histoire de la peinture*, écrite en langue française, qu'au grand homme qui avait donné à la patrie ce beau musée qui n'a pu exister dès qu'il n'a plus été soutenu par sa main puissante. L'avoir tout entier n'était peut-être pas nécessaire, le perdre ainsi est le comble de l'avilissement. Et comme, dans mon système, avec des cœurs avilis on peut bien faire des érudits, mais non des artistes, il est à craindre que la France n'ait perdu, avec le plus grand homme qu'elle ait jamais produit, son école naissante.

Dans des circonstances plus heureuses pour la patrie et pour vous, Sire, je ne vous aurais point fait de dédicace : votre gloire corrigeait tout; mais je trouvais détestable votre système d'éducation. Aussi, au jour du danger vous n'avez plus trouvé que des âmes faibles parmi vos favoris, et les Carnot, les Thibaudeau, les Flaugergues, sont sortis des rangs de ceux que vous n'aimiez pas.

Malgré cette faute, qui a été plus nuisible à vous qu'à la patrie, l'équitable postérité pleurera la bataille de Waterloo, comme ayant reculé d'un siècle les idées libérales. Elle verra que l'action de créer exige de la force, et que sans les Romulus, les Numa ne pourraient exister. Vous avez étouffé les partis pendant quatorze ans, vous avez forcé le *Chouan* et le *Jacobin* à être Français, et ce nom, Sire, vous l'avez porté si haut, que tôt ou tard ils s'embrasseront au pied de vos trophées. Ce bienfait, le plus grand que la nation pût recevoir, assure à la France une immanquable liberté.

Puisse le ciel, Sire, vous accorder des jours assez longs pour voir la France heureuse par la constitution que la dernière de vos Chambres des communes lui a léguée [1]. Alors, Sire, elle vous pardonnera le seul acte de faiblesse qu'elle ait à vous reprocher : de n'avoir pas saisi la dictature après Waterloo, et d'avoir désespéré du salut de la patrie.

Alors la postérité, redevenue impartiale, hésitera seulement si elle doit placer votre nom à côté ou au-dessus de celui d'Alexandre, et vos plats ennemis ne seront connus que par le bonheur qu'ils auront eu d'être vos ennemis.

Je suis avec le plus profond respect,

Sire,

De Votre Majesté Impériale et Royale,

Le très-humble et très-obéissant serviteur
et S. par mes vœux.

LE SOLDAT QUE VOUS PRITES A LA BOUTONNIÈRE A GOERLITZ.

Bon mouvement ; si vous doutez de votre histoire, rassurez-vous.

[1] Il s'agit de la déclaration de la Chambre des représentants, délibérée dans la séance du 6 juillet 1815, et portée au quartier général des souverains alliés par cinq commissaires.

Cette déclaration énergique portait les signatures de MM. Lanjuinais, président; — Dumolard, Bédoch, Clément (du Doubs), Hello, secrétaires de la Chambre.

Le 8 juillet 1815, la Chambre fut fermée sur l'ordre de Louis XVIII.

(R. C.)

INTRODUCTION

Vous savez que, vers l'an 400 de notre ère, les habitants de l'Allemagne et de la Russie, c'est-à-dire les hommes les plus libres, les plus intrépides et les plus féroces dont l'histoire fasse mention, eurent l'idée de venir habiter la France et l'Italie [1].

Voici un trait de leur caractère :

Sur la côte de Poméranie, Harald, roi de Danemark, avait fondé une ville qu'il nomma Julin ou Jomsbourg. Il y avait envoyé une colonie de jeunes Danois, sous la conduite de Palna-Toke, un de ses guerriers.

Ce gouverneur, dit l'histoire, défendit d'y prononcer le nom de la peur, même au milieu des dangers les plus imminents. Jamais un citoyen de Jomsbourg ne pouvait céder au nombre, quelque grand qu'il fût; il devait se battre intrépidement sans reculer d'un pas, et la vue d'une mort certaine n'était pas une excuse.

Quelques jeunes guerriers de Jomsbourg, ayant fait une irruption dans les États d'un puissant seigneur norwégien, nommé Haquin, furent surpris et vaincus, malgré l'opiniâtreté de leur résistance.

Les plus distingués ayant été faits prisonniers, les vainqueurs les condamnèrent à mort, conformément à l'usage du temps.

[1] Tacite, Robertson, Mallet.

Cette nouvelle, loin de les affliger, fut pour eux un sujet de joie; le premier se contenta de dire, sans changer de visage et sans donner le moindre signe d'effroi : « Pourquoi ne m'arriverait-il pas la même chose qui est arrivée à mon père? Il est mort, et je mourrai. » Un guerrier nommé Torchill, qui leur tranchait la tête, ayant demandé au second ce qu'il pensait, il répondit qu'il se souvenait trop bien des lois de Julin pour prononcer quelque parole qui pût réjouir ses ennemis. A la même question, le troisième répondit qu'il se trouvait heureux de mourir avec sa gloire, et qu'il préférait son sort à une vie infâme comme celle de Torchill.

Le quatrième fit une réponse plus longue et plus singulière : « Je souffre la mort de bon cœur, et cette heure m'est agréable; je te prie seulement, ajouta-t-il en s'adressant à Torchill, de me trancher la tête le plus prestement qu'il te sera possible, car c'est une question que nous avons souvent agitée à Julin, de savoir si l'on conserve quelque sentiment après avoir été décapité; c'est pourquoi je vais prendre ce couteau d'une main : si, la tête tranchée, je le porte contre toi, ce sera une marque que je n'ai pas entièrement perdu le sentiment; si je le laisse tomber, ce sera la preuve du contraire. Hâte-toi de décider la question. » Torchill, ajoute l'historien, se hâta de lui trancher la tête, et le couteau tomba. Le cinquième montra la même tranquillité, et mourut en raillant ses ennemis. Le sixième recommanda à Torchill de le frapper au visage. « Je me tiendrai immobile, et tu observeras si je ferme seulement les yeux; car nous sommes habitués, à Jomsbourg, à ne pas remuer, même en recevant le coup de la mort; nous nous exerçons à cela entre nous. » Il mourut en tenant sa promesse. Le septième était un jeune homme d'une grande beauté, et à la fleur de l'âge; sa longue chevelure blonde flottait en boucles sur ses épaules. Torchill lui ayant demandé s'il redoutait la mort : « Je la reçois volontiers, dit-il, puisque j'ai rempli le plus grand devoir de la vie, et que j'ai vu mourir tous ceux à qui je ne puis survivre; je te prie seulement qu'aucun esclave ne touche mes cheveux, et que mon sang ne les salisse point. »

Ces guerriers du Nord avaient un second principe de grandeur : ils étaient libres ; mais, une fois qu'ils eurent occupé la France et l'Italie, et se furent partagé les vaincus comme des troupeaux de bétail, on ne vit plus que des tyrans et des esclaves. Toute justice, toute vertu, toute tranquillité, disparurent de dessus la surface de la malheureuse Europe.

Les Barbares y opérèrent si bien pendant cinq siècles, et, vers le commencement du onzième, la société féodale était devenue un tel tissu d'horreurs, de violences et d'injustices légales, que tous, tyrans comme esclaves, désirèrent un changement. La vie si misérable des sauvages de l'Amérique leur eût fait envie, et avec raison.

Vers l'an 900, les villes d'Italie, profitant de la position du pays que la mer environne, tentèrent un peu de commerce avec Alexandrie d'Égypte et Constantinople. A peine les Italiens eurent-ils quelque idée de la propriété, qu'on les vit aimer la liberté avec la passion des anciens Romains. Cet amour s'accrut avec leurs richesses, et vous savez que, pendant les douzième et treizième siècles, tout le commerce d'Europe fut entre les mains des Lombards. Tandis qu'ils s'enrichissaient au dehors, leur pays se couvrait d'une foule de républiques.

C'est aux papes qu'il faut attribuer la sagacité italienne. Par là ils jetèrent les semences de l'esprit républicain. Les marchands des villes d'Italie comprirent tout de suite qu'il est inutile d'amasser des richesses lorsqu'on a un maître pour en dépouiller.

Dans le moyen âge, comme de nos jours, la force faisait tous les droits ; mais aujourd'hui la puissance cherche à donner à ses actions l'apparence de la justice. Il y a mille ans que l'idée même de *justice* existait à peine dans la tête de quelque baron puissant, qui, confiné dans son château, pendant les longues journées d'hiver, s'était quelquefois avisé de réfléchir. Le commun des hommes réduits à l'état de brute ne songeait chaque jour qu'à se procurer les aliments nécessaires à sa subsistance. Les papes, dont la puissance ne consistait que dans celle de quelques idées, avaient donc, au milieu de ces sauvages dégradés, le rôle du monde le plus difficile à jouer. Comme il fallait ou périr ou être habile, là, comme ailleurs, le talent naquit de la nécessité. Sous ce rapport, plusieurs papes du moyen âge ont été des hommes extraordinaires.

On sent bien qu'il ne s'agit ici ni de religion, ni à plus forte raison de morale. Ils ont su, sans force physique, dominer sur des animaux féroces, qui ne connaissaient que l'empire de la force : voilà leur grandeur.

Pour être riches et puissants, ils n'eurent qu'à bien établir qu'il y avait un enfer, que certaines fautes y conduisaient, et qu'ils avaient le pouvoir d'effacer ces fautes. Tout le reste de la religion fut forcé de servir d'appui à ce petit nombre de vérités.

Nous rions aujourd'hui des moines qui allaient vendre leurs indulgences dans les cabarets; mais nous sommes moins conséquents que ceux qui les achetaient. Une absolution d'assassinat coûtait vingt écus [1]. Le seigneur d'une ville avait-il besoin de se défaire d'une vingtaine de citoyens récalcitrants, il faisait une dépense de quatre cents écus, et, son indulgence dans la poche, leur faisait couper la tête sans nulle crainte de l'enfer. Comment lui en serait-il resté? Celui qui lui vendait l'indulgence n'avait-il pas le pouvoir de *lier* et de *délier* sur la terre [2]? Le prêtre qui donnait l'absolution pouvait avoir tort; mais elle était bonne pour celui qui la recevait, ou il n'y a plus de catholicisme. C'est à la ferme croyance dans le sacrement de la pénitence et dans les indulgences qu'il faut attribuer les mœurs si sanguinaires et si énergiques des républiques italiennes. Il y avait aussi des indulgences pour des péchés plus aimables, et vous apercevez dans le lointain la renaissance des beaux-arts.

Chaque année, l'Italie voyait quelqu'une de ses villes passer sous le joug d'un tyran, ou le chasser de ses murs. Cet état de république naissante, ou de tyrannie mal affermie, faisant la cour aux riches, qui fut celui de toutes les cités pendant les deux ou trois siècles qui précédèrent les arts, donne un singulier ensemble de civilisation. Les passions des gens riches, ex-

[1] Robertson.

[2] « . . . . Et quoique j'eusse tué plusieurs hommes, le vicaire de Dieu m'avait pardonné par l'autorité de sa loi, » dit Benvenuto Cellini sur le point d'être mis à mort, et faisant son examen de conscience en 1538. (*Vita*, I, 417, édit. des classiques.)

citées par le loisir, l'opulence et le climat, ne peuvent trouver de frein que dans l'opinion publique ou la religion. Or, de ces deux liens, le premier n'existe pas encore, et le second s'évanouit au moyen d'indulgences achetées et de confesseurs à gages. C'est en vain qu'on demanderait à la froide expérience de nos jours l'image des tempêtes qui agitaient ces âmes italiennes. Le lion rugissant a été enlevé à ses forêts et réduit au vil état domestique. Pour le revoir dans toute sa fierté, il faut pénétrer dans les Calabres [1].

Les nerfs des peuples du midi leur font concevoir vivement les tourments de l'enfer. Rien ne borne leur libéralité envers les choses ou les personnes qu'ils regardent comme sacrées.

Telle est la troisième cause de l'éclat extraordinaire que jetèrent les arts en Italie. Il fallait un peuple riche, rempli de passions, et souverainement religieux. Un enchaînement de hasards uniques fit naître ce peuple, et il lui fut donné de recevoir les plaisirs les plus vifs par quelques couleurs étendues sur une toile.

« La patrie, dit Platon, nom si tendre aux Crétois. » Il en est de même de la beauté au delà des Alpes. Après trois siècles de malheurs, et quels malheurs! les plus affreux, ceux qui avilissent, on n'entend encore prononcer nulle part comme en Italie : « O Dio, com'è bello [2]! »

En Europe, l'éclipse des lumières de l'antiquité avait été complète. Les moines que les croisades conduisirent en Orient prirent quelques idées chez les Grecs de Constantinople et chez les Arabes, peuples subtils qui faisaient consister la science plutôt dans la finesse des aperçus que dans la vérité des observations. C'est ainsi que nous est venue la théologie scolastique, dont on se moque tant aujourd'hui ; théologie qui n'est pas plus

[1] Les Italiens du treizième siècle ont un analogue vivant : la race des *Afghans*, au royaume de *Kaboul*.

[2] Ces mœurs passionnées, dont l'amour et la religion font la base, existent encore dans un petit coin du monde : on peut les observer dans la nature ; mais il faut aller aux îles Açores. (Voyez *History of the Azores*, Londres, 1813.)

absurde qu'une autre, et qui exige, pour être apprise comme la savait un moine du treizième siècle, une force de tête, un degré d'attention, de sagacité et de mémoire qui n'est peut-être pas très-commun parmi les philosophes qui s'en moquent, parce qu'il est de mode de s'en moquer. Ils feraient mieux de nous expliquer comment cette éducation de la fin du moyen âge, si ridicule dans ce qu'elle enseignait, mais qui obligeait ses élèves à une telle force d'attention [1], a produit la chose la plus étonnante que présente l'histoire : la réunion des grands hommes qui, au seizième siècle, se présentèrent à la fois pour remplir tous les rôles sur la scène du monde.

C'est en Italie que ce phénomène éclate dans toute sa splendeur. Quiconque aura le courage d'étudier l'histoire des nombreuses républiques qui en ce pays cherchèrent la liberté, à l'aurore de la civilisation renaissante, admirera le génie de ces hommes, qui se trompèrent sans doute, mais dans la recherche la plus noble qu'il soit donné à l'esprit humain de tenter. Elle a été découverte depuis, cette forme heureuse de gouvernement; mais les hommes qui arrachèrent à l'autorité royale la constitution d'Angleterre étaient, j'ose le dire, fort inférieurs en talents, en énergie et en véritable originalité aux trente ou quarante tyrans que le Dante a mis dans son enfer, et qui vivaient en même temps que lui vers l'an 1300 [2].

Telle est, dans tous les genres, la différence du mérite de l'ouvrage à celui de l'ouvrier. J'avouerai sans peine que les peintres les plus remarquables du treizième siècle n'ont rien fait de comparable à ces estampes coloriées que l'on voit modestement étalées à terre dans nos foires de campagne, et que le paysan

[1] Probablement on ne laissait prononcer aucun mot à l'élève sans qu'il y attachât une idée nette. La théologie et toutes les sciences vaines qui ne ressemblent à rien dans la nature sont comme les échecs; l'erreur consisterait à affirmer que l'art des échecs est l'art de la guerre, et à conduire les soldats sur le terrain, un échiquier à la main : ce qui n'empêcherait nullement qu'il ne fallût une suite de combinaisons très-savantes pour faire son joueur échec et mat.

[2] L'évêque Guglielmino, Uguccione della Faggiola, Castruccio Castracani, Pier Sacone, Nicolo Acciajuoli, le comte de Virtù, etc., etc.

achète pour s'agenouiller devant elles. L'amplification du moindre élève de rhétorique l'emporte de beaucoup sur tout ce qui nous reste de l'abbé Suger ou du savant Abailard. En conclurai-je que l'écolier du dix-neuvième siècle a plus de génie que les hommes marquants du douzième? Cette époque, dont l'histoire découvre des faits si étranges, n'a laissé de monuments frappants pour tous les yeux que les tableaux de Raphaël et les vers de l'Arioste. Dans l'art de régner, celui de tous qui frappe le plus le commun des hommes, parce que les hommes du commun n'admirent que ce qui leur fait peur; dans l'art d'établir et de conduire une grande puissance, le seizième siècle n'a rien produit. C'est que chacun des hommes extraordinaires qui font sa gloire se trouva contenu par d'autres hommes aussi forts.

Voyez l'effet que Napoléon vient de produire en Europe. Mais, tout en rendant justice à ce qu'il y avait de grand dans le caractère de cet homme, voyez aussi l'état de nullité où se trouvaient plongés, à son entrée dans le monde, les souverains du dix-huitième siècle.

Vous voyez l'étonnement du vulgaire et l'admiration des âmes ardentes faire la force de l'empereur des Français; mais placez un instant, par la pensée, sur les trônes de l'Allemagne, de l'Italie et de l'Espagne, des Charles-Quint, des Jules II, des César Borgia, des Sforce, des Alexandre VI, des Laurent et des Côme de Médicis; donnez-leur pour ministres les Moron, les Ximénès, les Gonzalve de Cordoue, les Prosper Colonne, les Acciajuoli, les Piccinino, les Caponi, et voyez si les aigles de Napoléon voleront avec la même facilité aux tours de Moscou, de Madrid, de Naples, de Vienne et de Berlin.

Je dirais aux princes modernes, si glorieux de leurs vertus, et qui regardent avec un si superbe mépris les petits tyrans du moyen âge :

« Ces vertus, dont vous êtes si fiers, ne sont que des vertus privées. Comme prince, vous êtes nul; les tyrans d'Italie, au contraire, eurent des vices privés et des vertus publiques. Ces caractères donnent à l'histoire quelques anecdotes scandaleuses, mais lui épargnent à raconter la mort cruelle de vingt millions d'hommes. Pourquoi le malheureux Louis XVI n'a-t-il pu donner à son peuple la belle constitution de 1814? J'irai plus loin; ces chétives vertus même dont on nous parle avec tant de hauteur, vous y êtes forcés. Les vices d'Alexandre VI vous jetteraient hors du trône en vingt-quatre heures. Reconnaissez donc que tout homme est faible à la tentation du pouvoir absolu, aimez les constitutions, et cessez d'insulter au malheur. »

Aucun de ces tyrans que je protége ne donna de constitution à son peuple; à cette faute près [1], on admire, malgré soi, la force et la variété des talents qui brillèrent dans les Sforce de Milan, les Bentivoglio de Bologne, les Pics de la Mirandole, les Cane de Vérone, les Polentini de Ravenne, les Manfredi de Faenza, les Riario d'Imola. Ces gens-là sont peut-être plus étonnants que les Alexandre et les Gengis, qui, pour subjuguer une part de la terre, eurent des moyens immenses. Une seule chose ne se trouve jamais chez eux, c'est la générosité d'Alexandre prenant la coupe du médecin Philippe. Un autre Alexandre, un peu moins généreux, mais presque aussi grand homme, dut rire de bien bon cœur lorsque son fils César le sollicita en faveur de Pagolo Vitelli. C'était un seigneur ennemi de César, que, sous les promesses les plus sacrées, celui-ci avait engagé à une conférence près de Sinigaglia, de compagnie avec le duc de Gravina. A un signal donné, le duc et Pagolo Vitelli furent jetés à ses pieds percés de coups de poignards; mais Vitelli, en expirant, supplie César d'obtenir pour lui, du pape son père et son complice, une indulgence *in articulo mortis*. Le jeune Astor, seigneur de Faenza, était célèbre par sa beauté; il est forcé de servir aux plaisirs de Borgia; on le conduit ensuite au pape Alexandre, qui le fait périr par la corde. Je vous vois frémir; vous maudissez l'Italie : oubliez-vous que le chevaleresque François Ier laissait commettre des crimes à peu près aussi atroces [2]?

César Borgia, le représentant de son siècle, a trouvé un historien digne de son esprit, et qui, pour se moquer de la stupidité des peuples, a développé son âme. Léonard de Vinci fut quelque temps ingénieur en chef de son armée.

1 Temporum culpa, non hominum.

2 M. le président d'Oppède.

De l'esprit, de la superstition, de l'athéisme, des mascarades, les poisons, des assassinats, quelques grands hommes, un nombre infini de scélérats habiles et cependant malheureux [1], partout des passions ardentes dans toute leur sauvage fierté : voilà le quinzième siècle.

Tels furent les hommes dont l'histoire garde le souvenir ; tels furent sans doute les particuliers qui ne purent différer des princes qu'en ce que la fortune leur offrit moins d'occasions.

Des hauteurs de l'histoire veut-on descendre aux détails de la vie privée, supprimez d'abord toutes ces idées raisonnables et froides sur l'intérêt des sociétés qui font la conversation d'un Anglais pendant les trois quarts de sa journée. La vanité ne s'amusait pas aux nuances ; chacun voulait jouir. La théorie de la vie n'était pas avancée ; un peuple mélancolique et sombre n'avait pour unique aliment de sa rêverie que les passions et leurs sanglantes catastrophes.

Ouvrons les confessions de Benvenuto Cellini, un livre naïf, le Saint-Simon de son âge ; il est peu connu, parce que son langage simple et sa raison profonde contrarient les écrivains phrasiers [2]. Il a cependant des morceaux charmants : par exemple, le commencement de ses relations avec une grande dame romaine nommée Porzia Chigi [3] ; cela est comparable, pour la grâce et le naturel divin, à l'histoire de cette jeune marchande que Rousseau trouva à Turin [4], madame Basile.

On connaît le Décaméron de Boccace. Le style, imité de Cicéron, est ennuyeux ; mais les mœurs de son temps ont trouvé un peintre fidèle. La *Mandragore* de Machiavel est une lumière qui éclaire au loin ; il n'a manqué à cet homme pour être Molière qu'un peu plus de gaieté dans l'esprit.

Prenons au hasard un recueil d'anecdotes du seizième siècle.

Je dis indifféremment dans tout ceci le quinzième siècle ou le seizième ; les chefs-d'œuvre de la peinture sont du commence-

[1] Voltaire, *Essai*, tom. V.

[2] W. Roscoe, et autres plus célèbres.

[3] *Vita di Cellini*, I, p. 55.

[4] Confessions, liv. II.

ment du seizième siècle, où tout le monde était encore gouverné par les habitudes du quinzième[1].

Côme Ier, qui régna dans Florence peu après les grands peintres, passait pour le prince le plus heureux de son temps ; aujourd'hui l'on plaindrait ses malheurs. Il eut, le 14 avril 1542, une fille nommée Marie, qui, en avançant en âge, parut ornée de cette rare beauté, apanage brillant des Médicis. Elle fut trop aimée d'un page de son père, le jeune Malatesti de Rimini. Un vieux Espagnol, nommé Médiam, qui gardait la princesse, les surprit un matin dans l'attitude du joli groupe de Psyché et l'Amour[2].

La belle Marie mourut empoisonnée ; Malatesti, jeté dans une étroite prison, parvint à s'échapper douze ou quinze ans après. Il avait déjà gagné l'île de Candie, où son père commandait pour les Vénitiens; mais il tomba sous le fer d'un assassin. Tel était l'honneur de ces temps, le cruel honneur qui remplace la *vertu* des républiques, et n'est qu'un vil mélange de vanité et de courage.

La seconde fille de Côme fut mariée au duc de Ferrare Alphonse; aussi belle que sa sœur, elle eut le même sort : son mari la fit poignarder.

Leur mère, la grande-duchesse Éléonore, allait cacher sa douleur dans ses beaux jardins de Pise ; elle y était avec ses deux fils, don Garzia et le cardinal Jean de Médicis, au mois de janvier 1562. Ils prirent querelle à la chasse pour un chevreuil que chacun voulait avoir tué; don Garzia poignarda son frère. La duchesse, qui l'adorait, eut horreur de son crime, fut au désespoir, et pardonna. Elle compta sur les mêmes mouvements dans l'âme de son époux ; mais le crime était trop récent. Côme, transporté de fureur à la vue du meurtrier, s'écria qu'il ne voulait point de Caïn dans sa famille, et le perça de son épée. La mère et les deux fils furent portés ensemble au tombeau. Côme fut distrait par le mélange de courage et de finesse dont il avait

[1] Chose singulière! l'époque brillante de l'Italie finit au moment où les petits tyrans sanguinaires furent remplacés par des monarques modérés.

[2] Ancien musée Napoléon.

besoin pour avilir des cœurs brûlants encore pour la liberté [1]. Il y réussit, et son fils, le grand-duc François, sans inquiétude pour sa couronne, put se livrer à l'amour des plaisirs.

L'histoire de sa mort, causée volontairement par une femme qui l'aimait, est vraiment singulière.

Vers l'an 1563, Pietro Buonaventuri, jeune Florentin aimable et sans fortune, quitta sa patrie pour chercher un meilleur sort. Il s'arrêta dans Venise, chez un marchand de son pays, dont la maison se trouvait située précisément dans la ruelle du palais Capello. La façade, suivant l'usage, donnait sur le canal. Il n'était bruit dans la ville que de la beauté de Bianca, la fille du maître de ce palais, et de la sévérité avec laquelle on la gardait.

Bianca ne pouvait, sous aucun prétexte, paraître aux fenêtres qui donnaient sur le canal ; elle s'en dédommageait en prenant l'air tous les soirs à une petite fenêtre très-élevée, qui avait jour sur la rue étroite habitée par Buonaventuri. Il la vit et l'aima ; mais quelle apparence de s'en faire aimer? Un pauvre marchand prétendre à une fille de la première noblesse, et la plus recherchée de Venise! Il voulut renoncer à une passion chimérique. L'amour le ramenait toujours sous la petite fenêtre. Un de ses amis, le voyant au désespoir, lui représenta qu'il valait mieux trouver la mort en marchant au bonheur que périr comme un sot ; que d'ailleurs avec sa bonne mine et la tyrannie du père, faire connaître sa passion serait peut-être triompher.

A force de signes faits à la hâte, lorsque personne ne paraissait dans la rue, Pierre parvint à dire qu'il aimait ; mais il ne fallait pas seulement penser à s'ouvrir la maison du plus fier des hommes. Comme en Orient, la moindre tentative eût été punie de mort, peut-être sur les deux amants. La nécessité leur fit inventer un langage. La nécessité fit que cette beauté si dédaigneuse consentit à se procurer la clef d'une petite porte qui ouvrait sur la rue, et à venir donner un premier rendez-vous au jeune Florentin, démarche hardie qui ne put avoir lieu que de nuit, pendant le sommeil des gens. Ces tendres rendez-vous furent renouvelés, et avec le résultat qu'on peut penser. Bianca

[1] Florence eut son Caton d'Utique dans Philippe Strozzi, 1539.

sortait toutes les nuits, laissait la porte un peu bâillée, et rentrait avant le jour.

. Une fois elle s'oublia dans les bras de son amant. Un garçon boulanger, qui allait de grand matin prendre le pain dans une maison voisine, apercevant une porte entr'ouverte, crut bien faire de la tirer à lui.

Bianca, arrivant un moment après, se vit perdue; elle prend son parti, remonte chez Buonaventuri, frappe tout doucement. Il ouvre. La mort était certaine pour elle. Leur sort devient commun; ils courent demander asile à un riche marchand de Florence, établi dans un quartier perdu. Avant que le jour achevât de paraître, tout était fini, et nulle trace de leur évasion ne pouvait les trahir. Le difficile était de sortir de Venise.

Le père de Bianca, et surtout son oncle Grimani, patriarche d'Aquilée, faisaient éclater l'indignation la plus violente; ils prétendaient que tout le corps de la noblesse vénitienne était insulté en eux. Ils firent jeter en prison un oncle de Buonaventuri, qui mourut dans les fers; ils obtinrent du sénat l'ordre de courir sus au ravisseur, avec une récompense de deux mille ducats à qui le tuerait. On fit partir des assassins pour les principales villes d'Italie.

Les jeunes amants étaient toujours dans Venise. Vingt fois ils furent sur le point d'être pris. Dix mille espions, et les plus fins du monde, voulaient avoir les deux mille ducats; enfin une barque chargée de foin trompa tous les yeux, et ils purent gagner Florence. Là, dans une petite maison que Buonaventuri avait sur la *Via Larga*, ils se tinrent fort cachés. Bianca ne sortait jamais. Lui ne se hasardait que bien armé. C'était justement le temps que le vieux Côme Ier, dégoûté de cette longue suite de dissimulations et de perfidies qui avaient fait son règne, venait de laisser les soins du gouvernement à son fils D. François, prince d'un caractère plus sombre encore et plus sévère. Un favori vint lui dire que dans une petite maison de sa capitale vivait cachée cette Bianca Capello dont la beauté et la disparition singulière avaient fait tant de bruit à Venise. De ce moment, François eut une nouvelle existence; tous les jours on le voyait se promener des heures entières dans la *Via Larga*.

On sent que tous les moyens furent mis en usage; ils n'eurent aucun succès.

Bianca, qui ne sortait jamais, se mettait presque tous les soirs à la fenêtre; elle portait un voile; mais le prince pouvait l'entrevoir, et sa passion n'eut plus de bornes.

Cette affaire parut sérieuse au favori; il en fit confidence à sa femme. Éblouie du degré de faveur où parviendrait son mari, si la maîtresse régnante lui devait sa place, elle prit le prétexte des malheurs qu'avait éprouvés la jeune Vénitienne, et des dangers qui la menaçaient encore. Elle envoie une vénérable matrone, qui lui fait entendre que la grande dame a quelque chose d'important à lui communiquer, et, pour parler en toute liberté, la prie de lui faire l'honneur de venir dîner chez elle. Cette invitation parut très-singulière. Les amants hésitèrent longtemps; mais le rang de la dame et le besoin qu'on avait de protection firent consentir. Bianca parut; je ne parle point de l'empressement et des tendresses de la réception. Il fallut conter son aventure : on l'écouta avec un intérêt si marqué, on lui fit des offres si obligeantes, qu'il fallut promettre de revenir, et d'être sensible à une amitié qui, en naissant, était déjà passion.

Le prince, charmé de cette première entrevue, espéra qu'il pourrait être de la seconde. Bianca reçut bientôt une nouvelle invitation. La conversation tomba sur les dangers que pouvait faire courir la vengeance d'un père irrité. Il y avait des exemples cruels[1]. Enfin on lui demanda si elle ne serait point curieuse de faire sa cour au prince héréditaire, qui, l'ayant aperçue à sa fenêtre, n'avait pu s'empêcher d'admirer tant de charmes, et désirait vivement lui présenter ses respects. Bianca fut un peu troublée; cet honneur dangereux mettait fin à toutes ses transes, et, quoiqu'elle affectât de s'en défendre, la dame crut voir dans ses yeux qu'un peu de violence ne l'offenserait pas. Le prince arriva sur ces entrefaites, d'un air qui parut naturel et honnête : ses offres de services, ses éloges respectueux, la modestie de ses manières, éloignaient la défiance. Bianca, qui n'avait nul usage, ne vit en lui qu'un ami. Il y eut d'autres rencontres.

[1] Histoire de Stradella, un siècle après.

Buonaventuri lui-même n'eut pas l'idée de rompre une relation qui pouvait être à la fois honnête et utile.

Mais le prince était éperdument amoureux; Bianca, un peu ennuyée de passer ses beaux jours en prison, à Florence comme à Venise. Elle lui devait de pouvoir sortir sans crainte. Il augmenta, sous divers prétextes, la fortune du mari, et s'attacha la femme, de plus en plus, par la simplicité et la tendresse de ses manières; elle résista longtemps; enfin François parvint à former entre Bianca, Buonaventuri et lui ce qu'on appelle en Italie un *triangolo equilatero*.

Le jeune couple prit une grande maison dans le plus beau quartier de Florence. Le mari s'accoutuma bientôt à son nouvel état; il se mêla parmi la noblesse, qui, comme on pense, le reçut fort bien; mais, fier de sa nouvelle fortune, il en usa avec une insolence assez ridicule. Indiscret et téméraire avec tout le monde, et même envers le prince, il finit par se faire assassiner.

Cet incident n'affligea que médiocrement les deux amants. L'amabilité et la folle gaieté de la jeune Vénitienne, ce sont les Français de l'Italie, captivaient le prince tous les jours davantage. Plus Médicis était sombre et sévère, plus il avait besoin d'être distrait par la vivacité et les grâces de Bianca. Née dans l'opulence, aimant le luxe, et ne se croyant avec raison inférieure à personne par la naissance, elle paraissait en souveraine dans les rues de la capitale. La véritable souveraine, qu'on appelait, je ne sais pourquoi, la reine Jeanne, prit les choses au tragique, et, la trouvant un jour sur le pont de la Trinité, voulait la faire jeter dans l'Arno. Elle n'en fit rien, mais peu après mourut de douleur. Le grand-duc, touché de cette mort, et cédant aux représentations de son frère, le cardinal de Médicis, s'éloigna quelque temps de Florence pour rompre avec Bianca. Il lui envoya même un ordre de quitter la Toscane. Mais quelle considération peut l'emporter, dans un cœur sombre, sur le charme de tous les instants d'être aimé par une femme heureuse et gaie? Bianca, qui avait de l'esprit, gagna le confesseur, et, moins de deux mois après la mort de la grande-duchesse, elle se fit épouser en secret.

Le grand-duc annonça son mariage à Venise. Une délibération

des *pregadi* déclara Bianca fille adoptive de la république ; deux ambassadeurs suivis de quatre-vingt-dix nobles furent envoyés à Florence pour solenniser à la fois l'adoption de Saint-Marc et le mariage. Les fêtes données pour cette cérémonie si flatteuse pour la belle Vénitienne coûtèrent trois cent mille ducats.

Elle fut grande-duchesse ; son portrait est à la galerie de Florence. Je ne sais si c'est la faute de la manière dure du Bronzino ; mais ces yeux si beaux ont quelque chose de funeste.

Bianca trouva l'ambition et ses fureurs sur les marches du trône. Jusque-là, elle n'avait été que jolie femme et amoureuse. Elle voulut donner un héritier à son mari, et ne pas se voir un jour la sujette de son beau-frère. On consulta les astrologues de la cour ; on fit dire nombre de messes. Tous ces moyens se trouvant sans effet, la duchesse eut recours à son confesseur, cordelier à la grand-manche du couvent d'Ogni Santi, qui se chargea de conduire à bien cette grande entreprise. Elle eut des dégoûts, des nausées, et même garda le lit ; elle reçut les compliments de toute la cour. Le grand-duc était ravi.

Le temps des couches étant à peu près arrivé, Bianca fut surprise au milieu de la nuit par des douleurs si vives, qu'elle demanda impatiemment son confesseur. Le cardinal, qui savait tout, se lève, descend dans l'antichambre de sa belle-sœur, et là se met à se promener tranquillement en disant son bréviaire. La grande-duchesse l'envoie prier de se retirer ; elle n'osait lui faire entendre les cris que la douleur allait lui arracher : le cruel cardinal répond froidement : « Dite a sua altezza che attenda pure a fare l'offizio suo, che io dico il mio. — Dites à S. A. que je la supplie de faire son affaire ; moi, je fais la mienne. »

Le confesseur arrive, le cardinal va à lui, l'embrasse pieusement : « Soyez le bienvenu, mon père, la princesse a grand besoin de vos secours, » et, tout en le serrant dans ses bras, il sent facilement un gros garçon que le cordelier apportait dans sa manche. « Dieu soit loué, continue le cardinal, la grande-duchesse est heureusement accouchée, et d'un garçon encore, » et il montre son prétendu neveu aux courtisans ébahis.

Bianca entendit ce propos de son lit : on juge de sa fureur par l'ennui et le ridicule d'une si longue comédie. L'amour du grand-duc lui ôtait toute inquiétude sur les suites de sa vengeance. Une occasion se présente; ils étaient tous les trois à la belle villa de Poggio a Cajano, où ils avaient la même table. La duchesse, remarquant que le cardinal aimait fort le *blanc-manger*, en fit apprêter un qui était empoisonné. Le cardinal fut averti; il ne laissa pas de se rendre à table comme à l'ordinaire. Malgré les instances réitérées de sa belle-sœur, il ne veut pas toucher à ce plat; il songeait aux moyens de la convaincre, lorsque le grand-duc dit : « Eh bien! si mon frère ne veut pas de son plat favori, j'en prendrai, moi, » et il s'en sert une assiette. Bianca ne pouvait l'arrêter sans dévoiler le crime, et perdre à jamais son amour. Elle sentit que tout était fini pour elle, et prit son parti avec la même rapidité que jadis, lorsqu'elle trouva fermée la porte de son père. Elle se servit du blanc-manger comme son mari, et tous les deux moururent le 19 octobre 1587. Le cardinal succéda à son frère, prit le nom de Ferdinand Ier, et régna jusqu'en 1608.

Il faudrait parler de Rome. Fra Paolo a montré les artifices de sa politique savante apparemment avec vérité, puisqu'il en fut assassiné. Pour les détails intérieurs, nous avons Jean Burchard, le maître de cérémonies d'Alexandre VI, qui, avec tout l'esprit de sa charge et de son pays, tenait registre des plaisirs les plus ridicules, mais sans sortir de la gravité. Il écrivait chaque soir. Le pape est toujours pour lui « notre très-saint maître, *sanctissimus dominus noster*. » C'est un contraste plaisant, mais que je ne pourrais rendre sans m'exposer à passer pour philosophe, et même pour homme à idées libérales, ennemi du trône et de l'autel.

Il en est de même de la mort de Côme Gheri, le jeune et bel évêque de Fano, qui peint la cour de Paul III [1].

[1] Dominica ultima mensis octobris, in sero, fecerunt cœnam cum duce Valentinensi in camera sua in palatio apostolico quinquaginta meretrices honestæ, cortegianæ nuncupatæ, quæ post cœnam chorearunt cum servitoribus et aliis ibidem existentibus, primo in vestibus suis, deinde nudæ. Post cœnam, posita fuerunt candelabra communia mensæ cum candelis

C'est dans ce siècle de passions, et où les âmes pouvaient se livrer franchement à la plus haute exaltation, que parurent tant

ardentibus, et projectæ ante candelabra per terram castaneæ, quas meretrices ipsæ super, manibus et pedibus nudæ, candelabra pertranseuntes colligebant. Papa, Duce, et Lucretia, sorore sua, præsentibus et aspicientibus : tandem exposita dona ultimo, diploides de serico, paria caligarum, bireta et alia, pro illis qui plures dictas meretrices carnaliter agnoscerent, quæ fuerunt ibidem in aula publice carnaliter tractatæ arbitrio præsentium, et dona distributa victoribus.

Feria quinta, undecima mensis novembris, intravit urbem per portam Viridarii quidam rusticus, ducens duas equas lignis oneratas, quæ cum essent in plateola Sancti Petri, accurrerunt stipendiarii Papæ, incisisque pectoralibus, et lignis projectis in terram cum bastis, duxerunt equas ad illam plateolam quæ est inter palatium juxta illius portam; tum emissi fuerunt quatuor equi curserii, liberi suis frenis et capistris in palatio, qui accurrerunt ad equas, et inter se propterea cum magno strepitu et clamore morsibus et calceis contendentes ascenderunt equas, et coierunt cum eis, Papa in fenestra cameræ supra portam palatii, et domina Lucretia cum eo existente, cum magno risu et delectatione præmissa videntibus.

Dominica secunda adventus quidam mascheratus visus est per burgum verbis inhonestis contra ducem Valentinum. Quod dux intelligens fecit eum capi, cui fuit abscissa manus, et anterior pars linguæ, quæ fuit appensa parvo digito manus abscissæ.

Die prima februarii, negatus fuit aditus Antonio de Pistorio et socio suo ad cardinalem Ursinum, qui singulis diebus consueverant portare ei cibum et potum quæ sibi per matrem suam mittebantur; dicebatur pro eo quod Papa petierat a cardinali Ursino duo mille ducatos apud eum depositos per quemdam Ursinum consanguineum suum, et quamdam margaritam grossam, quam ipse cardinalis a quodam Virginio Ursino emerat pro duo mille ducatis. Mater cardinalis hoc intelligens, ut filio subveniret, solvit duo mille ducatos Papæ; et concubina cardinalis quamdam margaritam habebat. Induta habitu viri, accessit ad Papam, et donavit ei dictam margaritam. Quibus habitis permisit cibum ut prius ministrari qui interim biberat, ut vulgo æstimabatur, calicem ordinatum, et jussu Papæ sibi paratum.

(*Corpus historicum medii ævi*, a G. Eccardo. Lipsiæ, 1723, tom. II, col. 2,134 et 2,149.)

. . . . . Era Messer Cosimo Gheri da Pistoia vescovo di Fano, d'età d'anni vintiquatro, ma di tanta cognizione delle buone lettere cosi greche come latine e toscane, et di tal santità di costumi, ch' era quasi

de grands peintres : il est remarquable qu'un seul homme eût pu les connaître tous si on le fait naître la même année que le

incredibile. Trovavassi questo giovane alla cura del suo vescovado, dove, pieno di zelo e di carità, faceva ogni giorno di molte buone opere ; quando il signor Pier Luigi da Farnèse, il quale ebro della sua fortuna, e sicuro per l'indulgenza del padre di non dover esser non che gastigato, ripreso, andava per le terre della chiesa stuprando, o per amore o per forza, quanti giovani gli venivano veduti, che gli piacessero. Parti dalla cità d' Ancona per andare a Fano dove era governatore un frate sbandito dalla mirandola, il quale è ancor vivo, e per la miseria e meschinità della spilorcia vita, si chiamava il vescovo della fame. Costui sentita la venuta di Pier Luigi, e volendo incontrarlo, richiese il vescovo, che volesse andare di compagnia a onorare il figliuolo del pontefice, e gonfaloniere di s. chiesa, il che egli fece quantunque mal volontieri. La prima cosa della quale domandò Pier Luigi il vescovo, fu, ma con parole proprie e oscenissime secondo l' usanza sua, il quale era scotumatissimo, come egli si solazzasse, e desse buon tempo con quelle belle donne di Fano. Il vescovo, il quale non era men accorto che buono, rispose modestamente benchè alquanto sdegnato, ciò non essere officio suo, e per cavarlo di quel ragionamento soggiunse : Vostra Eccellenza farebbe un gran benefizio a questa sua città, la quale è tutta in parte, s' ella mediante la prudenza e autorità sua la riunisse e pacificasse. »

Pier Luigi il giorno di poi avendo dato l' ordine di fare quello che fare intendeva, mandò a chiamar prima il governatore e poi il vescovo. Il governatore tosto che vedde arrivato il vescovo uscì di camera, e Pier Luigi cominciò palpando, e stazzonando il vesçovo a voler fare i piu disonesti atti, che con femmine far si possano; e perché il vescovo, tutto che fusse di debolissima complezione, si difendeva gagliardamente, non pur da lui, il quale essendo pieno di malfrancese, non si reggeva a pena in piè, ma da altri suoi satelliti, i quali brigavano di tenerlo fermo, lo fece legare così in roccetto, com' egli era, per le braccia, per li piedi, e nell mezzo, ed il signor Giulio da Piè di Lucco, ed il signor conte di Pitigliano, i quali vivono ancora forse, quanto penò Pier Luigi sostenuto da due di quà e di là, à sforzarlo, stracciatogli il roccetto, e tutti gli altri panni, ed a trarsi la sua furiosa rabbia, tanto non solo li tennero i pugnali ignudi alla gola, minacciandolo continuamente se si muoveva di scanarlo, ma anco gli diedero parte colle punte, e parte co' pomi, di maniera che vi rimasero i segni. Le protestazioni che fece a dio ed a tutti i santi, il vescovo cosi infamissimamente trattato, furono tali e tante, che quelli stessi i quali v' intervennero, ebbero a dir poi, che si maravigliarono, come non quel palazzo solo, ma tutta la città di Fano, non isprofondasse; e

Titien, c'est-à-dire en 1477. Il aurait pu passer quarante ans de sa vie avec Léonard de Vinci et Raphaël, morts, l'un en 1520, et l'autre en 1519; vivre de longues années avec le divin Corrége, qui ne mourut qu'en 1534, et avec Michel-Ange, qui poussa sa carrière jusqu'en 1563.

Cet homme si heureux, s'il eût aimé les arts, aurait eu trente-quatre ans à la mort de Giorgion. Il eût connu le Tintoret, le Bassan, Paul Véronèse, le Garofolo, Jules Romain, le Frate, mort en 1517, l'aimable André del Sarto, qui vécut jusqu'en 1530; en un mot, tous les grands peintres, excepté ceux de l'école de Bologne, venus un siècle plus tard.

Pourquoi la nature, si féconde pendant ce petit espace de quarante-deux ans, depuis 1452 jusqu'en 1494, que naquirent ces grands hommes [1], a-t-elle été depuis d'une stérilité si

piu avrebbe detto ancora, ma gli cacciarono per forza in bocca, e giù per la gola alcuni cenci, i quali poco mancò, che noll' affogassero. Il vescovo tra per la forza che egli ricevete nell corpo male complessionato, ma molto piu per lo sdegno ed incomparabil dolore, si morì. Questa cosi atroce enormità, perche il facitor di essa non solo non se ne vergognava, ma se ne vantava, si divulgò in un tratto per tutto. Solo il cardinal di Carpi, che io sappia, osò dire in Roma, che nessuna pena se gli poteva dar tanto grande, che egli non la meritasse maggiore. I luterani dicevano a vituperio de' Papi, e de' papisti, questo esser un nuovo modo di martirizare i santi, e tanto piu che il pontefice suo padre risaputa cosi grave ed intolerabile nefandità, mostrò chiamandola leggerezza giovanile, di non farne molto caso; pure l'assolvè segretamente per un amplissima bolla papale, da tutte quelle pene ne quali per incontinenza umana potesse in qualunque modo, o per qualsivoglia caggione, esser caduto ed incorso.

[1] Léonard de Vinci, né près de Florence

en.	1452	mort 1519	à 67 ans.
Le Titien, né près de Venise en. . . .	1477	1576	99
Le Giorgion, né près de Venise en. . . .	1477	1511	34
Michel-Ange, né à Florence en. . . .	1474	1563	89
Le Frate, né à Prato, près de Florence en.	1469	1517	48
Raphaël, né à Urbin, en.	1483	1520	37
André del Sarto, né à Florence en. . .	1488	1530	42
Jules Romain, né à Rome en	1492	1546	54
Le Corrége, né à Corregio, en Lombardie, en	1494	1534	40

cruelle? C'est ce qu'apparemment ni vous ni moi ne saurons jamais.

Guichardin nous dit [1] que, depuis ces jours fortunés où empereur Auguste faisait le bonheur de cent vingt millions de sujets, l'Italie n'avait jamais été aussi heureuse, aussi riche, aussi tranquille que vers l'an 1490. Une profonde paix régnait dans toutes les parties de ce beau pays. L'action des gouvernements était bien moindre que de nos jours. Le commerce et la culture des terres mettaient partout une activité naturelle, si préférable à celle qui n'est fondée que sur le caprice de quelques hommes. Les lieux les plus montueux, et par eux-mêmes les plus stériles, étaient aussi bien cultivés que les plaines verdoyantes de la fertile Lombardie. Soit que le voyageur, en descendant les Alpes du Piémont, prît son chemin vers les lagunes de Venise ou vers la superbe Rome, il ne pouvait faire trente lieues sans trouver deux ou trois villes de cinquante mille âmes : au milieu de tant de bonheur, l'heureuse Italie n'avait à obéir qu'à ses princes naturels, nés et habitant dans son sein, passionnés pour les arts comme ses autres enfants, pleins de génie, pleins de naturel, et dans lesquels, au contraire de nos princes modernes, on aperçoit toujours l'homme au travers des actions du prince.

Tout à coup un mauvais génie, l'usurpateur Ludovic Sforce, duc de Milan, appelle Charles VIII. En moins de onze mois, ce jeune prince entre dans Naples en vainqueur, et à Fornoue est forcé de se faire jour l'épée à la main pour se sauver en France. Le même sort poursuit ses successeurs, Louis XII et François Ier. Enfin, depuis 1494 jusqu'en 1544, la malheureuse Italie fut le champ de bataille où la France, l'Espagne et les Allemands vinrent se disputer le sceptre du monde.

On peut voir dans les histoires le long tissu de batailles sanglantes, de victoires, de revers, qui élevèrent et abaissèrent tour à tour la fortune de Charles-Quint et de François Ier. Les noms de Fornoue, de Pavie, de Marignan, d'Aignadel, ne sont pas tout à fait tombés en oubli, et la voix des hommes répète encore quelquefois avec eux les noms de Bayard, des connétable

[1] Tome I, p. 4.

de Bourbon, des Pescaire, des Gaston de Foix, et de tous ces vieux héros qui versèrent leur sang dans cette longue querelle et trouvèrent la mort aux plaines d'Italie.

Nos grands peintres furent leurs contemporains. Le portrait de Charles VIII est de Léonard de Vinci [1], celui de Bayard est du Titien. Le fier Charles-Quint releva le pinceau de cet artiste, qui était tombé comme il le peignait, et le fit comte de l'Empire. Michel-Ange fut exilé de sa patrie par une révolution, et la défendit, comme ingénieur, dans le siége mémorable que la liberté mourante soutint contre les Médicis [2]. Léonard de Vinci, lorsque la chute de Ludovic l'eut chassé de Milan, alla mourir en paix à la cour de François Ier. Jules Romain s'enfuit de Rome après le sac de 1527, et vint rebâtir Mantoue.

Ainsi, l'époque brillante de la peinture fut préparée par un siècle de repos, de richesses et de passions; mais elle fleurit au milieu des batailles et des changements de gouvernement.

Après ce grand siècle de gloire et de revers, l'Italie, quoique épuisée, eût pu continuer sa noble carrière; mais, lorsque les grandes puissances de l'Europe allèrent se battre en d'autres pays, elle se trouva dans les serres de la triste monarchie, dont le propre était de tout amoindrir [3].

FLORENCE.

A la fin du quinzième siècle, à cette époque de bonheur citée par Guichardin, l'Italie offre un aspect politique fort différent du reste de l'Europe. Partout ailleurs, de vastes monarchies; ici, une foule de petits États indépendants. Un seul royaume, celui de Naples, est entièrement éclipsé par Florence et Venise.

Milan avait ses ducs, qui plusieurs fois touchèrent à la cou-

[1] Musée de Paris, n° 928.

[2] Florence fut trahie par le principal personnage chargé de la défendre, l'infâme Malatesta, 1530.

[3] Est-il besoin d'avertir qu'on parle de la monarchie absolue, dont rien ne diffère plus que l'heureux gouvernement que nous devons à un prince libéral? (R. C.)

ronne d'Italie [1]. Florence, qui jouait le rôle actuel de l'Angleterre, achetait des armées et leur résistait. Mantoue, Ferrare, et les petits États, s'alliaient aux plus puissants de leurs voisins. Cela dura tant que les ducs de Milan eurent du génie, jusqu'en 1466.

Un des citoyens de Florence s'empara de l'autorité, et vit que, pour durer, il fallait de tyran se faire monarque; il fut modéré. Dès lors la balance devait pencher en faveur des Vénitiens; au milieu de cet équilibre incertain, l'Italie eût été réunie sans l'astucieuse politique des papes. C'est le plus grand crime politique des temps modernes.

Florence, république sans constitution, mais où l'horreur de la tyrannie enflammait tous les cœurs, avait cette liberté orageuse, mère des grands caractères. Le gouvernement représentatif n'étant pas encore inventé, ses plus grands citoyens ne purent trouver la liberté et fondre les factions. Sans cesse il fallait courir aux armes contre les nobles; mais c'est l'avilissement, et non le danger, qui tue le génie dans un peuple.

Côme de Médicis, l'un des plus riches négociants de la ville, né en 1389, peu après les premiers restaurateurs des arts, se fit aimer comme son père [2], en protégeant le peuple contre les nobles. Ceux-ci s'emparèrent de lui, n'eurent pas le caractère de le tuer, et l'exilèrent. Il revint, et à son tour les exila.

Par la terreur et la consternation publique [3], au moyen d'une police inexorable, mais toutefois en ne faisant tomber que peu de têtes [4], il maintint la supériorité de sa faction, et fut roi dans Florence. Suivant le principe de ce gouvernement, il songea d'abord à amuser ses sujets, et à leur rendre ennuyeuse la chose publique. Ne voulant rien mettre au hasard, il ne prit aucun titre. Des richesses égales à celles des plus grands rois

[1] Le comte de Virtù, l'archevêque Visconti, le mélancolique beau-père du grand François Sforce.

[2] Établissement du Catasto.

[3] Assassinat de Baldaccio, non moins odieux que celui de Pichegru.

[4] Quelques pauvres diables qui furent livrés généreusement par la république de Venise, conduite noble qui, de nos jours, a trouvé des imitateurs chez ce peuple *loyal*, les Suisses. (Machiavel, lib. V; Nerli, lib. III.)

furent employées d'abord à corrompre les citoyens[1], ensuite à protéger les arts naissants, à rassembler des manuscrits, à recueillir les savants grecs que les Turcs chassaient de Constantinople (1453).

Côme, *le père de la patrie*, mourut en 1464, car tel est son nom dans l'histoire, qui s'empare indifféremment de tous les moyens de distinguer les gens. Les badauds en concluent qu'il fut adorable. Le bonheur des Médicis est d'avoir trouvé après eux un *préjugé ami*. Le bon public, qui croit les Robertson, les Roscoe, et autres gens qui ont leur fortune à faire, a vu, dans Côme un Washington, un usurpateur tout sucre et tout miel, je ne sais quelle espèce de personnage moralement impossible. Mais il y a erreur. Il faut savoir que le patelinage jésuitique ne fut trouvé qu'un siècle plus tard. Côme de Médicis, au lieu d'affecter la sensibilité des princes modernes, répondit tout naturellement à un citoyen qui lui représentait qu'il dépeuplait la ville : « J'aime mieux la dépeupler que la perdre[2]. »

Son fils Pierre, qui eut l'insolence d'un roi, sans l'être tout à fait, se fit bien vite chasser.

Son petit-fils, Laurent le Magnifique, fut à la fois un grand prince, un homme heureux et un homme aimable. Il régna plutôt à force de finesse qu'en abaissant trop le caractère national; il avait horreur, comme homme d'esprit, des plats courtisans, qu'il aurait dû récompenser comme monarque. Négociant immensément riche, comme son aïeul, passant sa vie avec les gens les plus remarquables de son siècle, les Politien, les Calcondile, les Marcille, les Lascaris, il fut inventeur en politique. La balance des pouvoirs est de lui ; il assura autant que possible l'indépendance des petits États d'Italie[3]. On est allé jusqu'à dire que, s'il ne fût pas mort à quarante-deux ans, Charles VIII n'eût jamais passé les Alpes.

Il aima le jeune Michel-Ange, qu'il traita comme un fils; sou-

[1] Il prêtait facilement des sommes qu'il ne redemandait jamais.

[2] Ammir. ist, lib. XXI. — Mach., lib. V. — Nerli, lib. III.

[3] Aujourd'hui on les rendrait inconquérables par l'amour de la patrie et les deux Chambres.

vent il le faisait appeler pour jouir de son enthousiasme, et lui voir admirer les médailles et les antiquités qu'il rassemblait avec passion. Côme avait protégé les arts sans s'y connaître; Laurent, s'il n'eût été le plus grand prince de son temps, se serait trouvé l'un des premiers poëtes; il eut sa récompense : le sort fit naître ou se développer sous ses yeux les artistes sublimes qui ont illustré son pays, Léonard de Vinci, André del Sarto, Fra Bartolomeo, Daniel de Volterre [1].

Il régnait directement sur la Toscane et sur le reste de l'Italie par l'admiration qu'il inspirait aux princes et aux peuples. Bientôt après, son fils Léon fut le maître d'un autre grand État. L'imagination peut s'amuser à suivre le roman des beaux-arts, et se demander jusqu'où ils seraient allés, si Laurent eût vécu les années de son grand-père, et s'il eût vu son fils Léon X atteindre l'âge ordinaire des papes. La mort prématurée de Raphaël eût peut-être été réparée. Peut-être le Corrége se serait vu surpassé par ses élèves. Il faut des milliers de siècles avant de ramener une telle chance.

VENISE.

Tandis que les rives de l'Arno voyaient renaître les trois arts du dessin, la peinture seule renaissait à Venise.

Ces deux événements ne s'entr'aidèrent point; ils auraient eu lieu l'un sans l'autre.

Venise aussi était riche et puissante; mais son gouvernement, aristocratie sévère, était bien éloigné de l'orageuse démocratie des Florentins. De temps à autre le peuple voyait avec effroi tomber la tête de quelque noble; mais jamais il ne s'avisa de conspirer pour la liberté. Ce gouvernement, chef-d'œuvre de politique et de balance des pouvoirs, si l'on ne voit que les nobles par qui et pour qui il avait été fait, ne fut envers le reste du peuple qu'une tyrannie soupçonneuse et jalouse, qui, tremblant toujours devant ses sujets, encourageait parmi eux le commerce, les arts et la volupté. Un seul fait montre la richesse de

[1] La Toscane eût gagné pour sa gloire en cessant d'exister en 1500.

l'Italie et la pauvreté de l'Europe [1]. Quand tous les souverains réunis par la ligue de Cambrai cherchèrent à détruire les Vénitiens, le roi de France empruntait à quarante pour cent, tandis que Venise, à deux doigts de sa perte, trouva tout l'argent dont elle eut besoin au modique intérêt de cinq pour cent.

Ce fut dans toute la force de cette aristocratie qui faisait des conquêtes, et par conséquent souffrait encore quelque énergie, que les Titien, les Giorgion, les Paul Véronèse, naquirent dans les États de terre ferme de la république. Il semble qu'à Venise la religion, traitée en rivale et non pas en complice par la tyrannie, ait eu moins de part qu'ailleurs au perfectionnement de la peinture. Les tableaux les plus nombreux qu'André del Sarto, Léonard de Vinci et Raphaël nous aient laissés, sont des madones. La plupart des tableaux des Giorgion et des Titien représentent de belles femmes nues. Il était de mode, parmi les nobles Vénitiens, de faire peindre leurs maîtresses déguisées en Vénus de Médicis.

ROME.

La peinture, née au sein de deux républiques opulentes, au milieu des pompes de la religion, et d'une extrême liberté de mœurs, fut appelée aux bords du Tibre par des souverains qui, parvenant tard au trône, n'y siégeant qu'un instant, et ne laissant pas de famille, ont en général la passion d'élever dans Rome quelque monument qui y conserve leur mémoire. Les plus grands d'entre eux appelèrent à leur cour le Bramante, Michel-Ange et Raphaël. En entrant dans ces palais immenses de Monte-Cavallo et du Vatican, le voyageur est étonné de trouver sur le moindre banc de bois le nom et les armes du pape qui l'a fait faire [2]. Au milieu des pompes de la grandeur, la misère de

[1] Comines, chap. IX, pour Charles VIII. L'Italie méprisait les sottises monacales sur l'usure. Elle était à deux siècles en avant de l'Europe, comme aujourd'hui elle est à deux siècles en arrière de l'Angleterre.

[2] Écrit en 1802, avant que Napoléon eût porté dans les grandes salles nues de Monte-Cavallo le luxe délicat et brillant des appartements de Paris.

l'humanité montre tout à coup sa main décharnée. Ces souverains ont horreur de l'oubli profond où ils vont tomber en quittant le trône et la vie.

Leur gouvernement, que nous voyons de nos jours un despotisme doux et timide, fut une monarchie conquérante dans les temps brillants de la peinture, sous Alexandre VI, Jules II et Léon X.

Alexandre réussit à humilier les grandes familles de Rome. Jusqu'à lui, ces pontifes, si redoutables aux extrémités du monde, avaient été maîtrisés dans leur capitale par quelques barons insolents. Profitant du trouble où la course de Charles VIII jeta l'Italie, il parvint à les subjuguer ou à les exterminer tous. L'impétueux Jules II ajouta ses conquêtes au patrimoine de Saint-Pierre. L'aimable Léon X, qui succéda presque immédiatement à ces grands princes, et qui, sous plus d'un rapport, fut digne d'eux, eut pour les beaux-arts un amour véritable. Les fleurs semées par Nicolas V et Laurent de Médicis parurent de son temps.

Malheureusement son règne fut trop court [1], et ses successeurs trop indignes de lui. Ses États mieux cultivés, et la crédulité de l'Europe, qu'il vint à bout de fatiguer, avaient secondé un des caractères les plus magnifiques qui aient jamais embelli le trône.

Depuis ces grands hommes, les papes n'ont été que dévots [2]. Toutefois nous les verrions encore des souverains puissants s'ils avaient porté dans leurs affaires temporelles la même politique que dans celles de la religion. Dans celles-ci, les maximes politiques sont immortelles; c'est le souverain seul qui change.

[1] Il ne régna que huit ans, et fut remplacé par un Flamand. Voici les dates des papes gens d'esprit : Nicolas V, de 1447 à 1455. — Alexandre VI, de 1492 à 1503. — Jules II, de 1503 à 1513. — Léon X, de 1513 à 1521. — Le Flamand Adrien VI, qui détestait les arts, de 1522 à 1523. — Le faible Clément VII, qui parut digne du trône jusqu'à ce qu'il y monta, de 1523 à 1534. Ce fut lui qui détruisit la liberté de Florence.

[2] Il est aussi ridicule à un pape de signer l'abolition des jésuites, qu'à un roi de France de faire le traité de 1756.

Toute la cour sent trop bien à Rome que le premier intérêt de tous, c'est que la religion subsiste. Le pape se conduit donc bien comme pape; mais vous savez que, comme souverain, il n'a pour but que d'élever sa famille. C'est un pauvre vieillard entouré de gens avides qui n'espèrent qu'en sa mort. Il n'a pour amis que ses neveux, et, comme ils sont aussi ses ministres, ils lui épargnent la peine de combattre un penchant naturel.

Quand les Altieri, neveux de Clément X, eurent fini leur palais, ils invitèrent leur oncle à le venir voir. Il s'y fit porter, et de si loin qu'il aperçut la magnificence et l'étendue de ce bâtiment superbe, il rebroussa chemin, le cœur serré, sans dire un seul mot, et mourut peu après.

La décadence a été rapide. Ce n'est pas qu'à Rome le despotisme soit vexatoire ou cruel; je ne me rappelle, dans le moment, d'autre crime que la mort de Cagliostro, étouffé dans un château fort, près de Forli [1]. « Mais aussi, dit un peintre célèbre, c'était le contrebandier réfugié à la douane. » Ce mot fit fortune, car on est malin à Rome, et pas du tout dupe des grandes phrases, moins qu'à Paris. Dès qu'une sottise y est utile, elle s'y sauve du ridicule; mais malheur au bavard emphatique qui n'obtient pas bien vite une pairie. C'est aux plaisanteries de Pasquin que les Romains doivent le goût sûr qui les distingue dans les beaux-arts. Il y a même chez eux quelque naturel dans la conversation. Ailleurs, en Italie, il ne faut pas se figurer que les expressions simples ou positives soient d'un usage ordinaire; le comparatif même y est négligé, et, dans les grandes occasions, il faut savoir surcharger le superlatif [2].

Le vice du gouvernement papal gît dans l'administration intérieure; il n'y en a pas. Quelques vieillards pieux, élevés dans une grande ignorance de Barême, y laissent aller les choses à leur pente naturelle. Rien de mieux, s'il y avait un principe de vie; mais le travail est déshonoré; mais à chaque instant le fleuve terrible de la dépopulation engloutit en silence quelque nouveau terrain.

[1] A San-Leo, 1795.

[2] De là l'absence du comique.

Un banquier de Londres, premier ministre sous un pontificat un peu long, ferait naître du blé, et par là des hommes. Il montrerait que le pape peut être facilement le plus riche souverain de l'Europe; car il n'a pas besoin d'armée; quelques compagnies de gardes du corps et une bonne gendarmerie lui suffisent.

A Rome, l'opinion publique est excellente pour distribuer la gloire aux artistes tout formés; mais la prudence obséquieuse, sans laquelle on ne saurait y vivre, brise les caractères généreux [1]. Au milieu de tant de grands souvenirs, à la vue des ruines de ce Colysée, qui inspirent une mélancolie si sublime, et remuent même les cœurs les plus froids, rien n'encourage les rêves d'une imagination jeune et ardente. La triste réalité y perce de toutes parts, même aux yeux de l'enfance. J'ai été atterré des maximes de conduite que me citaient des bambins de seize ans sortant du collége. Sous le gouvernement de ces prêtres, l'élévation de caractère est littéralement une folie. En dernier lieu, les enfants des grandes familles avaient été transportés en France. Par cette mesure un peu acerbe, le caractère national eût été relevé. Les enfants d'Italie, toujours menés par des prêtres, n'y ont pas même la santé physique.

Je prie qu'on me pardonne ces détails. Malgré la misère qui paraît de tous côtés, comme il y a dans le cœur du pape, pour peu qu'il soit quelque chose de mieux qu'un moine, un penchant qui favorise les arts, Rome est maintenant leur capitale, mais capitale d'un empire désolé [2].

Vous voyez sans doute que tous les raisonnements sur la renaissance de la peinture ne sont que des palliatifs. Cet art a donné tous les genres de beauté compatibles avec la civilisation du seizième siècle; après quoi il est tombé dans le genre ennuyeux. Il renaîtra lorsque les quinze millions d'Italiens, réunis sous une constitution libérale, estimeront ce qu'ils ne connaissent pas, et mépriseront ce qu'ils adorent [3].

[1] *Vie d'Alfieri, Vie de Cellini*, l'Arctin, etc.

[2] En 1816, le pape est plus riche que jamais. Sa Sainteté jouit de tous les biens des moines. Voyage de sir W. E***.

[3] L'Italie peut lire dans un exemple domestique. Lorsque, après la

Les nobles Romains qui firent travailler les Raphaël, les Guide, les Dominiquin, les Guerchin, les Carrache, les Poussin, les Michel-Ange de Carravage, pouvaient apprécier les talents. Ce n'étaient point les princes modernes engourdis au fond de leur palais par l'impossibilité de toute noble ambition, mais des gens qui venaient seulement de perdre leur puissance, qui en avaient tout l'orgueil, qui, songeant à la reconquérir, dans le secret de leur cœur, savaient apprécier les entreprises difficiles, et estimer tout ce qui est grand. En général, le seizième siècle n'offrait nulle part cette tranquillité moutonnière de nos vieilles monarchies, où tout paraît soumis, mais où, dans le fait, il n'y a rien eu à soumettre.

CONSIDÉRATIONS GÉNÉRALES.

Nous venons de parcourir les gouvernements de Venise, Florence et Rome, patries de la peinture. Voici les circonstances communes à ces trois États.

Une extrême opulence, mais peu de luxe personnel. Chaque année, des sommes énormes dont on ne savait que faire [1].

La vanité, la religion, l'amour du beau, portent toutes les classes à élever des monuments. La manière de faire preuve de ses richesses, première question à faire dans tous les siècles et dans tous les pays, était telle alors. Agostino Chigi, le plus riche banquier de Rome, montre son opulence en élevant le palais de la Farnesina, et le faisant peindre par Raphaël d'Urbin, le peintre à la mode [2]. Les vieillards riches, et c'est à cette époque de la vie qu'on est riche, bâtissaient des églises, ou au moins des chapelles, qu'il fallait toujours remplir de peintures. Les plus

mort d'Alphonse II, Ferrare passa aux papes, avec son indépendance elle perdit son école.

[1] Vu encore à Gênes en 1792. Un noble, ayant gagné un procès, et ne sachant que faire de l'argent, élevait un arc de triomphe en l'honneur de sa victoire.

[2] Les histoires de Psyché et de Galatée immortalisent ce joli bâtiment, qui appartient au roi de Naples, comme héritier des Farnèse. C'est ainsi que lui est venue la galerie de Parme.

simples particuliers voulaient placer un tableau sur l'autel de leur patron.

On trouve que le capital que l'Italie employa en objets de piété équivaut au prix de tous ses fonds de terre.

Mais la religion, semblable à ces mères malheureuses qui, en donnant la vie à leurs enfants, déposent dans leur sein le germe de maladies incurables, jeta la peinture dans une fausse route; elle l'éloigna de la beauté et de l'expression. Jésus n'est jamais, dans les tableaux du Titien et du Corrége, qu'un malheureux condamné au dernier supplice, ou le premier courtisan d'un despote [1]. Il est plaisant de voir la peinture, un art frivole, faire la preuve d'un système religieux [2].

Chez les Grecs, qui mettaient au rang des dieux les héros bienfaiteurs de la patrie, la religion commandait la beauté, et la beauté avant tout, même avant la ressemblance. Souvent les mains des bas-reliefs antiques ont tout au plus la forme humaine, les accessoires sont ridicules; mais la ligne du front indique déjà la capacité d'attention, et la bouche, le calme d'une raison profonde. C'est que les Grecs avaient à rendre les vertus de Thésée, qui sauve les Athéniens; et les modernes, les vertus de saint Siméon Stylite, qui se donne les étrivières pendant vingt ans au haut de sa colonne [3].

Les Italiens faisaient peindre à fresque l'intérieur de leurs maisons, et quelquefois même l'extérieur, comme à Venise et à Gênes, où l'on peut encore voir sur la place des Fontane Amorose l'élégance de cet usage.

Les surfaces extérieures des grandes murailles sont rarement d'une couleur uniforme; elles offrent, presque en tous pays, quelque chose de rude et de peu soigné qui éloigne l'idée du luxe. De là l'air si misérable de nos petites villes de France. Au contraire, d'aussi loin qu'on aperçoit un palais que la fresque a revêtu de couleurs brillantes et de statues, on songe à la ri-

1 Par son air humble et soumis.

2 Tant il est vrai que les grands hommes arrivent à la vérité par tous les chemins.

3 *Vies des Pères du désert.*

chesse des appartements. Dans le Nord, la teinte uniforme et douce des maisons de Berlin donne l'idée de la propreté et de l'aisance.

Au quinzième siècle, l'Italie ornait de peintures non-seulement les églises et les maisons, mais les cassettes dans lesquelles on offre les présents de noce, mais les instruments de guerre, mais jusqu'aux selles et aux brides des chevaux. La société faisant une aussi énorme demande de tableaux, il était naturel qu'il y eût une foule de peintres. Les gens qui ordonnaient ces tableaux ayant reçu du ciel une imagination enflammée, sentant vivement le beau, honorant les grands artistes avec cette reconnaissance qu'inspirent les bienfaits, il était naturel qu'il naquît des Léonard de Vinci et des Titien.

Ce siècle, si porté pour les beaux-arts, n'exigea pas de ses artistes qu'ils suivissent toujours pour plaire les routes les plus sûres. Tous les romans charment dans la jeunesse. Mais il eut la partie principale du goût, celle qui peut les suppléer toutes, et qu'aucune ne peut remplacer, je veux dire *la faculté de recevoir par la peinture les plaisirs les plus vifs*. Il aima avec passion cet art bienfaiteur qui embellit de plaisirs faciles les temps prospères de la vie, et qui, dans les jours de tristesse, est comme un refuge ouvert aux cœurs infortunés. Entrerai-je ici dans quelques détails ? Oserai-je, dès le portique, faire entrevoir le sanctuaire ?

Un livre ne peut changer l'âme du lecteur [1]. L'aigle ne paîtra jamais dans les vertes prairies, et jamais la chèvre folâtre ne se nourrira de sang. Je puis tout au plus dire à l'aigle : Viens de ce côté, c'est vers cette région de la montagne que tu trouveras les agneaux les plus gras ; et à la chèvre : C'est dans les fentes de ce roc que croît le meilleur serpolet.

Les sensations manquent à l'homme froid. Un homme, dans les transports de la passion, ne distingue pas les nuances, et n'arrive jamais aux conséquences immédiates. Le sauvage, qui ne sait pas lire, n'a garde de trembler à la vue d'un papier écrit ; le voleur, plus instruit, frémit devant sa sentence de mort.

[1] Voyez les Bobines, dans les *Lettres sur Mozart*.

Les liaisons d'idées qui font les trois quarts du charme des beaux-arts ont besoin d'être *nommées une fois* aux âmes tendres; elles n'oublient plus ces sentiments divins qui ont le bonheur d'être donnés dans une langue que l'ignoble vulgaire ne souilla jamais de ses plates objections.

Parlerai-je de la *beauté?* Dirai-je qu'il en est, dans les arts, de la sublime beauté [1] comme des beautés mortelles, dont l'amour nous conduit aux beautés du marbre et des couleurs? A la faveur d'une parure ni trop flottante ni trop serrée, montrant beaucoup de leurs attraits, en laissant deviner bien davantage, elles n'en sont que plus séduisantes aux yeux du connaisseur. La pensée soulève ces voiles; elle entre en conversation avec cette vierge charmante de Raphaël; elle veut lui plaire; elle jouit de ces qualités de son âme, qui font qu'elle lui plairait, qualités si longuement oisives dans notre système de vie actuel.

Quant aux autres, ils se plaisent à considérer la délicatesse et la broderie de ses vêtements, la richesse de l'étoffe, la vivacité et le jeu des couleurs, et ils donneraient volontiers la dame pour ses habits [2].

Qui osera dire au tigre rapide : Échange ton bonheur pour celui de la tendre colombe?

Ce n'est pas au moment où un bel enfant vient de naître qu'il faut parler des causes qui le conduiront un jour à la décrépitude. Je ne dirai qu'un mot de la misère actuelle.

Dès ses premiers pas en Italie, le voyageur rencontre l'église célèbre connue sous le nom de Dôme-de-Milan. Cinq portes principales donnent l'entrée dans ce vaste édifice. Si, en passant sous ses portes, le voyageur lève les yeux, il aperçoit dans le

1 Les négligences du Corrége.

2 Ce matin, je montrais à un homme qui a plusieurs plaques à son habit, et qui ne manque pas d'intelligence, une superbe épreuve de la cène de Morghen. Il l'a examinée longtemps en silence, car lui-même possède de superbes gravures. Je lui faisais comparer celle-ci à un dessin que j'ai fait faire d'après le carton de Bossi. Tout à coup il s'est écrié : « Comme ces verres sont rendus! » et, après un petit silence : « Vous savez que la tête de Judas est le portrait du prieur? » J'ai vu que depuis un quart d'heure j'étais un sot.

bas-relief qui est au-dessus de la plus grande un sujet qui, de nos jours, serait proscrit par les convenances. Il trouve au-dessus de trois des autres portes des charmes retracés avec trop de vérité. Nous ne voulons plus des Ève, des Judith, des Débora si séduisantes. La religion et les convenances s'y opposent également. La plupart des actions de la vie, étant sérieuses, n'admettent plus les beaux-arts au même degré. Les mots si vifs de Henri IV conviennent moins à *notre majesté* que les réponses un peu lourdes de Louis XIV[1].

La religion du quinzième siècle n'est pas la nôtre. Aujourd'hui que la réforme de Luther et les sarcasmes des philosophes français ont donné des mœurs pures au clergé et à ses dévots, l'on ne se figure guère ce que furent les prêtres aux jours brillants de l'Italie. Les premières places de l'Église étaient dévolues à des cadets de grandes maisons. Ces jeunes gens voyaient bien vite que, pour s'avancer, il fallait de l'esprit et de la politique[2]. Léon X, entrant à treize ans dans le collége des cardinaux, qui avaient pour doyen très-considéré le cardinal Borgia, vivant publiquement avec ses enfants et la belle Vanosa, ce qui ne l'empêcha pas bientôt après d'acheter la couronne, ne devait prendre qu'une idée médiocre de l'utilité des mœurs. De nos jours, c'est le contraire, la mode est pour les vertus négatives; et les papes, avertis par la présence de l'ennemi, n'élèvent à la pourpre que des vieillards habiles qui ont passé leur vie à ne pas se rendre indignes de cette grande distinction, et à s'en approcher sans cesse par des pas insensibles.

Si l'on a la curiosité de prendre l'âge des évêques et des cardinaux du quinzième siècle, et qu'on le compare au temps où la vieille ambition de nos prêtres reçoit enfin sa récompense, on

[1] Cela tient à la grande loi des convenances, qui n'est que la crainte du *ridicule*, qui n'est que le manque de caractère, qui n'est que l'influence de la monarchie. Peu de tout cela en Angleterre; l'on n'est pas plus vertueux qu'en 1500, mais moins énergique pour le mal comme pour le bien. La civilisation fait désirer à un homme des choses moins nuisibles aux autres. Nous n'avons plus de cette barbarie que la noblesse.

[2] *Vie du cardinal Bembo*, par Angiolini.

verra que Luther a mis les grandeurs de l'Église dans une autre saison de la vie[1]. Dommage immense pour les beaux-arts.

Les circonstances qui leur étaient favorables, et que le hasard avait surtout réunies à Florence, à Rome et à Venise, se rencontraient plus ou moins dans les autres États.

MILAN.

Un duc de Milan appela Léonard de Vinci. Comme c'était un prince qui donnait aux arts une protection réelle, il fit naître Bernardino Luini et d'autres peintres recommandables. Mais la révolution qui le jeta prisonnier dans le château de Loches, et dépeupla la Lombardie, détruisit ce public naissant et dispersa les peintres.

NAPLES.

A l'autre extrémité de l'Italie, le royaume de Naples offrait une féodalité plus ridicule encore que celle du nord de l'Europe.

Le Dominiquin, qui alla peindre à Naples l'église de Saint-Janvier, y fut empoisonné par les artistes du pays. Voilà tout ce que la peinture doit dire de cet État.

Mais il devait être illustré par un art différent, montrer, trois siècles après, que l'Italie fut toujours la patrie du génie, et lui donner des Cimarosa et des Pergolèze, quand elle n'avait plus de Titien ni de Paul Véronèse.

LE PIÉMONT.

La peinture fut appelée en Piémont pour y être, comme dans les autres monarchies, une plante exotique soignée à grands

[1] Léon X, cardinal à quatorze ans; Gio. Salviati, cardinal à vingt ans; B. Accolti, cardinal à trente ans; H. Gonzaga, cardinal à vingt-deux ans; H. de Médicis, cardinal à dix-huit ans; H. d'Este, archevêque de Milan à quinze ans; As. Sforce, cardinal à seize ans; Alex. Farnèse, cardinal à quatorze ans.

frais, élevée au milieu d'une grande jactance de paroles, et qui ne fleurit jamais.

Quoique les pinceaux soient muets, le gouvernement monarchique, même dans le cas où le roi est un ange, s'oppose à leurs chefs-d'œuvre, non pas en défendant les sujets de tableaux, mais en brisant les âmes d'artistes.

Il n'est pas si contraire à la sculpture, qui n'admet guère d'expression, et ne cherche que la beauté [1]. Loin que je veuille dire que ce gouvernement ne puisse être fort juste, quant à la propriété et quant à la liberté des sujets; mais je dis que, par les habitudes qu'il imprime, il écrase le moral des peuples.

Quelles que soient les vertus du roi, il ne peut empêcher que la nation ne prenne ou ne conserve les habitudes de la monarchie; sans quoi, son gouvernement tombe. Il ne peut empêcher que chaque classe de sujets n'ait intérêt à plaire au ministre, ou au sous-ministre, qui est son chef immédiat.

Je suppose toujours ces ministres les plus honnêtes gens du monde. Les habitudes serviles que donne la soif de leur plaire ont un caractère déplorable de petitesse, et chassent toute originalité; car, dans la monarchie, celui qui n'est pas comme les autres insulte les autres, qui se vengent par le ridicule. Dès lors plus de vrais artistes, plus de Michel-Ange, plus de Guide, plus de Giorgion. On n'a qu'à voir les mouvements d'une petite ville de France, lorsqu'un prince du sang [2] doit passer, l'anxiété avec laquelle intrigue un malheureux jeune homme pour être de la garde d'honneur à cheval; enfin il est désigné, non point par ses talents, mais par l'absence de ses talents, mais parce qu'il n'est pas *une mauvaise tête*, mais par le crédit qu'une vieille femme, dont il fait le boston, a sur le confesseur du maire de la ville. Dès lors c'est un homme perdu.

Je ne prétends pas qu'il ne soit honnête homme, homme respectable, homme aimable, si l'on veut; mais ce sera toujours un plat homme [3].

[1] Sans la protection du ministre, le sculpteur ne peut travailler.

[2] Écrit en septembre 1814, à B***.

[3] Voyez la preuve de tout ceci dans un ancien ennemi du trône et de

On suit bien l'influence de la monarchie lorsque l'on voit les grands qui ont le plus de génie naturel obligés, par tous les liens de Gulliver, à périr d'ennui pour représenter, c'est-à-dire pour tenir école de servilité monarchique [1]. C'est le service que l'archichancelier rendait à Paris à l'empereur Napoléon.

Les artistes ont le malheur de vivre à la cour [2]. Bien plus, ils ont un chef particulier auquel il faut complaire.

Si Lebrun est premier peintre du roi, tous les artistes copieront Lebrun. Si, contre toute apparence, il se trouvait quelque pauvre homme de génie assez insolent pour ne pas suivre sa manière, le premier peintre se gardera bien de favoriser un talent qui, par sa nouveauté, peut dégoûter du sien le roi son maître. Il sera très-honnête homme, je le veux; mais il ne sentira pas ce talent qui diffère du sien. La peinture sera donc toujours médiocre dans les monarchies absolues. Si le hasard y fait naître un Poussin, il ira mourir à Rome [3].

La monarchie constitutionnelle lui serait assez favorable. Personne n'a reproché aux Anglais de manquer d'originalité, d'énergie ou de richesses. Ce qui leur manque pour avoir des arts, c'est un soleil et du loisir [4].

La Sicile, par exemple, avec le gouvernement et l'opulence de l'Angleterre, pourra donner de grands peintres, si la mode y vient jamais de faire faire des tableaux.

l'autel, Fénelon: *Lettres diverses*, édit. Briano, tom. X. *Lettres à son neveu le lieutenant général*, pag. 85, 89, 110 et partout.

1 Je mets le temple de cette *servilité* en Allemagne. Il y a peut-être plus de bassesse apparente à Rome et à Naples; mais, chez les *fiers Germains*, il y a plus d'abnégation de soi-même; cette nation est née à genoux. Oserai-je le dire? j'ai trouvé plus de patriotisme et de véritable grandeur dans la maison de bois du Russe. La religion est leur chambre des communes. (Anspach, 20 février 1795.) C'est ce qui me fait voir sans peine les Russes maîtres de l'Italie en 1840.

2 *Vies de Michel-Ange, de Cellini, de Mengs.*

3 Il faut lier les arts à un *sentiment*, et non à un *système*; de là la chambre des communes, et non l'Institut, seul bon juge des concours.

4 Méditez le *Voyage* de M. Say et les discours de M. Brougham. Sous le gouvernement des deux Chambres, on s'occupe toujours du *toit*, et l'on oublie que le toit n'est fait que pour assurer *le salon*.

J'ai rencontré avec plaisir le Piémont pour exemple de la monarchie. Tout le monde trouve cet exemple sous ses pas en entrant en Italie : on peut voir si j'ai menti, et tout le monde rend grâce à notre glorieuse révolution, si cet exemple est le seul que l'on puisse rencontrer aujourd'hui [1].

[1] On osera emprunter les paroles d'un homme illustre :

« Si dans le nombre. . . . . des choses qui sont dans ce livre il y en avait quelqu'une qui, contre mon attente, pût offenser, il n'y en a pas du moins qui y ait été mise avec mauvaise intention. Je n'ai point naturellement l'esprit désapprobateur. Platon remerciait le ciel de ce qu'il était né du temps de Socrate ; et moi, je lui rends grâce de ce qu'il m'a fait naître dans le gouvernement où je vis, et de ce qu'il a voulu que j'obéisse à ceux qu'il m'a fait aimer. » (Préface de l'*Esprit des lois*.)

Dans des temps de frivolité et de calme, où les romanciers font des romans et les petits abbés des déjeuners délicats, cette citation d'un grand homme, à propos d'une brochure, serait assurément fort plaisante. Dans des temps moins heureux où le métier de diffamateur est sans honte, mais non pas sans profit, il faut quelquefois se rappeler modestement la fable du lièvre qui,

. . . . . Apercevant l'ombre de ses oreilles,
Craignit que quelque inquisiteur
N'allât interpréter à cornes leur longueur.

Dire, pour se sauver des griffes de ces messieurs, que ce qui suit a été écrit en 1811 et 1813 sur un sujet métaphysique, et de manière à ne pas quêter des lecteurs, qu'on a mis trente cartons pour prévenir toutes les allusions faites, en 1811, aux événements qui devaient éclater en 1817, c'est ne rien dire. Ce n'est pas faire du bien, mais faire du bruit, qui est la devise de nos pauvres petits ambitieux désarçonnés. Que la Q*** et les D*** disent qu'un ouvrage est détestable, rien de mieux, ils ont raison quatre-vingt-quinze fois sur cent ; mais que ces messieurs ajoutent que l'auteur est mauvais citoyen, c'est se faire volontairement *aide-bourreau*, et l'on peut dire qu'en ce sens ils sont dignes de l'affreux mépris que l'Europe leur prodigue.

Les journaux étant sous l'influence d'un ministre, homme supérieur, et comme tel excellent juge de ce qui est dangereux ou de ce qui n'est qu'ennuyeux, l'éditeur a cherché à ne rien laisser ici qui n'eût pu paraître dans les journaux.

Les journaux sur lesquels il s'est réglé sont le *Mercure*, la *Quotidienne* et les *Débats* d'avril 1817. (R. C.)

HISTOIRE

DE LA PEINTURE

EN ITALIE

ÉCOLE DE FLORENCE

LIVRE PREMIER

> Io, che per nessun' altra cagione scriveva, se non perchè i tristi miei tempi mi vietavan di fare...
>
> ALFIERI, *Tirannide*, pag. 8.

RENAISSANCE ET PREMIERS PROGRÈS DES ARTS VERS L'AN 1300
(DE 450 A 1349)

CHAPITRE PREMIER.

DES PLUS ANCIENS MONUMENTS DE LA PEINTURE.

Si l'expérience démontrait qu'après des tempêtes réitérées qui, à diverses époques, ont changé en désert la face d'un vaste terrain, il est une partie dans laquelle est toujours revenue fraîche et vigoureuse une végétation spontanée, tandis que les autres sont demeurées stériles, malgré toutes les peines du cultivateur, il faudrait avouer que ce sol est privilégié de la nature.

Les nations les plus célèbres ont une époque brillante. L'Italie en a trois. La Grèce vante l'âge de Périclès, la France le siècle de Louis XIV.

L'Italie a la gloire de l'antique Étrurie, qui, avant la Grèce, cultiva les arts et la sagesse, l'âge d'Auguste, et enfin le siècle de Léon X, qui a civilisé l'Europe.

Les Romains, trop occupés de leur ambition, ne furent pas artistes; ils eurent des statues, parce que cela convient à l'homme riche. Aux premiers malheurs de l'Empire, les arts tombèrent. Constantin faisant relever un temple ancien, ses architectes placèrent les colonnes à l'envers. Vinrent les Barbares, ensuite les papes. Saint Grégoire le Grand brûla les manuscrits des classiques, voulut détruire Cicéron, fit briser et jeter dans le Tibre les statues, comme idoles, ou du moins images de héros païens [1]. Arrivèrent les siècles neuvième, dixième et onzième, de la plus ténébreuse ignorance.

Mais comme, durant le triste hiver qui détruit les familles brillantes des insectes, les germes féconds qui doivent les reproduire se cachent sous terre et attendent pour naître le souffle réchauffant du printemps, ainsi, aux premiers regards de la liberté, l'Italie se réveilla; et cette terre du génie enfanta de nouveaux grands hommes.

Elle a eu des peintres même dans les siècles les plus barbares du moyen âge. Voyez à Rome les portraits des papes que saint Léon fit peindre à fresque au cinquième siècle dans l'église de Saint-Paul. L'église de Saint-Urbain, aussi à Rome, est un autre monument de ces temps reculés. Il est encore possible de distinguer sur les murs quelques figures qui représentent des scènes prises dans l'Évangile, dans la légende de saint Urbain et dans celle de sainte Cécile.

Comme on ne trouve rien dans cet ouvrage qui rappelle la manière des peintres qui, à cette époque, florissaient à Constantinople, qu'en particulier les têtes et les draperies sont traitées d'une façon différente, il est naturel de l'attribuer au pinceau italien. On y lit la date de 1011.

[1] Jean de Salisbury, Léon d'Orvietto, Saint-Antonin, Louis II, roi de France; *Lettres* de saint Grégoire lui-même *sur Job*.

Pesaro, Aquilée, Orvietto, Fiesole, gardent des monuments du même genre et de la même époque. Mais on ne peut prendre aux artistes de ces premiers siècles qu'un intérêt historique. Pour trouver quelque plaisir devant leurs ouvrages, il faut aimer déjà depuis longtemps ceux des Corrége et des Raphaël, et pouvoir distinguer dans ces peintres gothiques les premiers pas que fit l'esprit humain vers l'art charmant que nous aimons. Nous ne pouvons tout à fait les passer sous silence; ils s'écrieraient avec le grand poëte, leur contemporain :

Non v' accorgete voi che noi siam vermi
Nati a formar l' angelica farfalla ?

Le Dante.

Vers l'an 828, les Vénitiens, fiers de posséder les reliques de saint Marc, qu'ils avaient enlevées à l'Égypte, voulurent élever sous son nom une église magnifique. Elle brûla en 970, fut rebâtie, et enfin ornée de mosaïques vers 1071 [1]. Ces mosaïques furent exécutées par des Grecs de Constantinople.

Ces peintres, dont les ouvrages exécrables vivent encore, servirent de modèles aux ouvriers italiens qui faisaient des madones pour les fidèles, qui les faisaient toutes sur le même patron, et ne représentaient la nature que pour la défigurer. On peut, si l'on veut, dater de cette époque la renaissance de la peinture; mais l'art ne s'éleva pas au-dessus d'un simple mécanisme [2].

[1] On lit dans l'intérieur de ce monument singulier :

Historiis, auro, forma, specie tabularum,
Hoc templum Marci fore dic decus ecclesiarum.

La beauté des caractères place cette inscription au onzième siècle.

[2] Le soleil de la civilisation brillait alors à Bagdad, à la cour de calife Moctadar. Lorsqu'il reçut, en 917, une ambassade de Constantinople, on vit s'élever au milieu d'un de ces salons resplendissants de pierreries dont les contes arabes nous ont conservé l'image, un arbre d'or et d'argent. Après avoir laissé le temps d'admirer le naturel de son feuillage, il s'ouvrit de lui-même pour se diviser en douze rameaux. A l'instant, des oiseaux de toutes les sortes allèrent se percher sur ses branches; ils étaient d'or ou d'argent, selon la couleur de leur plumage, avec des yeux de diamants; et chacun faisait entendre le chant qui lui est propre.

CHAPITRE II.

NICOLAS PISANO.

Au milieu des fureurs des Guelfes et des Gibelins, rien n'annonçait à l'Italie, vers l'an 1200, qu'elle fût sur le point de voir ses villes se remplir des chefs-d'œuvre de l'art. Une seule observation pouvait indiquer les succès qui attendaient ce peuple, si son étoile lui laissait le temps de respirer. C'est que, depuis trois siècles, chaque Italien se battait parce qu'il le voulait bien, et pour obtenir une certaine chose qu'il désirait. Les passions de chaque individu étaient mises en mouvement, toutes ses facultés développées, tandis que, dans le sombre septentrion, le bourgeois des villes n'était encore qu'une espèce d'animal domestique, à peine sensible aux bons et aux mauvais traitements. Les passions, qui font la possibilité comme le sujet des beaux-arts, existaient [1]; mais personne ne s'en était encore emparé. La sympathie avait soif de sensations. Elle devait donner avec fureur dans le premier art qui lui présenterait des plaisirs.

Vers la fin du treizième siècle, un œil attentif commence à distinguer un léger mouvement pour sortir de la barbarie. Le premier pas que l'on fit vers une manière moins imparfaite d'imiter la nature fut de perfectionner les bas-reliefs. La gloire en est aux Toscans, à ce peuple qui, déjà une fois, dans les siècles reculés de l'antique Étrurie, avait répandu dans la péninsule les arts et les sciences. Des sculpteurs, nés à Pise, enseignèrent aux faiseurs de madones à secouer le joug des Grecs du moyen âge et à lever les yeux sur les œuvres des anciens Grecs. Les troubles, pendant lesquels chacun songe à sa vie ou à sa fortune, avaient tout corrompu, non-seulement les arts, mais encore les maximes nécessaires pour les rétablir L'Italie ne manquait pas

[1] A Florence, Giano della Bella, insulté par un noble, conspire pour la liberté, et réussit en 1293. En 1816, la féodale Allemagne n'est pas encore à cette hauteur. *Werther*; Mémoires de la margrave de Bareith sœur du grand Frédéric.

de belles statues grecques ou romaines ; mais, loin de les imiter, les artistes ne les trouvaient point belles. On peut voir leurs tristes ouvrages au dôme de Modène, à l'église de Saint-Donat d'Arezzo, et particulièrement sur une des portes de bronze de l'église primatiale de Pise.

Au milieu de cette nuit profonde, Nicolas Pisano vit la lumière, et il osa la suivre (1230).

Il y avait à Pise, de son temps, et l'on y trouve encore aujourd'hui, quelques sarcophages antiques, l'un desquels, qui est fort beau, a servi de tombe à Béatrix, mère de la célèbre comtesse Mathilde. On y voit une chasse d'Hippolyte, fils de Thésée. Il faut que ce bas-relief ait été traité originairement par quelque grand maître de l'antiquité, car je l'ai retrouvé à Rome sur plusieurs urnes antiques. Nicolas eut l'idée d'imiter ces figures en tous points, et véritablement il se forma un style qui a beaucoup de rapports avec celui des bonnes statues antiques, surtout dans les airs de têtes et dans la manière de rendre les draperies.

Dès l'an 1231, il avait fait à Bologne le tombeau (*urna*) de saint Dominique, d'après lequel, comme d'un ouvrage étonnant, il fut appelé Nicolas *dall' Urna*. On reconnaît le peuple né pour les arts. Son talent brilla plus encore dans le jugement dernier qu'il fit pour la cathédrale d'Orvietto, et dans les bas-reliefs de la chaire de Saint-Jean, à Pise. Ses ouvrages, reçus avec enthousiasme dans toute l'Italie, répandaient les idées nouvelles. Il mourut vers 1275.

Faut-il dire qu'il resta loin de l'antique? Ses figures trop courtes, ses compositions confuses par le grand nombre de personnages, montrent plutôt le travail que le succès du travail. Mais Nicolas Pisano a le premier imité l'antique. Par ses bas-reliefs d'Orvietto et de Pise, qui ont été gravés, les amateurs de tous les pays peuvent juger des progrès qu'il fit faire au dessin, à l'invention et à la composition [1].

[1] Voir dans M. Dagincourt la planche XXXIII de la huitième livraison, mais ne voir que la gravure. Dans les choses où il faut d'abord VOIR, puis JUGER, il est plus court de suivre aveuglément un seul auteur ; quand on l'entend bien nettement, un beau jour on le détrône, et l'on prend la

CHAPITRE III.

PREMIERS SCULPTEURS.

Il forma à la sculpture Arnolfe Fiorentino, auteur du tombeau de Boniface VIII à Saint-Pierre de Rome, et son fils, Jean Pisano, qui fit le tombeau de Benoît IX à Pérouse. Ce fils travailla à Naples et dans plusieurs villes de Toscane; mais son ouvrage le plus remarquable est le grand autel de Saint-Donat d'Arezzo, qui coûta trente mille florins d'or.

Jean Pisano eut pour compagnon à Pérouse, et peut-être pour élève, un André Pisano, qui, s'étant ensuite établi à Florence, orna de statues la cathédrale et l'église de Saint-Jean. On sait qu'il employa vingt-deux ans à faire une des trois portes de bronze par lesquelles on entre dans ce baptistère célèbre. Il a mérité cette louange, que c'est en étudiant les bas-reliefs qui couvrent cette porte que les artistes ses successeurs sont parvenus à faire les deux autres, que Michel-Ange appelait les portes

résolution de regarder comme fausse chacune de ses assertions, jusqu'à ce qu'on les ait lues dans la nature. Parvenu à ce point, on peut ouvrir sans inconvénient les auteurs approuvés. La chasse d'Hippolyte se trouve aujourd'hui au Campo-Santo, cimetière célèbre de la ville de Pise, dont la terre a été apportée de Jérusalem (1189). Ce Campo-Santo, restauré en dernier lieu, ressemble à un joli petit jardin carré long, environné des quatre côtés par un portique assez élégant. Les peintures sont sur le mur au fond du portique qui enclôt le jardin; on y voit, à côté de la chasse d'Hippolyte, le marbre de l'aimable Pignotti et celui d'Algarotti, élevé par Frédéric II. Carlo Lasinio a gravé les fresques.

Nicolas était un de ces hommes faits pour changer les idées de tout un peuple; c'est lui qui donna le premier choc à la barbarie : il fut excellent architecte. Voir l'immense édifice du Santo, à Padoue; à Florence, l'église de la Trinité, que Michel-Ange appelait sa maîtresse; à Pise, le singulier clocher des Augustins, octogone au dehors, circulaire en dedans; il sut corriger la mobilité du terrain en enfonçant des pieux.

Comparer aux ouvrages de Nicolas la porte de Pise, celle de Sainte-Marie à Montréal, qu'on attribue à Bonanno Pisano. Sur ces antiquités, on peut consulter Martini, Moronna, le père del Giudice, Cicognara.

du paradis. Il est impossible, en effet, de rien voir de plus agréable que celle qui fait face au dôme. C'est un ouvrage plein de grâce, et dont la porte de bronze, qui était à l'ancien musée Napoléon, dans la salle du Nil, ne peut donner aucune idée.

André fonda l'école célèbre qui produisit Donatello et Ghiberti.

Après André Pisano vient Balducci de Pise; c'est un des sculpteurs les plus remarquables du siècle. Castruccio, ce grand homme, tyran de Lucques, et Azzone Visconti, seigneur de Milan, l'employèrent à l'envi; mais c'est dans cette dernière ville qu'il a le plus travaillé. Le voyageur ne doit pas négliger le tombeau de saint Pierre, martyr, à Saint-Eustorge; il y verra ce que l'art avait encore produit de mieux à cette époque (1339).

Deux artistes de Sienne sortirent de l'école de Jean Pisano. Agnolo et Agostino étaient frères. Ce sont eux qui exécutèrent, sur les dessins de Giotto, le singulier tombeau de Guido, évêque d'Arezzo, où l'on trouve des bas-reliefs et un si grand nombre de petites statues représentant les principaux exploits de ce prélat guerrier. Ils travaillèrent beaucoup à Orvietto, à Sienne, en Lombardie.

La mosaïque suivait la sculpture, et la gloire en est encore à un Toscan, le moine Mino da Turita.

CHAPITRE IV.

PROGRÈS DE LA MOSAÏQUE.

Que Rome ait eu une école de mosaïque dès le onzième siècle, peu importe à la gloire de la Toscane, si Turita a également surpassé les ouvriers romains et ceux de Constantinople. En voyant ses ouvrages à Sainte-Marie-Majeure, on a peine à se persuader qu'ils soient d'un siècle encore si barbare.

CHAPITRE V.

PREMIERS PEINTRES.

Pour la peinture, elle restait bien loin de la mosaïque, et surtout de la sculpture. L'antiquité n'avait pas laissé de modèle.

Probablement, dès le temps des Lombards, Florence avait élevé son baptistère sur les ruines d'un temple de Mars. Sous Charlemagne, on bâtit l'église de Sant'Apostolo. Cet édifice, pur de la barbarie gothique, a mérité de servir de modèle à Brunelleschi, qui, à son tour, fut imité par Michel-Ange. En 1013, les Florentins rebâtirent l'église de San-Miniato. Il y a dans les arceaux, dans les corniches, dans les autres ornements, une imitation bien décidée de l'antique.

En 1063, les Pisans, fiers de leurs richesses et de leurs mille vaisseaux, voulurent élever le plus grand monument dont on eût jamais ouï parler. Ils amenèrent de Grèce un architecte et des peintres. Il fallut invoquer le secours de tous les arts. Les masses énormes à élever, les sculptures, les vastes mosaïques, tout indique que ce grand édifice fut un centre d'activité pendant le reste du onzième siècle. Tout encore y est barbare. Mais la grandeur matérielle de la chose exécutée donne, malgré soi, une partie du plaisir des beaux-arts. Cette grande entreprise réveilla la Toscane. Le feu sacré fut alimenté par la construction de l'église de Saint-Jean, de la tour penchée et du Campo-Santo.

Au milieu de cette activité de l'architecture, les peintres venus de Grèce firent des élèves sans doute; mais ils ne purent montrer que ce qu'ils savaient eux-mêmes; et la science qu'ils apportèrent en Italie était bien peu de chose, à en juger du moins par un parchemin que l'on conserve à la cathédrale de Pise, et sur lequel est écrit l'hymne du samedi saint. Il y a de temps en temps, entre les versets, des miniatures représentant des animaux ou des plantes. Les amateurs de la vénérable antiquité croient ce parchemin du commencement du douzième siècle. Ils admirent encore à Pise quelques tableaux du même temps et du même mérite. Ce sont, pour la plupart, des madones qui portent Jésus dans le bras droit. Le chef-d'œuvre de ces Grecs, auxquels j'ai honte de donner un si beau nom, est une vierge peinte sur bois dans la petite ville de Camerino. Elle ressemble assez aux peintures grecques que nous trouvâmes en 1812 à Smolensk et à Moscou. Il paraît que, chez les Grecs modernes, l'art n'est pas sorti du simple mécanisme. C'est que leur civilisation n'a pas fait un pas depuis les croisades. Il est bien vrai que, depuis quelque temps, ils se font savants; mais le cœur est toujours bas [1].

On cite en Toscane le nom d'un peintre qui vivait vers l'an 1210. Le mieux conservé des ouvrages de Giunta Pisano se trouve dans l'église des Anges à Assise : c'est un Christ peint sur une croix de bois. Aux extrémités des branches de la croix on aperçoit la mère de Jésus et deux autres demi-figures. Ces figures sont plus petites que nature; le dessin en est horriblement sec, les doigts extrêmement longs. Toutefois il y a une expression de douleur dans les têtes, une manière de rendre les plis des draperies, un travail soigné dans les parties nues, qui l'emportent de beaucoup sur la pratique des Grecs de ce temps-là. Les couleurs sont bien empâtées et bien fondues. La couleur des chairs tire sur le bronze; mais, en général, les teintes sont distribuées avec art; on aperçoit quelques traces de la science des clairs et des obscurs, et le tout ensemble n'est inférieur que dans la proportion aux crucifix entourés de demi-figures qu'on attribue à Cimabue [2].

Il y a quelques fresques de Giunta dans l'église supérieure de Saint-François, à Assise; c'est un ouvrage qu'il fit de compagnie avec des peintres grecs. Il est encore possible de distinguer plusieurs sujets, entre autres le crucifiement de saint Pierre. On dit qu'une main indiscrète a retouché ces fresques. C'est une excuse pour les incorrections du dessin; mais les partisans de Giunta sont plus embarrassés pour le coloris, qui est d'une extrême faiblesse. Ils veulent que son école ait propagé les arts en Toscane. Il mourut, jeune encore, vers 1240.

Les gens d'Assise montrent en même temps que ces fresques le plus ancien portrait de saint François. Il est peint sur la planche même qui servit de lit au saint jusqu'à sa mort. C'est l'ouvrage de quelque Grec antérieur à Giunta.

[1] Voyage de Norht-Douglas, Londres, 1813. Il aura tort dans cinquante ans, si les élections sont libres aux Sept-Iles.

[2]

Cimabue.	né en 1240	mort en 1300.
Giotto.	1276	1336.
Masaccio.	1401	1443.
Ghirlandajo.	1451	1495.
Leonardo da Vinci.	1452	1519.

CHAPITRE VI.

SUITE DES PREMIERS PEINTRES.

La révolution que nous venons de voir en Toscane (1230), et il fallait bien la suivre quelque part, s'opérait presque en même temps dans le reste de l'Italie. Partout des citoyens riches, après avoir secoué les chaînes féodales, demandaient aux arts des productions nouvelles. La piété voulait des madones, et la vanité des tombeaux.

Depuis longtemps chaque ville avait des ouvriers en miniature pour les livres de prières. Il paraît qu'à cette époque plusieurs de ces ouvriers s'élevèrent jusqu'à peindre les murs des églises, et même des tableaux sur bois.

Ce qu'il y a de prouvé, c'est qu'en 1221 Sienne avait son *Guido*, qui s'était déjà un peu écarté de la sécheresse des Grecs. Lucques avait, en 1235, un Bonaventure Berlingieri, duquel on trouve un Saint François dans le château de Guiglia, près de Modène [1].

Arezzo fait valoir son Margaritone, élève et imitateur des Grecs, qui paraît être né plusieurs années avant Cimabue. Il peignit sur toile, et fut, dit-on, le premier à trouver le moyen de rendre les tableaux plus durables et moins sujets aux fentes. Il étendait sur des tables de bois une toile qu'il y unissait par une colle fabriquée avec des morceaux de parchemin, et, avant de peindre sur cette toile, il la couvrait d'une couche de plâtre. Ce procédé le conduisit à faire en plâtre, et en relief, les diadèmes et les autres ornements qu'il plaçait sur la tête de ses saints. Il trouva même le secret d'appliquer l'or sur ces ornements, et de le brunir ; ce qui parut le comble de l'art. On voit

[1] Comme dans ce siècle Sienne était libre, du moins par les sentiments, ses artistes méritent d'être nommés immédiatement après ceux de Florence. Les savants diront : Voilà bien l'esprit de système et la manie de tout voir dans la liberté. Mais les philosophes savent que l'esprit humain est une plante fort délicate que l'on ne peut arrêter dans une de ses branches sans la faire périr.

un de ses crucifix à Santa-Croce, église que vous verrez avec plaisir à Florence. C'est là que reposent Alfieri, Galilée, Michel-Ange et Machiavel.

Florence cite, vers l'an 1236, un Bartolomeo. C'est probablement l'auteur de ce fameux tableau qu'on révère à l'église des Servites, plus connue, à cause de lui, sous le nom de la *Nunziata*. Les moines avaient chargé Bartolomeo de peindre l'Annonciation. Il se tira fort bien de la figure de l'ange; mais, quand il en fut à la Vierge, il désespéra de trouver l'air séraphique indispensable ici. Le bonhomme s'endormit de fatigue. Dès qu'il eut les yeux fermés, les anges ne manquèrent pas de descendre du ciel, peignirent sans bruit une tête céleste en tous points, et, en s'en allant, tirèrent le peintre par la manche. Il voit son ouvrage fait, il crie au miracle. Ce cri fut répété par toute l'Italie, et valut des millions aux Servites. De nos jours, un maudit philosophe, nommé Lami, s'est avisé de discuter le miracle. Les moines voulurent l'assassiner. Il s'échappa à grand'peine. Mais la Vierge, pour se venger d'une manière plus délicate et moins usitée, s'est contentée de se rendre laide aux yeux des profanes, qui ne trouvent plus qu'une grossière figure, très-digne de Bartolomeo, et un peu retouchée dans la draperie [1].

On ne peut nier que Venise n'ait eu des peintres dès le commencement du douzième siècle, et qu'ils n'aient été en assez grand nombre [2] pour former une confrérie; par bonheur, leurs ouvrages n'existent plus.

[1] Les murs de cette chapelle, quoique tout d'agate et de calcédoine, sont recouverts, de haut en bas, de bras, de jambes et autres membres d'argent qu'y ont consacrés ceux qui ont reçu la grâce d'être estropiés. En France, nous nous contentons de porter des têtes sur des brancards; dans le reste de l'Italie, ils portent des madones; mais ici ils n'en font pas à deux fois, ils portent le maître-autel de la chapelle tout brandi (de Brosses, 1740). En 1805, on imprimait encore, dans la *Guida* de Florence, que les miracles continuaient chaque jour. Au reste, le nord n'a pas le droit de se moquer de la superstitieuse Italie. Dans l'évêché de Bâle, on vient d'excommunier (novembre 1815) les souris et les rats, convaincus d'avoir causé de notables dommages. (Note de sir W. E.)

[2] Zanetti.

Le mouvement qui faisait désirer plus de perfection dans les arts était général, et Florence, quoi qu'elle en dise, n'a point la gloire d'avoir seule produit des peintres dans ces temps reculés. Mais les premiers gens à talent sont nés dans une république où l'on pouvait tout dire, et qui avait déjà produit Pétrarque, Boccace et le Dante.

Ce qu'on peut apporter de mieux devant les ouvrages de l'art, c'est un esprit naturel. Il faut oser sentir ce que l'on sent. Ceci n'est à l'usage ni des provinciaux, ni des écrivains d'Italie qui mettent un patriotisme furieux dans l'histoire de la peinture. De propos délibéré, ils en ont embrouillé les premières époques[1]; pour moi, dans cette ligue générale formée par des hommes de tous les pays pour approcher de la perfection, une douce illusion m'a fait voir des concitoyens dans tous ceux qui ont du génie. J'ai cru que les barbouilleurs seuls n'avaient pas droit de cité.

Je puis avoir tort; mais ce que je dirai de Cimabue, de Giotto, de Masaccio, je l'ai senti réellement devant leurs ouvrages, et je les ai toujours vus seul. J'ai en horreur les *cicerone* de toute espèce. Trois ans de mon exil ont été passés en Toscane, et chaque jour fut employé à voir quelque tableau.

Aujourd'hui que j'ai visité une quantité suffisante de tableaux de Cimabue, je ne ferais pas un pas pour les revoir. Je les trouve déplaisants. Mais la raison me dit que sans Cimabue nous n'aurions peut-être jamais eu l'aimable André del Sarto, et je ferais vingt lieues avec plaisir pour voir une seconde *Madona del Sacco*[2].

Le magnétisme me servira d'exemple. On dit ses adeptes fort ridicules; du moins on nous fait rire à leurs dépens, ce dont je suis fort aise. Il n'en est pas moins possible que, d'ici à un siècle ou deux, le magnétisme conduise à quelque découverte admirable; et si alors un oisif s'amuse à en faire l'histoire, il faudra bien qu'il parle de nos magnétiseurs ridicules, et qu'en avouant qu'il n'aurait pas voulu être leur patient, il rende pour-

[1] Baldinucci, Vasari, le père della Valle, etc.

[2] Fresque de Florence, gravée par Raphaël Morghen et Bartolozzi.

tant justice aux progrès que chacun d'eux aura fait faire à la science.

CHAPITRE VII.

CIMABUE.

Jean Cimabue naquit à Florence en 1240; il est probable que ses maîtres furent des peintres grecs. Son génie fut de vaincre cette première éducation, et d'oser consulter la nature. Un de ses premiers ouvrages, la Sainte Cécile qui est à Saint-Étienne de Florence, montre déjà le germe du talent qui plus tard devait briller dans Assise.

Le grand événement de sa vie fut la *Madone entourée d'anges*, qui se voit encore à la chapelle des Ruccelaï à Santa-Maria-Novella. Le peuple fut si frappé de ces figures colossales, les premières qu'il eût vues, qu'il transporta le tableau de l'atelier du peintre à l'église à son de trompe, toutes les bannières déployées, et au milieu des cris de joie et d'un concours immense.

Peu auparavant, ce même tableau avait donné le nom de Borgo-Allegri à un hameau voisin. Le duc d'Anjou, roi de Naples, et frère de saint Louis, étant venu à Florence se mêler des troubles de la république, parmi les fêtes que lui firent les magistrats ils eurent l'idée que l'atelier du plus grand peintre connu pourrait exciter la curiosité du prince. Comme le tableau était tenu caché par Cimabue [1] avec beaucoup de jalousie, tout Florence profita de la visite du roi pour en jouir. Il se réunit tant de monde, et cette fête imprévue se trouva si gaie, que, de ce moment, le petit assemblage de maisons au milieu des jardins où Cimabue avait son atelier prit le nom de Borgo-Allegri [2].

On ne peut guère louer ce plus ancien des peintres qu'en in-

[1] On prononce Tchi-ma-bou-é.

[2] Voir les mœurs républicaines de cette époque de gloire et bonheur dans le Dante :

Fiorenza dentro delle cerchia antiche, etc.

diquant les défauts qu'il n'a pas. Son dessin offre un moins grand nombre de lignes droites que celui de ses prédécesseurs ; il y a des plis dans les draperies ; on aperçoit une certaine adresse dans sa manière de disposer les figures, quelquefois une expression étonnante.

Mais il faut avouer que son talent ne le portait pas au genre gracieux ; ses madones manquent de beauté, et ses anges dans un même tableau présentent toujours les mêmes formes. Sévère comme le siècle dans lequel il vécut, il réussit dans les têtes d'hommes à caractère, et particulièrement dans les têtes de vieillards. Il sut marquer dans leur physionomie la force de la volonté et l'habitude des hautes pensées. Dans ce genre, les modernes ne l'ont pas surpassé autant qu'on le croirait d'abord. Homme d'une imagination hardie et féconde, il essaya le premier les sujets qui exigent un grand nombre de figures, et dessina ces figures dans des proportions colossales.

Les deux grandes madones que les curieux vont voir à Florence, l'une chez les Dominicains, l'autre à l'église de la Trinité, avec ces figures de prophètes où l'on reconnaît des ministres du Tout-Puissant, ne donnent pas une idée aussi complète de son talent que les fresques de l'église supérieure d'Assise.

Là, il paraît admirable pour son siècle. Les figures de Jésus et de Marie qui sont à la voûte conservent, à la vérité, quelque chose de la manière grecque ; mais d'autres figures d'évangélistes et de docteurs, qui, assis en chaire, expliquent les mystères de la religion à des moines franciscains, montrent une originalité de style et un art de disposer toutes les parties, pour qu'elles produisent le plus grand effet, qui, jusqu'à lui, n'avait été atteint par personne. Le coloris est vigoureux, les proportions sont colossales, à cause de la grande distance où les figures sont placées, et non pas mal gardées par ignorance : en un mot, la peinture ose tenter, pour la première fois, ce qui jusque-là n'avait été entrepris que par la mosaïque.

La réputation de Cimabue le fit appeler à Padoue. Un incendie, en détruisant l'église del Carmine, nous a privés de ses ouvrages.

Il mourut en 1300. Il avait été architecte et peintre.

Tout ce qu'on sait de son caractère, c'est qu'il fut d'une hauteur singulière. S'il découvrait un défaut dans un de ses ouvrages, quelque avancé qu'il fût, il l'abandonnait pour jamais. L'histoire de sa réputation est dans ces trois vers du Dante :

> Credette Cimabue nella pittura
> Tener lo campo, ed ora ha Giotto il grido,
> Sì, che la fama di colui oscura [1].
>
> (*Purg.*, chap. XI.)

On montre son portrait à la chapelle des Espagnols dans le cloître de Santa-Maria-Novella [2].

CHAPITRE VIII.

GIOTTO.

Cimabue avait rendu assez heureusement le *fier* et le *terrible*. Giotto, son élève, fut destiné par la nature à être le peintre des grâces; et si Cimabue est le Michel-Ange de cette époque, Giotto en est le Raphaël. Il naquit à la campagne, non loin de Florence; il était simple berger. Tandis qu'il gardait son troupeau, Cimabue l'observa qui dessinait une de ses brebis avec une

[1] Cimabue crut avoir saisi le sceptre de la peinture; Giotto maintenant a tous les honneurs et fait oublier son maître.

[2] Je ne pense pas qu'il y ait des tableaux de Cimabue en France, sans quoi on pourrait se donner un petit plaisir en ouvrant la *Biographie* Michaud; on y voit que « Cimabue sut indiquer aux peintres qui devaient lui succéder les *Éléments du beau idéal*. . . . . . . Que rien ne rappelle mieux les célèbres peintures de l'antiquité que celles de Cimabue; qu'on pourrait considérer son talent comme le chaînon qui lie la peinture antique avec la peinture moderne. » Mais il faut être juste; tout ce mérite n'appartient pas à Cimabue : « Ses maîtres lui indiquèrent, d'après une *ancienne tradition*, les mesures et les proportions que les artistes de la Grèce avaient consacrées dans l'imitation des formes humaines. »

La *Biographie* ne borne pas là ses générosités envers le rénovateur du beau idéal : elle le fait vivre jusqu'en 1310; et, à sa considération, accorde un sénat à la ville de Florence.

pierre coupante sur une ardoise. Charmé de ce dessin, il le demanda sur-le-champ à son père, et l'emmena à Florence, se flattant de donner à la peinture un véritable artiste.

D'abord le berger imita son maître, qu'il devait bientôt surpasser. Les pères de l'Abbaye ont une Annonciation qui est de ses premiers ouvrages. Son génie perce déjà; le style est encore sec, mais on trouve une grâce toute nouvelle.

Il fut aussi sculpteur; vous savez quels avantages se prêtent ces deux arts si voisins, et combien ils agrandissent le style de qui les possède à la fois.

Il y avait des marbres antiques à Florence, ceux de la cathédrale. Ils étaient connus par le cas qu'en avaient fait Nicolas et Jean Pisano; et il n'est guère probable que Giotto, à qui la nature avait donné un sentiment si vif pour le beau, ait pu les négliger. Quand on voit dans ses tableaux certaines têtes d'hommes dans la force de l'âge, certaines formes vigoureuses et carrées, si différentes des figures grêles et allongées des peintres ses contemporains, certaines attitudes qui, sur l'exemple des anciens, respirent une noble tranquillité et une retenue imposante, on a peine à croire qu'il n'ait pas su voir l'antique. Où aurait-il pris cette manière de couper ses draperies par des plis rares, naturels, majestueux? Ses défauts même décèlent la source de son talent. L'école de Bologne a dit de ses figures qu'elles ne sont que des statues copiées. Ce reproche, qui fixe dans la médiocrité toute une grande école moderne, était alors le plus flatteur des éloges.

CHAPITRE IX.

SUITE DE GIOTTO.

Les premières fresques qu'il peignit à Assise à côté des fresques de son maître font voir de combien il le surpassait déjà. En avançant dans cet ouvrage qui représente la vie de saint François, il va croissant en correction. Arrivé aux dernières scènes de cette singulière vie, le voyageur remarque avec plaisir un lessin varié dans les traits du visage, des extrémités plus soignées, une plus grande vivacité dans les airs de tête, des mouvements plus ingénieux donnés aux figures, des paysages plus naturels. Ce qui frappe surtout dans cette suite de tableaux, c'est l'art de la composition, où l'on voit que tous les jours Giotto faisait des progrès, et où, malgré le siècle où il a vécu, le surpasser semble presque impossible. J'admire la hardiesse de ses accessoires. Il n'hésita point à transporter dans ses fresques les grands édifices que ses contemporains élevaient de toutes parts, et à leur conserver ces brillantes couleurs bleues, rouges, jaunes, ou d'une éclatante blancheur, alors si fort à la mode. Il eut le sentiment de la couleur.

Aussi ses fresques d'Assise arrêtent-elles les yeux du savant comme de l'ignorant. C'est là que se trouve cet homme dévoré par la soif, qui se précipite vers une source qu'il découvre à ses pieds. Raphaël, le peintre de l'expression, n'aurait pas ajouté à celle de cette figure. Que si l'on descend dans l'église souterraine, où il y a encore des ouvrages de Giotto, l'on verra, ce me semble, ce qu'il a fait de mieux. Il y donna le premier exemple de la peinture allégorique dans un Saint François qui s'éloigne du vice, et qui suit la vertu.

Les savants retrouvent dans ces fresques le style des bas-reliefs de Nicolas Pisano. Il est tout simple que Giotto les ait étudiés; et la peinture, encore au berceau, incapable de perspective aérienne, incapable de clair-obscur, ne perdait presque rien à suivre les pas de sa sœur.

CHAPITRE X.

ÔTER LE PIÉDESTAL.

Pour être juste envers cet homme rare, il faut regarder ses prédécesseurs. Ses défauts sautent aux yeux; son dessin est sec; il a soin de cacher toujours sous de longues draperies les extrémités de ses figures, et il a raison, car il s'en tire fort mal. Au total, ses tableaux ont l'air barbare.

Il n'est pas un de nos peintres qui ne se sente une immense supériorité sur le pauvre Giotto. Mais ne pourrait-il pas leur dire :

Sans moi, qui suis si peu, vous seriez moins encore.

(BOURSAULT.)

Il est sûr que, quand un bourgeois de Paris prend un fiacre pour aller au spectacle, il est plus magnifique que les plus grands seigneurs de la cour de François Ier. Ceux-ci, par les pluies battantes de l'hiver, allaient à la cour à cheval, avec leurs femmes en croupe, au travers des rues non pavées, qui avaient un pied de boue et pas de réverbères. Faut-il conclure que le connétable de Montmorency ou l'amiral Bonnivet étaient des gens moins considérables dans l'État que le petit marchand de la rue Saint-Denis?

Je conçois bien que l'on n'ait pas de plaisir à voir les œuvres de Giotto. Si l'on dit : « Que cela est laid! » on peut avoir raison; mais si l'on ajoute : « Quel peintre pitoyable! » on manque de lumières.

CHAPITRE XI.

SUITE DE GIOTTO.

Giotto, admiré sans réserve par ses contemporains, fut appelé dans toute l'Italie; ses tableaux sont des scènes de l'Évangile, qu'il ne se faisait pas scrupule de répéter, presque de la même manière, en des lieux différents. Une certaine symétrie qui plaît à l'amateur éclairé, et surtout un dessin moins anguleux, et un coloris plus moelleux que chez ses rudes prédécesseurs, les distinguent facilement. Ces mains grêles, ces pieds en pointe, ces visages malheureux, ces yeux effarés, restes de la barbarie apportée de Constantinople, disparaissent peu à peu. Je trouve que ses ouvrages plaisent d'autant plus qu'ils sont de moindre dimension.

Par exemple, les petites figures de la sacristie du Vatican

nt des miniatures pleines de grâce; et ce qui manquait surut aux arts avant lui, c'est la grâce. Quelque sauvages que ient les hommes, on peut leur faire peur, car ils ont éprouvé souffrance; mais, pour qu'ils fassent attention à ce qui n'est ie gracieux, il faut qu'ils connaissent le bonheur d'aimer.

Giotto sut exprimer beaucoup de petites circonstances de la iture peu dignes des scènes graves où il les introduisait; mais était la nature.

On peut dire qu'il fut l'inventeur du portrait. On lui doit ene autres ceux du Dante, son ami. Quelques peintres avaient ien cherché la ressemblance avant lui; mais le premier il réust. Il était architecte. Le fameux clocher de la cathédrale de lorence fut élevé sur ses dessins. C'est réellement une tour ès-remarquable. Quoique un peu gothique, elle donne sur-lehamp l'idée de la richesse et de l'élégance. Elle est isolée de église, et se trouve dans l'endroit le plus fréquenté de la ville, ortune qui manque à beaucoup de monuments admirables.

Giotto voyagea toute sa vie. A peine de retour d'Assise, Boniice VIII le fit venir à Rome, où il eut une nouvelle occasion de oir l'antique.

Avignon étant devenu la résidence des papes, Clément V l'apela en France. Avant d'y aller, il s'arrêta dans Padoue. De reour en Italie, après huit années d'absence, les princes, ou du ioins ceux qui aspiraient à le devenir, semblèrent se le isputer.

Chaque ville avait quelque famille puissante qui ambitionnait le ouvoir suprême, et ces familles, profitant de la sensibilité du euple, en embellissant leur patrie, cherchaient à l'asservir. 'est cette politique qui rendit si brillante la carrière de Giotto. es Polentini de Ravenne, les Malatesti de Rimini, les Este de 'errare, les Castruccio de Lucques, les Visconti de Milan, les cala de Vérone, firent tout au monde pour l'avoir quelque emps à leur service.

Le roi Robert le fit venir à Naples, et le combla de distincions. Ce roi, qui était homme d'esprit, encourageait Giotto, qui passait pour avoir la repartie la plus brillante de l'Italie. Mais il faut de l'indulgence pour l'esprit de ce temps-là.

Un jour, par une chaleur accablante, — « Si j'étais à ta place, dit le roi, je me donnerais un peu de relâche. — Et moi aussi, si j'étais roi.

— Puisque rien n'est impossible à tes pinceaux, peins-moi mon royaume. » Quelques instants après, le roi revient à l'atelier, et Giotto lui présente un âne revêtu d'un bât fort usé, et flairant avec l'air de la stupidité et du désir un bât tout neuf qui est à ses pieds. Toute l'Italie rit de cette caricature qui plaisantait les Napolitains sur l'empressement qu'on eut toujours à Naples pour changer de souverain.

CHAPITRE XII.

LA BEAUTÉ MÉCONNUE.

Giotto fut l'homme sur qui le quatorzième siècle eut les yeux, comme Raphaël fut le modèle du seizième siècle, et les Carrache du dix-septième.

On a dit : « Le sublime est le son d'une grande âme ; » on peut dire avec plus de vérité : « La beauté dans les arts est l'expression des vertus d'une société[1]. »

Les Toscans, si enflammés pour la peinture, trouvèrent tout à coup sous leurs pas, au plus fort de leur passion, des modèles de la beauté parfaite (1280). Cette découverte flattait l'amour-propre ridicule, quoique fondé, qu'on mit toujours en ce pays aux titres de noblesse de la nation. Tout cela ne fut d'aucun poids. La beauté la plus pure passa sous leurs yeux sans être reconnue, et ils quittèrent des figures qu'on dirait dessinées par Raphaël pour les tristes mannequins des Giotto et des Cimabue.

On trouve dans la bibliothèque Riccardi, à Florence, un manuscrit qui porte la date de 1282. L'auteur est Ristoro d'Arezzo. Il raconte que l'on venait de découvrir dans son pays une grande

[1] Comme il n'y a pas de bonheur sans la santé, il n'y a pas de beauté sans les vertus sociales ; mais le courant des mœurs rejette ce qu'il n'a pas donné.

uantité de vases *étrusques*. Le fait est si curieux, que je vais raduire littéralement quelques-unes de ses phrases.

« Les vases sont formés d'une terre si fine, qu'on dirait de la ire; leur forme est parfaite... Sur ces vases furent dessinées outes les générations des plantes, des feuilles et des fleurs, et ous les animaux qu'on peut imaginer... Ils les ont faits de deux ouleurs, azur et rouge; mais le plus grand nombre est rouge. es couleurs sont luisantes et très-fines; elles n'ont pas de corps; lles sont si parfaites que leur séjour sous terre ne les a nullenent altérées. De mon temps, toutes les fois que l'on creusait les fondations dans la ville (Arezzo), ou a deux milles à l'enour, on trouvait une grande quantité de ces morceaux de vases evêtus de couleurs si brillantes, qu'ils semblaient faits de la eille. Sur l'un on trouvait sculptée (*dessinée*) une image maire, sur l'autre une image du plus heureux embonpoint; l'une iait et l'autre pleurait; l'un était mort et l'autre vif; l'un était ieux et l'autre jeune; l'un était nu et l'autre vêtu; l'un armé et 'autre sans armes; l'un à pied et l'autre à cheval. On y voyait les batailles et des escarmouches dont tous les détails étaient admirables. Le dessin était si parfait que l'on connaissait si le emps était serein ou obscur, si la figure était vue de loin ou le près. On distinguait les montagnes, les vallons, les fleuves, es forêts, etc. Il y avait des esprits volants dans les airs sous la orme de jeunes garçons nus. »

L'auteur peint l'étonnement des spectateurs qui refusaient de croire ces vases un ouvrage d'homme. L'extase, le ravissement sont exprimés de toutes les manières; et je ne crois pas ce manuscrit une fraude pieuse des Florentins [1].

[1] Gio. Villani, Attilio Alessi, les manuscrits de Francesco Rossi.

LIVRE DEUXIÈME

PERFECTIONNEMENT DE LA PEINTURE, DE GIOTTO A LÉONARD DE VINCI (DE 1349 A 1466)

CHAPITRE XIII.

CIRCONSTANCES GÉNÉRALES.

Après avoir rempli l'Italie de ses élèves, et, pour ainsi dire, terminé la révolution des arts, Giotto mourut en 1336. Il était né à Vespignano, près Florence, soixante ans auparavant. Le nom de Giotto, suivant la coutume, n'était que l'abrégé du nom de baptême Ambrogiotto. Sa famille s'appelait Bondone.

Dans les arts, quand l'homme est mécontent de son ouvrage, il va du *grossier* au moins grossier, il arrive au *soigné* et au *précis;* de là il passe au *grand* et au *choisi*, et finit par le *facile*. Telles furent chez les Grecs la marche de l'esprit humain et l'histoire de la sculpture.

Giotto réveilla les peintres italiens plutôt qu'il ne fut leur maître. C'est ce que prouve du reste le dôme[1] d'Orvietto, l'ouvrage le plus remarquable peut-être des premières années du quatorzième siècle. On y appela des peintres fort étrangers à Florence, apparemment sur leur réputation. Cette vérité est confirmée par les anciennes peintures de Pise, de Sienne, de Venise, de Milan, de Bologne, etc. Ce sont d'autres idées, un autre choix

[1] *Dôme*, en Italie, veut toujours dire *cathédrale*.

de couleurs, un autre goût de composition; donc, tout ne vient pas de Florence [1].

Après la mort de Giotto, cette grande ville fut inondée d'un nombre prodigieux de peintres. Leurs noms n'existent plus que dans les registres d'une compagnie de Saint-Luc qu'ils formèrent en 1349. A cette parole de l'histoire, Venise se lève tout entière, et fait observer qu'elle avait une semblable réunion dès l'an 1290.

On peignait alors les armoires, les tables, les lits, tous les meubles, et souvent dans la même boutique où on les fabriquait. Aussi les peintres étaient-ils peu distingués des artisans; on a même découvert sur d'anciens autels le nom de l'ouvrier en bois placé avant celui du peintre.

Vers la fin du quatorzième siècle, l'architecture se débarrassait du genre gothique ou allemand. Les ornements des autels devenaient moins barbares. On y avait placé jusqu'alors des tableaux, en forme de carré long, divisés en compartiments par de petites colonnes sculptées en bois, qui figuraient la façade d'un édifice gothique. Il y a plusieurs tableaux de cette espèce très-bien conservés au musée de Brera, à Milan. Les saints ont toujours de tristes figures; mais on trouve des têtes de vierges qui seraient aujourd'hui de charmantes miniatures. A Paris, le tableau de

[1] Si l'on veut savoir quelles idées remplissaient les têtes, Florence venait de reconquérir sa liberté (1343) sur le duc d'Athènes et sur les nobles, qui, après avoir aidé à chasser le tyran, voulaient lui succéder.

En 1347, une erreur de la nature mit l'âme d'un ancien Romain dans un Italien de Rome. En des jours plus prospères, il eût été l'émule de Cicéron à la tribune et de César dans les combats : il parlait, écrivait, combattait avec la même énergie. *Colà di Rienzo* rétablit la liberté romaine sur la base de la vertu, et voulut faire de l'Italie une république fédérative : c'est l'action la plus considérable qu'aient inspirée les livres de l'antiquité, et *Rienzo*, l'un des plus grands caractères du moyen âge, et auquel les modernes n'ont rien à opposer *. Il était soutenu par l'amitié de Pétrarque. De nos jours, un Anglais méprisable ** l'a nommé *séditieux*.

* Voir son histoire par Thomas Fiortifiora.

** Robertson.

Raphaël (numéro 1126) peut donner une idée de ce genre d'ornement qu'on appelait *ancone*[1].

Peu à peu on supprima les petites colonnes, on agrandit les figures, et voilà l'origine des tableaux d'autels. Ce ne furent d'abord que des ornements préparés dans la boutique de l'ouvrier en bois, où il ménageait quelques petites places pour les couleurs du peintre. De là, l'usage ancien de peindre plutôt sur bois que sur toile; de là, la malheureuse habitude de mettre ensemble plusieurs saints qui ne concourent point à une même action, qui n'ont rien à se dire, qui sont censés ne pas se voir.

Les femmes des Druses et des peuplades les plus civilisées de la Syrie n'ont point recours, pour se parer, aux perles de l'Arabie, leur voisine, ou aux anneaux de diamants; elles rassemblent tout simplement un certain nombre de sequins de Venise; elles percent la pièce d'or pour l'attacher à une chaîne, et c'est toute la façon des colliers et des diadèmes. Plus la chaîne a de sequins, plus on est paré. Telle femme druse va au bain chargée de deux à trois cents ducats d'or effectif. C'est que chez ces peuples l'idée du *beau* n'est pas encore séparée de l'idée du *riche*. Il en est de même dans nos petites villes. Ce que les provinciaux admirent le plus à l'Opéra, c'est les changements de décorations, la richesse, la puissance, tout ce qui tient aux intérêts d'argent ou de vanité qui remplissent exclusivement leurs âmes. Leur grande louange est: *Cela a dû coûter bien cher*[2].

Les Italiens du quatorzième siècle en étaient encore là; ils aimaient à peindre sur un fond d'or, ou au moins il fallait de l'or dans les vêtements et dans les auréoles des saints. Ce métal adoré ne fut banni que vers le commencement du seizième siècle. On trouve encore des ornements figurés avec de l'or en nature, et non avec des couleurs, dans le beau portrait de la Fornarina, l'amie de Raphaël[3], que ce grand homme peignit en 1512, huit ans avant sa mort.

[1] Voyez le règlement rapporté par Zanetti, I, 5.

[2] Les événements de 1814 et 1815 changent peut-être des bourgeois ridicules en citoyens respectables.

[3] A la galerie de Florence; divinement gravé par Raphaël Morghen.

Dans les tableaux on prenait le riche pour le beau, et dans les poëmes le difficile et le recherché. Le naturel paraissait trop aisé [1]. Cela est si loin de nous, que je ne sais si on le sentira.

Il serait injuste, en appréciant les ouvrages des premiers restaurateurs de l'art, d'oublier qu'ils ne possédèrent point celui de peindre à l'huile. Ce procédé commode ne fut apporté à l'Italie qu'en 1420.

Les couleurs détrempées d'eau, dont on se servit jusque-là, font encore l'admiration des connaisseurs. Quel est le peintre qui ne porte envie aux Grecs et aux premiers Italiens, en voyant les piliers de l'église de Saint-Nicolas, à Trévise? Quel sort que celui des Carraches, dont les admirables tableaux, peints seulement il y a deux siècles, n'offrent plus de détails!

La chimie, qui rajeunit les vieilles écritures par l'acide muriatique, ne saurait-elle rajeunir les tableaux des Carraches? J'ose lui adresser cette prière. Les sciences nous ont accoutumés, dans ce siècle, à tout attendre d'elles, et je voudrais que M. Davy lût ce chapitre [2].

[1] Le plus petit marchand a l'idée du *riche*. Que d'idées, que de sentiments surtout ne faut-il pas pour avoir l'idée du naturel, et ensuite du beau!

[2] Ce grand chimiste a donné des expériences sur les couleurs des anciens.

Le 11 mai 1815, la classe des beaux-arts de l'Institut a reçu la communication d'un procédé qui me semble excellent. On peint à l'huile d'olive sur une impression de cire; on vernit avec la même substance et un petit réchaud que l'on promène sur toutes les parties du tableau : la couleur se trouve ainsi entre deux cires; ceci ne force pas le peintre à de nouvelles habitudes.

Cette découverte consolera les grands artistes. Une fatale expérience les a trop convaincus qu'au bout de trois siècles les tableaux n'offrent plus de coloris. Au palais Pitti, un paysage de Salvator Rosa montre combien tous les autres ont changé. Le blanc passe au jaune; les bleus, autres que l'outremer, qui est presque indestructible, tournent au vert; les glacis s'évanouissent. Lorsque l'on transportait sur toile le martyre de saint Pierre, j'ai vu que les couches d'*impression* et de peinture ne sont point *fondues* ensemble, mais *apposées* les unes sur les autres; ainsi chaque couche opère sa retraite isolément, et comme un parquet de bois vert se tourmente plus ou moins, en raison de son épaisseur et de la na-

La forme des lettres employées par les anciens peintres donne un moyen de reconnaître les petites ruses des marchands de tableaux, qui savent mieux l'art de les déguiser que leur histoire; ils ignorent que l'usage des lettres gothiques ne commença qu'après l'an 1200. Le quatorzième siècle les chargea de plus en plus de lignes superflues. Cet usage tint jusque vers 1450; on revint ensuite aux caractères romains.

CHAPITRE XIV.

CONTEMPORAINS DE GIOTTO.

Buffalmacco, plus connu par la célébrité comique qu'il doit à Boccace[1] que par ses œuvres, peignait du temps de Giotto, et ne s'éleva guère au-dessus de son siècle. On trouve tout au plus chez lui quelques têtes d'hommes passables. Les Florentins, qu'il égayait chaque jour par quelque mystification nouvelle, aimaient son talent, et l'employèrent beaucoup. Il vécut gaiement et mourut à l'hôpital. Il eut pour compatriote un certain Bruno di Giovanni, qui, jaloux de l'expression que Buffalmacco mettait dans ses ouvrages, y suppléait d'ordinaire par des mots écrits qu'il faisait sortir de la bouche de ses figures, moyen simple déjà employé par Cimabue. Buffalmacco a plusieurs tableaux au Campo-Santo de Pise. Il y a de la physionomie dans une tête de Caïn. Les noms de Nello, de Calandrino, de Bartholo Gioggi et de Gio da Ponte ont survécu, dit-on, à cette multitude d'ouvriers en couleurs qui remplissaient Florence.

ture particulière de la couleur, l'huile qui se dessèche se *résine*, se fendille, s'écaille, et tombe.

Aussi le *coloris* et le *clair-obscur*, ces deux grandes parties de l'art, qui ne peuvent se calquer, qui se refusent à la patience des gens froids, ne se trouvent-elles presque plus dans nos musées. Les grands peintres reculeraient à la vue de leurs chefs-d'œuvre.

[1] Huitième journée du *Décaméron*; Sachetti, *Nouvelles* CLXI, CXCI et CXCII. Vasari, III, 80.

André Orcagna a paru digne à quelques amateurs de prendre le premier rang après Giotto. Il est sûr que dans le *Paradis* et l'*Enfer*, grandes fresques de la chapelle des Strozzi, à Santa-Maria-Novella, il y a des têtes charmantes, dans le *Paradis* surtout, qui est à gauche en entrant. Ce sont apparemment des portraits de jolies femmes; on lui demandait souvent ces deux sujets si touchants pour les fidèles. Il divise l'enfer en fosses (bolge), d'après le Dante; et, comme ce grand poëte, il ne manque pas de damner ses ennemis; on remarque dans ses fresques de Pise les portraits de deux des plus grands hommes de ce temps: Castruccio et Uguccione della Faggiola. L'architecture lui doit un des changements les plus heureux. C'est lui qui substitua le demi-cercle à la forme pointue des arcs gothiques, et le charmant portique des Lanzi, à Florence, est son ouvrage. Il était temps de laisser les arcs pointus, dont je crois que le premier exemple est au canal du lac Albano [1].

André fut sculpteur: c'était un homme d'une force et d'une bizarrerie d'idées bien rares aujourd'hui. Mais, pour le coloris, l'élégance des formes et la vérité des mouvements, il le cède aux élèves de Giotto [2].

Après une naissance aussi splendide, les arts s'arrêtèrent tout

[1] Construit l'an de Rome 356. Voir *Vulpii Latium vetus*. Cet ouvrage est digne des plus grands rois, et le territoire de Rome ne s'étendait qu'à quelques milles.

On trouve l'histoire de l'architecture gothique depuis les édifices de Subiaco, et la Notre-Dame de Dijon, bâtie par saint Louis, jusqu'au Saint-Laurent de Florence par Brunelleschi, dans la septième livraison de M. Dagincourt.

[2] Il travaillait ordinairement avec un de ses frères, nommé Bernardo; ils eurent pour élèves un Bernardo Nello et Traïni, duquel il y a un tableau curieux à Pise; saint Thomas d'Aquin y est fort ressemblant. On le voit au-dessous du Rédempteur, duquel il reçoit des rayons de lumière, qui, de Thomas, vont se divisant à une foule de docteurs, d'évêques et même de papes. Arrien et d'autres novateurs gisent terrassés aux pieds du saint. Près de lui, Platon et Aristote lui présentent ouvert le livre de leur philosophie. Ce tableau gravé ferait une bonne note pour Mosheim; il montre bien le christianisme devenant une religion, d'un gouvernement qu'il était.

à coup, et pendant quatre-vingts ans. Giotto resta le plus grand peintre jusqu'à ce que Brunelleschi, Donatello et Masaccio vinssent de l'enfance les faire passer à la jeunesse.

Non-seulement il faut des génies, mais encore que l'opinion des contemporains présente le vrai beau à leurs efforts. Boccace et Pétrarque ne sont connus que par ceux de leurs ouvrages qu'ils estimaient le moins. Si Pétrarque n'eût jamais fait de chansons, il ne serait qu'un pédant obscur, sans doute, comme plusieurs des peintres que je nommerai ne sont que de froids copistes.

CHAPITRE XV.

DU GOUT FRANÇAIS DANS LES ARTS.

Si l'on veut faire un compliment à Cimabue et à Giotto, on peut les comparer à Rotrou. On a fait, depuis Rotrou, des Hippolyte, des Cinna, des Orosmane; mais il n'a plus paru de Ladislas. J'aime à mettre aux prises, par la pensée, les Bajazet, les Achille, les Vendôme, si admirés il y a quarante ans[1], avec

[1] Si la charte que nous devons à un prince éclairé continue à faire notre bonheur, le goût français changera ; la perverse habitude de raisonner juste passera de la politique à la littérature. Ce grand jour, on jettera au feu tous les livres écrits sous l'influence des anciennes idées *, et les jurés faiseurs d'hémistiches crieront que tout est perdu. N'est-il pas bien piquant pour ces pauvres diables de n'être plus payés que pour écrire sur les constitutions, après avoir passé leur jeunesse à peser les hémistiches de Racine ou les chutes sonores de Bossuet? C'est ce qui les rend anticonstitutionnels, et qui, dans trente ans, fera libéraux leurs successeurs en génie.

En 1770, on admirait plus les vers que les traits de caractère. Les esprits dégradés estimaient plus la richesse de la matière que le travail; la difficulté vaincue dans la chose difficile que l'on pouvait comprendre, que la difficulté vaincue dans la chose plus difficile devenue inintelligible par le malheur des temps. La cause de Racine est liée à l'inquisition.

* A commencer par le *Siècle de Louis XIV* de Voltaire, les œuvres de d'Alembert, de Fontenelle, tout ce qui n'est pas idéologie dans Condillac, etc., etc.

ce fougueux Polonais. La figure que ces grands seigneurs fe-raient devant ce grand homme venge ma vanité. Pour lui tenir ête, il faut aller chercher l'*Hotspur* de Shakspeare.

Michel-Ange est Corneille. Nos peintres modernes médisant le Masaccio ou de Giotto, c'est Marmontel, secrétaire perpé-uel de l'Académie française, présentant en toute modestie ses etites observations critiques sur Rotrou.

Le malheur de Florence, au quatorzième siècle, n'était pas du out la malhabileté des artistes, mais le mauvais goût du public

Les Français admirent dans l'Achille de Racine des choses qu'il ne dit pas. C'est que l'idée qu'on a du fils de Pélée a été lonnée bien plus par la Harpe, ou par Geoffroy, que par les vers lu grand poëte. Voilà les dissertations sur le goût qui corrom-pent le goût, et vont jusque dans l'âme du spectateur fausser la ensation [1] J'espère que vous n'aurez pas pour Raphaël ce culte sacrilége. Vous verrez ses défauts, et c'est pour cela que vous erserez un jour de douces larmes au palais de la Farnesina.

Le premier degré du goût est d'exagérer, pour les rendre ensibles, les effets agréables de la nature. C'est à cet artifice qu'eut souvent recours le plus entraînant des prosateurs fran-çais. Plus tard, on voit qu'exagérer les effets de la nature, c'est erdre sa variété infinie et ses contrastes, si beaux parce qu'ils ont éternels, plus beaux encore parce que les émotions les lus simples les rappellent au cœur [2].

En exagérant le moins du monde, en faisant du style autre chose qu'un miroir limpide, on produit un moment d'engoue-nent, mais sujet à de fâcheux retours.

> Le lecteur le plus sot craint le plus d'être dupe.
>
> (L'*Éteignoir*, comédie.)

Sot ou non, soupçonne-t-il la bonne foi de l'auteur, il chasse e jugement tout fait qu'on voulait lui donner, la paresse l'em-

[1] Œil simple et qui vois les objets tels qu'ils sont, à qui rien n'échappe, et qui n'y ajoutes rien, combien je t'aime ! tu es la sagesse même.

(LAVATER, I, 118.)

[2] Age cannot wither it, nor custom stale its infinite variety.

pêche d'en former un autre; et le héros, comme le panégyriste, vont se confondre dans le même oubli.

Qui n'a pas éprouvé cette sensation au sortir de l'Académie française, ou en lisant les homélies des journaux sur nos gouvernements? Si le manque de vérité dans le discours empêche le jugement, en peinture il empêche la sensation; et je ne vois que cette différence du style de Dietrich à celui de Dupaty.

Un auteur très-froid peut faire frémir; un peintre qui n'est qu'un ouvrier en couleur, s'il est excellent, peut donner les sentiments les plus tendres : il n'a qu'à ne pas choisir et reproduire comme un miroir les beaux paysages de la Lombardie.

Pour plaire aux Anglais de son temps, Shakspeare laissa aux objets de la nature leurs justes proportions; et c'est pour cela que sa statue colossale nous paraît tous les jours plus élevée, à mesure que tombent les petits monuments des poëtes qui crurent peindre la nature en flattant l'affectation d'un moment, commandée par telle phase de quelque gouvernement puéril [1].

On peut dire des choses piquantes en prouvant que le pain est un poison, ou que le génie du christianisme est favorable au bonheur des peuples [2]. Rembrandt aussi arrête les spectateurs en changeant la distribution naturelle de la lumière. Mais, du moment que le peintre se permet d'exagérer, il perd à jamais la possibilité d'être sublime, il renonce à la véritable imitation de l'antique [3].

Nous verrons Raphaël, Annibal Carrache, le Titien, donner des émotions plus profondes en raison de ce qu'ils auront eu plus de respect pour la proportion des effets qu'ils apercevaient dans le vaste champ de la nature, tandis que Michel-Ange de Carravage et le Barroche, très-grands peintres d'ailleurs, en exagérant, l'un la force des ombres, l'autre le brillant des couleurs, se sont eux-mêmes exclus à jamais du premier rang.

[1] Shakspeare dut son excellent public aux têtes qui tombaient sans cesse. On marchait à la constitution de 1688.

[2] Gibbon, tom. III; Mosheim, les *Histoires d'Italie;* les *Civilisations de Naples et de l'Espagne comparées à celle de la France sous Louis XIV.*

[3] Voyez les *Sept devant Thèbes*, dans le grec d'Eschyle; les modernes ne manquent pas de les faire tirer au sort dans une belle urne.

La cause du mauvais goût chez les Français, c'est l'engoue-ent. Ce qui tient à une autre circonstance plus fâcheuse, le anque absolu de caractère [1]. Il faut distinguer la bravoure du iractère, et voir dans l'étranger nos généraux être l'admira-on de l'Europe, comme nos sénateurs en étaient le ridicule.

Le Français de 1770 avait-il les yeux assez pervertis pour ouver vraies les couleurs de Boucher? non, sans doute. Cela e se peut pas. Mais l'on a trop de vanité pour oser être soi-iême. Tel homme chez nous essuie les coups de pistolet sans ourciller, qui a toute la mine de l'anxiété la plus risible, s'il iut parler le premier, dans un salon, de la pièce nouvelle d'où il ort. Tout est *exécrable* ou *divin*, et quand on est las d'un de es mots, pour un objet, l'on prend l'autre. Voyez Rameau, Bal-ac, Voiture.

Nons avions été religieux sous Louis XIV, Voltaire trouve une loire facile à se moquer des prêtres. Heureusement ses plai-anteries sont excellentes, et l'on en rit encore.

[1] L'Espagne marque bien cette différence. Quels braves guerriers con-re les Français [*] ! Quels plats politiques pour défendre leur constitution, 'est-à-dire leurs têtes!

« Au mois d'avril 1815, le collége de mon département envoie à la cham-ore des communes quatre hommes honnêtes, ne manquant pas de fer-meté, peu éclairés, mais, chose rare alors, ne portant les livrées d'aucun parti. Au mois d'août, le même collége est réuni ; *le quart seulement* des électeurs est *noble* : on se jure, la veille, de nommer trois députés plé-béiens ; l'on va au scrutin, et le dépouillement nous donne pour repré-sentants quatre imbéciles hors d'état d'écrire une lettre, mais qui ont l'honneur de descendre directement du Cosaque qui fut le plus fort dans mon village il y a quinze siècles. Il est bien plaisant de voir nos publi-cistes discuter gravement le *maximum du bien* pour un peuple dont l'élite ne sait pas nommer, en tout *secret* et toute *liberté*, le député qu'il sait parfaitement être convenable à ses intérêts les plus *chers* et les plus *familiers*. Eh ! messieurs, des écoles à la Lancastre ! »

(Note traduite du *Morning-Chronicle*, et qu'on croit fort exagérée.)

[*] Voir le charmant tableau du général Lejeune, exposition de 1817. Là se trouve la véritable imitation de la nature, comme dans la Didon le véritable idéal. Ce sont peut-être les seuls tableaux qui seront encore regardés en 1867.

Après les crimes de la terreur, l'on pouvait deviner, sans un grand effort d'esprit, que l'opinion publique attendait une impulsion contraire, et le *Génie du Christianisme* a pu être lu.

Actuellement, la religion triomphe, et se hâte de fermer la porte des temples aux pauvres actrices qui quittent la scène du monde [1]. Elle n'est plus forcée à la justice par l'œil terrible d'un caractère absolu. Nous allons revenir au simple, et l'emphase vide de pensée va perdre de son crédit. Mais ce quatrième mouvement dans l'opinion sera plus faible que la vague impétueuse dirigée par Voltaire. A son tour, il sera repoussé par une impulsion contraire, et ces vagues religieuses et antireligieuses, se succédant tous les dix ans, en s'affaiblissant sans cesse, finiront par se perdre dans l'ennui naturel au sujet.

La nature de l'admiration n'est pas pure en France. Voir des défauts dans ce que le public admire est une sottise : c'est qu'il faudrait raisonner pour soutenir une opiniôn nouvelle, c'est-à-dire appuyer une chose indifférente par une chose ennuyeuse. Et le genre du panégyrique, qui au fond est un peu bête, se trouve avoir une base naturelle dans le caractère de la nation la plus spirituelle de l'Europe.

L'homme de goût comprend le Cloten de *Cimbélyne*, comme l'Achille d'*Iphigénie*. Il ne voit dans les choses que ce qui s'y trouve; il ne lit pas les commentaires de tous ces gens médiocres qui veulent nous apprendre le secret des grands hommes [2]; au lieu de se faire l'idée de la perfection d'après Virgile, et de s'extasier ensuite niaisement avec les rhéteurs sur la perfection de Virgile, il se forme d'abord l'idée du beau, et cite Virgile à son tribunal avec autant de sévérité que Pradon [3].

[1] Mademoiselle Raucourt.

[2] Excepté Rulhière, tout ce qui a paru depuis trente ans peut s'intituler : *Grand secret pour faire de belles choses, inconnu jusqu'à ce jour.* Nos gens ne voient pas la nature, ils ne voient que ses copies dans les phrases des livres, et ils ne savent pas même choisir ces livres. Qui est-ce qui lit en France les vingt-cinq volumes de l'*Edimbourg-Review*, ouvrage qui est à Grimm ce que Grimm est à la Harpe?

[3] La niaiserie littéraire est un des symptômes d'un certain état de ci-

CHAPITRE XVI.

ÉCOLE DE GIOTTO.

Il arriva aux élèves de Giotto ce qui arrive aux élèves de Ra-ne, ce qui arrivera à ceux de tous les grands artistes. Ils n'o-nt voir dans la nature les choses que le maître n'y a pas prises. s se mettent tout simplement devant les effets qu'il a choisis, prétendent en donner de nouvelles copies, c'est-à-dire qu'ils ntent précisément la chose que, jusqu'à un changement de aractère dans la nation, le grand homme vient de rendre im-ossible. Ils disent qu'ils le respectent, et s'ils s'élevaient à omprendre ce qu'ils font, il n'y a pas d'entreprise plus té-éraire.

Pendant le reste du quatorzième siècle, la peinture ne fit plus e progrès. Les tableaux de Giotto, vus à côté des tableaux de avallini, de Gaddi et de ses autres bons élèves, sont toujours s ouvrages du maître. Une fois qu'on est parvenu à connaître on style, on n'a que faire d'étudier le leur. Il est moins gran-iose et moins gracieux, voilà tout.

Stefano Fiorentino, dont les ouvrages ont péri, Tommaso di tefano et Tossicani l'imitèrent avec succès. Son élève favori,

lisation. Écoutons le Volney des Anglais, le célèbre Elphinstone (*Voyage x royaume de Caubul*) :

« Chez les nations qui jouissent de la liberté civile, tous les individus nt gênés par les lois, au moins jusqu'au point où cette gêne est néces-ire au maintien des droits de tous.

« Sous le despotisme, les hommes sont inégalement et imparfaitement otégés contre la violence, et soumis à l'injustice du tyran et de ses gents.

« Dans l'état d'indépendance, les individus ne sont ni gênés ni proté-s par les lois ; mais le caractère de l'homme prend un libre essor, et éveloppe toute son énergie. Le courage et le talent naissent de toutes rts, car l'un et l'autre se trouvent nécessaires à l'existence. »

M. Elphinstone ajoute : « Mieux vaut un sauvage à grandes qualités ui commet des crimes, qu'un esclave incapable de toute vertu. »

Rien de plus vrai, du moins pour les arts.

celui qu'il admit à la plus grande intimité, son Jules Romain, c'est Taddeo Gaddi, dont les curieux trouvent encore des fresques au chapitre des Espagnols à Florence. Il a peint à la voûte quelques *scènes de la vie de Jésus*, et une *Descente du Saint-Esprit*, qui est un des plus beaux ouvrages du quatorzième siècle. Sur l'un des murs de la même chapelle il a fait des figures allégoriques représentant les sciences, et, au-dessous de chacune d'elles, le portrait de quelque savant qui passait alors pour s'y être illustré. Il surpassa, dit-on, son maître dans le coloris; le temps nous empêche d'en juger.

Un jour, dans une société de gens de lettres[1], André Orcagna fit cette question : Qui avait été le plus grand peintre, Giotto excepté? L'un nommait Cimabue, l'autre Stefano, ou Bernardo, ou Buffalmacco. Taddeo Gaddi, qui se trouvait présent, dit : *Certainement il y a eu de grands talents; mais cet art va manquant tous les jours*. Et il avait raison. Comment prévoir qu'il naîtrait des génies qui sortiraient de l'imitation?

On distingue parmi les élèves de Gaddi, Angiolo Gaddi son fils, don Lorenzo, et don Silvestre, tous les deux moines camaldules, Jean de Milan qui peignit en Lombardie Starnina, et dello Fiorentino, qui portèrent le nouveau style italien à la cour d'Espagne, et enfin Spinello d'Arezzo, qui eut du moins une imagination d'artiste. On montre encore dans sa patrie une *Chute des anges*, avec un *Lucifer* si horrible, que Spinello l'ayant vu en songe, il en devint fou, et mourut peu après[2].

[1] Sacchetti, *Nouvelle*, 136.

[2] Voici les noms des prétendus artistes de cette époque, qui peuvent n'être pas sans intérêt à Florence et à Pise, où leurs tristes ouvrages emplissent les églises. Gio. Gaddi, Antonio Vite, Jacopo di Casentino, Bernardo Daddi, Parri Spinello, qui faisait ses figures très-longues et un peu courbées, pour leur donner de la grâce, disait-il; peut-être avait-il entrevu que pour la grâce il faut une certaine faiblesse *, du reste, bon

* Je ne sympathise pas avec cette jeune femme (dans la retraite de Russie), parce qu'elle est plus faible qu'une autre femme, mais parce qu'elle n'a pas la force d'un homme. C'est ce qui renverse tout le système de Burke ; il n'a pas lu ses principes dans son cœur ; il les a déduits, avec beaucoup d'esprit et peu de logique, de certaines vérités générales. Toutes les femmes de l'école de Florence ont trop de force.

L'histoire de la peinture ne mérite pas plus de détails depuis l'an 1336 jusqu'à l'an 1400.

Un grand seigneur, Jean-Louis Fiesque, entre dans la boutique d'un peintre célèbre : « Fais-moi un tableau où il y ait saint Jean, saint Louis et la Madone. » Le peintre ouvre la Bible et les Légendes pour les signes caractéristiques de ces trois personnages.

A plus forte raison avait-il recours à la Bible lorsqu'il fallait peindre le reniement de saint Pierre, ou le tribut payé à César, ou le jugement dernier.

Aujourd'hui qui est-ce qui lit la Bible[1]? quelque amateur peut-être pour y voir les quinze ou vingt traits, éternels sujets des tableaux du grand siècle. J'ai trouvé des peintures inexplicables. C'est que certaines légendes trop absurdes ont été abandonnées dans le mouvement rétrograde de l'armée catholique. Alors on indique dans le pays le bouquin où il faut chercher le miracle[2].

Le malheur de ces premiers restaurateurs de l'art, qui, à beaucoup près, ne furent pas sans génie, c'est d'avoir peint la

coloriste; Lorenzo de Bicci, d'une médiocrité expéditive, Neri son fils, un des derniers de la troupe, Stefano da Verona, Cennini, Antonio Veneziano.

A Pise, la sculpture était plus à la mode; cependant elle eut des peintres Vicino, Nello, Gera, plusieurs Vanni, Andrea di Lippo, Gio. di Nicolo. Les discordes civiles livrèrent la ville aux Florentins en 1406; avec la nationalité elle perdit le génie.

On pourrait citer des centaines de peintres; tous ces noms, avec les dates, sont dans le dictionnaire, à la fin du présent ouvrage. Les amateurs qui ont une âme, et qui savent y lire, trouveront de l'instruction à comparer cette médiocrité du quatorzième siècle avec la médiocrité du dix-huitième. Il faut sortir d'une des églises ornées dans ce temps-là, pour entrer dans l'église del Carmine, repeinte depuis l'incendie de 1771.

[1] Hors de l'Angleterre.

[2] Par exemple, les Bollandistes ne conviennent pas du martyre de saint Georges sous Dioclétien, chef-d'œuvre d'expression de Paul Véronèse. Ancien Musée, n° 1,091.

Un excès de curiosité peut faire ouvrir, pour la vie de Jésus et de la Madone, G. Albert Fabricius, *Codex apocr. Novi Testamenti.*

Bible. Cette circonstance a retardé l'expression des sentiments nobles, ou le *beau idéal* des modernes.

La Bible, à ne la considérer que sous le rapport humain, est une collection de poëmes écrits avec assez de talent, et surtout parfaitement exempts de toutes les petitesses, de toutes les affectations modernes. Le style est toujours grandiose ; mais elle est remplie des actions les plus noires, et l'on voit que les auteurs n'avaient nulle idée de la beauté *morale* des actions humaines [1].

Voici une occasion de dire que les romanciers du jour sont plus que divins. Les trois ou quatre romans qui paraissent chaque semaine nous font bâiller à force de perfection morale ; mais les auteurs ne peuvent attraper le style grandiose. Au contraire, changez le style de la Bible, et tout le monde verra ces poëmes avec surprise.

Les voyageurs en Italie sont frappés du peu d'expression de tableaux, d'ailleurs assez bons, et de la grossièreté de cette expression. Mais, me suis-je dit, ce peuple est-il froid ? ne fait-il pas de gestes ? l'accuse-t-on de manquer d'expression ? Les peintres ne pouvant être *vrais* sans être révoltants, leur siècle, plus humain que la Bible, leur commanda, sans s'en douter, de s'arrêter à l'insignifiant [2]. Si, au lieu de leur demander des sujets pris dans le livre divin [3], on leur eût donné à exprimer l'histoire

[1] Voir dans l'appendice la bulle de N. S. P. le pape, en date du 29 juin 1816. (R. C.)

[2] Le Guerchin qui copiait pour ses saints de grossiers paysans, est plus d'accord avec la Bible que le Guide ou Raphaël. Le clair-obscur seul et le coloris n'étaient pas enchaînés par la religion. Voir le *Martyre de saint Pierre à Antioche*, ancien Musée Napoléon, n° 974. On part toujours du livret de 1811.

[3] Un des effets les plus plaisants de la puissance de Napoléon, c'est la société anglaise pour la Bible La première année, 1805, cet société eut 154,000 francs à dépenser ; le revenu de la dixième année, terminée 31 mars 1814, s'est élevé à 2,093.184 francs.

Le nombre des exemplaires distribués en 1813 est de 167,320 exemplaires de la Bible, et de 185,249 exemplaires du Nouveau Testament. Le nombre total des Bibles mis en circulation depuis l'origine s'élève à 1,027,000. On a traduit ce livre dans une infinité de langues ; on a des

d'un simple peuple, des Romains, par exemple, qui ne sont rien moins que parfaits, ils y eussent trouvé les enfants de Falères, Fabricius renvoyant le médecin de Pyrrhus, les trois cents Fabius allant mourir pour la patrie, etc., etc., enfin quelquefois des sentiments généreux.

Quel talent, pour exprimer la beauté morale, veut-on qu'acquière un pauvre ouvrier qui est employé tous les jours à représenter Abraham envoyant Agar et son fils Ismaël mourir de soif dans le désert [1], ou saint Pierre faisant tomber mort Ananias, qui,

gens pour le faire distribüer aux sauvages au retour de leurs chasses, afin de les rendre *humains*. Partout, disent les graves Anglais dans leurs rapports, le *taux moyen* de la moralité s'élève par la lecture de la Bible ; cette lecture perfectionne la *raison* *.

C'est un bien bon déguisement de l'orgueil que le zèle de ces Anglais, qui se croient vertueux, dans le vrai sens du mot (c'est-à-dire *contribuant au bonheur du genre humain*), en doublant ou quadruplant la publicité de la Bible.

On n'a qu'à lire cinquante pages, au hasard, dans la traduction de Genève 1805 ; la gravité de ces braves gens eût été beaucoup mieux employée à répandre des *Amis des enfants* par Berquin ; lisez de suite cinquante pages des deux ouvrages.

Comme leurs ministres, grâce à la liberté, les particuliers anglais ont le pouvoir de l'argent ; mais, comme leurs ministres, ils pourraient avoir plus d'esprit : on est étonné, après une aussi énorme dépense de gravité, d'arriver à des effets aussi puérils. La forme de leur liberté ne leur laisse pas le *loisir* d'acquérir ce pauvre esprit qui les vexe tant ; elle agace et met en présence tous les intérêts : la vie est un combat ; il n'y a plus de temps pour les plaisirs de la sympathie.

[1] Chef-d'œuvre du Guerchin, à Brera. On ne peut plus oublier les yeux rouges d'Agar, qui regardent encore Abraham avec un reste d'espérance ; ce qu'il y a de plaisant dans le tableau du Guerchin, c'est qu'Abraham, poussant Agar à une mort horrible, ne manque pas de lui donner sa bénédiction. M. de C. a donc toute raison d'avancer que la religion chrétienne est une religion d'angélique douceur. Voyez, en Espagne, relever, en l'honneur des libéraux, de vieilles tours sur des rochers escarpés, tombant en ruine depuis le temps des maures. Au mois d'août 1815, la loi de grâce vient de faire brûler à l'île de Cuba, par un temps fort chaud, six hérétiques, dont quatre étaient Européens.

* Rapport de la société de la Bible, 5 vol., Londres, 1814. Adresse de Leicester, pag. 336.

par une fausse déclaration, avait trompé les apôtres dans leur emprunt forcé [1], ou le grand prêtre Joad massacrant Athalie pendant un armistice ?

Quelle différence pour le talent de Raphaël, si, au lieu de peindre la *Vierge au donataire* [2] et les tristes saints qui l'entourent, et qui ne peuvent être que de froids égoïstes, son siècle lui eût demandé la tête d'Alexandre prenant la coupe des mains de Philippe, ou Régulus montant sur son vaisseau [3] !

Quand les sujets donnés par le christianisme ne sont pas odieux, ils sont du moins plats. Dans la *Transfiguration*, dans la *Communion de saint Jérôme*, dans le *Martyre de saint Pierre*, dans le *Martyre de sainte Agnès*, je ne vois rien que de commun. Il n'y a jamais *sacrifice de l'intérêt propre* à quelque sentiment généreux.

Je sais bien qu'on a dit, dès 1755 : « Les sujets de la religion chrétienne fournissent presque toujours l'occasion d'exprimer les grands mouvements de l'âme, et ces instants heureux où l'homme est au-dessus de lui-même. La mythologie, au contraire, ne présente à l'imagination que des fantômes et des sujets froids.

« Le christianisme vous montre toujours l'homme, c'est-à-dire l'être auquel vous vous intéressez dans quelque situation touchante ; la mythologie, des êtres dont vous n'avez pas d'idées dans une situation tranquille.

« Ce qui engagea les génies sublimes de l'Italie à prendre si fréquemment leurs sujets dans l'Olympe, c'est l'occasion si précieuse de peindre le nu. . . . . . . La mythologie n'a tout au plus que quelques sujets voluptueux. » (Grimm, *Correspondance*, février 1755.)

[1] Ancien Musée Napoléon, n° 58.

[2] Ancien Musée Napoléon, n° 1140.

[3] Régulus ne pouvait s'attendre à être payé au centuple après sa mort ; attaché à sa croix dans Carthage, il ne voyait point d'anges au haut du ciel lui apporter une couronne. La découverte de l'immortalité de l'âme est tout à fait moderne. Voir Cicéron, Sénèque, Pline, non pas dans les traductions approuvées par la censure.

CHAPITRE XVII.

ESPRIT PUBLIC A FLORENCE.

L'amour furieux pour la liberté et la haine des nobles ne pouvait être balancé dans Florence que par un seul plaisir, et l'Europe célèbre encore la magnificence désintéressée et les vues libérales des premiers Médicis (1400).

Les sciences de ce temps-là n'étant pas longues à apprendre, les savants étaient en même temps gens d'esprit. De plus, par la faveur de Laurent le Magnifique, il arriva qu'au lieu de ramper devant les courtisans, c'étaient les courtisans qui leur faisaient la cour. Voilà les peintres de Florence qui l'emportent sur leurs contemporains de Venise.

Dello, Paolo, Masaccio, les deux Peselli, les deux Lippi, Benozzo, Sandro, les Ghirlandajo, vécurent avec les gens d'esprit qui formaient la cour des Médicis, furent protégés par ceux-ci avec une bonté paternelle, et, en revanche, employèrent leurs talents à augmenter l'influence de cette famille aimable. Leurs ouvrages, pleins de portraits, suivant la coutume, offraient sans cesse au peuple l'image des Médicis, et avec les ornements royaux. On est sûr, par exemple, de trouver trois Médicis dans tous les tableaux de l'adoration des rois. Les peintres disposaient les habitants de Florence à leur en souffrir un jour l'autorité.

Côme, le père de la patrie, Pierre, son fils, Laurent, son petit-fils, Léon, le dernier des Médicis, présentent assurément une succession de princes assez singuliers. Comme la gloire de cette famille illustre a été souillée de nos jours par de plats louangeurs, il faut observer qu'elle ne fit que partager l'enthousiasme du public.

Il faut rappeler Nicolas V, qui, de la naissance la plus obscure, parvint à la première magistrature de la chrétienté, et, dans un règne de huit ans, égala au moins Côme l'Ancien[1].

[1] De 1447 à 1455.

Il faut rappeler la maison d'Este, dont le sang va monter sur le plus beau trône du monde, et qui fut la digne rivale des Médicis. Puisse-t-elle se souvenir aujourd'hui que ses plus beaux titres de noblesse sont l'Arioste et le Tasse!

Alphonse, le brillant conquérant du royaume de Naples, épargna la ville rebelle de Sulmone en mémoire d'Ovide. Il réunissait les savants à son quartier général, non pour leur demander d'écouter des épigrammes, mais de discuter devant lui, et souvent avec lui, les grandes questions de la littérature. Son fils fut auteur, et cette famille, quoique renversée du trône, montra la civilisation à cette grande Grèce aujourd'hui si barbare.

Le plus brave des guerriers de ce siècle, le fondateur de la gloire et de la puissance des Sforce à Milan, protégea les savants presque autant que son petit-fils Louis le Maure, l'ami de Léonard.

Les souverains qui régnaient à Urbain et à Mantoue vivaient en riches particuliers, au milieu de tous les plaisirs de l'esprit et des arts. Les princesses même ne dédaignèrent pas de laisser tomber sur les enfants des Muses quelques-uns de ces regards qui font des miracles.

La mode fut décidée. Les princes vulgaires s'empressèrent de lui obéir, et, dans cet âge, une seule ville d'Italie comptait plus de savants que certains grands royaumes au delà des Alpes [1].

Par quel enchantement les gens d'esprit de l'Italie, si protégés, sont-ils restés tellement loin de ses artistes? Au lieu de créer, ils se rabaissèrent au métier de savant, dont ils ne sentaient pas le vide [2].

A Florence, depuis plus de deux siècles, et du temps que les Médicis n'étaient encore que de petits marchands, la passion des

1 Voir la vie de Volsey, par Galt.

2 Politien, par exemple. Ce métier est le dernier de tous, s'il n'est fondé sur la raison ; et les raisonnements du quatorzième siècle sont bien bons à lire à peu près autant que ceux des théologiens actuels (Paley) ; mais n'oublions pas que, tandis que la raison ne formait encore que des pas incertains et mal assurés, sur les ailes de l'imagination les vers de Pétrarque et du Dante s'élevaient au sublime. Homère n'a rien d'égal au comte Ugolin.

arts était générale; les citoyens, distribués en confréries, suivant leurs métiers et leurs quartiers, ne songeaient, au milieu de leurs dissensions furieuses, qu'à orner les églises où ils se rassemblaient. Là, comme dans les états modernes, l'immense majorité avait l'insolence de ne pas vouloir se laisser gouverner au profit du petit nombre. C'est l'effet le plus assuré d'un bien-être funeste. Les riches Florentins furent ballottés pendant trois siècles pour n'avoir eu ni assez d'esprit pour trouver une bonne constitution, ni assez d'humilité pour en supporter une mauvaise[1]. Leurs guerres leur coûtaient des sommes énormes, et n'enrichissaient que leurs ministres. Comme toutes les républiques marchandes, ils étaient avares.

Et cependant, dès 1288, le père de cette Béatrice immortalisée par le Dante fonde le superbe hôpital de Santa-Maria-Nuova. Cinq ans plus tard, les marchands de drap entreprennent de revêtir de marbres noir et blanc le joli baptistère si connu par ses portes de bronze. En 1294, le jour de la Sainte-Croix, on pose la première pierre de la célèbre église de ce nom. Au mois de septembre de la même année, on commence la cathédrale, et les fonds sont faits pour qu'elle soit rapidement achevée. A peine quatre ans sont écoulés, sur les dessins d'Arnolfo di Lappo, l'un des restaurateurs de l'architecture, on construit le Palazzo Vecchio. Mais c'est en vain que l'artiste veut donner une forme régulière à son édifice. La haine pour la faction gibeline ne permet pas de bâtir sur le terrain de leurs maisons, que la fureur populaire vient de démolir. C'est la place du Grand-Duc.

Ces grands édifices bâtis, les Florentins veulent les couvrir de peintures. Ce genre de luxe, inconnu à leurs ancêtres, ne régnait pas au même degré dans les autres villes d'Italie. De là la réputation des imitateurs de Giotto.

Dans les premières années du quinzième siècle, la mode changea. Ce fut la sculpture qui parut de bon goût pour orner les églises avec magnificence.

[1] Tous les douze ou quinze ans le peuple se portait en armes à la place publique, et donnait *balia* à des commissaires qu'il nommait, c'est-à-dire leur conférait le pouvoir de faire une constitution nouvelle.

Les Florentins, laissant toujours la façade des leurs pour le dernier ouvrage, l'inconstance humaine a fait que Saint-Laurent, le Carmine et Santa-Croce, ces temples si magnifiques au-dedans, ressemblent tout à fait à de vastes granges de brique.

CHAPITRE XVIII.

DE LA SCULPTURE A FLORENCE.

A la voix du public, qui demandait des statues, on vit paraître aussitôt, et presque en même temps, les Donatello. les Brunelleschi, les Ghiberti, les Filarete, les Rossellini, les Pollajuoli, les Verrochio. Leurs ouvrages, en marbre, en bronze, en argent, élevés de toutes parts dans Florence, semblèrent quelquefois, aux yeux charmés de leurs concitoyens, atteindre la perfection de l'art, et égaler l'antique. Remarquez qu'on n'avait encore découvert aucune des statues classiques. Ces sculpteurs célèbres, pénétrés pour leur art d'un amour passionné, formaient la jeunesse au dessin par des principes puisés de si près dans la nature, que leurs élèves se trouvaient en état de l'imiter presque avec une égale facilité, soit qu'ils employassent le marbre ou les couleurs. La plupart étaient encore architectes, et réunissaient ainsi les trois arts faits pour charmer les yeux.

Où ne fussent pas allés les Florentins avec une telle ardeur et tant de génie naturel, si l'*Apollon* leur eût été connu, et s'ils eussent trouvé dans Aristote, ou dans tel autre auteur vénéré, que c'était là le seul modèle à suivre? Qu'a-t-il manqué à un Benvenuto Cellini? qu'un mot pour lui montrer la perfection, et une société plus avancée pour sentir cette perfection.

Je remarque que les Florentins surent toujours écouter la raison. Ils voulaient jeter en bronze les portes du baptistère. La voix publique nommait Ghiberti. Ils n'en indiquèrent pas moins un concours. Les rivaux de Ghiberti furent Donatello et Brunelleschi. Quels rivaux! les juges ne pouvaient faillir; mais on leur pargna le soin de juger. Brunelleschi et Donatello, ayant vué l'essai de Ghiberti, lui décernèrent le prix.

CHAPITRE XIX.

PAOLO UCCELLO ET LA PERSPECTIVE.

Au milieu de cet enthousiasme pour les statues et les formes palpables, la peinture fut un peu négligée. Sortie de l'enfance par Giotto et ses élèves, elle attendait encore la perspective et le clair-obscur.

Les figures de ce temps-là ne sont pas dans le même plan que que le sol qui les porte ; les édifices n'ont pas de vrai point de vue. De toutes les parties sublimes, l'art de présenter les corps en raccourci avait seul fait quelques pas. Stefano Fiorentino vit ces difficultés plutôt qu'il ne les surmonta. Tandis que le commun des peintres cherchait à les éviter, ou à les résoudre par des à peu près, Pierre della Francesca et Brunelleschi eurent l'idée de faire servir la géométrie au perfectionnement de l'art (1420). Encouragés par les livres grecs, ils trouvèrent le moyen, en représentant de grands édifices, de tracer sur la toile la manière exacte dont ils paraissent à l'œil.

Ce Brunelleschi imita l'architecture ancienne avec génie. Sa coupole de Santa-Maria del Fiore surpasse celle de Saint-Pierre, sa copie, du moins en solidité. Une preuve de la supériorité de ce grand homme, c'est la défaveur de ses contemporains, qui le crurent fou, éloge le plus flatteur que puisse conférer le vulgaire, puisqu'il est un inattaquable certificat de dissemblance. Comme les magistrats de Florence délibéraient avec la troupe des architectes sur la manière de construire la coupole, ils allèrent jusqu'à faire porter Brunelleschi hors de la salle par leurs huissiers. Aussi avait-il tous les talents, depuis la poésie jusqu'à l'art de faire des montres ; et un tel homme est fou de droit aux yeux de tous les échevins du monde, même à Florence au quinzième siècle. Jusqu'à lui, l'architecture, ne sachant pas être élégante, cherchait à étonner par la grandeur des masses.

Paolo Uccello, aidé du mathématicien Manetti, se consacra aussi à la perspective, et pour elle négligea toutes les autres parties de la peinture. Celle-ci, qui est cependant une des moins séduisantes, faisait son bonheur. On le trouvait seul, les bras croisés devant ses plans géométriques, se disant à lui-même : « La perspective est pourtant une chose charmante. » C'est ce dont il est permis de douter ; mais ce qui est certain, c'est que chaque nouvel essai de Paolo fit faire un pas à l'art qu'il adorait. Soit qu'il représentât de vastes bâtiments et de longues colonnades dans le champ étroit d'un petit tableau, soit qu'il entreprît de faire voir la figure humaine sous des raccourcis inconnus aux élèves de Giotto, chacun de ses ouvrages fit l'étonnement de ses contemporains. Les curieux trouveront dans le cloître de Santa-Maria-Novella deux fresques de Paolo, représentant Adam au milieu d'un paysage fort bien fait, et l'arche de Noë voguant sur les eaux.

Cette figure colossale d'un des généraux de Florence, peinte en terre verte à la cathédrale, est encore de lui. Ce fut peut-être la première fois que la peinture osa beaucoup, et ne sembla pas téméraire. Il paraît qu'il eut une fort grande réputation dans le genre colossal. Il fut appelé à Padoue pour y peindre des géants. Mais ses géants ont péri, et presque tous les tableaux qui nous restent de Paolo Uccello ont été découpés sur des meubles. Il dut son nom d'*Uccello* à l'amour extrême qu'il avait pour les oiseaux ; il en était entouré dans sa maison, et en mettait partout dans ses tableaux. Il ne mourut qu'en 1472.

De son côté, Masolino di Panicale s'adonnait au clair-obscur, et, par l'habitude de modeler en terre les formes du corps humain, apprenait à leur conserver du relief. Ce précepte lui venait de Ghiberti, sculpteur célèbre, qui passait alors pour être sans rival dans le dessin, dans la composition, et dans l'art de donner une âme aux figures. Le coloris, qui seul manquait à Ghiberti pour être un grand peintre, Masolino se le fit enseigner par Starnina, renommé comme le meilleur coloriste du siècle. Ayant ainsi réuni ce qu'il y avait de mieux dans deux écoles différentes, il créa une nouvelle manière d'imiter la nature.

Ce style est toujours sec, l'on trouve encore mille choses à reprendre ; mais il y a du grandiose ; le peintre commence à négliger les petits détails insignifiants où se perdaient ses prédécesseurs. Des nuances plus douces unissent les couleurs opposées. La chapelle de Saint-Pierre *al Carmine* fait la gloire de Masolino (1415). Il y peignit les évangélistes, et plusieurs traits de la vie de saint Pierre, la *Vocation à l'apostolat*, la *Tempête*, le *Reniement*.

Quelques années après sa mort, d'autres scènes de la vie du saint, telles que le *Tribut payé à César*, et la *Guérison des malades*, furent ajoutées par son élève Maso di San-Giovani, jeune homme qui, tout absorbé dans les pensées de l'art, et plein de négligence pour les intérêts communs de la vie, fut surnommé Masaccio par les habitants de Florence.

CHAPITRE XX.

MASACCIO.

Pour celui-ci, c'est un homme de génie, et qui a fait époque dans l'histoire de l'art. Il s'était formé d'abord sur les ouvrages des sculpteurs Ghiberti et Donatello. Brunelleschi lui avait montré la perspective. Il vit Rome, et sans doute y étudia l'antique.

Masaccio ouvrit à la peinture une route nouvelle. On n'a qu'à voir les belles fresques dè l'église del Carmine, qui heureusement ont échappé à l'incendie de 1771.

Les raccourcis sont admirables. La pose des figures offre une variété et une perfection inconnues à Paolo Uccello lui-même. Les parties nues sont traitées d'une manière naïve, et toutefois avec un art infini. Enfin la plus grande de toutes les louanges, et que pourtant l'on peut donner à Masaccio avec vérité, c'est que ses têtes ont quelque chose de celles de Raphaël. Ainsi que le peintre d'Urbin, il marque d'une expression différente chacun des personnages qu'il introduit. Cette figure du *Baptême de saint Pierre*, louée si souvent (c'est un homme qui vient de quitter ses habits et qui tremble de froid), a été sans rivale jusqu'au siècle de Raphaël, c'est-à-dire que Léonard de Vinci, le Frate et André del Sarto, ne l'ont point égalée[1].

[1] Ces fresques ont été gravées par Carlo Lasinio.

Nous voici à la naissance de l'expression.

Tous les hommes spirituels ou sots, flegmatiques ou passionnés, conviennent que l'homme n'est rien que par la pensée et par le cœur. Il faut des os, il faut du sang à la machine humaine pour qu'elle marche. Mais à peine prêtons-nous quelque attention à ces conditions de la vie pour voler à son grand but, à son dernier résultat : penser et sentir.

C'est l'histoire du dessin, du coloris, du clair-obscur, et de toutes les diverses parties de la peinture comparées à l'expression.

L'expression est tout l'art.

Un tableau sans expression n'est qu'une image pour amuser les yeux un instant. Les peintres doivent sans doute posséder le coloris, le dessin, la perspective, etc. ; sans cela l'on n'est pas peintre. Mais s'arrêter dans une de ces perfections subalternes, c'est prendre misérablement le moyen pour le but, c'est manquer sa carrière. Que sert à Santo di Tito d'avoir été ce grand dessinateur si renommé dans Florence? Hogarth vivra plus que lui. Les simples coloristes, remplissant mieux la condition du *tableau-image*, sont plus estimés. A égale inanité d'expression, une cène de Bonifazio se paye dix fois plus qu'une descente de croix de Salviati [1].

Par l'expression, la peinture se lie à ce qu'il y a de plus grand dans le cœur des grands hommes. *Napoléon touchant les pestiférés à Jaffa* [2].

Par le dessin, elle s'acquiert l'admiration des pédants.

Par le coloris, elle se fait acheter des gros marchands Anglais.

Au reste, il ne faut pas accuser légèrement les grands peintres de froideur. J'ai vu en ma vie cinq ou six grandes actions, et j'ai été frappé de l'air simple des héros.

[1] Bonifazio, de l'école de Venise, mort en 1553, à 62 ans ; Salviati de Florence, de 1510 à 1563 ; Hogarth, mort en 1761.

[2] On me dira qu'à propos des arts je parle de choses qui leur sont étrangères ; je réponds que je donne la copie de mes idées, et que j'ai vécu de mon temps. Je cite ceci comme tableau, sans affirmer qu'ensuite il ne les ait pas fait empoisonner.

Masaccio bannit des draperies tous les petits détails minutieux. Chez lui, elles présentent des plis naturels et en petit nombre. Son coloris est vrai, bien varié, tendre, d'une harmonie étonnante; c'est-à-dire que les figures ont un relief admirable. Ce grand artiste ne put terminer la chapelle del Carmine; il mourut en 1443, probablement par le poison. Il n'avait que quarante-deux ans. C'est une des plus grandes pertes que les arts aient jamais faites.

L'église del Carmine, où il repose, devint après sa mort l'école des plus grands peintres qu'ait produits la Toscane. Léonard de Vinci, Michel-Ange, le Frate, André del Sarto, Luca Signorelli, le Pérugin et Raphaël lui-même vinrent y étudier avec respect[1].

CHAPITRE XXI.

SUITE DE MASACCIO.

Les yeux accoutumés aux chefs-d'œuvre de l'âge suivant peuvent avoir quelque peine à démêler Masaccio. Je l'aime trop pour en juger. Je croirais cependant que c'est le premier peintre qui passe du mérite historique au mérite réel.

Masaccio étant mort jeune, et ayant toujours aspiré à la perfection, ses tableaux sont fort rares. J'ai vu de lui, au palais

[1] On lui fit cette épitaphe :

> Se alcun cercasse il marmo o il nome mio,
> La Chiesa è il marmo, una capella è il nome :
> Morii, chè natura ebbe invidia, come
> L' arte del mio pennel, uopo e desio.

D'où l'on a tiré,

> Si monumentum quæris, circumspice.

Epitaphe du célèbre architecte Wren, dans Saint-Paul de Londres, et peut-être le charmant distique :

> Ille hic est Raphael, timuit quo sospite vinci
> Rerum magna parens, et moriente mori.

Pitti, un portrait de jeune homme qui est sublime. On lui attribue à Rome les évangélistes qui sont à la voûte de la chapelle de Sainte-Catherine ; mais c'est un ouvrage de sa jeunesse, ainsi que le tableau représentant sainte Anne, qui est à Florence, dans l'église de Saint-Ambroise. Le temps a effacé ses autres fresques.

L'antiquité n'ayant rien laissé pour le clair-obscur, le coloris, la perspective et l'expression, Masaccio est plutôt le créateur que le rénovateur de la peinture.

CHAPITRE XXII.

ÉFINITIONS.

Un général célèbre, voulant voir dans un musée un petit tableau du Corrége placé fort haut, s'approcha pour le décrocher : « Permettez, sire, s'écria le propriétaire ; M. N*** va le prendre, il est plus grand que vous. — Dites plus long. »

C'est, je crois, pour éviter cette petite équivoque que dans les arts le mot *grandiose* remplace le mot *grand*. C'est en supprimant les détails, suivant une certaine loi, et non en peignant sur une toile immense, que l'on est grandiose. Voir la *Vision d'Ézéchiel* et la *Cène de saint Georges* à Venise.

Tout le monde connaît la *Madona alla Seggiola* [1]. Il y a deux gravures, l'une de Morghen, l'autre de M. Desnoyers, et, entre ces deux gravures, une certaine différence. C'est pour cela que les *styles* de ces deux artistes sont différents. Chacun a cherché d'une manière particulière l'imitation de l'original.

Supposons le même sujet par plusieurs peintres, l'*Adoration des rois*, par exemple.

La force et la terreur marqueront le tableau de Michel-Ange. Les rois seront des hommes dignes de leur rang et paraîtront sentir devant qui ils se prosternent. Si la couleur avait de l'agrément et de l'harmonie, l'effet serait moindre, ou plutôt la véri-

[1] De Raphaël, ancien Musée Napoléon, la *Vision*, n° 1125.

able harmonie du sujet est dure. Haydn, peignant le premier homme chassé du ciel, emploie d'autres accords que l'aimable Bocherini lorsqu'il vient charmer la nuit par ses tendres accents.

Chez Raphaël on songera moins à la majesté des rois; on n'aura d'yeux que pour la céleste pureté de Marie et les regards de son Fils. Cette action aura perdu sa teinte de férocité hébraïque. Le spectateur sentira confusément que Dieu est un tendre père.

Si le tableau est de Léonard de Vinci, la noblesse en sera plus sensible que chez Raphaël même. La force et la sensibilité brûlante ne viendront pas nous distraire. Les gens qui ne peuvent s'élever jusqu'à la majesté seront charmés de l'air noble des rois. Le tableau, chargé de sombres demi-teintes, semblera respirer la mélancolie.

Il sera une fête pour l'œil charmé s'il est du Corrége. Mais aussi la divinité, la majesté, la noblesse, ne saisiront pas le cœur dès le premier abord. Les yeux ne pourront s'en détacher, l'âme sera heureuse, et c'est par ce chemin qu'elle arrivera à s'apercevoir de la présence du Sauveur des hommes.

Quant à la partie physique des *styles*, nous verrons chacun des dix ou douze grands peintres prendre des moyens différents.

Un choix de couleurs, une manière de les appliquer avec le pinceau, la distribution des ombres, certains accessoires, etc., augmentent les effets moraux d'un dessin. Tout le monde sent qu'une femme qui attend son amant ou son confesseur ne prend pas le même chapeau.

Chaque grand peintre chercha les procédés qui pouvaient porter à l'âme cette *impression particulière* qui lui semblait le grand but de la peinture.

Il serait ridicule de demander le but moral aux connaisseurs. En revanche, ils triomphent à distinguer la touche heurtée du Bassan des couleurs fondues du Corrége. Ils ont appris que le Bassan se reconnaît à l'éclat de ses verts, qu'il ne sait pas dessiner les pieds, qu'il a répété toute sa vie une douzaine de sujets familiers ; que le Corrége cherche des raccourcis gracieux, que ses visages n'ont jamais rien de sévère, que ses yeux ont une volupté céleste, que ses tableaux semblent recouverts de six pouces de cristal.

Huit ou dix particularités sur chaque peintre, et de plus la connaissance de la famille de jeunes femmes, de vieillards, d'enfants, qu'il avait adoptée, font le patrimoine du connaisseur. Il est à peu près sûr de son fait, lorsque, passant devant un tableau, il laisse tomber ces mots avec une négligence comique : « C'est un Paul, ou c'est du Baroche. »

Il n'y a de difficile là-dedans que l'air inspiré. C'est une science comme une autre, qui ne doit décourager personne. Il ne faut, pour y réussir, ni âme ni génie.

Reconnaître la teinte particulière de l'âme d'un peintre dans sa manière de rendre le clair-obscur, le dessin, la couleur : voilà ce que quelques personnes sauront, après avoir lu la présente histoire. Deux leçons leur apprendront ensuite à distinguer un Paul Véronèse d'un Tintoret, ou un Salviati d'un Cigoli. Rien de plus simple à dire, rien ne serait plus long à écrire : comme, pour la prononciation d'une langue étrangère, on tombe dans le puéril et dans un détail infini.

Le dessin ou les contours des muscles, des ombres et des draperies, l'imitation de la lumière, l'imitation des couleurs locales, ont une couleur particulière dans le *style* de chaque peintre, s'il a un *style*. Chez le véritable artiste, un arbre sera d'un vert différent s'il ombrage le bain où Léda joue avec le cygne [1], ou si des assassins profitent de l'obscurité de la forêt pour égorger le voyageur [2].

Une draperie amarante, placée tout à fait sur le premier plan, aura une certaine couleur. Si elle est enfoncée d'une douzaine de pieds dans le tableau, elle en prend une autre ; car son éclat est amorti par la couleur de l'air interposé. En regardant au ciel, on voit que la couleur de l'air est bleue. La présence de l'eau change cette couleur en gris. Au reste, tout cela pouvait être vrai en Italie il y a trois siècles ; mais il paraît qu'en France l'air a d'autres propriétés.

[1] Le Corrége, n° 900. Tableau que la piété a fait enlever au Musée avant qu'elle fût secondée par lord Wellington.

[2] *Martyre de saint Pierre*, du Titien, n° 1206.

Le jaune et le vert sont des couleurs gaies; le bleu est triste; le rouge fait venir les objets en avant; le jaune attire et retient les rayons de la lumière; l'azur est ombre, et va bien pour faire les grands obscurs.

Toutes les *gloires* des grands peintres, et entre autres du Corrége, sont jaunes[1].

Si l'on se place, au Musée de Paris, entre la *Transfiguration* et la *Communion de saint Jérôme*, on trouvera dans le tableau du Dominiquin quelque chose qui repose l'œil : c'est le clair-obscur.

Il faut étudier le dessin dans Raphaël et le Rembrandt, le coloris dans le Titien et les peintres français, le clair-obscur dans le Corrége, et encore dans les peintres actuels; et mieux encore, si l'on sait penser par soi-même, voir tout cela dans la nature; le dessin et le coloris à l'école de natation, le clair-obscur dans une assemblée éclairée par la lumière sérieuse d'un dôme.

Avez-vous l'œil délicat, ou, pour parler plus vrai, une âme délicate, vous sentirez dans chaque peintre le ton général avec lequel il *accorde* tout son tableau : légère fausseté ajoutée à la nature. Le peintre n'a pas le soleil sur sa palette. Si, pour rendre le simple *clair-obscur*, il faut qu'il fasse les ombres plus sombres, pour rendre les couleurs dont il ne peut pas faire l'éclat, puisqu'il n'a pas une lumière aussi brillante, il aura recours à un *ton général*. Ce voile léger est d'or chez Paul Véronèse, chez le Guide il est comme d'argent; il est cendré chez le Pezareze. Aux séances de l'Académie, qui ont lieu sous un dôme, voyez le changement *du ton général* du triste au gai, de l'air de fête à l'air sombre, à chaque nuage qui vient à passer devant le soleil.

CHAPITRE XXIII.

DE LA PEINTURE APRÈS MASACCIO.

Après la mort de Masaccio, deux religieux se distinguèrent (1445). Le premier est un dominicain, nommé Angelico. Il avait

[1] Vous vous rappelez l'effet étonnant du *Saint Georges* de Dresde.

commencé par des miniatures pour les manuscrits ; je ne vois pas qu'il ait suivi le grand homme. Il y a toujours dans ses tableaux de chevalet, assez communs à Florence, quelque reste du vieux style de Giotto, soit dans la pose des figures, soit dans les draperies, dont les plis roides et étroits ressemblent à une réunion de petits tuyaux. Comme les peintres en miniature, il met un soin extrême à représenter avec la dernière exactitude des choses peu dignes de tant de travail, et cela jette du froid. Ce qui a fait un nom à ce moine, c'est la beauté rare qu'il sut donner à ses saints et à ses anges. Il faut voir à la galerie de Florence la *Naissance de saint Jean*, et à l'église de Sainte-Marie-Madeleine son tableau du *Paradis*. Angelico fut le Guido Reni de son siècle. Il eut de ce grand peintre même la suavité des couleurs, qu'il parvint à fondre très-bien, quoique peignant en détrempe : aussi fut-il appelé au dôme d'Orvietto et au Vatican.

Pour Gozzoli, élève d'Angelico, il eut le bon esprit d'imiter Masaccio. On peut même dire qu'il le surpassa dans quelques détails, comme la majesté des édifices qu'il plaçait dans ses tableaux, l'aménité des paysages, et surtout par l'originalité de ses idées vraiment gaies et pittoresques. Les voyageurs vont voir à la maison Riccardi, l'ancien palais des Médicis, une chapelle de Gozzoli fort bien conservée. Il y mit une profusion d'or rare dans les fresques, et une imitation naïve et vive de la nature, qui le rend précieux aujourd'hui : ce sont les vêtements, les harnachements des chevaux, les meubles, et jusqu'à la manière de se mouvoir et de regarder des figures de ce temps-là. Tout est rendu avec une vérité qui frappe.

Les ouvrages les plus renommés de Gozzoli sont au Campo-Santo de Pise, dont il peignit tout un côté ; travail effrayant dont les Pisans le récompensèrent en lui faisant élever un tombeau près de ses chefs-d'œuvre (1478). L'*Ivresse de Noé* et la *Tour de Babel* sont les sujets qui m'ont le plus arrêté. Je croirais que leur auteur peut être placé immédiatement après Masaccio, tant la variété des physionomies et des attitudes, la beauté d'un coloris brillant, harmonieux, enrichi du plus bel outremer, rendent bien la nature. Il y a même de l'expression, surtout dans ce qu'il a fait lui-même ; car il se fit aider par quelque peintre sec, auquel j'attribue des figures d'enfants bien dignes du quatorzième siècle[1].

CHAPITRE XXIV.

FRÈRE PHILIPPE.

L'autre religieux, bien différent du tranquille Angelico, est le carme Philippe Lippi, si connu par ses aventures. C'était un pauvre orphelin recueilli par charité dans un des couvents de Florence. Il sortait chaque matin pour aller passer les journées entières, depuis l'aube jusqu'au coucher du soleil, dans la chapelle de Masaccio. Il parut enfin un nouveau Masaccio, surtout dans les tableaux de petite dimension. On disait à Florence que l'âme du grand peintre était passée dans ce jeune moine.

A dix-sept ans, à la naissance des passions, il se trouva dans la main le talent d'exécuter en peinture toutes les idées qu'il voulait exprimer. Ainsi la force des passions put être employée à créer, et non à étudier; il jeta le froc. Un jour, comme il se promenait en barque, avec quelques amis, sur la côte de l'Adriatique, près d'Ancône, il fut enlevé par des corsaires. Depuis dix-huit mois il languissait à la chaîne, lorsqu'il s'avisa de faire le portrait de son maître, avec un morceau de charbon, sur une muraille nouvellement blanchie. Ce portrait parut un miracle, et le Barbaresque charmé le renvoya à Naples. On croirait que c'est là la fin de ses aventures : ce n'est que le commencement.

Il était sujet à prendre des passions violentes pour les femmes aimables que le hasard lui faisait rencontrer. Loin de l'objet aimé, la vie n'avait plus de prix à ses yeux ; il se précipitait dans les événements ; et, au milieu des mœurs terribles du quinzième

[1] Ce Campo-Santo est le grand magasin des érudits de la peinture comme, à Bologne, l'abbaye de Saint-Michel in Bosco. Il nous aurait valu de bien plus belles phrases, si malheureusement il n'avait pas été restauré au dix-huitième siècle, et assez bien. On y trouve les Giotto, Memmi, Stefano Fiorentino, Buffalmacco, Antonio Veneziano, Orcagna Spinello Laurenti.

siècle, on peut juger des aventures romanesques où ce penchant l'entraîna. Le détail en serait trop long. Toutefois, je ne puis omettre ce qui tient à la peinture.

Les gens passionnés ne font pas fortune. Frère Philippe était réduit le plus souvent aux simples séductions de l'homme aimable. Quelquefois il ne pouvait pas même pénétrer jusqu'aux femmes célèbres qu'il s'avisait d'aimer. Sa ressource alors était de faire leur portrait. Il passait les jours et les nuits devant son ouvrage, et, faisant la conversation avec le portrait, il cherchait quelque soulagement à sa peine.

La violence de sa mélancolie, lorsqu'il était amoureux, lui ôtait jusqu'au pouvoir de travailler. Côme de Médicis, qui lui faisait peindre une salle de son palais, le voyant sortir à chaque instant pour aller passer dans une certaine rue, prit le parti de l'enfermer ; il sauta par la fenêtre.

Un jour qu'il travaillait, à Prato, chez des religieuses, au tableau du maître-autel de leur église, il aperçut à travers la grille Lucrezia Buti, belle pensionnaire du couvent. Il redoubla de zèle, et sut si bien tromper les pauvres sœurs, que, sous prétexte de prendre des idées pour la tête de la Madone, on lui permit de faire le portrait de Lucrèce. Mais la curiosité, ou leur devoir, en retenait toujours quelqu'une auprès du peintre. Cette gêne cruelle redoublait ses transports. C'était en vain que chaque jour il trouvait quelque nouvelle raison pour revoir son travail ; il ne pouvait parler · ses yeux surent enfin se faire entendre. Il était joli garçon, on le regardait comme un grand homme, sa passion était véritable ; il fut aimé, et enleva sa maîtresse. En sa qualité de moine, il ne pouvait l'épouser. Le père, riche marchand, voulut user de ce prétexte pour ravoir sa fille : elle déclara qu'elle passerait sa vie avec le peintre. Dans ce siècle amoureux des beaux-arts, son talent lui fit pardonner ses aventures ; car ce n'est pas avec un cœur passionné que l'on est fidèle.

De retour de Naples et de Padoue, il finissait ses immenses travaux à la cathédrale de Spolette (1469) lorsque les parents d'une grande dame qu'il aimait, et qui le payait d'un trop tendre retour, lui firent donner du poison. Il avait cinquante-sept ans. En mourant, il recommanda à Fra Diamante, son élève chéri, Filipino, son fils, qu'il avait eu de Lucrèce, et qui, âgé seulement de dix ans, commençait à peindre à côté de son père.

Laurent le Magnifique demanda ses cendres aux habitants de Spolette; mais ils représentèrent que Florence avait assez de grands hommes pour orner ses églises, et qu'ils voulaient garder Fra Filippo. Laurent lui fit élever un superbe tombeau, dont Ange Politien fit l'épitaphe.

Lorsque Fra Filippo était heureux, c'était l'homme le plus spirituel de son siècle. Qu'il en ait été l'un des plus grands peintres, c'est ce que prouve l'empressement des curieux qui vont déterrer dans les églises de Florence ses madones environnées de chœurs d'anges; ils y trouvent une rare élégance de formes, de la grâce dans tous les mouvements, des visages pleins, riants, embellis d'une couleur qui est toute à lui. Pour les draperies, il aima les plis serrés et assez semblables à la façon de nos chemises; il eut des teintes brillantes, modérées cependant, et comme voilées d'un ton *violet* qu'on ne rencontre guère ailleurs; son talent brilla plus encore dans le *sublime*.

Travaillant à Pieve di Prato, il osa suivre le vieil exemple de Cimabue, et introduire dans ses fresques des proportions plus grandes que nature. Ses figures colossales de Saint-Étienne et de Saint-Jean sont des chefs-d'œuvre pour ce siècle encore si mesquin et si froid. Aujourd'hui que nous jouissons de la perfection de l'art, notre œil dédaigneux n'admet presque pas de différence de Cimabue à Fra Filippo. Il oublie facilement qu'un siècle et demi de tentatives et de succès sépare ces grands artistes.

Vers ce temps-là, le célèbre statuaire Verocchio, peignant à Saint-Salvi un *Baptême de Jésus*, un de ses élèves, à peine sorti de l'enfance, y fit un ange dont la beauté surpassait de bien loin toutes les figures du maître. Verocchio indigné jura de ne plus toucher les pinceaux; mais aussi cet élève était Léonard de Vinci [1].

[1] Emporté par le voisinage des grands hommes, qui aurait le courage de s'arrêter à la médiocrité, et à une médiocrité surpassée de si loin par

CHAPITRE XXV.

L'HUILE REMPLACE LA PEINTURE EN DÉTREMPE.

André del Castagno, nom infâme dans l'histoire, fut aussi un des bons imitateurs de Masaccio (1456). Il sut poser ses figures avec justesse, leur donner du relief, les revêtir de draperies assez nobles; mais la grâce naïve de son modèle et le brillant de ses couleurs furent à jamais au-dessus de son talent.

Vers l'an 1410, Jean Van Eyck, plus connu sous le nom de Jean de Bruges [1], avait trouvé l'art de peindre à l'huile, et, à l'époque où vécut Castagno, non-seulement le bruit de cette découverte, mais encore quelques essais de peinture à l'huile, commençaient à se répandre en Italie. Les peintres admiraient l'éclat que cette méthode inconnue donnait aux couleurs, la facilité de les fondre, l'avantage d'atteindre aux nuances les plus fines, l'harmonie suave que l'on pouvait mettre dans les tableaux. Un Antonello de Messine, qui avait étudié à Rome, se dévoua, et partit pour la Flandre dans le dessein d'en rapporter ce grand secret. Il l'obtint, dit-on, de l'inventeur lui-même. De retour à Venise, il le communiqua à un peintre son ami, nommé Dominique.

En 1454, ce Dominique, grâce à son secret, était fort recherché à Venise. Il travailla beaucoup dans les États du pape, et enfin à Florence, où son mauvais génie le fit venir; il y excita l'admiration générale et la haine de Castagno, qui y brillait avant lui. André employa toutes les caresses possibles pour ga-

la nôtre? Pesello et Pesellino imitèrent assez bien Fra Filippo. J'aime le premier, parce qu'il nous a conservé les traits d'Acciajuoli, le modèle des ministres secrétaires d'État. Berto alla peindre en Hongrie; Baldovinetti, artiste minutieux, fut le maître de Ghirlandajo. Voir un tableau de Verocchio, à la galerie Manfrin, à Venise.

[1] Jean Van Eyck, né en 1366, mort en 1441. L'ancien Musée Napoléon avait de lui quelques tableaux brillants de couleurs très-vives, nº 299 à 304.

;ner l'amitié de Dominique, obtint son secret, et le fit poignar-ler. Le malheureux Dominique, en expirant, recommandait de e porter chez son ami Castagno, que les soupçons n'atteigni-ent jamais, et dont le crime serait encore inconnu si, arrivé au it de la mort, il ne l'eût avoué [1]. La correction parfaite de son lessin, ses connaissances en perspective, la vivacité d'action ju'il donne à ses personnages, l'ont placé parmi les bons pein-res de cette époque. L'art des raccourcis lui doit quelques ›rogrès.

CHAPITRE XXVI.

INVENTION DE LA PEINTURE A L'HUILE.

Théophile, moine du onzième siècle, a fait un livre intitulé : *De omni scientia artis pingendi*. Aux chapitres XVIII et XXII [2], il enseigne l'art de faire de l'huile de lin, d'étendre les couleurs avec cette huile, et de faire sécher les tableaux au soleil. Les Allemands ont fait grand bruit de ce bouquin, et ont prétendu que dès le onzième siècle on peignait à l'huile.

Oui, comme on peint les portes cochères, et non comme on peint les tableaux.

D'après Théophile, on ne peut appliquer une couleur qu'au-

[1] Il ignorait peut-être qu'Antonello avait aussi donné son secret à Pino de Messine, et qu'un élève de Van Eyck, Roger de Bruges, était venu travailler à Venise.

[2] « Accipe semen lini, et exsicca illud in sartagine super ignem sine aqua, » etc. Après l'avoir rôti, il faut le mettre en poudre; on l'étend d'eau, on le remet sur le feu dans une poêle. Quand le mélange est très-chaud, on le met dans un linge, et le pressoir en extrait l'huile de lin.

« Cum hoc oleo tere minium sive cenobrium super lapidem sine aqua, et cum pincello linies super ostia vel tabulas quas rubricare volueris, et ad solem siccabis; deinde iterum linies, et siccabis. »

Au chapitre XXII : « Accipe colores quos imponere volueris, terens eos diligenter oleo lini sine aqua, et fac mixturas vultuum ac vestimentorum sicut superius aqua feceras, et bestias sive aves aut folia variabis suis coloribus prout libuerit. »

tant que la couleur mise auparavant, et à laquelle on veut ajouter des clairs ou des ombres, a séché au soleil. Cette méthode, ainsi que l'auteur l'avoue lui-même au chapitre XXIII, exige une patience infinie [1], et ne pouvait servir à exprimer les idées des grands peintres. Il n'est pas probable que les têtes passionnées de Raphaël et les belles têtes du Guide aient été présentes à leur imagination pendant le long espace de temps que demande le procédé du moine. D'ailleurs les teintes ne pouvaient pas se fondre parfaitement. Van Eyck sentit ces inconvénients, et d'autant mieux qu'ayant exposé au soleil un tableau peint sur bois, la chaleur fit gercer les planches, et le tableau fut perdu. Le problème était de trouver une espèce d'huile qui, mêlée aux couleurs, pût sécher sans le secours de la chaleur. Van Eyck chercha longtemps, et découvrit enfin certains ingrédients qui, mélangés à l'huile par l'ébullition, donnent un vernis qui sèche rapidement, ne craint pas l'eau, ajoute à l'éclat des couleurs, et les fond admirablement [2]. Des curieux, réunis à Vienne chez le fameux prince de Kaunitz, cherchèrent, il y a quelques années, à prouver que Jean de Bruges n'avait pas fait de découverte. L'analyse chimique décomposa des tableaux peints avant lui; mais tout le résultat d'expériences très-rigoureuses fut de prouver que les Grecs du douzième siècle mêlaient à leurs couleurs un peu de cire ou de blanc d'œuf. Cet usage se perdit, et il est bien avéré aujourd'hui qu'avant Jean de Bruges l'on ne peignait qu'en détrempe. Les tableaux qu'on cite à l'huile ne sont que des essais malheureux.

Cet éclat à la Corrége qui frappe dans les anciennes peintures grecques vient peut-être de ce que les ouvriers employaient aussi le blanc d'œuf ou la cire pour vernir leurs tableaux. Quoi qu'il en soit, après l'an 1560, on ne trouve plus que des tableaux en détrempe, sans éclat comme sans mérite.

[1] Quod in imaginibus diuturnum et tædiosum nimis est.

[2] Voir Lessing, Leist, Morelli, Raspe, Aglietti Tiraboschi, le baron de Budberg, le père Fedrici, si l'on veut savoir comment l'on est parvenu à connaître quelle fut précisément l'invention de Jean de Bruges.

Voir les analyses chimiques de Pietro Bianchi Pisan.

D'autres érudits ont voulu que l'art de peindre à l'huile nous :nt des Romains. Pourquoi pas? Suivant Dutens, ils avaient ien le télescope et le paratonnerre. La grande preuve sur la-uelle on se fonde est une antiquaille conservée à Verceil, et espectée des savants sous le nom du tableau de sainte Hélène[1] : 'est une espèce de broderie composée de morceaux d'étoffe de oie cousus ensemble, de manière à faire une Madone portant enfant Jésus. Les ombres des vêtements sont faites à l'aiguille, t en grande partie avec le pinceau. Les têtes et les mains sont eintes à l'huile.

La couture est l'œuvre de sainte Hélène, mère de Constantin. a peinture à l'huile fut ajoutée par les peintres de sa cour. Mal-eureusement l'usage de peindre Jésus sur le sein de sa mère st postérieur au quatrième siècle, et le papier du tableau de 'erceil est du papier de linge.

CHAPITRE XXVII.

LA CHAPELLE SIXTINE.

Nous ne vivons encore que d'espérance; mais l'époque bril-ante est près de nous (1470). L'obscurité se dissipe, et quel-ques rayons éclairent déjà les peintres dont nous allons voir le talent. Leur dessin est toujours sec; on y aperçoit, plus distinc-tement que dans la nature, un trop grand nombre de détails [2].

[1] Mabillon, *Diar. Ital.*, cap. XXVIII, Ranza. Ladite antiquaille a été re-touchée, comme la *Nunziata* de Florence et la *S. Maria Primerana* de Fiesole. Voir, à l'école de Naples, tome III, les peintures de Colantonio : l'époque des deux chambres, qui fait le tour de l'Europe, sera funeste aux trois quarts des savants en *us*. On sera bien surpris de ne trouver que des nigauds porteurs de jugements, téméraires à la vérité, sur des points difficiles à atteindre; une ligne d'idéologie en fait tomber un mil-lier.

[2] Pour l'idée de la sécheresse, voir le *Christ* du Titien, et celui d'Al-bert Durer, *Rendez à César*, etc, à la galerie de Dresde; ou quelques ta-

Les couleurs sont encore fondues d'une manière imparfaite; car l'habitude l'emporta sur la première vogue d'une méthode nouvelle, et ils ne peignirent à l'huile que fort rarement.

Le pape Sixte IV, ayant fait bâtir au Vatican la fameuse chapelle qui de son nom s'est appelée Sixtine, voulut l'orner de tableaux. Florence était alors la capitale des arts (1474); il en fit venir Botticelli, le Ghirlandajo, le Rosselli, Lucca di Cortone, Barthélemi d'Arezzo, et quelques autres.

Sixte IV n'entendait rien aux arts; mais il désirait fort cette espèce d'éclat dont ils décorent le nom d'un prince autour duquel ils font prononcer les mots gloire et postérité. Pour opposer l'ancienne loi à la nouvelle, l'ombre à la lumière, la parabole à la réalité, il voulut mettre dans sa chapelle, d'un côté la vie de Moïse, de l'autre celle de Jésus. Botticelli, élève de Fra Filippo, eut la direction de ces grands travaux.

On rencontre encore avec quelque plaisir, à la chapelle Sixtine, la *Tentation de Jésus*, dont le temple est majestueux, et *Moïse secourant les filles de Jethro* contre les pasteurs madianites, deux fresques de Botticelli fort supérieures à ce qu'il a fait ailleurs. Tel fut l'effet du grand nom de Rome sur lui et sur ses compagnons.

Botticelli, dont les figures de petite proportion rappelleraient le Mantègne, si les têtes avaient plus de beauté, se faisait aider par Filippino Lippi, fils du moine, mais fils sans génie, et qui n'est connu que pour avoir fait entrer dans ses ouvrages des trophées, des armes, des vases, des édifices, et même des vêtements pris de l'antique, exemple déjà donné par le Squarcione. Ses figures n'ont d'ailleurs ni grâce ni beauté. Au tort de ne faire que des portraits, il ajoutait celui de ne pas choisir ses modèles. Les curieux qui vont à la Minerve pour le *Christ* de Michel-Ange jettent un regard sur une *Dispute de saint Thomas*. Dans cet ouvrage, Filippino améliora un peu le style de ses têtes.

Il fut surpassé de bien loin par son élève Rafaelino del Garbo.

bleaux du Garofolo. Sixte IV régna de 1471 à 1484; Manni, tom. XLIII, *de Calogera;* l'histoire de la sculpture, par Cigognara.

es chœurs d'anges que ce dernier fit à la voûte de la même iapelle suffiraient seuls pour confirmer l'aimable surnom que ;s contemporains lui donnèrent[1]. Au mont Olivetto de Flo-;nce il y a une *Résurrection* de Rafaelino, ce sont des figures ; petite proportion, mais si remplies de grâce, dans des mou-;ments si naturels, revêtues de couleurs si vraies, qu'on aurait eine à lui préférer aucun peintre de son temps. Il faut avouer u'on ne trouve cette gentillesse que dans ses premiers ta-leaux. Devenu père d'une nombreuse famille (1490), il paraît u'il fut obligé de travailler avec précipitation. Son talent dé-.ina; il perdit la considération dont il jouissait, et finit dans la auvreté et le mépris une carrière commencée sous les plus eureux auspices.

CHAPITRE XXVIII.

DU GHIRLANDAJO ET DE LA PERSPECTIVE AÉRIENNE.

Dominique Corrado était fils d'un orfévre qui, ayant introduit Florence la mode de certaines guirlandes d'argent que les :unes filles portaient dans leurs cheveux, reçut d'elles le nom e Ghirlandajo, que son fils devait illustrer. Ce fils est le seul eintre inventeur que l'on trouve entre Masaccio et Léonard de inci.

Il sut distribuer des figures en groupes, et, distinguant par ne juste dégradation de lumière et de couleurs les plans dans ;squels les groupes étaient placés, les spectateurs surpris trou-èrent que ses compositions avaient de la *profondeur*.

Les peintres, avant lui, n'avaient pas su voir dans la nature ı perspective aérienne; chose inconcevable, et qui montre le onheur de naître dans une bonne école! Quel est l'homme qui, assant sur le pont Royal, ne voit pas les maisons voisines de ı statue de Henri IV, sur le pont Neuf, beaucoup plus colorées, ıarquées par des ombres et des clairs bien plus forts que la gne du quai de Gèvres qui va se perdre dans un lointain vapo-

[1] *Garbo* veut dire gentillesse.

reux? A la campagne, à mesure que les chaînes de montagnes s'éloignent, ne prennent-elles pas une teinte de bleu violet plus marquée? Cet abaissement de toutes les teintes par la distance est amusant à voir dans les groupes de promeneurs aux Tuileries, surtout par le brouillard d'automne.

Ghirlandajo s'est fait un nom immortel dans l'histoire de l'art pour avoir aperçu cet effet, que le marbre ne peut rendre, et qui peut-être manqua toujours à la peinture des anciens.

La magie des lointains, cette partie de la peinture qui attache les imaginations tendres, est peut-être la principale cause de sa supériorité sur la sculpture [1]. Par là elle se rapproche de la musique, elle engage l'imagination à finir ses tableaux; et si, dans le premier abord, nous sommes plus frappés par les figures du premier plan, c'est des objets dont les détails sont à moitié cachés par l'air que nous nous souvenons avec le plus de charme; ils ont pris dans notre pensée une teinte céleste.

Le Poussin, par ses paysages, jette l'âme dans la rêverie; elle se croit transportée dans ces lointains si nobles, et y trouver ce bonheur qui nous fuit dans la réalité. Tel est le sentiment dont le Corrége a tiré ses beautés [2].

[1] Après les yeux.

[2] Telle est notre misère. Ce sont les âmes les plus faites pour ce bonheur tendre et sublime qu'il semble fuir avec le plus de constance. Les premiers plans sont pour elle la prosaïque réalité. Il fallait réaliser ces êtres si nobles et si touchants qui, à vingt ans, font le bonheur, et plus tard, le dégoût de la vie. Le Corrége ne l'a point cherché par le dessin, soit que le dessin fût moins de la peinture que le clair-obscur, les passions douces ne se rendant pas visibles par le mouvement des muscles; soit que, né au sein de la délicieuse Lombardie, il n'ait connu que tard les statues romaines. Son art fut de peindre comme dans le lointain même les figures du premier plan. De vingt personnes qu'elles enchantent, il n'y en a peut-être pas une qui les voie, et surtout qui s'en souvienne de la même manière *. C'est de la musique, et ce n'est pas de la sculpture. On brûle d'en jouir plus distinctement, on voudrait les toucher :

Quis enim modus adsit amori!

Mais c'est par les connaître trop bien que notre cœur se dégoûte des

* Ce qui ne peut pas se dire de Raphaël.

Arrivé au milieu de sa carrière, le Ghirlandajo donna tous les oins domestiques à David, son frère et son élève. « Charge-toi le recevoir l'argent, et de nous faire vivre, lui disait-il; mainenant que je commence à connaître cet art sublime, je vou-lrais qu'on me donnât à couvrir de tableaux tous les murs de Florence. »

Aussi prescrivait-il à ses élèves de ne refuser aucun des travaux qu'on apporterait à la boutique, fût-ce même de simples coffres à mettre du linge. Artiste d'une pureté de contours, l'une gentillesse dans les formes, d'une variété dans les idées, d'une facilité de travail, et en même temps d'un soigné vraiment étonnants, digne précurseur des Léonard et des André del Sarto, Michel-Ange, Ridolfo Ghirlandajo son fils, et les meilleurs peintres de l'âge suivant sont comptés parmi ses élèves. La chapelle Sixtine n'a de lui qu'une *Vocation de Saint-Pierre et de Saint-André*. Il y avait une *Résurrection*, qui a péri.

En revanche, Florence est remplie de ses ouvrages. Le plus connu, à juste titre, c'est le chœur de Santa-Maria-Novella. D'un côté on voit la vie de saint Jean; de l'autre quelques scènes de la vie de la Madone, et enfin ce *Massacre des Innocents* qui passe pour son chef-d'œuvre. On y trouve les portraits de tous les citoyens alors célèbres. Les y a-t-il mis par goût ou par nécessité? On dit, pour l'excuser, que les têtes sont parlantes et pleines de ces vérités de nature qui plus tard firent la réputation de Van Dyck. On ajoute qu'il sut choisir les formes et leur donner de la noblesse. Qu'importe? Ghirlandajo était fait pour sentir que mettre des portraits, c'est, d'une main, enchaîner à la terre l'imagination, que de l'autre on veut ravir au ciel. L'essor de l'école de Florence fut quelque temps arrêté par ces portraits. On peut dire toutefois qu'ils font aujourd'hui le seul mé-

objets qu'il a le plus aimés : avantage immense de la musique, qui passe comme les actions humaines.

O debolezza dell' uom, o natura nostra mortale!

Les sentiments divins ne peuvent exister ici-bas qu'autant qu'ils durent peu.

rite des peintres médiocres, et qu'entraînés qu'ils étaient par la fatale habitude de copier les tableaux du maître, cette mode les força du moins à regarder quelquefois la nature.

Dans les draperies des fresques, Ghirlandajo supprima cette quantité d'or dont les chargeaient ses prédécesseurs. On voit partout un esprit enflammé de l'amour du beau, et qui secoue la poussière du siècle; il ne tient au sien que par l'incorrection des extrémités de ses figures, qui ne répondent pas à la beauté du reste. Ce perfectionnement était réservé à l'aimable André del Sarto, chez lequel je crois voir la manière du Ghirlandajo agrandie et embellie. Dominique, inventeur en peinture, réforma aussi la mosaïque; il disait que la peinture, avec ses couleurs périssables, ne doit être regardée que comme un dessin, que la véritable peinture pour l'éternité, c'est la mosaïque. Né en 1451, il cessa de vivre en 1495.

CHAPITRE XXIX.

PRÉDÉCESSEURS IMMÉDIATS DES GRANDS HOMMES.

Il ne faudrait que céder à la tentation. Raphaël et le Corrége sont déjà nés; mais l'ordre, l'ordre cruel, sans lequel on ne peut percer un sujet si vaste, nous force à finir Florence avant d'en venir à ces hommes divins.

> Ove voi me, di numerar già lasso, rapite?
>
> TASSO, I, 56.

Pour la gloire du Ghirlandajo, il ne faut pas le confondre avec son école. Ses frères et ses autres élèves [1] ne le suivirent que de bien loin, ce qui n'empêche pas beaucoup de galeries de donner sous son nom des *Saintes Familles* qui ne sont que leur

[1] Voici les noms de ces élèves : David et Benedetto, ses frères; le dernier peignit beaucoup en France; Mainardi, Baldinelli, Cicco, Jacopo del Tedesco, les deux Indachi.

uvrage. Rosselli, le plus médiocre des peintres appelés par ixte IV, désespérant d'égaler les beautés de dessin que ses caiarades répandaient dans leurs tableaux, chargea les siens d'orıements dorés et de vives couleurs. Il crut, comme nos peinres, que de belles couleurs sont un beau coloris. S'il offensait e bon goût, il plaisait au pape. En conséquence, il eut plus de ouanges et de présents qu'aucun des Florentins. On dit qu'il fut ıidé par Pierre de Cosimo, autre barbouilleur dont le nom a ıurvécu, parce qu'il est le maître d'André del Sarto.

On cite Pierre et Antoine Pollajuoli, statuaires et peintres. Il est sûr que l'on doit à ce dernier un des meilleurs tableaux du quinzième siècle; c'est le *Martyre de saint Sébastien*, dans la chapelle des marquis Pucci, aux Servites de Florence. La coueur n'est pas excellente; mais la composition sort de la routine du temps, et le dessin des parties nues montre qu'Antoine s'était appliqué à l'anatomie. Il fut peut-être le premier des Italiens qui osa étudier la forme des muscles, un scalpel à la main.

Luca Signorelli peignit à fresque la cathédrale d'Orvietto. Il suffit à sa gloire que Michel-Ange n'ait pas dédaigné de prendre le mouvement de quelques-unes de ses figures. Celles dont il remplit cette cathédrale sont supérieurement dessinées, pleines de feu, d'expression, de connaissance de l'anatomie, quoique toujours avec un peu de sécheresse. Il sentait sa force, et fut avare de draperies. Les dévots murmurèrent, mais sans succès. L'on serait moins tolérant [1] de nos jours. On peut voir, en passant à la Sixtine, le *Voyage de Moïse avec Seffora*. Pour moi, c'est celui de tous ces peintres dont les ouvrages m'arrêtent le plus.

Il travailla à Volterre, à Urbin, à Florence. Je sais bien qu'il ne choisit pas ses formes, qu'il ne fond pas ses couleurs; mais cette *Communion des Apôtres*, à Crotone, sa patrie, pleine d'une grâce, d'un coloris, d'une beauté qui semblent de l'âge suivant, me confirme toujours dans mon sentiment.

[1] Voyez les ordonnances de Léopold, ce prince libertin, contre la pauvre *Comedia dell' arte*. Les convenances rendent tartufe; mais les sots sont punis par l'ennui, qui ne quitte plus la cour. (Note de sir W. E.)

Barthélemy della Gatta ne peignit rien de son invention à la Sixtine; il aidait seulement Signorelli et le Pérugin. Mais il eut l'esprit de faire sa cour au pape, et d'accrocher une bonne abbaye. Devenu riche, l'abbé de Saint-Clément d'Arezzo cultivait à la fois l'architecture, la musique et la peinture. Je fus présent, en 1794, au transport de son *Saint Jérôme*, le seul tableau qui reste de lui, et qui, peint à fresque dans une des chapelles du dôme, fut transporté avec le crépi de la muraille dans la sacristie. Une des curiosités de la bibliothèque de Saint-Marc, à Venise, c'est un volume de miniatures charmantes, ouvrage d'Attavante, élève de l'abbé de Saint-Clément [1].

CHAPITRE XXX.

ÉTAT DES ESPRITS.

Tel était en Toscane l'état de la peinture vers l'an 1500. Les hommes, encore éblouis de la renaissance des arts, admiraient, comme Psyché, une chose si charmante [2]; mais, s'ils avaient son ravissement, ils avaient son ignorance. On avait beaucoup fait, puisqu'on était parvenu à copier exactement la nature, sur-

[1] L'Abbé donna des leçons à Pecori et à Luppoli, gentilshommes d'Arezzo. Le premier a des figures qu'on dirait du Francia. Girolamo et Lancilao firent la miniature presque aussi bien que l'aimable Attavante. Lucques réclame une ligne pour deux de ses peintres, Zacchia il Vecchio, et Zacchia il Giovane. Je parlerai, à l'article du Pérugin, de plusieurs élèves qu'il donna à la Toscane pendant le séjour qu'il y fit. Voici leurs noms : Rocco, Ubertini son frère, le Bacchiaca, duquel le joli *Martyre de saint Arcadius*, à Saint-Laurent ; Soggi, qui eut beaucoup de science et peu de génie, ainsi que Gérino, Montevarchi et Bastiano da San-Gallo, et enfin ce Ghiberti qui, tandis que les Médicis, qui se croyaient souverains légitimes, prenaient Florence à coups de canon, manqua de respect au point de peindre à la potence le pape Clément VII. Les nobles écrivains, toujours fidèles au pouvoir, n'ont pas manqué de honnir le pauvre Ghiberti, et de louer dans la même page Clément VII, qui, Florence pris, n'exécuta aucun des articles de la capitulation.

[2] Dans le joli tableau de M. Gérard.

out dans les têtes, dont la vivacité surprend encore. Mais les eintres n'aspiraient qu'à être des miroirs fidèles. Rarement hoisissaient-ils.

Qui aurait pu songer au *beau idéal?*

L'idée assez obscure que nous attachons à ce mot est brillante de lumière si on la compare à l'idée du quinzième siècle. ans cesse, si on lit les livres de ce temps-là devant les ouvrages dont ils parlent, on voit donner le nom de *beau* à ce qui est idèlement imité. Ce siècle voulait-il honorer un peintre, il l'appelait le singe de la nature [1].

Si l'on vient à parler de *beauté* dans un salon de Paris, les exemples de l'Apollon et de la Vénus volent sur toutes les lèvres. Cette comparaison est même descendue à ce point de trivialité, qu'elle est une ressource pour les couplets du vaudeville. Il est triste pour une majesté aussi sublime que l'Apollon de se trouver en tel lieu. Cela montre toutefois que, même dans le peuple, on sait que, pour qu'une statue soit bien faite, il faut qu'elle ressemble à l'Apollon. Et, si cette idée ne se trouve pas parfaitement exacte, elle est du moins aussi vraie que peuvent l'être les idées du vulgaire.

Les gens du monde citent fort bien les têtes de la famille de Niobé, les madones de Raphaël, les sibylles du Guide, et quelques-uns même les médailles grecques. On ne saurait mieux citer. Tout au plus peut-on remarquer qu'il n'est jamais question que du beau idéal *des contours*. Ce mot semble n'être que pour la sculpture. On admire le *Saint Pierre* du Titien; mais personne ne songe à l'idéal de la couleur; on est ravi par la *Nuit* du Corrége, mais on ne dit point : « C'est le beau idéal du clair-obscur. » A l'égard de ces deux grandes parties de la peinture qui lui sont propres, qui sont plus elle-même que la beauté des contours, nous sommes comme les Italiens de l'an 1500. Nous sentons le charme sans remonter à la cause [1].

[1] Stefano Fiorentino, petit-fils de Giotto, qui, le premier, essaya les raccourcis, en eut le surnom de *Scimia della natura*.

[2] Rendre l'imitation plus intelligible que la nature, en supprimant les détails, tel est le *moyen* de l'idéal.

Il est trop évident que le secours d'une opinion publique aussi avancée manquait au Ghirlandajo et à ses émules

Que si l'on descend aux parties de l'art qui tiennent plus au mécanisme, il restait à donner de la plénitude aux contours, de l'accord au coloris, plus de justesse à la perspective aérienne, de la variété aux compositions, et surtout de l'aisance au pinceau, qui semble toujours pénible dans les peintres nommés jusqu'ici. Car telle est la bizarrerie du cœur humain, pour que les ouvrages de l'art donnent des plaisirs parfaits, il faut qu'ils semblent créés sans peine. En même temps qu'elle goûte le charme de son tableau, l'âme sympathise avec l'artiste. Si elle aperçoit de l'effort, le divin disparaît. Apelles disait : « Si quelques-uns me trouvent un peu supérieur à Protogène, c'est uniquement qu'il ne sait pas ôter les mains de ses ouvrages. »

Quelques négligences apparentes ajoutent à la grâce. Les peintres de Florence se les fussent reprochées comme des crimes [1].

Quoique un peu sec, le dessin de Masaccio et du Ghirlandajo était scrupuleusement correct; en quoi il fut un excellent modèle pour le siècle suivant, car c'est une remarque juste qu'il est plus facile aux élèves d'ajouter du moelleux aux contours étroits de leur maître que de se garantir de la superfluité des contours trop chargés. On ajoute aux muscles maigres du Pérugin, on n'ôte pas à ceux de Rubens. Quelques amateurs sont allés jusqu'à dire qu'il faudrait habituer la jeunesse, dès son entrée dans les ateliers, à cette sévère précision du quinzième siècle. On ne peut nier que la superfluité commode qui s'est introduite depuis n'ait corrompu plusieurs écoles modernes, et c'est la gloire de l'école française du dix-neuvième siècle d'être d'une pureté parfaite à cet égard.

En Italie, les circonstances générales continuaient à favoriser

[1] Voici le principe moral : on jouit d'un pouvoir ami ; ainsi, ce qui montre impuissance dans l'artiste détruit le charme, ce qui montre négligence par excès de talent l'augmente. Le même contour négligé peut être tracé par un peintre vulgaire ou par Lanfranc; dans le grand peintre, c'est largeur de manière, *sprezatura*, disent les Italiens.

les arts; car la guerre ne leur est point contraire, non plus qu'à tout ce qu'il y a de grand dans le cœur de l'homme. On avait des plaisirs; et, tandis que les sombres disputes de religion et le pédantisme *puritain* rendaient plus tristes encore les froids habitants du Nord[1], on bâtissait ici la plupart des églises et des

[1] En 1505 naquit en Écosse un homme dont la vie jette un jour vif sur les peuples du Nord, comparés à cette époque si brillante pour l'Italie; il s'appelait Jean Knox *. En Écosse, dans cette terre aujourd'hui si florissante, des maîtres très-actifs montraient à la jeunesse la philosophie d'Aristote, la théologie scolastique, le droit civil et le droit canon. Par ces belles sciences, amies de tous les genres d'imposture, l'opulence et le pouvoir du clergé avaient dépassé toutes les bornes; la moitié des biens du royaume était en son pouvoir, c'est-à-dire au pouvoir d'un petit nombre de prélats, car les curés, comme de coutume, mouraient de faim.

Les évêques et les abbés rivalisaient de magnificence avec les nobles, et recevaient bien plus d'honneurs dans l'État.

Les grandes charges leur étaient dévolues; on disputait un évêché ou une abbaye comme d'une principauté; mêmes artifices dans la négociation, et souvent même plaidoyer sanglant: les bénéfices inférieurs étaient mis à l'enchère, ou donnés aux amis de jeu. aux chanteurs, aux complaisants des évêques. Les cures restaient vacantes, les moines mendiants seuls se donnaient la peine de prêcher; on sent pourquoi. En Écosse, comme ailleurs, la théocratie avait tué le gouvernement civil, n'avait pas su prendre sa place, et l'empêchait de renaître.

La vie du clergé, soustrait à la juridiction séculière, hébété par la paresse, corrompu par l'opulence, fournit le trait le plus saillant des mœurs de cette époque. Professant la chasteté, exclus du mariage sous des peines sévères, les évêques donnaient à leur troupe l'exemple de la dissolution la plus franche; ils entretenaient publiquement les plus jolies femmes, réservaient à leurs enfants les plus riches bénéfices, et donnaient leurs filles aux plus grands seigneurs : ces mariages de finance étaient tolérés par l'honneur.

Les monastères, fort nombreux, étaient le domicile ordinaire des catins, et c'était un sacrilége horrible d'en diminuer l'opulence **; la lecture de la Bible était sévèrement interdite aux laïques. La plupart des prêtres n'entendaient pas le latin, plusieurs ne savaient pas lire; pour se tirer d'embarras, ils en vinrent à défendre même le catéchisme. Une persécu-

* Sa vie, par Thomas M. Cric, deux volumes in-8°, Édimbourg, 1810. Ces deux volumes dérangent un peu leur contemporain, le *Génie du Christianisme*.

** Je ne fais que traduire en adoucissant.

palais qui embellissent Milan, Venise, Mantoue, Rimini, Pesaro, Ferrare, Florence, Rome, et tous les coins de l'Italie.

Il fallait orner ces édifices. Les tapisseries de Flandre étaient chères; on n'avait pas les papiers imprimés; il ne restait que

tion très-bien faite et l'interdiction de toutes sortes de recherches veillaient à la sûreté de ce gouvernement bouffon.

Patrice Hamilton, jeune homme qui descendait de la maison des rois (son grand-père avait épousé la sœur de Jacques III), eut assez de génie pour en sentir le ridicule. Né en 1504, il avait reçu, au berceau, l'abbaye de Ferne; en avançant en âge, l'abbé de Ferne se trouva pourvu de toutes les grâces et de l'esprit le plus saillant : on commença à craindre pour lui lorsqu'on le vit goûter avec passion Horace et Virgile; on n'eut plus de doute sur son impiété lorsqu'il parut faire peu de cas d'Aristote. Il sortit de ses montagnes pour voir le continent; il s'arrêta surtout à Marbourg, où Lambert d'Avignon lui expliqua les saintes Écritures.

Le christianisme ayant attaqué l'empire romain par la séduction des esclaves et du bas peuple, sa doctrine primitive est fort contraire au luxe. Le jeune Hamilton, frappé du contraste, revint en Écosse; mais, sous prétexte d'une conférence, on l'attira à Saint-André, où l'archevêque Beatown le fit un peu brûler, le dernier jour de février 1528, à l'âge de vingt-quatre ans.

Il mourut bien; on l'entendit s'écrier du milieu des flammes : « O mon Dieu ! jusqu'à quand ce royaume sera-t-il plongé dans les ténèbres? O Jésus ! reçois mon âme. »

Un jeune homme d'une si haute naissance périssant avec courage, et par cet affreux supplice, réveilla les Écossais. Le clergé répondit par des bûchers; cette noblesse-là trouvait dur de renoncer à ses priviléges. Forrest, Straiton, Gourlay, Russell, et nombre de gens illustres, périrent par le feu, de 1530 à 1540. Ce qu'il y a de plaisant, c'est qu'entourés de bûchers les poëtes écossais faisaient des chansons fort bonnes contre les prêtres. Deux fois le clergé présenta au roi Jacques V une liste de quelques centaines d'hommes plus ou moins opulents, qu'il dénonçait comme suspects. Beatown était devenu cardinal. Le péril était imminent; heureusement le roi mourut; sa fille, la charmante Marie Stuart, était une enfant; les libéraux, pressés par le feu, marchèrent à Saint-André, prirent la citadelle, et envoyèrent le cardinal rejoindre le jeune Hamilton, le 29 mai 1546, dix-huit ans après la mort de cet aimable jeune homme. J'épargne à mon lecteur des récits désagréables sur la Suède, la France, etc. On voit à quoi il faut réduire les déclamations jalouses sur la corruption de la belle Italie. Quoi qu'on en dise, ce qu'il y a de mieux pour civiliser les hommes, c'est un peu d'excès dans les plaisirs de l'amour; mais, jusqu'en 1916, certaines gens crieront qu'il vaut mieux brûler vingt Hamil-

les tableaux. Vous voyez les multitudes d'artistes, et l'émulation. La sculpture, l'architecture, la poésie, tous les arts, arrivaient rapidement à la perfection. Il ne manqua à ce grand siècle, le seul qui ait eu à la fois de l'esprit et de l'énergie [1], que la science des idées. C'est là sa partie faible; c'est là ce qui fait tomber ces grands artistes dès qu'ils veulent marcher au sublime [2].

Voyez les idées baroques de Michel-Ange.

ton que faire l'amour d'une manière irrégulière, et le sentiment bas de l'envie leur donnera des auditeurs.

Si l'on regarde comme *vice* ce qui nuit aux hommes, et comme *vertu* ce qui leur sert, toutes les histoires écrites en français avant 1780 seront bientôt lues. Robertson était prêtre, Hume voulait un titre; mais leurs élèves sont excellents.

[1] Quel pays que celui qui fut habité à la fois par l'Arioste, Michel-Ange, Raphaël, Léonard de Vinci, Machiavel, le Corrége, le Bramante, Christophe Colomb, Améric Vespuce, Alexandre VI, César Borgia, et Laurent le Magnifique! Les gens qui ont lu les originaux diront qu'il est supérieur à la Grèce.

[2] Marcher *systématiquement;* car chaque homme d'esprit invente pour soi un art de raisonner juste, art qui reste borné ; c'est comme si chacun de nous faisait sa montre.

Où ne fût pas allé Michel-Ange dans l'art d'effrayer le vulgaire et de donner aux grandes âmes le sentiment du *sublime*, s'il avait lu trente pages de la *Logique* de Tracy? (Tom. III, de 533 à 560.)

Pour Léonard, il entrevoyait ces vérités si simples et si fécondes; il ne manque à sa gloire que d'avoir imprimé.

Au quinzième siècle, les peintres allèrent plus loin que les peintres de mœurs; c'est qu'un Molière est un Collé greffé sur un Machiavel, et il faut la logique aux Machiavel pour être parfaits. Voyez celui de Florence ne pas songer aux deux Chambres : la parole a besoin d'une longue suite d'actions pour peindre un caractère tel que celui de la Madonna alla Seggiola; la peinture le met devant l'âme en un clin d'œil. Lorsque la poésie énumère, elle n'émeut pas assez l'âme pour lui faire achever le tableau.

Le bonheur de la peinture est de parler aux gens sensibles qui n'ont pas pénétré dans le labyrinthe du cœur humain, aux gens du quinzième siècle, et de leur parler un langage non souillé par l'usage, et qui donne un plaisir physique; car il n'y a pas de meilleure recommandation pour un raisonnement que de s'annoncer toujours par un plaisir physique : avantage du comique.

On avait du caractère, et la première impression de la beauté est une

CHAPITRE XXXI.

REVUE.

Jetons un dernier regard sur le désert. Nous y verrons, parmi des flots d'imitateurs, un petit nombre d'hommes faire renaître la peinture.

Pisano eut l'idée d'imiter l'antique; Cimabue et Giotto copièrent la nature. Brunelleschi donna la perspective. Masaccio se servit de tout cela en homme de génie, et donna l'expression. Après lui, Léonard de Vinci, Michel-Ange, le Frate, et André del Sarto paraissent tout à coup. C'est le bouquet du feu d'artifice. Il n'y a plus rien.

CHAPITRE XXXII.

LES CINQ GRANDES ÉCOLES.

Vers l'an 1500, les écoles d'Italie commencent à prendre une physionomie. Jusque-là, copiant les Grecs, se copiant servilement l'une l'autre, elles n'ont pas de caractère.

Nous verrons le dessin faire la gloire de l'école de Florence, comme la peinture des passions celle de l'école romaine.

légère crainte *. La perfection, mais perfection hors du domaine de l'art, c'est que les manières corrigent cette idée de crainte, et la grâce sublime naît tout à coup; car on fait pour vous exception à une vertu qui vous défend toujours contre tout le reste.

La logique est moins nécessaire à la peinture qu'à la poésie; il faut raisonner mathématiquement juste sur certains sentiments; mais il faut avoir ces sentiments : tout homme qui ne sent pas que la mélancolie est inhérente à l'architecture gothique, et la joie à la grecque, doit s'appliquer à l'algèbre.

Enfin le quinzième siècle était le premier, et la liberté de notre vol est appesantie même par le génie du dernier siècle, qui, sous la forme de science, pèse déjà sur nos ailes.

* Et la grâce plus belle encor que la beauté.

L'école lombarde sera célèbre par l'expression suave et mélancolique des ouvrages de Léonard de Vinci et de Luini [1], et par la grâce céleste du Corrége.

La vérité et l'éclat des couleurs distingueront Venise.

L'école de Bologne, venue plus tard, imitera avec succès tous les grands peintres, et Guido Reni y portera la beauté au point le plus élevé où elle ait peut-être paru parmi les hommes.

CHAPITRE XXXIII.

ÉPREUVE SOUS LA STATUE D'ISIS.

Une femme se promenait dans les rues d'Alexandrie d'Égypte, les pieds nus, la tête échevelée, une torche dans une main, une aiguière dans l'autre. Elle disait : « Je veux brûler le ciel avec cette torche, et éteindre l'enfer avec cette eau, afin que l'homme n'aime son Dieu que pour lui-même. »

CHAPITRE XXXIV.

UN ARTISTE.

Chaque artiste devrait voir la nature à sa manière. Quoi de plus absurde que de prendre celle d'un autre homme et d'un caractère souvent contraire? Que serait devenu le Carravage, élève du Corrége, ou André del Sarto, imitateur de Michel-Ange? Ainsi parle un philosophe sévère. Rien de mieux. Seulement c'est exiger, en d'autres termes, que tous les artistes soient des gens supérieurs. La pauvre vérité, c'est que, jusqu'à une certaine époque, l'élève ne voit rien dans la nature. Il faut d'abord que sa main obéisse, et qu'après il y reconnaisse ce que son maître a pris. Une fois le bandeau tombé, s'il a quelque génie,

[1] Qualche cosa di flebile e si soave spirava in lei.

TASSO.

il saura y apercevoir les choses qu'il doit imiter à son tour pour plaire aux âmes faites comme la sienne. La grande difficulté pour cela, c'est qu'il faut avoir une âme.

La masse des tableaux médiocres, et cependant au-dessus du mauvais, nous vient de gens d'esprit et de savoir qui eurent le malheur de n'être jamais tristes. Le caractère de Duclos n'est pas rare dans l'histoire de l'art. Qu'a-t-il manqué à Annibal et à Louis Carrache pour atteindre Raphaël et le Corrége? Que manque-t-il encore à tant de gens pour être de bons peintres du second ordre?

On peut être grand général, grand législateur, sans aucune sensibilité. Mais, dans les beaux-arts, ainsi appelés parce qu'ils procurent le plaisir par le moyen du *beau*, il faut une âme, même pour imiter les objets les plus froids.

Quoi de plus froid en apparence que cette observation que les hirondelles font leurs nids dans les lieux remarquables par la pureté de l'air?

Et rien n'avertit l'homme de sa misère plus vivement, rien ne le jette dans une rêverie plus profonde et plus sombre que ces paroles :

> This guest of summer,
> The temple-haunting martlet, does approve
> By his lov'd mansionry, that the heaven's breath
> Swells wooingly here. . . . . . .
> Where they most breed and haunt,
> I have observed the air is delicate.
>
> MACBETH, acte I, scène VI.

Voilà l'art de passionner les détails, triomphe des âmes sublimes, et ce qu'il faut se détacher de faire sentir au vulgaire. Il ne verra à jamais, dans la remarque de Banco, qu'une observation d'histoire naturelle fort déplacée, s'il osait le dire.

L'orgue que tient sainte Cécile, elle l'a laissé tomber avec tant d'abandon, surprise par les célestes concerts, que deux tuyaux se sont détachés.

L'habit de cocher ou de cuisinier sous lequel paraît maître Jacques, selon qu'Harpagon l'interpelle.

Les rochers sauvages et durs, *sans être sublimes*, au milieu desquels saint Jérôme vit dans le désert [1], occupé à chasser de sa pensée les souvenirs de Rome, sont d'autres exemples.

Tous les hommes doués de quelque curiosité, et qui ont senti vivement l'empire de la beauté, auraient pu devenir artistes. Ils peindraient les passions lorsqu'elles leur laissent quelque repos, un agréable travail les sauverait d'un vide affreux; mais le talent de couper le marbre manque au statuaire; l'art de dessiner, au peintre; l'art de versifier, à l'homme qui eût été poëte, et, à côté d'eux, des ouvriers sans âmes triomphent dans ces mécanismes. Quel poëte que mademoiselle de Lespinasse si elle eût fait des vers comme Colardeau!

Au quinzième siècle on était plus sensible; les convenances n'écrasaient pas la vie; on n'avait pas toujours les *grands maîtres à imiter*. La bêtise dans les lettres n'avait encore d'autre moyen de se déguiser que d'imiter Pétrarque [2]. Une politesse excessive n'avait pas éteint les passions. En tout il y avait moins de métier et plus de naturel. Souvent les grands hommes mêlèrent l'objet de leur passion au triomphe de leur talent. Quelques personnes sentiront le bonheur de Raphaël peignant, d'après la Fornarina, sa sublime *Sainte-Cécile* [3].

Les Giorgion, les Corrége, les Cantarini, ces hommes rares qu'étouffe aujourd'hui le grand principe du siècle, « être comme un autre, » portèrent cette habitude, fille de l'amour, de sentir une foule de nuances et d'en faire dépendre son malheur ou sa félicité, dans l'art qui fait leur gloire [4]. Peu à peu ils y trouvèrent des jouissances vives. Ils pensèrent qu'elles ne pouvaient leur être ravies par le caprice ou par la mort cruelle; et, un juste orgueil se mêlant sans doute à ces idées, ils attachèrent leur bonheur à exceller dans leur art. C'est à force d'être eux-mêmes

[1] C'est le célèbre tableau du Titien à l'Escurial.

[2] Aussi perdit-elle la poésie.

[3] The happy few. En 1817, dans cette partie du public qui a moins de trente-cinq ans, plus de cent louis de rente, et moins de vingt mille francs.

[4] L'homme de génie, étant plus souvent *comme lui* que *comme un autre*, est nécessairement ridicule à Paris : c'est Charrette à Coblentz.

qu'ils ont été grands. Comment ne sent-on pas que, dès qu'on invoque la mémoire, la vue de l'esprit s'éteint? « Qu'eût fait Raphaël à ma place? » Autre chose que cette sotte question.

Je ne dis pas qu'on ne puisse être amant passionné et fort mauvais peintre; je dis que Mozart n'a pas eu l'âme de Washington.

La distraction la plus facile pour l'homme que les passions tendres ont rendu malheureux n'est-elle pas celle qui se compose presque en entier du souvenir même de ces passions? L'autre partie, c'est l'art de toucher les cœurs, art dont il a si bien éprouvé la puissance.

Travailler, pour un artiste, dans ces circonstances, ce n'est presque que se souvenir avec ordre des idées chères et cruelles qui l'attristent sans cesse. L'amour-propre qui vient se mettre de la partie est l'habitude de l'âme la plus ancienne. Elle n'impose pas de gêne nouvelle, et dans la mémoire des choses passées fait trouver un nouveau plaisir. Peu à peu les sensations de l'art viennent se mêler à celles que donne la nature. Dès lors le peintre est sur la bonne route. Il ne reste plus qu'à voir si le hasard lui a donné la force.

Le jeune Sacchini, outré de l'infidélité de sa maîtresse, ne sort pas de la journée. Le cœur plein d'une rage sèche, il se promène à grands pas. Sur le soir, il entend chantonner un air sous sa fenêtre; il écoute. Cet air l'attendrit. Il le répète sur son piano. Ses yeux se mouillent; et c'est en pleurant à chaudes larmes qu'il compose le plus bel air de passion qu'il nous ait laissé.

« Mais, me dira quelque Duclos, vous voyez de l'amour partout? »

Je répondrai, j'ai parcouru l'Europe, de Naples à Moscou, avec tous les historiens *originaux* dans ma calèche.

Dès qu'on s'ennuie au Forum, ou qu'il ne faut plus prendre son arquebuse pour s'aller promener, le seul principe d'activité qui reste, c'est l'amour. On a beau dire, le climat de Naples fait autrement sentir les finesses de cette passion que les brouillards de Middelbourg. Rubens, pour donner le sentiment du *beau*, a été obligé à un étalage d'appas qui en Italie ne plaît que comme singulier.

En ce pays brûlant et oisif, on est amoureux jusqu'à cinquante ans, et l'on se désespère quand on est quitté. Les juges mêmes n'y sont point pédants, et y sont aimables.

En Italie, l'établissement des gouvernements réguliers, vers l'an 1450, jeta une masse énorme de loisir dans la société ; et si, dans le premier moment, l'oisiveté est cruelle, au bout d'un peu de temps l'occupation est terrible [1].

Si j'espère être lu, c'est par quelque âme tendre, qui ouvrira le livre pour voir la vie de ce Raphaël qui a fait la *Madone alla Seggiola*, ou de ce Corrége qui a fait la tête de la *Madone alla Scodella*.

Ce lecteur unique, et que je voudrais unique dans tous les sens, achètera quelques estampes. Peu à peu le nombre des tableaux qui lui plaisent s'augmentera.

Il aimera ce jeune homme à genoux avec une tunique verte dans l'*Assomption* de Raphaël [2]. Il aimera le religieux bénédictin qui touche du piano dans le *Concert* du Giorgion [3]. Il verra dans ce tableau le grand ridicule des âmes tendres ; Werther, parlant des passions au froid Albert. Cher ami inconnu, et que j'appelle cher parce que tu es inconnu, livre-toi aux arts avec confiance. L'étude la plus sèche en apparence va te porter, dans l'abîme de tes peines, une consolation puissante.

Peu à peu ce lecteur distinguera les écoles, il reconnaîtra les maîtres. Ses connaissances augmentent ; il a de nouveaux plaisirs. Il n'aurait jamais cru que penser fît sentir ; ni moi non plus : et je fus bien surpris quand, étudiant la peinture uniquement par ennui [4], je trouvai qu'elle portait un baume sur des chagrins cruels.

[1] Voilà le malheur de l'Italie actuelle, ou plutôt le malheur *de sa gloire*. Un homme célèbre disait au patriarche de Venise : « Vos jeunes gens passent leur vie aux genoux des femmes. » (Son expression était plus énergique.)

[2] No 1124.

[3] No 965.

[4] Car le fluide nerveux n'a, tous les jours, si je puis m'exprimer ainsi, qu'une certaine dose de sensibilité à dépenser ; si vous l'employez à jouir de trente beaux tableaux, vous ne l'emploierez pas à pleurer la mort d'une maîtresse adorée.

Mon lecteur sentira que les tableaux du Frate, qui naguère ne pouvaient arrêter son attention, élèvent son âme; que ceux du Dominiquin la touchent. Il finira par être sensible même à l'*Assassinat de l'inquisiteur Pierre*, du Titien, et aux tableaux de Michel-Ange de Carravage.

Un jour viendra que, plaignant les peintres d'Italie d'avoir eu à traiter de si tristes sujets, il sera sensible aux seules parties de l'art dans lesquelles il a été libre à leur génie d'imiter la nature [1]. Il aimera ses jouissances, que les sots ne peuvent lui profaner. Oubliant le sujet ou. . . . .
il aimera le clair-obscur du Guerchin, la belle couleur de Paris Bordone. C'est peut-être là le plus beau triomphe des arts [2].

CHAPITRE XXXV.

CARACTÈRE DES PEINTRES DE FLORENCE.

Voulez-vous, dès votre arrivée à Florence, prendre une idée de son style, allez sur la place de Saint-Laurent; examinez le bas-relief qui est à droite, en regardant l'église.

C'est un malheur pour Florence qu'on n'y arrive qu'après Bologne, cette ville des grands peintres. Une tête du Guide gâte furieusement les Salviati, les Cigoli, les Pontormo, etc., etc. Il ne faut pas être dupe de tout ce que dit Vasari à l'honneur de son école florentine, la moindre de toutes, du moins à mon gré. Ses héros dessinent assez correctement; mais ils n'ont qu'un coloris dur et tranchant, sans aucune harmonie, sans aucun sentiment. Werther aurait dit : « Je cherche la main d'un homme, et je ne prends qu'une main de bois. »

Il faut excepter deux ou trois génies supérieurs.

Les draperies, dans cette école, ne sont ni brillantes par l'éclat des couleurs, ni d'une ampleur majestueuse. Venise, plaisantant les Florentins sur leur avarice connue, a dit que leurs draperies

[1] Le clair-obscur et le coloris.
[2] Voir la note de la page 43.

étaient choisies et taillées avec économie. Cette école ne marque pas non plus par le relief des figures, ou par la beauté. Les têtes ont de grands traits, mais peu d'idéal : c'est que Florence a été longtemps sans bonnes statues grecques. Elle vit tard la *Vénus de Médicis*, et ce n'est que de nos jours que le grand-duc de Léopold lui a donné l'*Apollino* et la *Niobé*. On peut dire, à cet égard, des Florentins, qu'ils ont copié la nature avec assez de vérité, et que quelques-uns ont su la choisir.

Le grand défaut de cette école, c'est le manque d'expression; sa partie triomphante, celle qui fut, pour ainsi dire, le patrimoine de tous ses peintres, c'est le dessin. Ils étaient portés à ce genre de perfection par le caractère national, exact et attentif aux détails, plutôt que passionné. La noblesse, la vérité, l'exactitude historique, brillent dans leurs tableaux avec la science du dessin. C'est que Florence fut de bonne heure la capitale de la pensée. Le Dante, Boccace, Pétrarque, Machiavel, et tant de gens d'esprit rassemblés par les Médicis, ou formés par les discussions politiques, répandirent les lumières. Ou les artistes furent des gens instruits, comme Michel-Ange, Léonard, le Frate, le Bronzino, ou la peur de la critique leur fit demander conseil. On n'eût pas représenté impunément aux rives de l'Arno les convives des noces de Cana vêtus à la mode du jour [1].

A Paris, on peut se faire une idée de la plupart des défauts de cette école par le tableau de Salviati, *Jésus et saint Thomas* [2], ou par cette réflexion qu'à la sensibilité près elle est en tout l'opposé des Hollandais.

L'école romaine fut grandiose à cause du Colysée et des autres ruines; Venise, voluptueuse; Florence, savante; le Corrége, tendre :

> La terra molle e lieta e dilettosa,
> Simili a se gli abitatori produce.
>
> (TASSO, I, 62.)

[1] *Noces de Cana* de Paul Véronèse.

[2] Ancien Musée Napoléon, n° 1154.

CHAPITRE XXXVI.

LA FRESQUE A FLORENCE.

Michel-Ange disait, en comparant deux peintures à la fresque et à l'huile, que cette dernière n'est qu'un jeu. Ce sont deux talents divers. La fresque cherche de plus grands résultats en suivant la nature de moins près.

Le maçon prépare une certaine quantité de plafond; il faut la remplir en un jour; la chaux boit la couleur; l'on ne peut plus y toucher. Ce genre n'admet ni retard ni correction. Le peintre est obligé de faire vite et bien, ce qui partout est le comble de la difficulté[1].

Les églises et les palais de Florence font foi que cette difficulté a été emportée d'une manière brillante par un grand nombre de ses peintres.

Quant à ces vastes ouvrages que, dans le dix-septième siècle, et lorsque l'art avançait déjà vers sa décadence, on appela *quadri di machina* (tableaux de machine), on a reproché aux Florentins de ne pas assez grouper leurs figures, et de mettre trop de personnages. Mais ces grands tableaux, qui ont fait la gloire de Pierre de Cortone et de Lanfranc[2], forment un genre inférieur par lui-même. C'est à peu près comme les beautés de style que l'on peut mettre dans des pièces officielles. Un bavardage sonore et vague n'y est point déplacé, et la céleste pureté de Virgile y serait pauvreté.

[1] Exemple à Paris, les plafonds de la galerie des Antiques. Cette condition est ce qu'il y a de mieux dans la gloire militaire.

[2] Pierre de Cortone, mort en 1669; Lanfranc en 1647. C'est comm musique de Paër.

CHAPITRE XXXVII.

DIFFÉRENCE ENTRE FLORENCE ET VENISE.

L'école de Venise paraît être née tout simplement de la contemplation attentive des effets de la nature et de l'imitation presque mécanique et non raisonnée des tableaux dont elle enchante nos yeux.

Au contraire, les deux lumières de l'école de Florence, Léonard de Vinci et Michel-Ange, aimèrent à chercher les causes des effets qu'ils transportaient sur la toile [1]. Leurs successeurs regardèrent plutôt leurs préceptes que la nature. Cela était bien loin de l'idée de Léonard, que toute science ne consiste qu'à voir les circonstances des faits.

La méthode de raisonner dans laquelle les préceptes avaient été donnés se trouvant vicieuse, les peintres ne virent presque jamais la pensée du maître. Le peu qu'on en comprit fit que les Vasari, au lieu d'être plats à leur manière, furent détestables en outrant les défauts du maître. Il faudrait être profond dans la connaissance de la nature de l'homme, et non dans la connaissance du talent d'un certain homme. Il est vrai que la première de ces études demande autant d'esprit que la seconde de patience.

L'école de Florence, malgré sa science, ou plutôt à cause de sa science, ne brilla qu'un instant. Du vivant encore de Michel-Ange, vers 1530, Vasari et ses complices prirent fièrement [2]

[1] Comment, à Paris, M. G***, peignant une touffe de lilas dans le portrait de la belle duchesse de B***, n'a-t-il pas l'idée d'attacher à sa toile une branche de lilas, et de s'éloigner à dix pas ?

[2] C'est exactement le même genre de révolution qui arrive aujourd'hui en musique. Les Mayer, les Weigl, les Paër, succèdent fièrement aux Cimarosa et aux Buranello.

la place des grands hommes[1]; mais voyons l'époque heureuse.

[1] Michel-Ange, né en 1474, mort en 1563 ; pontificat d'Alexandre VI, de 1492 à 1503.

Léonard, né en 1452, mort en 1519 ; pontificat de Jules II, de 1503 à 1513.

Le Frate, né en 1469, mort en 1517 ; pontificat de Léon X, de 1513 à 1521.

André-del-Sarto, né en 1488, mort en 1530 ; Louis XII, de 1498 à 1515.

Pontormo, né en 1493, mort en 1558 ; François Ier, de 1515 à 1547.

Daniel de Volterre, le meilleur imitateur de Michel-Ange, mort en 1556 ; Henri VIII, de 1509 à 1547.

Le Franciabigio, né en 1483, mort en 1524.

Le Rosso, mort en 1541.

Salviati, né en 1510, mort en 1563.

Bronzino, mort en 1567.

Allori.

LIVRE TROISIÈME

VIE DE LÉONARD DE VINCI

Odi profanum vulgus.

CHAPITRE XXXVIII.

SES PREMIÈRES ANNÉES. (1452.)

Je suis parti de Florence à cheval, à l'aurore d'un beau jour de printemps ; j'ai descendu l'Arno jusqu'auprès du délicieux lac Fucecchio : tout près sont les débris du petit château de Vinci. J'avais dans les fontes de mes pistolets les gravures de ses ouvrages ; je les avais achetées sans les voir ; j'en voulais recevoir la première impression sous les ombrages de ces collines charmantes au milieu desquelles naquit le plus ancien des grands peintres, précisément trois cent quarante ans avant ma visite, en 1452.

Il était fils naturel d'un messer Pietro, notaire de la république, et aimable comme un enfant de l'amour.

Dès sa plus tendre enfance, on le trouve l'admiration de ses contemporains. Génie élevé et subtil, curieux d'apprendre de nouvelles choses, ardent à les tenter, on le voit porter ce caractère, non-seulement dans les trois arts du dessin, mais aussi en mathématiques, en mécanique, en musique, en poésie, en idéologie, sans parler des arts d'agrément, dans lesquels il excella : l'escrime, la danse, l'équitation ; et ces talents divers, il les possédа de telle sorte, que, duquel qu'il fît usage pour plaire, il semblait né pour celui-là seul.

Messer Pietro, étonné de cet être singulier, prit quelques-uns de ses dessins, qu'il alla montrer à André Verocchio, peintre et statuaire alors très-renommé. André ne put les croire les essais d'un enfant ; on le lui amena : ses grâces achevèrent de le séduire, et il fut bientôt son élève favori. Peu après, Verocchio, peignant à Saint-Salvi, pour les moines de Valombreuse, un tableau de *Saint Jean baptisant Jésus*, Léonard y fit cet ange si plein de grâces.

Toutefois la peinture ne prenait pas tous ses moments. On voit, par les récits aveugles de ses biographes, qu'il s'occupait également de chimie et de mécanique. Ils rapportent, avec quelque honte, que Léonard avait des idées extravagantes. Un jour, il cherchait à former, par le mélange de matières inodores, des odeurs détestables. Ces gaz, venant à se développer tout à coup dans l'appartement où la société était rassemblée, mettaient tout le monde en fuite. Une autre fois, des vessies cachées étaient enflées par des soufflets invisibles, et, remplissant peu à peu toute la capacité de la chambre, forçaient les assistants à décamper. Il inventait un mécanisme par lequel, au milieu de la nuit, le fond d'un lit s'élevait tout à coup, au grand détriment du dormeur. Il en trouvait un autre pour élever de grands poids. Il eut l'idée de soulever l'énorme édifice de Saint-Laurent, pour le placer sur une base plus majestueuse.

On le voyait dans les rues s'arrêter tout à coup pour copier sur un petit livret de papier blanc les figures qu'il rencontrait. Nous les avons encore, ces charmantes caricatures, et ce sont les meilleures qui existent[1]. Non-seulement il cherchait les modèles du *beau* et du *laid*, mais il prétendait saisir l'expression fugitive des affections de l'âme et des idées. Les choses bizarres et altérées avaient un droit particulier à son attention. Il sentit le premier peut-être cette partie des beaux-arts qui n'est pas fondée

[1] Elles sont trente-huit, dit Mariette, dessinées à la plume ; je les ai vues gravées par. . . . .

ur la sympathie, mais sur un retour d'amour-propre [1]. Il ame-ıait dîner chez lui des gens de la campagne, pour les faire rire gorge déployée, par les récits les plus étranges et les contes ɜs plus gais. D'autres fois on le voyait suivre les malheureux ıı supplice.

Une rare beauté, des manières pleines de charme, faisaient 'ouver admirables ces idées singulières, et il paraît que, comme aphaël, ce génie heureux fut une exception à la règle si vraie :

> Aucun chemin de fleurs ne conduit à la gloire.
>
> (LA FONTAINE.)

CHAPITRE XXXIX.

LES ÉPOQUES DE SA VIE.

Il faut qu'il eût trouvé l'art de rendre ses travaux utiles, car on père n'était pas riche, et l'on voit ce jeune peintre com-nençant sa carrière avoir à Florence, cette Londres du moyen ge, des chevaux et des domestiques, et tenir beaucoup à ce ue ses chevaux fussent les plus vifs et les plus beaux de la ille. Avec eux il faisait les sauts les plus hardis, à faire frémir ɜs amateurs les plus intrépides : sa force était telle, qu'il pliait acilement un fer de cheval.

La vie de ce grand homme peut se diviser en quatre époques.

Sa jeunesse, qu'il passa dans Florence ; le temps qu'il vécut à filan, à la cour de Louis le Maure ; les douze ou treize ans qu'il evint passer en Toscane, ou en voyages, après la chute de Lu-ovic ; et enfin sa vieillesse et sa mort, à la cour de François Ier.

Son plus ancien ouvrage est peut-être un carton d'*Adam et Ève cueillant la pomme fatale*, qu'il fit pour le roi de Portugal.

Son père lui demanda de peindre un bouclier pour un paysan le Vinci. Il fallait y mettre ou la tête de Méduse, ou quelque ani-nal horrible. Messer Pietro ne songeait plus au bouclier lors-

[1] On rit, par une jouissance d'amour-propre, à la vue subite de quel-ue perfection que la faiblesse d'autrui nous fait voir en nous.

qu'un jour il vint frapper à la porte de Léonard : celui-ci le prie d'attendre, place le tableau en bon jour, et le fait entrer. Le père recula d'horreur, crut voir un serpent véritable, et s'enfuit effrayé.

Tout ce que les couleuvres, les chauves-souris, les gros insectes des marais, les lézards, ont de plus horrible et de plus dégoûtant était réuni dans ce monstre ; on le voyait sortir des fentes d'un rocher, et lancer son venin vers le spectateur.

Ce qu'il y a de mieux, c'est que toute cette terreur avait été réunie par une longue observation de la nature. Messer Pietro embrassa son fils, et le bouclier fut vendu trois cents ducats au duc de Milan, Galéas.

CHAPITRE XL.

SES PREMIERS OUVRAGES.

Les Milanais ont beau jurer leurs grands dieux que Léonard vint de bonne heure chez eux ; il paraît que jusqu'à trente ans il ne quitta pas l'aimable Florence.

C'est d'après la tête de *Méduse*, à la galerie, qu'il faut se faire une idée de son talent à cette époque. On n'aperçoit le visage qu'en raccourci. Il semble que le peintre ait plus cherché à rendre l'horreur de la chevelure de la fille de Phorcus... que l'horreur de sa physionomie. La vie est dans les couleuvres vertes qui s'agitent sur sa tête. Pour elle, il ne l'a pas peinte morte, mais mourante : son œil terne n'est pas encore fermé ; elle rend le dernier soupir, et l'on voit le souffle impur qui s'exhale de sa bouche.

D'un autre genre d'expression, mais de la même époque est cet enfant couché dans un riche berceau, que l'on voit à Bologne. Il y a beaucoup de patience dans ce tableau, qui n'offre de partie nue que la tête de l'enfant ; mais il n'y a rien du style connu de Léonard[1]. La lumière est prodiguée, le peintre ne

[1] Par exemple, le portrait de Mona Lisa, ancien Musée Napoléon, n° 1,024.

songe pas encore à cette économie savante qui fut dans la suite une des bases de sa manière. C'est la réflexion qui frappe en voyant la *Madeleine* du palais Pitti, celle du palais Aldobrandini à Rome, les *Saintes Familles* de la galerie Giustiniani, de la galerie Borghèse, etc. On fait souvent admirer aux curieux des têtes de saint Jean-Baptiste ou de Jésus, de ce premier style de Léonard. Quelques-unes sont de lui.

En général, je trouve plus de délicatesse que de beauté dans ces premiers tableaux; surtout il n'y a rien de cet air un peu dur qui frappe quelquefois dans la beauté antique [1], et qui semble avoir été antipathique à Léonard dans tous les temps de sa vie. Son génie le portait à inventer le *beau moderne;* c'est ce qui le distingue bien de tous les peintres florentins ; il ne put même prendre sur lui de donner assez de dureté aux figures de bourreaux [2].

Toutes ces premières têtes de Léonard ressemblent, comme de juste, aux têtes de Verocchio. Les plis des draperies sont peu variés, les ombres faibles; le tout est sec et mesquin, et cependant a de la grâce. Tel fut son premier style.

CHAPITRE XLI.

DES TROIS STYLES DE LÉONARD.

Si j'avais à parler de ces trois styles, voici mes exemples :

Pour le premier, l'*Enfant au berceau*, qui est à Bologne.

Sa seconde manière fut chargée d'ombres extrêmement fortes; je citerais la *Vierge aux Rochers* [3], et surtout la figure de Jésus qui bénit le petit saint Jean.

Les demi-teintes composent presque en entier son troisième

[1] La *Pallas* de Velletri, la *Vénus* du Capitole, la *Mamerca*, la *Diane*.

[2] Le bourreau qui présente la tête de saint Jean à Hérodiade (galerie de Florence) est plutôt un homme d'esprit goguenard qu'un bourreau.

[3] Musée royal, n° 933, gravée par Desnoyers. Étudier dans ce tableau la forme des têtes de Léonard.

style, plus tranquille et d'une harmonie plus tendre. S'il obtient un grand relief, c'est plutôt en se montrant avare de la lumière qu'en prodiguant aux ombres une extrême énergie ; voyez cette charmante *Hérodiade* de la tribune de Florence, la grâce du style l'emporte sur l'horreur de l'action.

CHAPITRE XLII.

LÉONARD A MILAN.

Trois écoliers, échauffés par les beaux passages de Tite-Live, assassinèrent le duc de Milan ; il laissa un fils de huit ans sous la tutelle de son frère le célèbre Louis le Maure. Ce prince aspirait ouvertement à succéder à son pupille, et finit en effet par l'empoisonner.

Ludovic voyait la renommée que les Médicis acquéraient dans Florence en protégeant les arts. Rien ne cache le despotisme comme la gloire. Il appela tous les hommes célèbres qu'il put avoir. Il les réunissait, disait-il, pour l'éducation de son neveu. Cet homme se délassait, par des fêtes continuelles, de la noire politique où il fut toujours engagé [1]. Il aimait surtout la musique et la lyre, instrument célèbre chez les anciens, qui n'est autre pourtant que la triste guitare. On dit que Léonard parut pour la première fois à la cour de Milan dans une espèce de concours

[1] Je remarquai à la chartreuse de Pavie, si célèbre par ses marbres, un beau tombeau de Galéas Visconti, fondateur du monastère ; au bas est couchée la statue de Ludovic Sforce, dit le Maure, qui mourut en France au château de Loches. Cet homme est si fameux dans notre histoire par ses méchancetés, que j'eus grand empressement à considérer sa physionomie, qui est tout à fait revenante, et celle du meilleur homme du monde. Que les physionomistes argumentent là-dessus.

(DE BROSSES, I, 106.)

Ludovic écrivit au pape qu'il avait des remords qui troublaient ses nuits. Le pape lui accorda une entière absolution, pourvu qu'il confessât ses péchés à son aumônier, et qu'il fît un don convenable à l'Église. Il donna la terre de la *Sforzesca*, sur le Tésin, où j'ai lu cette correspondance autographe. (Note de sir W. E.)

ouvert entre les meilleurs joueurs de lyre d'Italie. Il se présenta avec une lyre de sa façon, construite en argent, suivant de nouveaux principes d'acoustique, et à laquelle il avait donné la forme d'une tête de cheval. Il improvisa en s'accompagnant, il soutint thèse, il raisonna avec esprit sur toutes sortes de sujets; il enchanta toute la ville réunie au palais du duc, qui le retint à son service.

Soutenir thèse dans un salon serait bien ridicule; mais, au quinzième siècle, on était jeune encore. La cour elle-même, pour un homme supérieur, avait un charme qu'elle a perdu; elle était la perfection de la société, elle n'en est plus que la gêne. J'explique ainsi le goût de l'élégant Léonard pour la société des princes.

A Milan, il fut bien vite l'homme à la mode, l'ordonnateur des fêtes de Ludovic, et de celles que les seigneurs de la ville rendaient au souverain, l'ingénieur en chef pour l'irrigation des eaux, le sculpteur d'une statue équestre que le prince élevait à son père [1], et enfin le peintre de ses deux maîtresses.

CHAPITRE XLIII.

VIE PRIVÉE DE LÉONARD A LA COUR DE LUDOVIC.

Cécile Galerani et Lucrèce Crivelli, les deux plus belles personnes de Milan, appartenaient aux premières familles. Le portrait de Cécile, qui faisait de jolis vers, se voyait autrefois chez le marquis Bonesana. Je n'en ai pu trouver qu'une copie à l'Ambrosienne. Pour Lucrèce, c'est peut-être cette femme en habit rouge broché d'or avec un diamant au milieu du front, qui est à Paris [2].

On trouve dans les manuscrits de Léonard [3] le brouillon d'une lettre à Louis le Maure pour lui détailler tous ses mérites.

[1] « Je commençai la statue le 23 avril 1490, » dit Léonard.

[2] Musée. nº 1,025.

[3] Manuscrit de Léonard, vol. atlantique, fol. 382.

Cette lettre est écrite[1] de droite à gauche, manière simple d'arrêter les indiscrets que Léonard employa toujours sans autre

[1] Havendo S^or mio Ill. visto et considerato oramai ad sufficientia le prove di tutti quelli che si reputano maestri et compositori d'instrumenti bellici; et che le inventione et operatione de dicti instrumenti non sono niente alieni dal commune uso : mi exforserò, non derogando a nessuno altro, farmi intendere da Vostra Excellentia : aprendo a quello li secreti miei : et appresso offerendoli ad ogni suo piacimento in tempi opportuni sperarò cum effecto circha tutte quelle cose, che sub brevità in presente saranno quì di sotto notate.

1. Ho modo di far punti (*ponti*) leggerissimi et acti ad portare facilissimamente et cum quelli seguire et alcuna volta fuggire li inimici; et altri securi et inoffensibili da fuoco et battaglia : facili et commodi da levare et ponere. Et modi de ardere et disfare quelli de linimici.

2. So in la obadione de una terra toglier via laqua de' fossi et fare infiniti pontighatti a scale et altri instrumenti pertinenti ad dicta expeditione.

3. Item se per altezza de argine o per fortezza de loco et di sito non si pottesse in la obsidione de una terra usare lofficio delle bombarde : ho modo di ruinare ogni roccia o altra fortezza se già non fusse fondata sul saxo.

4. Ho anchora modi de bombarde commodissime et facili ad portare : et cum quelle buttare minuti di tempesta : et cum el fumo de quella dando grande spavento al inimico cum grave suo danno et confusione.

5. Item ho modi per cave et vie strette e distorte facte senz' alcuno strepito per venire ad uno certo... che bisognasse passare sotto fossi o alcuno fiume.

6. Item fatio carri coperti sicuri ed inoffensibili : e quali entrando intra ne linimici cum sue artiglierie, non è sì grande multitudine di gente darme che non rompessino : et dietro a questi poteranno seguire fanterie assai inlesi e senza alchuno impedimento.

7. Item occorrendo di bisogno farò bombarde mortari et passavolanti di bellissime e utili forme fora del comune uso.

8. Dove mancassi le operazione delle bombarde componerò briccole manghani trabuchi et altri instrumenti di mirabile efficacia et fora del usato : et in somma secondo la varietà de' casi componerò varie et infinite cose da offendere.

9. Et quando accadesse essere in mare ho modi de' molti instrumenti actissimi da offendere et defendere : et navali che faranno resistentia al trarre de omni grossissima bombarda, et polveri o fumi.

10. In tempo di pace credo satisfare benissimo a paragoni de omni

ison peut-être que son amour particulier pour tout ce qui ait original.

Ces trente volumes de manuscrits et de dessins pris à Milan, ı avril 1796 [1], jettent un grand jour sur la vie de l'auteur : ce est pas qu'ils soient intéressants. Léonard n'a pas eu, comme envenuto Cellini, l'heureuse idée de se confesser au public. Ils uraient une bien autre célébrité ; ce sont des souvenirs la pluart en dessins. Je n'y ai vu qu'une anecdote assez commune ui arrête pourtant, parce qu'en marge on trouve ces mots : oleur, menteur, obstiné, gourmand, *ladro, buggiardo, ostinato, hiotto :* on veut voir quel était ce bon sujet. « Jacques entra hez moi, il avait dix ans. » Léonard raconte ici les escroqueies de Jacques, qui le vola, qui vola Marco et Gianantonio, ses lèves, probablement Marco d'Oggione et G. Beltraffio. Il ajoute : Item, le 26 janvier de l'année suivante 1491, me trouvant hez le seigneur Galéas de Saint-Severin pour ordonner la joute u'il donnait, et quelques-uns de ses gens ayant quitté leurs abits pour essayer des costumes d'hommes sauvages que je aisais paraître dans cette fête, Jacques s'approcha adroitement le la bourse de l'un d'eux qui était sur le lit, et déroba l'argent. »

Aimé de Louis le Maure, qui se connaissait en hommes, considéré dans le public comme un des génies de la célèbre Flo-

altro in architettura in composizione di edifici et publici et privati : et in conducere aqua da uno loco ad un altro.

Item conducerò in sculptura de marmore di bronzo et di terra : similiter in pictura ciò che si possa fare ad paragone de omni altro et sia chi vole.

Ancora si poterà dare opera al cavallo di bronzo che sarà gloria immortale et eterno onore della felice memoria del S^re^ vostro Padre, et de la inclyta Casa Sforzesca.

Et se alchune de le sopra dicte cose ad alchuno paressino impossibili et infactibili, me ne offero paratissimo ad farne experimento in el vostro parco, o in qual loco piacerà a Vostra Excellentia ad la quale umilmente quanto più posso me raccommando, etc.

[1] Et ramenés par Waterloo à leur premier séjour. Ils avaient été donnés à l'Ambrosienne par Galeazzo Arconato. Charles Ier, roi d'Angleterre, fit offrir jusqu'à mille doubles d'Espagne (60,000 fr.) du plus grand de ces volumes.

rence, qui venait porter la lumière en Lombardie, Léonard se livrait avec bonheur à l'étonnante fertilité de son génie, et faisait exécuter à la fois vingt travaux divers. Il avait trente ans quand il parut à cette cour brillante, et ne quitta le Milanais qu'après la chute de Ludovic, dix-sept ans plus tard.

CHAPITRE XLIV.

SA VIE D'ARTISTE.

Il peignit peu pendant ce long séjour. On suit facilement, dans tout le cours de sa vie, l'effet de sa première éducation chez le Verocchio. Ainsi que son maître, il dessina plus volontiers qu'il ne peignit. Il aima, dans le dessin et dans le choix des figures, non pas tant les contours pleins et convexes à la Rubens, que le gentil et le spirituel, comme le *Francia*[1]. Des chevaux et des mêlées de soldats se trouvaient sans cesse sous sa plume. L'anatomie fut l'étude de toute sa vie. En général, il travailla plus à l'avancement des arts qu'à en multiplier les modèles.

Son maître avait été un statuaire habile, comme le prouvent le *Saint Thomas* de Florence et le *Cheval de saint Paul* à Venise. A peine Léonard est-il arrivé à Milan, qu'on le voit faire battre de la terre, et modeler un cheval de grandeur colossale. On le voit cultiver assidûment la géométrie, faire exécuter des travaux immenses en mécanique militaire et en hydraulique. Sous ce ciel brûlant, il fait parvenir l'eau dans tous les coins des prairies du Milanais. C'est à lui que nous devons, nous autres voyageurs, ces paysages admirables où la fertilité et la verdure colossale des premiers plans n'est égalée que par les formes bizarres des montagnes couvertes de neiges qui forment, à quelques milles, un horizon à souhait pour le plaisir des yeux.

Il bannit le gothique des bâtiments; il dirigea une académie de peinture; mais, au milieu de tant d'affaires, il ne peignit guère que le *Cénacle* du couvent des Grâces.

[1] Musée, n° 944.

CHAPITRE XLV.

LÉONARD AU COUVENT DES GRACES.

Il est impossible que vous ne connaissiez pas ce tableau; c'est l'original de la belle gravure de Morghen.

Il s'agissait de représenter ce moment si tendre où Jésus, à ne le considérer que comme un jeune philosophe entouré de ses disciples la veille de sa mort, leur dit avec attendrissement : « En vérité, je vous le dis, l'un de vous doit me trahir. » Une âme aussi aimante dut être profondément touchée en songeant que, parmi douze amis qu'il s'était choisis, avec lesquels il se cachait pour fuir une injuste persécution, qu'il avait voulu voir réunis ce jour-là en un repas fraternel, emblème de la réunion des cœurs et de l'amour universel qu'il voulait établir sur la terre, il se trouvait cependant un traître qui, pour une somme d'argent, allait le livrer à ses ennemis. Une douleur aussi sublime et aussi tendre demandait, pour être exprimée en peinture, la disposition la plus simple, qui permît à l'attention de se fixer tout entière sur les paroles que Jésus prononce en ce moment. Il fallait une grande beauté dans les têtes des disciples, et une rare noblesse dans leurs mouvements pour faire sentir que ce n'était pas une vile crainte de la mort qui affligeait Jésus. S'il eût été un homme vulgaire, il n'eût pas perdu le temps en un attendrissement dangereux, il eût poignardé Judas, ou du moins pris la fuite, entouré de ses disciples fidèles.

Léonard de Vinci sentit la céleste pureté et la sensibilité profonde qui font le caractère de cette action de Jésus; déchiré par l'exécrable indignité d'une action aussi noire, et voyant les hommes si méchants, il se dégoûte de vivre, et trouve plus de douceur à se livrer à la céleste mélancolie qui remplit son âme qu'à sauver une vie malheureuse qu'il faudrait toujours passer avec de pareils ingrats. Jésus voit son système d'amour universel renversé. « Je me suis trompé, se dit-il, j'ai jugé des hommes d'après mon cœur. » Son attendrissement est tel, qu'en disant aux disciples ces tristes paroles : *L'un de vous va me trahir*, il n'ose regarder aucun d'eux.

Il est assis à une table longue, dont le côté qui est contre la fenêtre et vers le spectateur est resté vide. Saint Jean, celui de tous les disciples qu'il aima avec le plus de tendresse, est à sa droite ; à côté de saint Jean est saint Pierre ; après lui vient le cruel Judas.

Au moyen du grand côté de la table qui est resté libre, le spectateur aperçoit pleinement tous les personnages. Le moment est celui où Jésus achève de prononcer les paroles cruelles, et le premier mouvement d'indignation se peint sur toutes les figures.

Saint Jean, accablé de ce qu'il vient d'entendre, prête cependant quelque attention à saint Pierre, qui lui explique vivement les soupçons qu'il a conçus sur un des apôtres assis à la droite du spectateur.

Judas, à demi tourné en arrière, cherche à voir saint Pierre et à découvrir de qui il parle avec tant de feu, et cependant il assure sa physionomie, et se prépare à nier ferme tous les soupçons. Mais il est déjà découvert. Saint Jacques le Mineur passant le bras gauche par-dessus l'épaule de saint André, avertit saint Pierre que le traître est à ses côtés. Saint André regarde Judas avec horreur. Saint Barthélemy, qui est au bout de la table, à la gauche du spectateur, s'est levé pour mieux voir le traître.

A la gauche du Christ, saint Jacques proteste de son innocence par le geste naturel chez toutes les nations ; il ouvre les bras et présente la poitrine sans défense. Saint Thomas quitte sa place, s'approche vivement de Jésus, et, élevant un doigt de la main droite, semble dire au Sauveur : « Un de nous? » C'est ici une des nécessités qui rappellent que la peinture est un art terrestre. Il fallait ce geste pour caractériser le moment aux yeux du vulgaire, pour lui bien faire entendre la parole qui vient d'être prononcée. Mais il n'a point cette noblesse d'âme qui devait caractériser les amis de Jésus. Qu'importe qu'il soit sur le point d'être livré par un ou par deux de ses disciples? Il s'est trouvé une âme assez noire pour trahir un maître si aimable : voilà l'idée qui doit accabler chacun d'eux, et bientôt après va se présenter cette seconde pensée : Je ne le verrai plus; et cette troisième : Quels sont les moyens de le sauver?

Saint Philippe, le plus jeune des apôtres, par un mouvement plein de naïveté et de franchise, se lève pour protester de sa fidélité. Saint Matthieu répète les paroles terribles à saint Simon, qui refuse d'y croire. Saint Thadée, qui le premier les lui a répétées, lui indique saint Matthieu, qui a entendu comme lui. Saint Simon, le dernier des apôtres à la droite du spectateur, semble s'écrier : « Comment osez-vous dire une telle horreur! »

Mais on sent que tous ceux qui entourent Jésus ne sont que des disciples, et, après la revue des personnages, l'œil revient bien vite à leur sublime maître. La douleur si noble qui l'opprime serre le cœur. L'âme est ramenée à la contemplation d'un des grands malheurs de l'humanité, la trahison dans l'amitié. On sent qu'on a besoin d'air pour respirer; aussi le peintre a-t-il représenté ouvertes la porte et les deux croisées qui sont au fond de l'appartement. L'œil aperçoit une campagne lointaine et paisible, et cette vue soulage. Le cœur a besoin de cette tranquillité silencieuse qui régnait autour du mont *Sion*, et pour laquelle Jésus aimait à y rassembler ses disciples. La lumière du soir, dont les rayons mourants tombent sur le paysage [1], lui donne une teinte de tristesse conforme à la situation du spectacle. Il sait bien que c'est là la dernière soirée que l'ami des hommes passera sur la terre. Le lendemain, lorsque le soleil sera parvenu à son couchant, il aura cessé d'exister.

Quelques personnes penseront comme moi sur cet ouvrage sublime de Léonard de Vinci, et ces idées paraîtront recherchées au plus grand nombre; je le sens bien. Je supplie ce plus grand nombre de fermer le livre. A mesure que nous nous connaîtrions mieux, nous ne ferions que nous déplaire davantage. On trouvera facilement dans les autres histoires de la peinture des descriptions plus exactes, où sont notées fidèlement la couleur du manteau et celle de la tunique de chacun des disciples [2] : d'ailleurs on peut admirer le travail exquis des plis de la nappe.

[1] Naw fades the glimmering landscape on the sight. (GRAY.)

[2] *Del Cenacolo*, etc., par Joseph Bossi, 1812.

CHAPITRE XLVI.

EXÉCUTION.

S'il fut jamais un homme choisi par la nature pour peindre un tel sujet, ce fut Léonard de Vinci. Il avait cette rare noblesse de dessin plus frappante chez lui que chez Raphaël même, parce qu'il ne mêle point à la noblesse l'expression de la force. Il avait ce coloris mélancolique et tendre, abondant en ombres, sans éclat dans les couleurs brillantes, triomphant dans le clair-obscur, qui, s'il n'avait pas existé, aurait dû être inventé pour un tel sujet. Ses défauts mêmes ne nuisent point; car la noblesse ne s'offense pas d'un peu de sécheresse dans le dessin et d'ombres tirant sur la couleur de fer[1]. Si enfin l'on considère la hauteur colossale des personnages et la grandeur du tableau, qui a trente et un pieds quatre pouces de large, sur quinze pieds huit pouces de haut, l'on conviendra qu'il dut faire époque dans l'histoire des arts, et l'on me pardonnera de m'y arrêter encore.

L'âme plus noble que passionnée de Vinci ne négligeait jamais de relever ses personnages par l'extrême délicatesse et le fini de l'architecture, des meubles, et des ornements qui les entourent[2]. L'homme sensible qui réfléchira sur la peinture verra avec étonnement que les petites raies bleues qui coupent le blanc de la nappe, que les ornements délicats, réguliers et simples, de la salle où se passe cette scène attendrissante, ajoutent au degré de noblesse. Ce sont là les moyens de la peinture. Quoi de plus vil en soi-même que ce petit morceau de métal

[1] Un peu de *petitesse* même, qui est le contraire de la générosité, de la confiance dans les autres, ne nuit pas à la noblesse. Ceci deviendra sensible dans les belles lettres. Garder toutes les avenues contre la critique est une des qualités du style très-noble. Cela saute aux yeux dans les manières françaises, et l'extrême froideur du grand monde; l'extrême vanité ramène l'enfance de la civilisation, où l'on ne paraissait jamais qu'armé. Passez le Rhin, ce vice a disparu.

[2] Levan di terra in ciel, nostr' intelletto.

(PETRARCA.)

nommé caractère d'imprimerie? Il précipite les tyrans de leurs trônes.

CHAPITRE XLVII.

NOMS DES PERSONNAGES.

Sous une ancienne copie de la *Cène* qui est à Ponte Capriasco, j'ai trouvé une inscription latine qui indique le nom des apôtres, en commençant par celui qui est debout, à la gauche du spectateur.

Saint Barthélemy, saint Jacques le Mineur, saint André, saint Pierre, Judas, saint Jean, Jésus, saint Jacques le Majeur, saint Thomas, saint Philippe, saint Matthieu, saint Thadée, saint Simon.

Cet ordre est assez probable. Je veux dire qu'il est très-possible que cette inscription existât sous la fresque originale, et que d'ailleurs les deux ou trois apôtres qu'il est facile de reconnaître au moyen des détails donnés par l'Évangile, ou par les anciens auteurs, sont placés dans le tableau comme dans l'inscription. Le caractère de cette copie de Ponte Capriasco est la facilité.

Une ancienne tradition du village rapporte qu'elle fut faite par un brillant jeune homme de Milan, qui, fuyant cette grande ville, s'y était venu cacher vers l'an 1520. Il put retourner à Milan quelque temps après l'avoir finie. Les principaux du pays voulurent le payer. Il refusa longtemps; ne pouvant à la fin se défendre de recevoir soixante-dix écus, il descendit sur la place pnblique, et distribua cet argent aux plus pauvres habitants. De plus il donna à l'église qui avait occupé son exil une ceinture de taffetas rouge qu'il avait coutume de porter, et dont on se sert encore aux grandes fêtes.

Malgré la tradition et la ceinture, les connaisseurs sont d'avis que cette *Cène* est de Pierre Luini, fils du célèbre Bernardino, et qu'elle ne peut remonter plus haut que l'an 1565.

CHAPITRE XLVIII.

ÉPOQUE OU LE CÉNACLE FUT FAIT.

En 1495, le Montorfano, artiste vulgaire, ayant peint à l'une des extrémités du réfectoire des Grâces *Jésus crucifié entre les deux larrons*, Louis le Maure, devenu duc de Milan par la mort de son neveu, voulut, dit-on, que Léonard y ajoutât d'un côté son portrait, de l'autre celui de sa femme et de ses enfants. Ce qui reste de ces portraits est bien médiocre pour les croire de Léonard.

On a trouvé le livre des dépenses de l'architecte employé par Ludovic aux travaux des Grâces. On lit, au folio 17, la note suivante :

« 1497. Item per lavori facti in refectorio dove dipinge Leonardo gli appostoli, con una finestra, lire 37 16 s.[1]. »

Frère Luca Pacialo, géomètre, et ami intime de Vinci, nous a laissé le témoignage qu'en 1498 il avait terminé son tableau.

Léonard était alors dans sa quarante-sixième année.

CHAPITRE XLIX.

VESTIGE DES ÉTUDES FAITES PAR LÉONARD POUR LE TABLEAU DE LA CÈNE.

La prose italienne antérieure à Alfieri tombe sans cesse dans le *vague*. C'est le supplice de ceux qui lisent cette langue de chercher un sens net au milieu d'un océan de paroles harmonieuses.

L'envie de faire de l'esprit; l'avilissement, qui ôte tout intérêt d'écrire clairement sur des sujets difficiles; l'amour des princes

[1] Pour travaux faits au réfectoire où Léonard peint les apôtres; et pour une fenêtre, liv. 37, 16 sous.

our le style vague[1], ont jeté dans ce cruel défaut. Je devrais ire précéder d'un *peut-être* ou d'un *on dit* tous les détails un eu précis que j'ai recueillis dans des centaines de bouquins sur s choses anciennes de la peinture. Le renseignement que je ens de citer est donné en ces termes par fra Paciolo : « Léo-rd, de sa main sublime, avait déjà exprimé le superbe simu-cre de l'ardent désir de notre salut dans le digne et respectable eu de la spirituelle et corporelle réfection du saint temple des râces, auquel désormais doivent céder tous ceux d'Apelles, de iron et de Polyclète. » On se rappelle, malgré soi, cet ivrogne ui, voyant trébucher un de ses camarades, s'écrie :

Las ! ce que c'est que de nous cependant,
Voilà l'état où je serai dimanche.

Voilà pourtant ce que sera l'esprit du jour dans trois siècles.

J.-B. Giraldi publia en 1554 des discours sur la manière de omposer le roman et la comédie ; on y trouve ce passage : « Le oëte dramatique doit suivre l'exemple du fameux Léonard de inci. Ce grand peintre, quand il devait introduire quelque per-onnage dans un de ses tableaux, s'enquérait d'abord en lui-ıême de la qualité de ce personnage : s'il devait être du genre oble ou vulgaire, d'une humeur joyeuse ou sévère, dans un ıoment d'inquiétude ou de sérénité ; s'il était vieux ou jeune, iste ou méchant. Après avoir, par de longues méditations, ré-ondu à ces demandes, il allait dans les lieux où se réunissaient 'ordinaire les gens d'un caractère analogue. Il observait atten-vement leurs mouvements habituels, leur physionomie, l'en-emble de leurs manières ; et, toutes les fois qu'il trouvait le ıoindre trait qui pût servir à son objet, il le crayonnait sur le etit livre qu'il portait toujours sur lui. Lorsque, après bien des ourses, il croyait avoir recueilli des matériaux suffisants, il pre-ait enfin les pinceaux.

« Mon père, homme fort curieux de ces sortes de détails, m'a

[1] Histoire de la littérature espagnole sous les Philippes ; style des Jé-uites.

raconté mille fois qu'il employa surtout cette méthode pour son fameux tableau de Milan.

« Le Vinci avait terminé le Christ et les onze apôtres ; mais il n'avait fait que le corps de Judas : la tête manquait toujours, et il n'avançait point son ouvrage. Le prieur, impatienté de voir son réfectoire embarrassé de l'attirail de la peinture, alla porter ses plaintes au duc Ludovic, qui payait très-noblement Léonard pour cet ouvrage. Le duc le fit appeler, et lui dit qu'il s'étonnait de tant de retard. Vinci répondit qu'il avait lieu de s'étonner à son tour des paroles de Son Excellence, puisque la vérité était qu'il ne se passait pas de jour qu'il ne travaillât deux heures entières à ce tableau.

« Les moines revenant à la charge, le duc leur rendit la réponse de Léonard. « Seigneur, lui dit l'abbé, il ne reste plus à « faire qu'une seule tête, celle de Judas ; mais il y a plus d'un « an que non-seulement il n'a touché au tableau, mais qu'il « n'est venu le voir une seule fois. » Le duc, irrité, fait revenir Léonard. « Est-ce que les pères savent peindre? répond « celui-ci. Ils ont raison, il y a longtemps que je n'ai mis les « pieds dans leur couvent ; mais ils ont tort quand ils disent que « je n'emploie pas tous les jours au moins deux heures à cet ou« vrage. — Comment cela, si tu n'y vas pas? — Votre Excel« lence saura qu'il ne me reste plus à faire que la tête de Judas, « lequel a été cet insigne coquin que tout le monde sait. Il con« vient donc de lui donner une physionomie qui réponde à tant « de scélératesse : pour cela, il ya un an, et peut-être plus, que « tous les jours, soir et matin, je vais au Borghetto, où Votre « Excellence sait bien qu'habite toute la canaille de sa capitale ; « mais je n'ai pu trouver encore un visage de scélérat qui satis« fasse à ce que j'ai dans l'idée. Une fois ce visage trouvé, en un « jour je finis le tableau. Si cependant mes recherches sont « vaines, je prendrai les traits de ce père prieur qui vient se « plaindre de moi à Votre Excellence, et qui d'ailleurs remplit « parfaitement mon objet. Mais j'hésitais depuis longtemps à le « tourner en ridicule dans son propre couvent. »

« Le duc se mit à rire, et, voyant avec quelle profondeur de jugement le Vinci composait ses ouvrages, comprit comment on tableau excitait déjà une admiration si générale. Quelque emps après, Léonard, ayant rencontré une figure telle qu'il la herchait, en dessina sur la place les principaux traits, qui, oints à ce qu'il avait déjà recueilli pendant l'année, le mirent à nême de terminer rapidement sa fresque; de même, le poëte ramatique, etc. »

Telle a été la pratique constante des grands peintres d'Italie. e nos jours encore, Appiani, le dernier des peintres à fresques, yant eu l'ordre de peindre, au palais de Milan, les *Quatre par-ies du monde réveillées par les exploits de Bonaparte,* je me ouviens qu'il fut plus de huit jours sans vouloir travailler à une eau de lion. Comme je lui marquais mon étonnement : « Vou-ez-vous que je devienne un peintre maniéré? me répondit-il. ombien ai-je vu de peaux de lion en ma vie? et quelle attention eur ai-je donnée? Non, je ne ferai celle-ci qu'en présence de la ature. »

Léonard fit, dit-on, pour son tableau un carton de même gran-leur. Il fit en petit les ébauches de chaque tête. Les têtes de aint Pierre et de Judas, qui se trouvent dans les manuscrits de 'aris, ont été publiées par Gerli[1]. On assure encore que Léonard eignit séparément les figures des douze apôtres et celle de Jé-us. Ces tableaux précieux appartinrent d'abord aux comtes Ar-onati, changèrent souvent de main, enfin, vers l'an 1740, fu-'ent achetés par un M. Odny, consul d'Angleterre.

Lomazzo rapporte que Léonard fit ces mêmes têtes au pastel. a célèbre peintre Angelica Kauffmann disait que celles des apô-res, mais non la tête de Jésus, avaient passé en Angleterre de Rome, où elle les avait vues, et où deux peintres anglais en firent l'acquisition vers la fin du dix-huitième siècle.

Feu M. Mussi, bibliothécaire à l'Ambrosienne de Milan, croyait posséder la tête du Christ, peinte au pastel par Léonard. Ange-lica Kauffmann, à qui il la montra, la jugea originale et peinte du même style que les apôtres. Cette tête est sans barbe, et a beaucoup servi à Matteini, l'auteur du dessin gravé par Mor-ghen; car, dans l'original, l'on ne voit pas assez la tête de Jésus

[1] Gerli, in-fol. italien et français; Milan, 1784, chez Galeazzi.

pour pouvoir la dessiner. Seulement, par respect pour les anciennes copies, on a ajouté dans la gravure un commencement de barbe.

Après des préparatifs infinis, Léonard peignit le *Cénacle* à l'huile, suivant en cela la méthode nouvellement inventée par Jean de Bruges, méthode qui permet de douter, de chercher la perfection, toutes choses qui allaient si bien à son caractère. La fresque où il faut courir, et se contenter d'à peu près, convient plus aux Michel-Ange, aux Lanfranc, aux génies résolus. Léonard semblait trembler quand il prenait les pinceaux.

Le choix qu'il fit dans cette occasion doit laisser des regrets éternels; la fresque indigne de Montorfano étale une fraîcheur piquante à l'un des bouts du réfectoire, tandis qu'à l'autre extrémité le concierge vous indique quelques traits confus sur la muraille. C'est là le *Cénacle* de Léonard de Vinci.

Singulier en tout, il employa des huiles trop dégraissées. Cette préparation, qui ôte à l'huile de sa consistance, rend aussi les peintures moins sujettes à jaunir; et c'est ce qu'on observe dans la seule partie qui n'ait pas été repeinte, une portion de ciel qui resplendit encore au fond du tableau, derrière la tête de Jésus.

Toutes les causes de destruction semblèrent réunies par un hasard cruel contre ce premier des chefs-d'œuvre. Vinci, pour préparer la muraille, y appliqua une composition particulière qui, au bout de peu d'années, devait tomber en écailles. Le mur était fait de mauvais matériaux, le couvent bâti dans un fond, le réfectoire situé à l'endroit le plus bas, et, de tout temps, dès qu'il y a eu quelque inondation dans le Milanais, on a trouvé cette salle pleine d'eau.

CHAPITRE L.

Le fameux Matteo Bandello, que notre aimable François Ier fit évêque, parce qu'il contait bien, met la cinquante-huitième nouvelle de son recueil dans la bouche de Léonard. Il dédie cette nouvelle à Geneviève Gonzaga, et commence ainsi : « Du temps de Ludovic, quelques gentilshommes qui se trouvaient à Milan se renntrèrent un jour au monastère des *Grâces*, dans le réfectoire des ...res dominicains. Ils contemplaient en silence Léonard de Vinci, ...i achevait alors son miraculeux tableau de la *Cène*. Ce peintre ...mait fort que ceux qui voyaient ses ouvrages lui en dissent ...rement leur avis. Il venait souvent de grand matin au couvent ...s *Grâces;* et cela, je l'ai vu moi-même. Il montait en courant ...r son échafaudage. Là, oubliant jusqu'au soin de se nourrir, il ... quittait pas les pinceaux depuis le lever du soleil jusqu'à ce ...e la nuit tout à fait noire le mît dans l'impossibilité absolue de ...ntinuer. D'autres fois, il était trois ou quatre jours sans y tou...ier, seulement il venait passer une heure ou deux, les bras ...oisés, à contempler ses figures, et apparemment à les criti...uer en lui-même. Je l'ai encore vu en plein midi, quand le so...il dans la canicule rend les rues de Milan désertes, partir de la ...itadelle, où il modelait en terre son cheval de grandeur colos...ale, venir au couvent sans chercher l'ombre, et par le chemin ... plus court, là donner en hâte un ou deux coups de pinceau à une de ses têtes, et s'en aller sur-le-champ.

« Mais, pour en revenir à nos gentilshommes, pendant que ...ous étions à voir travailler Léonard, le cardinal Gurcense, qui ...vait pris son logement dans notre couvent, vint au réfectoire ...our visiter cet ouvrage célèbre. Dès que Léonard aperçut le ...ardinal, il descendit, vint le saluer, et en fut traité avec toute ...a distinction possible. On raisonna dans cette occasion de bien ...es choses, et entre autres de l'excellence de la peinture; plu...ieurs désirant que l'on pût voir de ces tableaux antiques qui ...ont si fort loués dans les bons auteurs, afin de pouvoir juger si ...nos peintres modernes peuvent se comparer aux anciens.

« Le cardinal demanda à Léonard quels étaient ses appointe...nents à la cour du duc; à quoi il répondit que d'ordinaire il avait ...une pension de deux mille ducats, sans les présents de toute ...nature dont Son Excellence le comblait tous les jours. Le cardi...nal, auquel ce traitement parut fort considérable, nous quitta ...un moment après pour remonter dans ses appartements.

« Vinci, pour nous montrer alors en quel honneur on avait de tout temps tenu l'art de la peinture, nous conta une histoire que je n'ai jamais oubliée. »

La nouvelle qui suit est une anecdote relative à Fra Filippo, que Léonard commence par des plaisanteries sur l'ignorance du cardinal Gurcense.

Bugati, dans son histoire publiée en 1570, dit bien que Louis le Maure avait assigné à son peintre une pension de cinq cents écus, mais il est possible que le traitement de Léonard eût été augmenté, ou qu'il en cumulât plusieurs.

Jean-Paul Lomazzo, peintre aveugle à trente ans, et cependant auteur de vers très-gais et très-médiocres, l'est aussi du meilleur Traité de peinture que nous ayons. Il est vrai qu'il faut chercher les préceptes sensés dans un océan de paroles. On trouve au chapitre IX du Ier livre, écrit vers l'an 1560 :

« Parmi les modernes, Léonard de Vinci, peintre étonnant, donna tant de beauté et de majesté à saint Jacques le Majeur et à son frère, dans son tableau de la *Cène*, qu'ayant ensuite à traiter la figure de Jésus-Christ, il ne put l'élever au degré de beauté sublime qui lui semblait convenable. Après avoir cherché longtemps, il alla demander conseil à son ami Bernardo Zénale, qui lui répondit : « O Léonard ! elle est d'une telle conséquence, l'er-
« reur que tu as commise, que Dieu seul peut y porter remède;
« car il n'est pas plus en ton pouvoir qu'en celui d'aucun mortel
« de donner à un personnage plus de beauté et un air plus divin
« que tu ne l'as fait pour les têtes de saint Jacques le Majeur et de
« son frère. Ainsi laisse le Christ imparfait, car tu ne le feras ja-
« mais être le Christ auprès de ces deux apôtres. » Et Léonard suivit ce conseil, comme on peut encore le distinguer aujourd'hui, quoique la peinture tombe en ruines. »

CHAPITRE LI.

MALHEURS DE CE TABLEAU.

Lorsque le roi François Ier, qui aimait les arts comme un Italien, entra en vainqueur dans Milan (1515), il eut l'idée de faire transporter le *Cénacle* en France ; il demanda à ses architectes si, au moyen d'énormes poutres et de barres de fer, ils se feraient fort de maintenir la muraille, et d'empêcher qu'elle ne se brisât en route; ce dont personne n'osa lui répondre. De nos jours, rien de plus aisé : on eût mis d'abord le tableau sur toile [1].

Le *Cénacle* était alors dans tout son éclat; mais, dès l'an 1540, Armenini nous le représente comme à demi effacé. Lomazzo assure, en 1560, que les couleurs avaient bien vite disparu; que, les contours seuls restant, on ne pouvait plus admirer que le dessin.

En 1624, il n'y avait presque plus rien à voir dans cette fresque, dit le chartreux Sanèse. En 1652, les pères dominicains, trouvant peu convenable l'entrée de leur réfectoire, n'eurent pas de remords de couper les jambes au Sauveur et aux apôtres voisins pour agrandir la porte d'un lieu si considérable. On sent l'effet des coups de marteau sur un enduit qui déjà de toutes parts se détachait de la muraille. Après avoir coupé le bas du tableau, les moines firent clouer l'écusson de l'empereur dans la partie supérieure, et ces armes étaient si amples, qu'elles descendaient jusqu'à la tête de Jésus.

Il était écrit que les soins de ces gens-là seraient aussi funestes à nos plaisirs que leur indifférence. En 1726, ils prirent la fatale résolution de faire arranger le tableau par un nommé Bellotti, barbouilleur, qui prétendait avoir un secret. Il en fit l'expérience devant quelques moines délégués, les trompa facilement, et enfin se fit une cabane couverte devant le *Cénacle*. Caché derrière cette toile, il osa repeindre en entier le tableau de Vinci; il le découvrit ensuite aux moines stupides, qui admirèrent la puissance du secret pour raviver les couleurs. Le Bellotti, bien payé, et qui n'était pas peu charlatan, donna aux moines, par reconnaissance, la recette du procédé.

Le seul morceau qu'il respecta fut le ciel, dont apparemment il désespéra d'imiter avec ses couleurs grossières la transparence vraiment divine : jugez-en par le ciel charmant de ce tableau de Pérugin qui est au bout du Musée.

[1] Comme l'empereur vient de le faire faire à Rome pour la *Descente de croix* de Daniel de Volterre. Tôt ou tard quelque Anglais riche rendra le même service aux fresques du Dominiquin à Grotta-Ferrata.

La partie plaisante de ce malheur, c'est que les louanges sur la finesse pleine de grâce du pinceau de Léonard ne manquèrent pas de continuer de la part des connaisseurs. Un M. Cochin, artiste justement estimé à Paris, trouvait ce tableau fort dans le goût de Raphaël.

CHAPITRE LII.

A leur tour, les couleurs de Bellotti se ternirent, et probablement le tableau fut encore retouché avec des couleurs en détrempe. Il fut question, en 1770, de le faire rétablir de nouveau. Mais cette fois on délibérait longuement parmi les amateurs, et avec une attention digne du sujet, lorsque, sur la recommandation du comte de Firmian, gouverneur de Milan, et, de plus, homme d'esprit, dont ce n'est pas là le plus beau trait, le malheureux tableau fut livré à un M. Mazza, qui acheva de le ruiner. L'impie eut l'audace de racler avec un fer à cheminée le peu de croûtes vénérables qui restaient depuis Léonard; il appliqua même sur les parties qu'il voulait repeindre une teinte générale, afin de placer plus commodément ses couleurs. Les gens de goût murmuraient tout haut contre le barbouilleur et son protecteur. On « devrait bien, disaient-ils, confier la conservation des grands monuments à quelques-uns des corps de l'État toujours si prudents, si lents à se déterminer, si amateurs des choses anciennes. »

Mazza n'avait plus à faire que les têtes des apôtres Matthieu, Taddée et Simon, quand le prieur du couvent, qui s'était empressé de donner les mains à tout ce que Son Excellence avait paru désirer, obtint, mais trop tard, une place à Turin. Son successeur, le père Galloni, dès qu'il eut vu le travail de Mazza, l'arrêta tout court.

En 1796, le général en chef Bonaparte alla visiter le tableau de Vinci; il ordonna que le lieu où étaient ses restes fût exempt de tout logement militaire, et en signa même l'ordre sur son genou avant de remonter à cheval. Mais, peu après, un général, dont je tairai le nom, se moqua de cet ordre, fit abattre les portes, et fit du réfectoire une écurie. Ses dragons trouvèrent plaisant de lancer des morceaux de briques à la tête des apôtres. Après eux, le réfectoire des dominicains fut un magasin à fourrages : ce ne fut que longtemps après que la ville obtint la permission de murer la porte.

En 1800, une inondation mit un pied d'eau dans cette salle abandonnée, et cette eau ne s'en alla que par évaporation. En 1807, le couvent étant devenu une caserne, le vice-roi fit restaurer cette salle avec le respect dû au grand nom de Léonard. Sous ce gouvernement despotique, rien de ce qui était grand ne se trouvait difficile. Le génie qui de loin civilisait l'Italie voulut rendre éternel ce qui restait du tableau de la *Cène*, et de la même main qui envoyait en exil l'auteur d'*Ajace* il signait le décret en vertu duquel le *Cénacle* a été copié en mosaïque de la grandeur même de l'original ; entreprise qui surpasse tout ce que la mosaïque a tenté jusqu'ici, et qui touchait presque à sa fin, lorsque l'étoile de Napoléon a cessé de briller sur l'Italie.

Pour le travail de l'artiste en mosaïque il fallait une copie. Le prince confia ce travail à M. Bossi. En voyant la copie de la Chartreuse de Pavie, et celle de Castellazo, on prend une haute idée du crédit que ce peintre avait à la cour du prince Eugène.

CHAPITRE LIII.

EXTRAIT DU JOURNAL DE SIR W. E.

6 janvier 1817.

Je viens de voir le *Cénacle* de feu M. Bossi, chez Rafaelli ; c'est un gros ouvrage sans génie.

1° Le coloris est l'opposé de celui de Vinci. Le genre noir et majestueux de Léonard convenait surtout à cette scène. L'artiste milanais a pris un coloris de brique, illuminé de partout, mou, trop fondu, sans caractère. Il est sûr que dans une église son tableau ferait plus d'effet que celui de Léonard ; il serait aperçu ; mais il serait surtout admiré des sots.

Dans une galerie, la *Cène* de Bossi déplaira toujours. Un livre fait à l'appui d'un tableau lui ôte la grâce qu'il faut pour toucher. Qu'on pense à l'effet contraire : un tableau trouvé par hasard, d'un auteur malheureux et point intrigant : 2° Quant à l'expression, je me charge de prouver que tous les personnages ont un fonds de niaiserie. Malgré la grosseur des formes, le style a toutes les petitesses : Judas ressemble à Henri IV ; la lèvre inférieure avancée lui donne de la bonté, et bonté d'autant plus grande, qu'elle n'est pas détruite par l'esprit. Judas est un homme bon et réfléchi, qui a le malheur d'avoir les cheveux rouges.

Sans sublimer la nature, la figure de M***, le commissaire de police, à Rome, qui m'a dénoncé, donnait sur-le-champ un meilleur Judas, ou celle de l'ambassadeur A***.

La campagne, derrière la tête du Christ, m'a fait beaucoup de plaisir, même avant que j'y aperçusse du véritable vert. Une tête de Christ du Guide, que j'ai trouvée dans l'atelier de M. Rafaelli[1], a été pour moi une terrible critique du tableau de Bossi. Au total, la gravure de Morghen me convient beaucoup mieux. Ce n'est pas une raison décisive. J'ai encore besoin de traduction pour plusieurs peintres : les Carraches, par exemple, dont les noirs me déplaisent.

M. Bossi fut un homme d'esprit, très-adroit, très-considéré, qui fit honorer les arts. Lui, Prina, Melzi, Teulié, et quelques autres, contribuèrent à élever son pays.

Suivant le conseil de Henri, avant d'aller frapper à la caserne delle Grazie, j'ai vu la copie de Castellazo à deux milles de Milan, la copie de la Chartreuse de Pavie[2], celle de Bianchi à

[1] Célèbre mosaïste romain, appelé à Milan par Napoléon. Il n'a plus à faire que la partie du tableau qui est au-dessous de la nappe ; ce morceau de mosaïque a plus de huit cents palmes de superficie. Où placer cette masse énorme ? au Dôme peut-être dont la même main a fini l'interminable façade. Le coloris de cette copie en verre s'éloigne moins de Léonard que la brique de M. Bossi. Placée dans quelque église sombre, elle aura du moins, par sa masse, un peu du grandiose de l'original.

[2] Chez MM. Pezzoni, à Milan ou à Lugano ; je leur en ai offert 12,000 francs, qu'ils ont refusés.

l'Ambrosienne, le carton de Bossi [1], et enfin l'atelier de M. Rafaelli. La marche de l'esprit est de la netteté au sublime.

Ce qui m'a le plus frappé, moi ignorant dans tout cela, c'est la copie de Castellazo. Elle est aussi dans le réfectoire négligé d'un couvent supprimé, mais tout près d'une fenêtre et dans le plus beau jour. Je me suis trouvé devant cette copie de Marco d'Oggione, trois cents ans après qu'elle avait été faite, et, là où elle n'a pas été grattée exprès (pour enlever l'outremer), on compte les coups de pinceau, et les traits sont aussi nets que si elle était peinte d'hier. Par exemple, les yeux de saint Thomas sont brillants de colère, et de la plus belle transparence. Marco n'a soigné que les têtes; mais elles sont extrêmement préférables à celles de Bossi, elles sont sans comparaison plus belles, et ont plus de caractère. Saint Barthélemy est un très-beau jeune homme, et l'expression de Jésus va au cœur. Il est affligé que les hommes soient si méchants, et nullement irrité de son danger présent.

C'est devant la fresque de Castellazo qu'a été fait le dessin de Matteini, gravé par Morghen [2].

[1] A la villa Bonaparte; il a coûté 24,000 francs au prince Eugène: beaucoup meilleur que le tableau.

[2] J'ai vu dans mes voyages environ quarante copies de la *Cène* de Léonard.

Les principales, après celles dont j'ai parlé, sont:

La copie du grand hôpital de Milan, 1500, fresque.

La copie de Saint-Barnaba, à Milan, 1510, probablement par Marco d'Oggione. C'est une copie faite par lui en présence de l'original, pour le guider dans ses copies en grand.

Copie de Saint-Germain-l'Auxerrois, probablement transportée à Paris en 1517.

Copie d'Écouen. Le connétable de Montmorency la fit faire vers l'an 1510.

Copie de San-Benedetto, près Mantoue, 1525, par Monsignore.

Copie à la bibliothèque Ambrosienne, l'une des plus remarquables, faite par *Bianchi*, dit le Vespino, de 1612 à 1616. Le cardinal Frédéric Borromée voulut conserver ce qu'on pouvait encore distinguer dans l'original. Ce cardinal était connaisseur et homme d'esprit, ainsi qu'en fait foi sa description du *Cénacle*. Le peintre a calqué sur l'original les contours de chaque tête, et, pour travailler plus commodément, a fait chaque tête sur

Les personnages de Léonard sont assis à table d'une manière beaucoup trop serrée ; à l'exception du Christ, ils ne pouvaient se mouvoir.

J'en conviens, l'ordre dans lequel on voit fait tout pour le jeune amateur.

Je doute que, sans cette gradation, j'eusse rien compris au tableau de Léonard.

CHAPITRE LIV.

DE LA VÉRITÉ HISTORIQUE.

On fait une objection à Léonard. Il est certain que les apôtres et le Christ prenaient leurs repas, couchés sur des lits, et non assis à une table, comme des modernes. Mais Vinci est grand artiste, précisément pour n'avoir pas été savant. C'est comme la vérité historique qu'exige la tragédie. Si les usages que vous prenez dans l'histoire passent la science du commun des specta-

une toile séparée. La réunion de toutes ces petites toiles a formé le tableau. Cette copie, qui ne présente que la moitié supérieure de l'original, a poussé au noir. La tête du Sauveur est la moins bonne.

Copie de la galerie de Munich, vers 1650 Ce tableau, qui a un peu plus de deux brasses de large, est attribué au Poussin (à vérifier). Les accessoires sont changés; le fond est enrichi de colonnes. L'attitude de saint Matthieu est changée, ainsi que celle de quelques autres apôtres.

Copie de l'Ospedaletto, à Venise, 1660.

Copie à San-Pietro in Gessate, à Milan, 1665, par les deux fils de Santagostino ; tableau très-noir, mais la tête de Jésus conserve beaucoup d'expression.

Copie célèbre, à Lugano, par Luini. Huit des figures sont de son invention ; mais il a copié celles du Christ et des apôtres Pierre, Thomas, Barthélemy et Jacques le Majeur. La physionomie de Judas est remarquable. André del Sarto a imité le *Cénacle* de Vinci dans celui qu'il a fait à fresque pour le couvent de Saint-Salvi, près Florence.

Il y a un jeune apôtre qui se lève tout à coup en entendant les terribles paroles de Jésus, dont l'expression est charmante et tout à fait dans le génie d'André.

leurs, ils s'en étonnent, ils s'y arrêtent. Les moyens de l'art ne traversent plus rapidement l'esprit pour arriver à l'âme.

Une glace ne doit pas faire remarquer sa couleur, mais laisser voir parfaitement l'image qu'elle reproduit[1]. Les professeurs l'Athénée ne manquent jamais la petite remarque ironique sur la bonhomie de nos ancêtres, qui se laissaient émouvoir par des Achille et des Cinna, à demi cachés sous de vastes perruques. Si ce défaut n'avait pas été remarqué, il n'existait pas.

On pardonne à Shakspeare les ports de mer qu'il met en Bohême, si d'ailleurs il peint les mouvements de l'âme avec une profondeur au moins aussi étonnante que le savoir géographique de MM. Dussault, Nodier, Martin, etc.

Quand le cérémonial des repas anciens eût été aussi généralement connu qu'il était ignoré, Vinci l'eût encore rejeté. Le Poussin, ce grand peintre, a fait un tableau de la *Cène*[2] : ses apôtres sont couchés sur des lits. Les demi-savants approuvent du haut de leur savoir ; mais je vous apprends peut-être l'existence du tableau : c'est que les personnages paraissent sous des raccourcis extrêmement difficiles. Le spectateur étonné dit un mot sur l'habileté du peintre, et passe. Si nous avions la vision du dernier repas de Jésus dans toute la vérité des circonstances judaïques qui l'accompagnèrent, frappés d'étonnement, nous ne songerions pas à être émus. Nos barbares ancêtres ayant eu l'idée, en déposant la lance, de prendre l'Ossian de ce petit peuple hébreu pour leur livre sacré, les grands peintres ont été gens d'esprit de nous épargner le ridicule de leurs mœurs.

CHAPITRE LV.

Vinci fut distrait de ses études (1497), pour la statue colossale et pour le tableau, par les ouvrages qu'il fallut entreprendre

[1] C'est par un artifice contraire que l'abbé Delille soutenait ses vers. Le lecteur tout occupé s'amuse à deviner des énigmes, et n'a pas le temps de remarquer que les mots de ces énigmes, les uns au bout des autres, ne valent guère la peine d'être lus.

[2] Musée de Paris, nº 57.

pour rendre l'Adda navigable. On voit, par une note, que dès ce temps il avait avec lui l'aimable Salai [1]. Ce fut son élève favori, ce qu'on appelait alors son *creato*. Vinci, si beau lui-même, et si distingué par l'élégance de ses mœurs, fut sensible aux grâces de même genre qui brillaient dans Salaï. Il l'eut auprès de lui jusqu'à sa mort, et ce bel élève lui servait de modèle pour ses figures d'anges.

Cependant l'étoile de Ludovic commençait à pâlir. Les dépenses d'une guerre obstinée, jointes à celles d'une cour voluptueuse, épuisaient son trésor. Les grands travaux languissaient faute d'argent.

L'affaire importante de Léonard était de jeter en bronze la statue équestre dont il avait fini le modèle. Il fallait, pour cette statue, qui devait avoir vingt-trois pieds de haut (7 mètres 45 centimètres), environ deux cent mille livres de bronze. Je croirais assez que, dans ces calculs, il ne s'agit que du cheval. Les effrénés bavards qui fournissent ces détails ne disent pas un mot de la figure de Sforce, qui n'eût pas manqué de leur inspirer de belles choses. Une telle dépense était bien au delà des moyens actuels, car je trouve dans une lettre adressée au duc par Léonard qu'on devait à celui-ci ses appointements de deux ans.

Ludovic tomba avec courage. Au milieu des derniers soupirs de sa politique, il eut toujours dans son palais les conférences littéraires établies en des temps plus heureux. Je vois, par une épître dédicatoire de Fra Paciolo, qu'un *duel* scientifique, pour me servir de ses termes, eut encore lieu au palais le 8 février 1498, et que Léonard y assistait. Le même Fra Paciolo nous apprend que Vinci, après avoir terminé le grand tableau de la *Cène* et ses Traités sur la peinture, s'adonna tout entier à la

[1] La Cape de Salaï, le 4 avril 1497.

Brasses 4 de drap argentin, liv.	15	4
Velours vert pour ornement.	9	»
Bindelli.	»	9
Maglietta, liv.	»	12
Façon.	1	15
Bindello pour devant.	»	5
Punto.	1	»

physique et à la mécanique ; il peignit pourtant encore une fois, avant la chute de Ludovic, la belle Cécile Galérani[1], portrait précieux, s'il est vrai qu'on y reconnaisse que les parties colossales du tableau de la *Cène* avaient achevé de guérir Léonard de la sécheresse du Verocchio, et si l'on n'y retrouve plus ce style minutieux, et par conséquent un peu froid, qui règne dans ses premiers ouvrages.

Ludovic, qui voulait du bien à Léonard (1499), voyant que ses affaires prenaient décidément un mauvais tour, et n'ayant plus d'argent, lui fit donation, par un des derniers actes de son gouvernement, d'une vigne située près la porte Verceline. Peu après, Louis XII descendant des Alpes avec une puissante armée, le duc de Milan, sans trésor, sans soldats, fut réduit à la fuite. Le modèle en terre de ce cheval, auquel Léonard avait travaillé seize ans, servit de but à des arbalétriers gascons, et fut mis en poudre. Tout ce qu'il avait peint à la citadelle, alors le palais du duc, eut le même sort.

Ludovic allait partout mendiant des secours contre la France. Maximilien, empereur d'Allemagne, et les Suisses lui prêtèrent enfin quelques troupes, qui, réunies aux habitants de Milan, très-las des insolences françaises, le remirent sur le trône. Mais son bonheur fut de courte durée : ces mêmes Suisses qui l'avaient secouru le vendirent[2] au maréchal de la Trémouille, et Louis XII l'envoya mourir au château de Loches.

Il serait trop long de suivre Léonard pendant cette révolution. Il paraît qu'il eut l'espoir de voir les arts fleurir de nouveau à Milan ; mais, s'étant aperçu que les Français, au milieu de leurs opérations guerrières, ne voulaient que des fêtes et des intri-

[1] A Milan, chez MM. Pallavicini.

[2] In Switzerland, believe me, there is much less liberty than people imagine. I give you my word that few places exhibit more of despotism than Z***. The government of that canton is iniquitous in a very sublime degree. . . . The aristocracy of Z*** raised my indignation, while I staid there. I speak not of the form of which one reads, but of facts which passed under my own eyes. Voir la conduite de B.... en 1815, L. Grey's speech. (*Twed dell's Remains*, page 111.)

gues avec les jolies femmes, il partit pour Florence avec son cher Salaï et son ami le géomètre Fra Paciolo.

Le gonfalonier perpétuel Pierre Soderini, celui dont Machiavel a affublé l'incapacité d'une épigramme si plaisante, le fit peintre de sa maison, avec des appointements convenables [1].

CHAPITRE LVI.

LÉONARD DE RETOUR EN TOSCANE.

Léonard, rentrant dans sa patrie (1500), trouva un dangereux émule dans le jeune Michel-Ange, alors âgé de vingt-six ans; c'est ce qui paraît bien singulier quand on voit à la tribune de Florence une *Madone* de Buonarotti à côté de l'*Hérodiade* de Léonard. Mais le génie ardent du sculpteur emportait les difficultés avec une sorte de furie qui plaisait aux amateurs [2]; ils préféraient Michel-Ange, qui travaillait vite, à Léonard, qui promettait toujours.

Vinci trouve en arrivant que les Servites avaient donné à Filippino Lippi le tableau du maître-autel de l'Annunciata. Il laisse entendre qu'il s'en chargerait; Filippino se retire, et les moines, pour augmenter le zèle de Léonard, le prennent dans leur couvent avec toute sa suite; il y demeura longtemps, les payant de promesses. Il fit enfin le carton de *Sainte Anne*, qui, tout divin qu'il est, ne faisait point l'affaire des moines, qui voulaient un tableau d'autel; ils furent réduits à rappeler Filippino.

Louis XII avait déjà obtenu de Léonard une ébauche du même sujet. Marie, assise sur les genoux de sa mère, se penche en souriant pour recevoir dans ses bras son fils, jeune enfant qui

[1] La notte che morì Pier Soderini
L' alma n' andò dell' inferno alla bocca:
E Pluto la gridò : anima sciocca.
Che inferno? Va nel limbo de' Bambini.

[2] La monarchie nous a rendus bien plus sensibles à la grâce qu'on ne l'était à Florence, république expirante.

joue avec un agneau[1]. Ce tableau, plein de tendresse et d'une gaieté douce, est, à mes yeux, l'emblème fidèle du caractère de Léonard. On lui attribue trois cartons semblables qui ont produit trois tableaux, l'un de Luini, le meilleur de ses imitateurs, parce qu'il tenait de la nature la même façon de sentir; le second de Salaï; le troisième est au musée de Paris, sous le nom de Vinci lui-même. (N° 932.)

A Florence, comme partout, la lutte de la force contre la grâce n'eut pas un succès douteux. Il ne faut que de la foi pour avoir peur des phrases de Bossuet, il faut de l'âme pour goûter Fénelon. J'avouerai d'ailleurs que le genre de vie que Léonard menait à Florence, s'occupant librement, tantôt de mathémathiques, et tantôt de peinture, était fort différent de l'application tenace et enflammée par laquelle chacun des moments de Michel-Ange était consacré à ce qu'il y a de plus difficile dans les arts.

L'impétuosité de Buonarotti ne paraissait que dans son atelier. Le reste de sa vie n'était qu'accessoire à ses yeux : la gentillesse et le caractère plus calme de Léonard lui permettaient au contraire de plaire à chaque instant, et d'attacher de la grâce à toutes ses actions comme à tous ses ouvrages. Il y a du bon goût aux Florentins de n'avoir pas préféré l'homme aimable.

Au lieu d'entreprendre des tableaux d'autel qui lui semblaient une trop grande affaire, Léonard se mit à peindre les jolies femmes de la société. D'abord, Ginevra de Benci, la plus belle fille de Florence, dont la jolie physionomie embellit aussi une des fresques de Ghirlandajo; ensuite Mona Lisa, femme de Francesco del Giocundo. Quand il recevait dans son atelier ces jolis modèles, Léonard, accoutumé à briller dans une cour galante, et qui aimait à jouir de son amabilité, réunissait les gens les plus à la mode et les meilleurs musiciens de la ville. Il était lui-même d'une gaieté piquante, et n'épargnait rien pour changer

[1] Un de ces cartons, divinement peint par Salaï, a été acheté par le prince Eugène à la sacristie de Saint-Celse, et gravé par M. Benaglia. Le tableau de Luini, peint sur toile et en détrempe, est chez M. Venini, à Milan. (Note de sir W. E., qui a revu l'Italie depuis moi.)

en parties de plaisir les séances qu'il obtenait; il savait que l'air ennuyé éloigne toute sympathie, et cherchait l'âme encore plus que les traits de ses charmants modèles. Il travailla quatre ans au portrait de Mona Lisa, qu'il ne donna jamais pour terminé, et que notre François Ier, malgré ses embarras, paya quarante-cinq mille francs. (Musée, n° 1,024.) C'est une des sources où il faut puiser le vrai style de Léonard. La main droite est éclairée absolument à la Corrége. Il est singulier que cette jolie femme n'eût pas de sourcils.

Après la chute de Ludovic, Léonard ne retrouva plus cette vie tranquille si nécessaire aux artistes, une fois que les événements de la jeunesse ont formé leur génie.

César Borgia le nomma ingénieur en chef de ses armées [1]. Les fonctions de cette charge, rien moins qu'oisive sous un prince aussi actif, firent voyager Léonard. Ses manuscrits de cette époque montrent bien cette curiosité insatiable et cette activité de tous les moments, qui peut-être ne vont pas avec une âme passionnée.

Nous le trouvons, le 30 juillet 1502, à Urbin, où il dessine un colombier, un escalier remarquable, et la citadelle. Le 1er août, il dessine à Pezaro certaines machines en usage dans le pays; le 8, il est à Rimini, où il est frappé de l'harmonie que produit la chute des eaux de la fontaine publique. Le 11, à Césène, il dessine une maison, il décrit un char et la manière dont les habitants transportent le raisin. Le 1er septembre, il dessine le port de Cesenatico.

A Piombino, il observe attentivement le mouvement par lequel une onde de la mer en chasse une autre et vient en s'amincissant se perdre sur le rivage. A Sienne, il décrit une cloche singulière.

Ce fut peut-être au retour de cette tournée que ses concitoyens le chargèrent par un décret spécial de peindre la grande salle du conseil nouvellement bâtie en partie sur ses plans.

Soderini lui assigne des appointements; il commence le des-

[1] La patente commence ainsi :
Cæsar Borgia de Francia, Dei gratia dux, etc.

n; il donne une préparation au mur. Elle ne tient pas; il se égoûte. On l'accuse de manquer de délicatesse. Léonard indié fait, à l'aide de ses amis, la somme entière qu'il avait reie, et la porte à Soderini, qui la refusa toujours.

Le sujet que Léonard devait peindre en concurrence avec Miiel-Ange, et que ces deux grands hommes ne firent jamais que essiner, était la bataille d'Anghiari, victoire décisive qui sauva république des armes de Philippe Visconti; victoire fatale qui npêcha peut-être l'Italie de se voir une nation. Cette bataille si nportante a une circonstance bien plaisante, et qui montre horreur des peuples du Midi pour la douleur, c'est qu'il n'y eut u'un homme de tué, et encore par accident; il fut foulé par les hevaux [1].

L'étoile de Léonard pâlit devant Michel-Ange. Rien de plus imple. Le sujet était tout à fait dans le génie de ce dernier. Un ableau de bataille ne peut guère présenter que la force physiüe et le courage, et inspirer que la terreur. La délicatesse y erait déplacée, et la noblesse ne s'y sépare pas de la force. Il aut une imagination impétueuse et noire, un Jules-Romain, un alvator Rosa. Tout au plus quelque beau jeune homme moisonné à fleur des ans peut inspirer une tendre pitié. J'ignore si éonard eut recours à quelque épisode de ce genre; son carton lisparut pendant les révolutions de Florence [2].

CHAPITRE LVII.

MALHEURS DE LÉONARD.

La mémoire de cet homme aimable inspire un tendre intérêt, quand on vient à songer que de ses trois grands ouvrages, la

[1] Machiavel, lib. V. Il y a une longne note de Vinci sur cette affaire (manusc. in-fol., pag. 83). Elle est écrite de droite à gauche, avec une orthographe et même une syntaxe particulière. Ce génie singulier ne touchait à rien sans inventer.

[2] Quel joli tableau, sous le pinceau de Vinci, qu'*Angélique trouvant Médor sur le champ de bataille*, et le faisant porter chez le pasteur! De

Cène, le cheval de grandeur colossale, et le carton de la bataille d'Anghiari, rien n'est resté pour rendre témoignage de lui à la postérité.

Lorsque ces ouvrages existaient, aucun graveur célèbre ne s'en occupa; longtemps après, Edelynck grava une partie du carton, mais sur un dessin de Rubens, fait d'après Léonard : c'est Virgile traduit par madame de Staël[1].

Je ne suivrai pas la vie privée de Léonard. En 1504, il perdit son père; l'année suivante il était encore en Toscane. En 1507, nous le trouvons en Lombardie. Il écrit à ses sœurs de la Canonica sur l'Adda, où il habitait une maison de son ami François Melzi, jeune gentilhomme de Milan.

Cette âme délicate et tendre fuyait avec une horreur qui choque le vulgaire toutes les choses qui peuvent blesser par leur laideur. Il n'avait auprès de lui que des objets beaux ou gracieux. François Melzi, beau comme Salaï, s'attacha également au Vinci, et, quelques années après, le suivit à la cour de France.

On raconte que Léonard se promenait souvent avec ses aimables élèves, et prenait plaisir à se laisser charmer avec eux des aspects touchants ou sublimes que la nature offre à chaque pas dans sa chère Lombardie. Tout était bonheur pour lui :

> Jusqu'au sombre plaisir d'un cœur mélancolique.
>
> LA FONTAINE.

Un jour, par exemple, il s'approcha avec une curiosité d'enfant de certaines grandes cages où des marchands exposaient en vente de beaux oiseaux. Après les avoir considérés longtemps, et avoir admiré avec ses amis leurs grâces et leurs couleurs, il ne put s'éloigner sans payer les plus beaux, qu'il prit lui-même dans

la noblesse, de la délicatesse, plutôt que les transports d'une âme passionnée, désignaient ce sujet à Léonard. Heureux les grands peintres s'ils eussent lu un peu moins la Bible, et un peu plus l'Arioste et le Tasse!

[1] Il ne reste plus que le croquis de quelques cavaliers combattant pour un étendard. (*Etruria pittrice*, tom. I, pl. XXIX.)

la cage, et auxquels il rendit la liberté : âme tendre, et que la contemplation de la beauté menait à l'attendrissement !

On montre à la Canonica, près d'une des fenêtres, un portrait qui, dit-on, offre les traits et l'ouvrage de Léonard.

Au château voisin de Vaprio, appartenant aussi à l'illustre famille Melzi [1], on fait voir comme de lui une *Madone* colossale. Ce qu'il y a de sûr, c'est qu'en 1796 des soldats allumèrent le feu de leur marmite contre le mur sur lequel elle est peinte. Les têtes seules ont résisté à cet outrage de la guerre. La tête de Marie a six palmes de proportion, celle de Jésus quatre palmes. Quelques personnes attribuent cet ouvrage au Bramante.

Il paraît que cette année et la suivante Léonard s'occupa encore de l'Adda, que ses travaux avaient rendu navigable sur un espace de deux cents milles. Dans tous les genres, son affaire n'était pas de faire exécuter des choses connues, mais de créer l'art à mesure des difficultés. Je vois la date de 1509 à côté du dessin d'une de ses écluses qui subsiste encore.

A cette époque, c'était Louis XII qui tenait la Lombardie, et ses troupes remportèrent, non loin de l'Adda et de la retraite de Léonard, la fameuse victoire d'Aignadel. On dit que Léonard fit le portrait du général vainqueur, Jean-Jacques Trivulzi. Le bon Louis XII récompensa Vinci de ses travaux d'hydraulique en faisant sortir la récompense du travail même : il lui donna douze pouces d'eau à prendre dans le grand canal, près San-Cristoforo ; il eut de plus le titre de peintre du roi, et des appointements.

En 1510, l'année où son ancien maître Ludovic acheva sa triste vie, il revit Florence. Deux ans après, il se trouva à Milan, justement pour y voir rentrer le jeune Maximilien, fils de Ludovic, ce même prince pour l'enfance duquel il avait peint jadis un livre de prières. Ce triomphe n'eut rien de décisif. En Lombardie, tout était confusion, vengeance et misère. « Je partis de Milan pour Rome, le 24 septembre 1514, avec François Melzi, Salaï, Lorenzo et Fanfoja, » dit Léonard dans ses manuscrits [2].

[1] Le duc de Lodi était de ce nom ; il aima vraiment sa patrie et la liberté. Il fut trompé aux comices de Lyon par Bonaparte.

[2] Manuscrit B, page 1.

CHAPITRE LVIII.

LÉONARD A ROME.

Les arts allaient triompher. Léon X venait d'être élevé au souverain pontificat. Julien de Médicis, qui se rendait à Rome pour le couronnement de son frère, y mena Léonard. Un exemple des préventions que donne l'intrigue, même aux princes qui ont le plus de génie naturel, c'est que l'aimable Léon X n'aït pas goûté l'aimable Vinci. Léon X commande un tableau à Léonard ; celui-ci se met à distiller des herbes pour composer les vernis ; sur quoi le pape dit publiquement : « Certes, nous n'aurons jamais rien de cet homme, puisque avant de commencer il s'occupe de ce qui doit finir. »

Vinci sait ce propos, et quitte Rome d'autant plus volontiers qu'il apprend que Michel-Ange y est rappelé. On trouve dans ses manuscrits une machine qu'il inventa pour frapper les monnaies du pape et les rendre parfaitement rondes.

Sa vie philosophique et sa manière de méditer ses ouvrages ne convenaient plus à une cour bruyante. D'ailleurs, après la furie de Jules II, on était accoutumé, en fait d'arts à Rome, à voir terminer rapidement les plus grandes entreprises. Ce défaut, inhérent à un trône toujours rempli par des vieillards, était fortifié par l'habitude d'avoir des gens résolus, des Bramante, des Michel-Ange, des Raphaël.

Il avait débuté par faire à Saint-Onuphre, où le Tasse repose, une *Madone portant Jésus dans ses bras*, peinture raphaëlesque qui s'est déjà écaillée et détachée du mur en plusieurs endroits. Le dataire de Léon X, Balthazard Turini, eut de lui deux tableaux, l'un desquels se trouvait, dit-on, à la galerie de Dusseldorff[1].

Mais un ouvrage d'une tout autre importance, c'est la *Madone*

[1] Voir planche XIV, n° 67. Le séjour à Rome de Léonard est bien court pour tant d'ouvrages, peut-être y alla-t-il deux fois.

: Pétersbourg, un des plus beaux tableaux qui aient pénétré ıus ces climats glacés!

Peut-être a-t-il été fait pour Léon X lui-même. Ce qu'il y a : sûr, c'est qu'il se trouvait dans le palais des ducs de Manue; car il y fut volé lors du pillage de cette ville par les trou-:s allemandes. Les voleurs le tinrent caché un grand nombre années. Il passait pour perdu, lorsqu'en 1777 on l'offrit à l'abbé ılvadori, l'un des secrétaires du comte Firmian. Cet abbé faiıit un grand secret de sa bonne fortune, de peur que son maître e voulût l'acheter. Il fit cependant entrevoir son tableau à quelues amis sûrs, entre autres à M. de Pagave, amateur célèbre. A la mort de l'abbé, ses héritiers emportèrent le chef-d'œuvre e Léonard à Moris, bourg du Trentin, où les agents de Catheıne II le déterrèrent et l'achetèrent à grand prix.

Ce qui arrête devant ce tableau, c'est la manière de Raphaël mployée par un génie tout différent. Ce n'est pas que Léonard ıt homme à imiter quelqu'un. Tout son caractère s'y oppose. lais, cherchant le sublime de la grâce et de la majesté, il se encontra tout naturellement avec le peintre d'Urbin. S'il avait té en lui de chercher l'expression des passions profondes et l'étudier l'antique, je ne doute pas qu'il n'eût reproduit Raphaël :n entier; seulement il lui eût été supérieur pour le clair-obscur,)ans l'état des choses, cette *Sainte Famille* de Pétersbourg est, à non sens, ce que Léonard a jamais fait de plus beau. Ce qui la listingue des *Madones* de Raphaël, outre la différence extrême l'expression, c'est que toutes les parties sont trop terminées. Il nanque un peu de facilité et d'aménité dans l'exécution maté-:ielle. C'était la faute du temps. Raphaël lui-même a été sur-)assé par le Corrége.

Il faut que Vinci appréciât lui-même son ouvrage; car il y plaça son chiffre, les trois lettres D. L. V. enlacées ensemble, signature dont on ne connaît qu'un autre exemple dans le tableau de M. Sanvitali, à Parme.

Quant à la partie morale de la *Madone de l'Ermitage*, ce qui frappe d'abord, c'est la majesté et une beauté sublime[1]. Mais, si

[1] Le tableau, en général, est sublime; les têtes ne sont nullement grecques.

dans le style Léonard s'est rapproché de Raphaël, jamais il ne s'en éloigna davantage pour l'expression.

Marie est vue de face, elle regarde son fils avec fierté ; c'est une des figures les plus grandioses qu'on ait jamais attribuées à la mère du Sauveur. L'enfant, plein de gaieté et de force, joue avec sa mère. Derrière elle, à la gauche du spectateur, est une jeune femme occupée à lire. Dans le tableau, cette figure, pleine de dignité, prend le nom de sainte Catherine ; mais c'est probablement le portrait de la belle-sœur de Léon X. Du côté opposé est un saint Joseph, la tête la plus originale du tableau. Saint Joseph sourit à l'enfant, et lui fait une petite mine affectée, pleine de la grâce la plus parfaite. Cette idée est tout entière à Léonard. Il était bien loin de son siècle, de songer à mettre une figure gaie dans un sujet sacré ; et c'est en quoi il fut le précurseur du Corrége.

L'expression sublime de ce saint Joseph tempère la majesté du reste, et écarte toute idée de lourdeur et d'ennui. Cette tête singulière se retrouve souvent chez les imitateurs de Vinci ; par exemple, dans un tableau de Luini, au musée de Brera.

A côté du tableau de Léonard, on trouvait à l'Ermitage, en 1294, une *Sainte Famille* de Raphaël, contraste éclatant. Autant celle du peintre de Florence présente de majesté, de bonheur et de gaieté, autant celle de Raphaël a de grâce et de mélancolie touchante. Marie, figure de la première jeunesse, offre l'image la plus parfaite de la pureté de cet âge. Elle est absorbée dans ses pensées ; sa main gauche s'est éloignée insensiblement de son fils, qu'elle contenait sur ses genoux. Saint Joseph a les yeux fixés sur l'enfant avec l'expression de la tristesse la plus profonde. Jésus se retourne vers sa mère, et jette sur saint Joseph un dernier regard avec ces yeux qu'il fut donné d'exprimer au seul Raphaël. C'est une de ces scènes d'attendrissement silencieux que goûtent quelquefois les âmes tendres et pures que le ciel a voulu rapprocher un instant.

CHAPITRE LIX.

LÉONARD ET RAPHAEL.

Pour peu que l'on compare les récits que font les contemporains de l'âme noble, affectueuse, pleine de discernement, toujours désireuse de s'avancer vers la perfection qui anima ces deux lumières de l'art, on n'a pas de peine à rejeter toute idée d'imitation. L'un et l'autre tirait des divers effets de la nature, parmi lesquels ils choisissaient avec un génie semblable, des ouvrages qui paraissent sortir du même pinceau : mais, s'ils peuvent tromper l'œil exercé, ils ne tromperont jamais l'âme sensible.

Je mettrais parmi les ouvrages de Léonard qui rappellent le mieux le génie de Raphaël le portrait de Léonard lui-même à l'âge qu'il avait lors de son voyage à Rome [1]. Ce portrait, qu'un juste respect a placé sous verre, se voit à Florence, dans ces salles où le cardinal Léopold de Médicis recueillit les portraits des grands peintres faits par eux-mêmes. La force du style fait pâlir tous les portraits qui l'entourent. Telle est encore cette tête de jeune homme, que, dans une autre salle, l'on fait passer pour le portrait de Raphaël; et enfin, pour finir par l'exemple le plus frappant, cette célèbre demi-figure de jeune religieuse dans la galerie Nicolini, dont je ne dirai rien, de peur de paraître exagéré aux personnes qui n'ont pas vu Florence. C'est un de ces tableaux qui impriment profondément l'amour de la peinture, et donnent la chaleur nécessaire pour dévorer vingt volumes de niaiseries.

Qui a vu Rome et ne se rappelle pas avec une douce émotion, au milieu de tant de souvenirs que laisse la ville éternelle, cette *Dispute de Jésus-Christ* à la galerie Doria, et ce portrait que l'on croit être de la belle reine Jeanne de Naples, la Marie-Stuart de l'Italie, et ces deux figures du palais Barberini, où Léonard cher-

[1] Très-bien gravé dans la collection de l'imprimeur Bettoni, à Padoue.

cha à exprimer la vanité et la modestie? On voit ce grand homme arrivant au sublime. Après avoir atteint toutes les parties matérielles de son art, il cherche à rendre les mouvements de l'âme. Les Romains font remarquer qu'aucun peintre n'a jamais pu faire de copie passable de ces deux figures.

Le Corrége a réuni la grâce de l'expression à celle du style. Léonard, dont le style était mélancolique et solennel [1], eut la grâce de l'expression presque au même point que le Corrége. Voyez, au palais Albani, cette *Madone* qui semble demander à son fils une belle tige de lis avec laquelle il joue. L'enfant, enchanté de sa fleur, semble la refuser à sa mère, et se penche en arrière : action charmante dans un jeune Dieu, et qui surpasse de bien loin tout ce que les bas-reliefs antiques de l'éducation de Jupiter par les nymphes du mont Ida offrent de plus gracieux.

CHAPITRE LX.

Je croirais que ces tableaux ont été faits pendant les divers séjours de Léonard à Florence, plutôt que pendant le peu de temps qu'il s'arrêta dans Rome. Dans l'état actuel de nos connaissances biographiques, ce serait imiter de trop près Winckelmann et les autres historiens de l'art antique que de vouloir assigner l'époque de chacun d'eux. Il s'agit d'un homme qui fut grand de bonne heure, tenta sans cesse de nouvelles voies pour arriver à la perfection, et souvent laissa ses ouvrages à moitié terminés, lorsqu'il désespérait de les porter au sublime [2].

Nous pouvons répéter de Léonard ce que nous aurons à dire du Frate, du Corrége, et de tous les peintres qui ont excellé dans le clair-obscur.

Il donna au sculpteur Rustici le modèle des trois statues de bronze qui sont au-dessus de la porte boréale du baptistère à Florence.

1 Voyez la *Vierge au Rocher*, au Musée de Paris, et le *Saint Georges*, à Dresde, ou celui de M. Frigeri, à Milan.

2 Par exemple, le grand tableau de la galerie de Florence.

Le cardinal Frédéric Borromée, le neveu du grand homme saint Charles, faisant la description du tableau qui est à Paris (nº 1033), et que Luini a peint sur le dessin de Vinci, dit que l'on conservait encore de son temps le modèle fait en terre par Léonard pour la figure de l'enfant. Lomazzo se glorifiait d'avoir dans son atelier une petite tête de Jésus, où il trouvait toute l'expression possible. Léonard disait souvent que ce n'est qu'en modelant que le peintre peut trouver la science des ombres.

CHAPITRE LXI.

ÉTUDES ANATOMIQUES DE LÉONARD.

Les idées à la fois exactes et fines ne pouvaient être rendues par le langage du quinzième siècle. Pour peu que nous ne voulions pas raisonner comme un faiseur de prose poétique, nous sommes réduits à deviner.

Probablement Léonard approcha d'une partie de la science de l'homme, qui même aujourd'hui est encore vierge : la connaissance des faits qui lient intimement la science des passions, la science des idées et la médecine. Le vulgaire des peintres ne considère dans les larmes qu'un signe de la douleur morale. Il faut voir que c'en est la marque *nécessaire*. C'est à reconnaître la nécessité de ce mouvement, c'est à suivre l'effet anatomique de la douleur, depuis le moment où une femme tendre reçoit la nouvelle de la mort de son amant jusqu'à celui où elle le pleure, c'est à voir bien nettement comment les diverses pièces de la machine humaine forcent les yeux à répandre des larmes, que Léonard s'appliqua. Le curieux qui a étudié la nature humaine sous cet aspect voit souvent les autres peintres faire courir un homme sans lui faire remuer les jambes.

Je ne connais que deux écrivains qui aient approché franchement de la science attaquée par Léonard[1] : Pinel et Cabanis. Leurs ouvrages, pleins du génie d'Hippocrate, c'est-à-dire de faits et de

[1] *Traité de la manie et rapports du moral.* (Voir Cricton.) *An inquiry into the nature and origin of mental derangements.* Londres, 1798.

conséquences bien déduites de ces faits, ont commencé la science. Les phrases de Zimmermann et des Allemands ne peuvent qu'en donner le goût.

Lorsque le bon curé Primerose[1] arrive au milieu de la nuit, après un long voyage, devant sa petite maison, et qu'au moment où il étend le bras pour frapper il l'aperçoit tout en feu, et les flammes sortant de toutes les fenêtres, c'est la physiologie qui apprend au peintre, comme au poëte, que la terreur marque la face de l'homme par une pâleur générale, l'œil fixe, la bouche béante, une sensation de froid dans tout le corps, un relâchement des muscles de la face, souvent une interruption dans la chaîne des idées. Elle fait plus, elle donne le pourquoi et la liaison de chacun de ces phénomènes.

Un peintre a présenté Valentine de Milan pleurant son époux[2]. Il a réussi à toucher le public par la jolie devise : « *Plus ne m'est rien, rien ne m'est plus,* » par l'écusson des Visconti placé aux vitraux de la fenêtre[3], et par un chien fidèle. Assurément cela fait l'éloge de la sensibilité française.

Un peintre du quinzième siècle eût probablement négligé cette harmonie des convenances, présent fait aux arts par la moderne littérature. Mais, au lieu de faire un petit visage gris d'un pouce de proportion, qui n'est que l'accessoire du beau gothique de la voûte, il eût prêté une oreille attentive à la physiologie, qui lui disait :

« Le chagrin profond produit un sentiment de langueur générale, la chute des forces musculaires, la perte de l'appétit, la petitesse du pouls, le resserrement de la peau, la pâleur de la face, le froid des extrémités, une diminution très-sensible dans la force du cœur et des artères, d'où vient un sentiment trompeur de plénitude, d'oppression, d'anxiété, une respiration laborieuse et lente qui entraîne les soupirs et les sanglots, et le regard presque farouche, qui complète la profonde altération des traits. »

1 *The Vicar of Wakefield.*

2 Exposition de 1812.

3 Dove dell' Angue esce l' ignudo fanciullo.

L'Arioste.

Suivant les préceptes pratiqués par Léonard pour le tableau e la *Cène*, le peintre italien eût pénétré dans les prisons et dans ɜs loges de Bedlam. Il eût reconnu la vérité de ces traits caracɜ́ristiques. Ceux que son art ne peut rendre lui eussent aidé, en résence de la nature, à reconnaître les circonstances qu'il eut imiter. Enfin, après des études réfléchies, rempli d'une rofonde connaissance de la *tristesse*, et ayant devant les yeux e qu'il y avait de commun dans les traits de tous les malheueux qu'il avait observés, l'Italien aurait peint sa tête de Valenine sur le premier fond venu, sans songer à tout le parti que 'on peut tirer d'une corniche; mais tout le monde comprend ıne corniche.

Voilà, ce me semble, le genre d'observation dont Léonard 'occupa toute sa vie; mais il n'y avait que le même nom d'*anaomie* pour cette étude-ci, et la science des muscles où triomɔha Michel-Ange. Le peu de figures nues que Léonard a laissées ɔrouve assez que la science des muscles fut pour lui sans atrait particulier. On conçoit facilement, au contraire, son goût lominant pour une étude qui tirait parti de toutes les observaions que l'homme d'esprit avait faites dans le monde.

Un amour-propre délicat devait trouver des jouissances vives lans ce genre de découvertes. Leur évidence plaçait leur auteur bien au-dessus de tous les prétendus philosophes de son siècle, qui, follement partagés entre les chimères de Platon et celles d'Aristote, changeaient de temps en temps d'absurdités, sans pour cela approcher davantage du vrai.

CHAPITRE LXII.

IDÉOLOGIE DE LÉONARD.

Depuis douze siècles, l'esprit humain languissait dans la barbarie. Tout à coup un jeune homme de dix-huit ans osa dire : « Je vais me mettre à ne rien croire de ce qu'on a écrit sur tout ce qui fait le sujet des discours des hommes. J'ouvrirai les yeux, je verrai les circonstances des faits, et n'ajouterai foi qu'à ce que j'aurai vu. Je recommande à mes disciples de ne pas croire en mes paroles. »

Voilà toute la gloire de Bacon, et, quoique le résultat auquel il arrive sur le *froid* et le *chaud*, qu'il prend avec quelque emphase pour exemple de sa manière de chercher la vérité, soit ridicule, l'histoire des idées de cet homme est l'histoire de l'esprit humain.

Or, cent ans avant Bacon, Léonard de Vinci avait écrit ce qui fait la grandeur de Bacon [1]; son tort est de ne l'avoir pas imprimé. Il dit :

« L'interprète des artifices de la nature, c'est l'expérience; elle ne trompe jamais; c'est notre jugement qui quelquefois se trompe lui-même.

« . . . . . Il faut consulter l'expérience, et varier les circonstances jusqu'à ce que nous en ayons tiré des règles générales, *car c'est elle qui fournit les règles générales* [2].

« Les règles générales empêchent que nous ne nous abusions nous-mêmes, ou les autres, en nous promettant des résultats que nous ne saurions obtenir.

« Dans l'étude des sciences qui tiennent aux mathématiques, ceux qui ne consultent pas la nature, mais les auteurs, ne sont pas des enfants de la nature; je dirai qu'ils n'en sont que les petits-fils. Elle seule, en effet, est le guide des vrais génies; mais voyez la sottise! on se moque d'un homme qui aime mieux apprendre de la nature elle-même que des auteurs qui ne sont que ses élèves. »

Ces idées ne sont point une bonne fortune due au hasard; Léonard y revient souvent. Il dit ailleurs :

« Je vais traiter tel sujet. Mais, avant tout, je ferai quelques expériences, parce que mon dessein est de citer d'abord l'expérience, et de démontrer ensuite pourquoi les corps sont contraints d'agir de telle manière; c'est la méthode qu'on doit observer dans la recherche des phénomènes de la nature. »

[1] Bacon, né en 1561, mort en 1626. — Vinci, né en 1452, mort en 1519.

[2] Et non pas les *axiomes*, qui sont cause de la vérité des cas particuliers, comme on le criait dans les écoles.

Si l'on trouve encore un peu d'embarras dans ces phrases, u'on relise Bacon; on verra que le Florentin est plus clair. La aison en est simple : l'Anglais avait commencé par lire Arisote; l'Italien par copier les visages ridicules qu'il rencontrait ans Florence.

Il y a dans Vinci beaucoup de ces vérités de détail, chose si are chez le philosophe anglais [1].

Au quinzième siècle, les écrits des artistes sont beaucoup lus lisibles que ceux des grands littérateurs. Quand ces deriers sont supportables, c'est qu'ils ont fait pour leurs sujets ce ue font aujourd'hui les gens qui veulent savoir l'histoire · re–

[1] En mécanique, Léonard connaissait la théorie des forces appliquées bliquement aux bras du levier; la résistance respective des poutres: les ois du frottement données ensuite par Amontons; l'influence du centre le gravité sur les corps en repos ou en mouvement; plusieurs applicaions du principe des vitesses virtuelles; il construisait des oiseaux qui 'envolaient, et des quadrupèdes qui marchaient sans aucun secours exérieur.

En optique,

Vinci a décrit avant Porta la chambre obscure; il explique avant Maurolicus l'image du soleil dans un trou de forme anguleuse; il connaît la erspective aérienne, la nature des ombres colorées, les mouvements de 'iris, la durée de l'impression visible.

En hydraulique,

Il connut tout ce que le célèbre Castelli publia un siècle après lui.

Léonard a dit vers 1510 : « Le feu détruit sans cesse l'air qui le nourrit; il se ferait du vide si d'autre air n'accourait pour le nourrir. Lorsque l'air n'est pas dans un état propre à recevoir la flamme, il n'y peut vivre ni flamme ni aucun animal terrestre ou aérien. En général, aucun animal ne peut vivre dans un endroit où la flamme ne vit pas. »

Cela est un peu supérieur à la définition du calorique donnée par Bacon *.

Dans les sciences physico-mathématiques, Léonard est aussi grand qu'en peinture.

Voir la brochure de Venturi (Duprat, 1796); et M. Venturi n'a déchiffré qu'une petite partie des manuscrits de Léonard de Vinci.

* « La forme ou l'essence de la chaleur est d'être un mouvement expansif, comprimé en partie, faisant effort, ayant lieu dans les parties moyennes du corps, ayant quelque tendance de bas en haut, point lent, mais vif et un peu impétueux. » (*Novum organum*, lib. II.)

garder les Daniel, les Fleury, les d'Orléans, tout ce qui est imprimé avant 1790 comme non avenu, et voir les auteurs originaux.

Mais, dira-t-on, le *Traité de la peinture* de Léonard de Vinc ne prouve guère cet éloge. Je réponds : Lisez aussi les Traités de Bacon. Vinci veut quelquefois avoir de l'esprit, c'est-à-dire imiter les grands littérateurs de son temps. D'ailleurs, le *Traité de la peinture* est, comme les *Pensées* de Pascal, un extrait tiré des manuscrits du grand homme, et par un ouvrier qui le perd de vue dès qu'il s'élève.

En 1630, cet extrait se trouvait à la bibliothèque Barberine, à Rome ; en 1640, le cavalier del Pozzo en obtint une copie, et le Poussin en dessina les figures. Le manuscrit du Pozzo fut la base de l'édition donnée par Raphaël Dufresne en 1651. Il existe encore avec les dessins du Poussin, dans la collection des livres de Chardin, à Paris. Entre autres omissions, le compilateur a laissé la comparaison de la peinture avec la sculpture. Quel sujet sous la plume de Léonard, s'il eût trouvé une langue pour exprimer ses idées !

CHAPITRE LXIII.

En 1515, François Ier succède à Louis XII, gagne la bataille de Marignan et entre à Milan, où, sur-le-champ, nous trouvons Léonard.

La connaissance commença entre ces deux hommes aimables par un lion que Vinci exécuta à Pavie ; ce lion, marchant sans aide extérieur, s'avança jusque devant le fauteuil du roi, après quoi il ouvrit son sein, qui se trouva plein de bouquets de lis [1].

François Ier alla signer à Bologne le fameux concordat avec Léon X, et ces princes furent d'autant plus contents l'un de l'autre, que chacun sacrifia ce qui ne lui appartenait point. Il

[1] Lomazzo, *Traité de la peinture*, liv. II, chap. I.

araît que Léonard suivit le roi, et qu'il ne fut pas fâché de ıontrer au pape qu'il savait plaire aux gens de goût.

Bientôt après, François Ier parla de son retour en France. éonard se voyait arrivé à l'âge où l'on cesse d'inventer; l'at-ention de l'Italie était occupée par deux jeunes artistes dignes e leur gloire. Accoutumé dès longtemps à l'admiration exclu-ive d'une cour aimable, il accepta sans regret les propositions u roi, et quitta l'Italie pour n'y jamais rentrer, vers la fin de anvier 1516. Il avait soixante-quatre ans.

François Ier crut faire passer les Alpes au génie des arts en mmenant ce grand homme; il lui donna le titre de peintre du oi, et une pension de sept cents écus. Du reste, c'est en vain u'il le pria de peindre le carton de *Sainte Anne*, qu'il empor-ait avec lui. Léonard, loin du soleil d'Italie, ne voulut plus tra-ailler aux choses qui veulent de l'enthousiasme. Tout au plus it-il quelques plans pour des canaux dans les environs de Ro-norantin [1].

L'admiration tendre pour François Ier inspire une réflexion. L'énergie de la Ligue sème des grands hommes. Louis XIV naît en même temps qu'eux; il a bien de la peine à comprendre leurs ouvrages [2]. Il est sans génie, il n'a pour âme que de la vanité [3], et l'on dit le *siècle de Louis XIV*. François Ier eut tout ce qui man-quait à l'autre, et c'est Louis XIV qu'on appelle le protecteur des arts.

Tout ce que nous savons du séjour de Léonard en France, c'est qu'il habitait une maison royale appelée le Cloux, située à un quart de lieu d'Amboise.

En 1518, il songea à la religion [4].

[1] En janvier 1518.

[2] Corneille et la Fontaine; car, pour peu qu'on ait d'usage en France, on a l'intelligence du comique et la critique verbale.

[3] On annonce à Louis XIV que la duchesse de Bourgogne vient de se blesser. (Saint-Simon, édition complète de Levrault.)

[4] On ne peut faire de découvertes qu'autant que l'on raisonne de bonne foi avec soi-même. Léonard avait trop d'esprit pour admettre la religion de son siècle; aussi, un passage de Vasari, supprimé dans la deuxième édition, dit-il : « Tanti furono i suoi capricci che filosofando delle cose

Par son testament[1] il donne tous ses livres, instruments et dessins à François de Melzi ; il donne à Baptiste de Villanis, *suo servitore*, c'est-à-dire son domestique, la moitié de la vigne qu'il possède hors des murs de Milan, et l'autre moitié à Salaï, aussi *suo servitore*, le tout en récompense des bons et agréables services que lesdits de Villanis et Salaï lui ont rendus. Enfin, il laisse à de Villanis la propriété de l'eau qui lui avait été donnée par le roi Louis XII.

CHAPITRE LXIV.

Voici une lettre de F. Melzi aux frères de Léonard :

« Monsieur Julien et ses frères, très-honorables, je vous crois informés de la mort de maître Léonard, votre frère, et mon excellent père : il me serait impossible d'exprimer la douleur que j'ai sentie. Tant que mes membres se soutiendront ensemble, j'en garderai le triste souvenir. C'est un devoir, car il avait pour moi l'amitié la plus tendre, et il m'en donnait journellement des preuves. Tout le monde ici a été affligé de la mort d'un tel homme. . . . .

. . . . . Il sortit de la présente vie le 2 de mai, avec tous les sacrements de l'Église ; et, parce qu'il avait une lettre du roi très-chrétien, qui l'autorisait à tester, il a fait un testament que je vous enverrai par une occasion sûre, celle de mon oncle, qui viendra me voir ici, et qui ensuite retournera à Milan.... Léonard a dans les mains du camerlingue de Santa-Maria-Nuova..... quatre cents écus au soleil, lesquels ont été placés au cinq pour

naturali attese a intendere la proprietà delle, continuando e osservando il moto del cielo, il corso della luna, e gli andamenti del sole. Per il che fece nell' animo, un concetto si eretico che non si acostava a qualsivoglia religione, stimando, per aventura, assai più l' essere filosofo, che cristiano. »

Vasari ajoute qu'un an avant sa mort Vinci revint au papisme. Si l'on demande à l'histoire un portrait fidèle des choses, il faut entendre à demi-mot tout ce qui échappe contre le préjugé dominant.

[1] Fait au Cloux, près d'Amboise, le 18 avril 1518.

ent, il y aura six ans le 16 octobre prochain. Il possède aussi ne ferme à Fiesole. Ces choses doivent être partagées entre ous, » etc., etc., etc.

La lettre est terminée par ces mots latins : « Dato in Ambroia, die primo junii 1519. Faites-moi réponse par les Pondi tanuam fratri vestro.

« Franciscus Mentius. »

Lorsque Melzi se rendit à Saint-Germain en Laye pour annoner la mort de Léonard à François Ier, ce roi donna des larmes la mémoire de ce grand peintre. Un roi pleurer !

CHAPITRE LXV.

Telle fut la vie d'un des cinq ou six grands hommes qui ont :aduit leur âme au public par les couleurs; il fut aimé des trangers comme de ses concitoyens, des simples particuliers omme des princes, avec lesquels il passa sa vie, admis à leur lus grande familiarité, et presque leur ami.

On ne vit peut-être jamais une telle réunion de génie et de râces. Raphaël approcha de ce caractère par l'extrême douceur e son esprit et sa rare obligeance; mais le peintre d'Urbin écut davantage pour lui-même. Il voyait les grands quand il y tait obligé. Vinci trouva du plaisir à vivre avec eux, et ils l'en écompensèrent en lui faisant passer sa vie dans une grande isance.

Il manqua seulement à Léonard, pour être aussi grand par ses uvrages que par son talent, de connaître une observation, ıais qui appartient à une société plus avancée que celle du uinzième siècle : c'est qu'un homme ne peut courir la chance 'être grand qu'en sacrifiant sa vie entière à un seul genre ; ou lutôt, car connaître n'est rien, il lui manqua une passion pronde pour un art quelconque. Ce qu'il y a de singulier, c'est u'il a été longtemps la seule objection contre cette maxime qui st aujourd'hui un lieu commun. De nos jours, Voltaire a préenté le même phénomène.

Léonard, après avoir perfectionné les canaux du Milanais,

découvert la cause de la lumière cendrée de la lune et de la couleur bleue des ombres, modelé le cheval colossal de Milan, terminé son tableau de la *Cène* et ses Traités de peinture et de physique, put se croire le premier ingénieur, le premier astronome, le premier peintre, et le premier sculpteur de son siècle. Pendant quelques années il fut réellement tout cela; mais Raphaël, Galilée, Michel-Ange, parurent successivement, allèrent plus loin que lui, chacun dans sa partie; et Léonard de Vinci, une des plus belles plantes dont puisse s'honorer l'espèce humaine, ne resta le premier dans aucun genre.

CHAPITRE LXVI.

QUE DANS CE QUI PLAIT NOUS NE POUVONS ESTIMER QUE CE QUI NOUS PLAIT.

Chez le Titien, la science du coloris consiste en une infinité de remarques sur l'effet des couleurs voisines, sur leurs plus fines différences, et en la pratique d'exécuter ces différences. Son œil exercé distingue dans un panier d'oranges vingt jaunes opposés qui laissent un souvenir distinct.

L'attention de Raphaël, négligeant les couleurs, ne voyait dans ces oranges que leurs contours, et les groupes plus ou moins gracieux qu'elles formaient entre elles. Or l'attention ne peut pas plus être à deux objets à la fois que ne pas courir au plus agréable. Dans une jeune femme allaitant son enfant, que ces deux grands peintres rencontraient au quartier de Transtevère en se promenant ensemble, l'un remarquait les contours des parties nues qui s'offraient à l'œil, l'autre les fraîches couleurs dont elles étaient parées.

Si Raphaël eût trouvé plus de plaisir aux beautés des couleurs qu'aux beautés des contours, il n'eût pas remarqué ceux-ci de préférence. En voyant le choix contraire du Titien, il fallait, ou que Raphaël fût un froid philosophe, ou qu'il se dît : « C'est un homme d'un extrême talent, mais qui se trompe sur la plus grande vérité de la peinture : l'art de faire plaisir au spectaur. » Car, si Raphaël eût cru son opinion fausse, il en eût angé.

Le simple amateur qui n'a pas consacré quinze heures de chaque de ses journées à observer ou reproduire les beaux contours admire davantage le Titien. Son admiration n'est point troublée par cette observation importune que le Vénitien se trompe sur le grand but de la peinture.

Seulement, comme l'amateur n'a pas sur le coloris les deux u trois cents idées de Raphaël, dont chacune se termine par un cte d'admiration envers le Titien, en ce sens il admire un peu moins le peintre de Venise.

Beaucoup des idées du Titien étaient inintelligibles à Raphaël, si l'on doit le nom d'idées à cet instinct inéclairci qui conduit les grands hommes.

Au milieu de cette immense variété que la nature offre aux regards de l'homme, il ne remarque à la longue que les aspects qui sont analogues à sa manière de chercher le bonheur. Gray ne voit que les scènes imposantes; Marivaux, que les points de vue fins et singuliers. Tout le reste est ennuyeux. L'artiste médiocre est celui qui ne sent vivement ni le bonheur ni le malheur, ou qui ne les trouve que dans les choses communes, ou qui ne les trouve pas dans les objets de la nature, dont l'imitation fait son art.

Un bizarre château de nuages sous le ciel embrasé de Pœstum, une mère donnant le bras à son fils, jeune soldat blessé, tandis qu'un petit enfant s'attache à sa redingote d'uniforme pour ne pas tomber sur le pavé glissant de Paris, absorbe pendant huit jours l'attention du véritable artiste. Ce groupe marchant péniblement lui fait découvrir dans son âme deux ou trois des grandes vérités de l'art.

On peut devenir artiste en prenant les règles dans les livres, et non dans son cœur. C'est le malheur de notre siècle qu'il y ait des recueils de ces règles. Aussi loin qu'elles s'étendent, aussi loin va le talent des peintres du jour. Mais les règles boiteuses ne peuvent suivre les élans du génie.

Bien plus, comme elles sont fondées sur la somme[1] du goût de

[1] Mathématiques. En faisant la somme, les quantités affectées de si-

tous les hommes, leur principe se refuse à favoriser le degré d'originalité inhérent à chaque talent. De là tant de ces tableaux qui embarrassent les jeunes amateurs aux expositions, ils ne savent qu'y blâmer; y blâmer, serait inventer.

Le comble de l'abomination, c'est que ces artistes perroquets font respecter leurs oracles comme s'ils partaient directement de l'observation de la nature.

La Harpe a appris la littérature à cent mille Français, dont il a fait de mauvais juges, et étouffé deux ou trois hommes de génie, surtout dans la province.

Le talent vrai, comme le Vismara, papillon des Indes, prend la couleur de la plante sur laquelle il vit; moi, qui me nourris des mêmes anecdotes, des mêmes jugements, des mêmes aspects de la nature, comment ne pas jouir de ce talent qui me donne l'extrait de ce que j'aime?

En 1793, les officiers prussiens de la garnison de Colberg avaient une table économique que quelques pauvres émigrés se trouvaient tout aises de partager; ils remarquaient un jour un vieux major de hussards tout couvert d'antiques balafres, reçues jadis dans la guerre de sept ans et à moitié cachées par d'énormes moustaches grises.

La conversation s'engagea sur les duels. Un jeune cornette à la figure grossière et au ton tranchant se mit à pérorer sur un sujet dont parler est si ridicule. « Et vous, monsieur le major, combien avez-vous eu de duels? — Aucun, grâce au ciel! répond le vieux hussard avec sa voix prudente. J'ai quatorze blessures, et, grâce à Dieu! elles ne sont pas au dos; ainsi je puis dire que je me tiens heureux de n'avoir jamais eu de duel. — Pardieu! vous en aurez un avec moi! » s'écrie le cornette en s'allongeant de tout son corps pour lui donner un soufflet. Mais la main sacrilége ne toucha pas les vieilles moustaches.

Le major, tout troublé, se prenait à la table pour se lever, quand un cri unanime se fait entendre : *Stehen Sie ruhig, Herr*

gnes différents se détruisent; la vivacité provençale est détruite par la froideur picarde : il ne faut donc être ni chaud ni froid.

ajor[1] ! Tous les officiers présents saisissent le cornette, le jetnt par la fenêtre, et l'on se remet à table comme si de rien était. Les yeux humides de larmes peignaient l'enthousiasme. Ce trait est fort bien, les officiers émigrés l'approuvèrent; iais il ne leur serait pas venu.

Dans les insultes, le Français se dit : « Voyons comment il en tirera. » L'Allemand, plus disposé à l'enthousiasme, compte lus sur le secours de tous. Le vaniteux Français s'isole rapideient. Toute l'attention est profondément rappelée au *moi*. Il n'y plus de sympathie[2].

Qu'importent ces détails fatigants, et dont Quintilien ne parle as? Blair et la Harpe veulent jeter au même moule les plaisirs e ces deux peuples.

Quelquefois l'enthousiasme de Schiller nous semble niais. 'honneur français, au delà du Rhin, paraît égoïste, méchant, esséchant.

Le véritable Allemand est un grand corps blond, d'une appaence indolente. Les événements figurés par l'imagination, et isceptibles de donner une impression attendrissante, avec iélange de noblesse produite par le *rang* des personnages en ction, sont la vraie pâture de son cœur : comme ce titre que je iens de rencontrer sur un piano[3] :

Six valses favorites de l'impératrice d'Autriche Marie-Louise, ouées à son entrée à Presbourg par la garde impériale.

Quand la musique donne du plaisir à un Allemand, sa pantoaime naturelle serait de devenir encore plus immobile. Loin de à, ses mouvements passionnés, faits extrêmement vite, ont l'air le l'exercice à la prussienne. Il est impossible de ne pas rire[4].

La pudeur de l'attendrissement manque au dur Germain, et il 'oit des monstres dans les personnages de Crébillon fils.

Vous voyez le mécanisme de l'impossibilité qui sépare Gray

[1] Ne bougez, monsieur le major.

[2] C'est que nos plus grands périls sont de vanité.

[3] 21 juin 1813.

[4] Le jeune Allemand veut être gracieux, et ce qu'il fait dans cette vue e rend déplaisant.

de Marivaux : ceci porte sur une différence non pas morale, mais physique. Que dire à un homme qui, par une expérience de tous les jours, et mille fois répétée, préfère les asperges aux petits pois ?

Quelle excellente source de comique pour la postérité ! les la Harpe et les gens du goût français, régentant les nations du haut de leur chaire, et prononçant hardiment des arrêts dédaigneux sur leurs goûts divers, tandis qu'en effet ils ignorent les premiers principes de la science de l'homme[1]. De là l'inanité des disputes sur Racine et Shakspeare, sur Rubens et Raphaël. On peut tout au plus s'enquérir, en faisant un travail de savant, du plus ou moins grand nombre d'hommes qui suivent la bannière de l'auteur de *Macbeth*, ou de l'auteur d'*Iphigénie*. Si le savant a le génie de Montesquieu, il pourra dire : « Le climat tempéré et la monarchie font naître des admirateurs pour Racine. L'orageuse liberté et les climats extrêmes produisent des enthousiastes à Shakspeare. » Mais Racine ne plût-il qu'à un seul homme, tout le reste de l'univers fût-il pour le peintre d'*Othello*, l'univers entier serait ridicule s'il venait dire à un tel homme, par la voix d'un petit pédant vaniteux : « Prenez garde, mon ami, vous vous trompez, vous donnez dans le mauvais goût : vous aimez mieux les petits pois que les asperges, tandis que *moi* j'aime mieux les asperges que les petits pois. »

La préférence dégagée de tout jugement accessoire, et réduite à la pure sensation, est inattaquable.

Les bons livres sur les arts ne sont pas les recueils d'arrêts à la la Harpe ; mais ceux qui, jetant la lumière sur les profondeurs du cœur humain, mettent à ma portée des beautés que mon âme est faite pour sentir, mais qui, faute d'instruction, ne pouvaient traverser mon esprit.

De là un tableau de génie, et par conséquent original, doit avoir moins d'admirateurs qu'un tableau légèrement au-dessus

[1] Or tu chi se', che vuoi sedere a scranna
Per giudicar da lungi mille miglia,
Colla veduta corta di una spanna.
DANTE.

e la médiocrité[1]. Il lui manquera d'abord les amateurs à *goût opris.* L'extraordinaire ne se voit guère sur les bancs de l'Aténée. Les professeurs nous façonnent à admirer *Mustapha et éangir* ou l'*Essai sur l'homme;* mais ils seront toujours choqués 'Hudibras ou de *Don Quichotte :* les génies naturels sont des roiriers dont la fortune, à la cour, scandalise toujours les vériibles grands seigneurs[2].

Si je prends mes exemples dans les belles-lettres, c'est que peinture n'est pas encore asservie à la dictature d'un la larpe; c'est encore, grâce au ciel, un gouvernement libéral, où elui qui a raison a raison.

Il était impossible qu'une homme froid comme Mengs ne déestât pas le Tintoret[3]. On se souvient encore à Rome de ses *orties* à ce sujet, ce qui ne veut pas dire que l'amateur qui ne eut admirer les ouvrages de Mengs comme Mengs lui-même ie voie avec plaisir la furie du Vénitien. Le peintre saxon, avec ne philosophie plus froide, ou une tête plus forte, eût supputé e nombre d'amateurs auxquels il avait vu admirer le Tintoret et le Corrége. Il eût dit vrai pour la plupart des hommes en écrivant : « Le Tintoret est un excellent peintre du second ordre, excellent surtout parce qu'il est original. »

Mais la vérité d'un tel jugement, évidente pour l'esprit de Mengs, n'aurait pu changer son cœur. Le temps que l'homme froid met à voir ces sortes de vérités, le génie ardent l'emploie à préparer ses succès.

Nous autres gens de Paris, congelés par la crainte du ridicule, bien plus que par les brouillards de la Seine, nous disons :

[1] Voilà en quoi l'Italie avait un goût si excellent. L'Albane ne l'emportait pas sur le Dominiquin; si Paris était à la hauteur de Bologne, MM. Girodet et Prudhon seraient millionnaires.

[2] Le genre comique nécessite plus d'esprit; il peut moins se construire d'après les règles, comme un maçon bâtit un mur sur le plan tracé de l'architecte ; aussi est-il en disgrâce auprès des sots. Ils aiment le genre grave, et pour cause. Les écrivains qui comptent sur cette classe de lecteurs le savent bien. Voyez la grande colère de MM. Chat*** et Schle*** sur le pauvre genre comique.

[3] Car, si le Tintoret est un grand peintre, Mengs ne l'est plus.

« Cela est infiniment sage, » si nous rencontrons dans le monde un artiste indulgent pour l'artiste qui prend une route opposée. Mais un certain bon sens et l'enthousiasme[1] ne se marient pas plus que le soleil et la glace, la liberté et un conquérant, Hume et le Tasse.

Le véritable artiste au cœur énergique et agissant est essentiellement non tolérant. Avec la puissance, il serait affreux despote. Moi, qui ne suis pas artiste, si j'avais le pouvoir suprême, je ne sais pas trop si je ne ferais pas brûler la galerie du Luxembourg, qui corrompt le goût de tant de Français.

La duchesse de la Ferté disait à madame de Staal : « Il faut l'avouer, ma chère amie, je ne trouve que moi qui aie toujours raison. »

Plus l'on aura de génie naturel et d'originalité, plus sera évidente la profonde justesse de cette saillie. On réplique :

> Si l'eau courbe un bâton, ma raison le redresse.
>
> LA FONTAINE.

Oui, mais si la raison fait voir, elle empêche d'agir[2], et il est question de gens qui agissent. Les Napoléon fondent des empires, et les Washington les organisent.

La paresse nous force à nous préférer. Pour qu'une idée nouvelle soit intelligible, il faut qu'elle rapproche des circonstances que nous avions déjà remarquées sans les lier. Un philosophe me tire par la manche : « Bossuet, me dit-il, était un hypocrite plein de talent, dont l'orgueil trouvait un plaisir délicieux à ravaler en face de ce puissant Louis XIV toutes les grandeurs dont il était si vain. » Je suppose cette idée vraie et nouvelle pour le lecteur ; il la comprend, parce qu'il se rappelle mille traits des oraisons funèbres, le génie hautain de Bossuet, sa jalousie contre Fénelon, et son agent à Rome.

Si cette idée ne rapprochait pas des circonstances déjà re-

[1] L'enthousiasme avec lequel on fait de grandes choses porte sur la connaissance parfaite d'un petit nombre de vérités, mais sur une ignorance totale de l'*importance* de ces vérités.

[2] Rien n'est digne de tout l'effort qu'on met à l'obtenir.

marquées, elle serait aussi inintelligible que celle-ci : le cosinus de quarante-cinq degrés est égal au sinus, que deux mois de géométrie rendent palpable.

On admire la supériorité d'autrui dans un genre dont on conteste la supériorité; mais vouloir faire sincèrement reconnaître à un être humain la supériorité d'un autre dans un genre dont il ne puisse contester la suprême utilité, c'est lui demander de cesser d'être soi-même, ce que personne ne peut demander à personne; c'est vouloir que la courbe touche l'asymptote [1].

Tant que vous ne demandez à votre ami que le second rang après lui, il vous l'accorde, et vous estime. A force de mérite et d'actions parlantes voulez-vous aller plus loin? un beau jour vous trouvez un ennemi. Rien de moins absurde que de faire quelquefois des sottises bien absurdes.

Je conclus que, dans les autres, nous ne pouvons estimer que nous-mêmes : heureuse conclusion qui m'empêche d'être tourmenté de tant de jugements contradictoires que je vois les grands hommes porter les uns sur les autres. Désormais les jugements des artistes sur les ouvrages de leurs rivaux ne seront pour moi que des commentaires de leur propre style.

[1] Un traité d'idéologie est une insolence. Vous croyez donc que je ne raisonne pas bien

LIVRE QUATRIÈME

DU BEAU IDÉAL ANTIQUE

CHAPITRE LXVII.

HISTOIRE DU BEAU.

La beauté antique a été trouvée peu à peu. Les images des dieux furent d'abord de simples blocs de pierre[1]; ensuite on a taillé ces blocs, et ils ont présenté une forme grossière qui rappelait un peu celle du corps humain; puis sont venues les statues des Égyptiens, enfin l'Apollon du Belvédère.

Mais comment cet espace a-t-il été franchi? Nous sommes réduits ici aux lumières de la simple raison.

CHAPITRE LXVIII.

PHILOSOPHIE DES GRECS.

Une herbe parlait à sa sœur : « Hélas ! ma chère, je vois s'approcher un monstre dévorant, un animal horrible qui me foule sous ses larges pieds; sa gueule est armée d'une rangée de faux tranchantes, avec laquelle il me coupe, me déchire et m'engloutit[2]. Les hommes nomment ce monstre un mouton. » Ce

[1] Tite Live, Heyne.
[2] Voltaire.

qui a manqué à Platon, à Socrate, à Aristote, c'est d'entendre cette conversation [1].

CHAPITRE LXIX.

MOYEN SIMPLE D'IMITER LA NATURE.

Il est singulier que les Grecs et les peintres, qui, en Italie, renouvelèrent les arts, n'aient pas eu l'idée de mouler le corps de l'homme [2], ou de le dessiner par l'ombre d'une lampe. Dans les mines du Hartz, près d'Hanovre, les rois d'Angleterre ont fait creuser une galerie horizontale pour l'écoulement des eaux. En descendant de Clausdhal, où est la bouche de la mine, on arrive, de puits en puits, et d'échelle en échelle, à une profondeur de treize cents pieds. Au lieu de remonter par un chemin si ennuyeux, on vous fait errer dans un noir dédale, on prend la galerie, on marche longtemps, enfin l'on aperçoit à une grande distance une petite étoile bleue; c'est le jour, et l'ouverture de la mine. Lorsqu'on n'en est plus qu'à une demi-lieue, le mineur qui conduit ferme une porte qui barre le chemin. On admire la précision avec laquelle l'ombre de cette lumière lointaine dessine jusqu'aux plus petits détails; c'est une perfection de physionomie qui nous frappa tous, quoique aucun de nous ne s'occupât de peinture.

CHAPITRE LXX.

OU TROUVER LES ANCIENS GRECS?

Ce n'est pas dans le coin obscur d'une vaste bibliothèque, et courbé sur des pupitres mobiles chargés d'une longue suite de manuscrits poudreux; mais un fusil à la main, dans les forêts

[1] *Dialogues* de Platon.

[2] Pline, liv. XXXV, chap. XIV.

d'Amérique, chassant avec les sauvages de l'Ouabache. Le climat est moins heureux; mais voilà où sont aujourd'hui les Achilles et les Hercules.

CHAPITRE LXXI.

DE L'OPINION PUBLIQUE CHEZ LES SAUVAGES.

La première distinction parmi les sauvages, c'est la force; la seconde, c'est la jeunesse, qui promet un long usage de la force. Voilà les avantages qu'ils célèbrent dans leurs chansons, et si des circonstances trop longues à rapporter permettaient que les arts naquissent parmi eux, il n'y a pas de doute qu'aussitôt que leurs artistes pourraient copier la nature les premières statues de dieux ne fussent des portraits du plus fort et du plus beau des jeunes guerriers de la tribu. Les artistes prendraient pour modèle celui qui leur serait indiqué par l'opinion des femmes.

Car, dans la première origine du sentiment du beau, comme dans l'amour maternel, il entre peut-être un peu d'instinct.

Quelques personnes ont nié l'instinct. On n'a qu'à voir les petits des oiseaux à bec fort, qui, en sortant de la coque, ont l'idée de becqueter le grain de blé qui se trouve à leurs pieds.

CHAPITRE LXXII.

LES SAUVAGES, GROSSIERS POUR MILLE CHOSES, RAISONNENT FORT JUSTE.

Si les sauvages étaient cultivateurs, et que la certitude de ne pas mourir de faim, dès que la chasse sera mauvaise, permît les progrès de la civilisation, l'émulation naîtrait parmi les artistes, comme la finesse dans le public. Ce public demanderait dans les images des dieux la réunion de ce qu'il y a de plus parfait sur la terre. La force et la jeunesse ne leur suffiraient plus. Il faudrait que la physionomie exprimât un caractère *agréable*.

C'est sur ce mot qu'il faut s'entendre. Les sauvages raisonnent juste. Ces gens-là ne répètent jamais un raisonnement appris par cœur : quand ils parlent, on sent que l'idée, avec ses plus petites circonstances, est évidente à leurs yeux. Il faut voir avec quelle finesse et à quels signes imperceptibles ils découvrent, dans une forêt de cent lieues de long, jonchée de feuilles, de lianes, de troncs d'arbres, et de tous les débris de la végétation la plus rude, qu'un sauvage de telle tribu ennemie l'a traversée il y a huit jours.

Cette sagacité étonne l'Européen ; mais le sauvage sait que si un homme d'une autre tribu a passé dans la forêt, c'est que tel canton de la chasse, situé à deux ou trois cents lieues de là, est envahi. Or, si la tribu dirige sa chasse vers un canton épuisé, peut-être la moitié des individus, tous les vieillards, les jeunes enfants, la plus grande partie des femmes, mourront de faim. Quand la moindre faute de raisonnement est punie de cette manière, on a une bonne logique.

CHAPITRE LXXIII.

QUALITÉS DES DIEUX.

Pour être exact, il faut dire que d'abord la misère est si grande que les sauvages n'ont pas même le temps d'écouter la terreur, et ils n'ont aucune idée des dieux. Ensuite ils pensent aux bons génies, et aux génies méchants ; mais ils ne prient que les méchants, car que craindre des bons ? Ensuite vient l'idée d'une divinité supérieure. C'est ici que je les prends.

Or, pour des gens qui raisonnant bien, quelle est la qualité la plus agréable dans un dieu ? La *justice*. La justice, à l'égard d'un peuple, c'est l'accomplissement de la fameuse maxime : « Que le salut de tous soit la suprême loi ! »

Si, en sacrifiant cent vieillards qui ne pourraient supporter la faim, et entreprendre une marche de quinze jours au travers d'un pays sans gibier, on peut essayer de mener la tribu dans tel canton abondant, faute de quoi tous mourront de faim dans la forêt fatale où ils se sont engagés, il n'y a pas à hésiter, il faut sacrifier les vieillards. Eux-mêmes sentent la nécessité de la mort, et il n'est pas rare de les voir la demander à leurs enfants. Une justice qui a de tels sacrifices à prescrire ne peut avoir l'air riant; le premier caractère de la physionomie des statues sera donc un sérieux profond, image de l'extrême attention.

Telle est en effet la physionomie des chefs de sauvages renommés pour leur sagesse; ils ont d'ordinaire quarante à quarante-cinq ans. La prudence ne vient pas avant cet âge, où la force existe encore. Le sculpteur sauvage, déjà attentif à réunir les avantages sans les inconvénients, donnera à sa statue l'expression d'une prudence profonde, mais lui laissera toujours la jeunesse et la force.

CHAPITRE LXXIV.

LES DIEUX PERDENT L'AIR DE LA MENACE.

Pour faire naître les arts, j'ai fait cultiver les terres. A mesure que la peuplade perdra la crainte de mourir de faim, le sauvage, que la prudence obligeait chaque jour à exercer sa force, se permettra quelque repos. Aussitôt, pour charmer l'ennui qui paraît durant le repos dès qu'il n'a pas été précédé par la fatigue, on aura recours aux chansons, à la religion et aux arts, qu'elle amène par la main. Les esprits trouveront des défauts dans ce qu'ils admiraient cent ans auparavant. « L'expression de la colère n'est pas celle de la véritable force; la colère suppose effort pour vaincre un obstacle imprévu. Or il n'y a rien d'imprévu pour la véritable sagesse. Il n'y a jamais d'effort pour l'extrême force. »

Ainsi les dieux perdront l'air menaçant, suite de l'habitude de la colère, cet air qui est utile au guerrier durant le combat pour augmenter la terreur de son ennemi. Comme le dieu porte déjà l'idée de force par les muscles bien prononcés, et par la foudre qui est dans sa main, il est superflu qu'il l'annonce de nouveau par un air menaçant. Si l'on suppose un homme au milieu d'une tribu, reconnu partout pour immensément plus fort, quel air lui serait-il avantageux de se donner? L'air de la bonté. Le dieu aura d'ailleurs, par la sagesse et la force[1], l'expression d'une sérénité que rien ne peut altérer. Nous voici déjà vis-à-vis le Jupiter *Mansuetus* des Grecs, c'est-à-dire à cette tête sublime[2], éternelle admiration des artistes. Vous observez qu'elle a le cou très-gros et chargé de muscles, ce qui est une des principales marques de la force. Elle a le front extrêmement avancé, ce qui est le signe de la sagesse.

CHAPITRE LXXV.

DE LA RÈGLE RELATIVE A LA QUANTITÉ D'ATTENTION.

L'artiste sauvage, plongé dans ses pensées, et méditant les difficultés de son art au fond de son atelier, apercevra tout à coup la figure colossale de la Raison, qui, lui montrant du doigt la statue qu'il ébauche : « Le spectateur, dit-elle, n'a qu'une certaine quantité d'attention à donner à ton ouvrage. Apprends à l'épargner. »

CHAPITRE LXXVI.

CHOSE SINGULIÈRE, IL NE FAUT PAS COPIER EXACTEMENT LA NATURE.

Nos sauvages, qui deviennent raisonneurs depuis qu'ils ont du temps à perdre, remarquent, chez leurs guerriers les plus robustes, que l'exercice de la force entraîne dans les membres une certaine altération. L'habitant de l'Ouabache, qui marche sans chaussure tant qu'il est enfant, qui, plus tard, ne porte qu'une

[1] Courage est synonyme de force, quand son absence est punie non par la honte, mais par la mort. Avoir du courage est alors, comme pour la grande âme en Europe, voir juste.

[2] Ancien Musée Napoléon.

chaussure grossière, a le pied défendu par une espèce de corne qui lui fait braver les arbrisseaux épineux. Il a le bas de la jambe chargé de cicatrices. La nécessité de garantir son œil de l'impression directe des rayons du soleil a couvert ses joues de rides sans nombre; mille accidents de cette vie misérable, des chutes, des blessures, des douleurs causées par la fraîcheur des nuits, ont ajouté leurs imperfections particulières aux imperfections générales, suites inévitables de l'exercice d'une grande force. Il est simple de ne pas reproduire les marques de ces imperfections dans les images des dieux.

CHAPITRE LXXVII.

INFLUENCE DES PRÊTRES.

Les tribus des sauvages, dès qu'elles ont quelques moissons à recueillir, ont leurs devins, ou prêtres, dont la première affaire est de vanter la puissance et la perfection du grand génie, et la seconde, de bien établir qu'ils sont les agents uniques de ce génie.

La première parole du prêtre est d'affranchir son dieu de la plus grande des imperfections de l'humanité, la nécessité de mourir.

CHAPITRE LXXVIII.

CONCLUSION.

Nous voici avec la statue d'un dieu fort par excellence, juste, et que nous savons être immortel.

CHAPITRE LXXIX

DIEU EST-IL BON OU MÉCHANT?

L'idée de *bon* ne passera point sans quelques difficultés. Le prêtre a un intérêt à montrer souvent le dieu irrité [1]. Il retardera la perfection des arts; mais enfin l'opinion publique, après avoir vacillé quelque temps, se réunira à croire que Dieu est bon : c'est là le premier acte d'hostilité de cette longue guerre du bon sens contre les prêtres. Nous avons donc un dieu *fort*, *juste*, *bon* et *immortel*. Ne croyons pas cette histoire si loin de nous. L'idée de bonté dans le Dieu des chrétiens n'est jamais entrée dans la tête de Michel-Ange.

CHAPITRE LXXX.

DOULEUR DE L'ARTISTE.

L'artiste sauvage trouve dans les hommes de sa tribu l'expression des trois premières de ces qualités. La croyance publique lui rend le service de supposer toujours la quatrième, dès qu'elle aperçoit un signe quelconque de puissance, ordinairement inventé par les prêtres, par exemple des foudres dans la main de Jupiter, et un aigle à ses pieds.

La qualité de fort est physique, et ses marques, qui consistent dans des muscles bien prononcés, dans la grosseur du cou, dans la petitesse de la tête, etc., ne peuvent jamais disparaître; mais les qualités de *juste* et de *bon* sont des habitudes de l'âme, et la passion renverse l'habitude.

Les traits d'un vieux cheik de Bédouins, qui, tous les jours, sous la tente, exerce parmi eux une justice paternelle, auront l'expression de l'attention profonde et de la bonté, qui sont les marques que l'art est obligé de prendre pour montrer la justice.

Mais si le vénérable Jacob vient à apercevoir la robe sanglante de Joseph, ses traits sont bouleversés : on n'y voit plus que la douleur, l'expression de toutes les qualités de l'âme a disparu.

L'artiste observe avec effroi que l'expression d'une passion un peu forte détruit sur-le-champ toutes ces marques de la divinité qu'il a eu tant de peine à voir dans la nature, et à accumuler dans sa statue.

[1] Voir tous les Voyages, et Moïse, *primus in orbe deos*, etc.

CHAPITRE LXXXI.

LE PRÊTRE LE CONSOLE.

Mais le devin de la tribu paraîtra dans son atelier : « Mon Dieu est fort par excellence, c'est-à-dire tout-puissant. Il est prudent par excellence, c'est-à-dire qu'il voit l'avenir comme le passé. Il est tout-puissant; le plus imperceptible de ses désirs est donc suivi de l'accomplissement soudain de sa volonté divine; il ne peut donc avoir ni désir violent ni passion.

« Console-toi, l'obstacle qui pouvait renverser ton édifice n'existe point : ton art ne peut pas faire un dieu passionné; mais notre dieu, à jamais adorable, est au-dessus des passions. »

CHAPITRE LXXXII.

IL S'ÉLOIGNE DE PLUS EN PLUS DE LA NATURE.

L'artiste ravi médite sur son ouvrage avec une nouvelle ferveur; il se rappelle le principe fondamental, que le spectateur n'a qu'une certaine quantité d'attention.

« Si je veux porter à son comble ce sentiment que le sauvage dévot doit éprouver devant mon Jupiter, il faut que par elle-même l'imitation physique vole aussi peu que possible de cette attention précieuse. Il faut que la pensée traverse rapidement tout ce qui est matière, pour se trouver en présence de cette puissance terrible, et pourtant consolante, qui siége sur les sourcils de Jupiter. Tout est perdu, si en regardant la main du dieu, le sauvage va reconnaître les plis de la peau qu'il se souvient d'avoir vus sur les siennes. S'il se met à comparer sa main à celle du dieu, s'il s'avise de me louer sur la vérité de l'imitation, je suis sans ressources. Comment y aurait-il encore place dans ce cœur pour l'anéantissement dont la présence du maître des dieux et des hommes doit le frapper? »

Il n'y a qu'un parti, sautons tous ces malheureux détails qui pourraient dérober une part de l'attention [1]; j'en pourrai donner plus de physionomie à ceux que je garderai.

[1] Dans les discours, *brevitas imperatoria*, style de César. Lois des douze Tables, voir Bouchard. Dans les beaux *récitatifs*, la grandeur du style vient de l'absence des détails; les détails tuent l'expression.

LIVRE CINQUIÈME

SUITE DU BEAU ANTIQUE

> O mélancolie! le mal de t'aimer
> est un mal sans remède!

CHAPITRE LXXXIII.

CE QUE C'EST QUE LE BEAU IDÉAL.

La beauté antique est donc l'expression d'un caractère utile; car, pour qu'un caractère soit extrêmement utile, il faut qu'il se trouve réuni à tous les avantages physiques. Toute passion détruisant l'habitude, toute passion nuit à la beauté.

Outre que le sérieux plaît comme *utile* dans l'art sauvage, il plaît encore comme *flatteur* dans l'état civilisé. Si cette belle tête a pour moi tant de charmes dans son sérieux profond, que serait-ce si elle daignait me sourire? Il faut, pour donner naissance aux grandes passions, que le charme aille en croissant; c'est ce que savent bien les belles femmes d'Italie.

Les femmes d'un autre pays, où l'on prétend toujours à briller dans le moment présent, ont moins de cette sorte de succès. Raphaël le savait bien. Les autres peintres sont séducteurs, lui est enchanteur.

Les savants disent qu'il y a cinq variétés dans l'espèce humaine[1] : les Caucasiens, les Mongols, les Nègres, les Américains

[1] Blumenbach, *De l'unité de l'espèce humaine*, pag. 283.

les Malais. Il pourrait donc y avoir cinq espèces de beau éal; car je doute fort que l'habitant de la côte de Guinée mire dans le Titien la vérité du coloris.

On peut augmenter encore le nombre des beautés idéales.

On n'a qu'à faire passer chacun des trois ou quatre gouverne-ents différents par chaque climat.

La différence des gouvernements, relativement aux arts, est ıns la réponse à cette question : Que faut-il faire ici pour par-nir ?

Mais cela n'est que curieux. Que nous importe de savoir le mps qu'il fait aujourd'hui à Pékin! L'essentiel est d'avoir un eau jour à Paris, où nous sommes.

CHAPITRE LXXXIV.

DE LA FROIDEUR DE L'ANTIQUE.

L'art est d'inspirer l'attention. Quand le spectateur a une cer-ıine attention, si un auteur, dans un temps donné, dit trois ıots, et un autre vingt, celui de trois mots aura l'avantage. Par ıi le spectateur est créateur; mais aussi le spectateur impuis-ınt trouve du froid.

Beaucoup de bas-reliefs de la haute antiquité étaient des in-criptions.

Dès qu'une figure est signe, elle ne tend plus à se rapprocher e la réalité, mais de la clarté comme signe.

La suppression des détails fait paraître plus grandes les par-ies de l'antique; elle donne une apparente roideur, et en même emps la noblesse. La première sculpture des Grecs se distingue ıar un style tranquille et une grande simplicité de composition.)n rapporte que Périclès, au plus bel âge de la Grèce, voulut ıue, dans toutes ses statues, on conservât cette simplicité du ıremier âge, qui lui paraissait appeler l'idée de la grandeur.

Il faut entendre un passage des anciens :

L'artiste grec qui fit le choix des formes de sa *Vénus* sur les cinq plus belles femmes de Corinthe cherchait dans chacun de ces beaux corps les traits qui exprimaient le *caractère* qu'il voulait rendre.

De la manière dont le vulgaire entend ceci, c'est comme si pour peindre à la scène un jeune héros, on faisait réciter par le même acteur une tirade du jeune Horace, un morceau d'Hippolyte, et un morceau d'Orosmane, nous verrions le même homme dire :

> Albe vous a nommé, je ne vous connais plus,

et un instant après,

> Quand je suis tout de feu, d'où vous vient cette glace?

CHAPITRE LXXXV.

LE TORSE, PLUS GRANDIOSE QUE LE LAOCOON.

J'abandonne les détails.

Pourquoi dirais-je que le *Torse*, où la force d'Hercule est légèrement voilée par la grâce inséparable de la divinité, est d'un style plus sublime que le Laocoon?

Si ces idées plaisent, le lecteur ne le verra-t-il pas? Il ne faut que sentir. Un homme passionné qui se soumet à l'effet des beaux-arts trouve tout dans son cœur [1].

CHAPITRE LXXXVI.

DÉFAUT QUE N'A JAMAIS L'ANTIQUE.

Les gens les plus froids [2] qui vont de Berne à Milan sont frappés de la rapidité avec laquelle la beauté (ou l'expression de la force et de la capacité d'attention) s'accroît à mesure qu'on descend vers les plaines riantes de la Lombardie.

[1] Saint Augustin.

[2] Le ministre Roland, tome I.

Ils trouvent cela sévère; et, la tête pleine des assassins de :talie et des mystères d'Udolphe, dans ces vallées si pittores- ıes et si grandioses [1] qui, sillonnant si profondément les Alpes, ıvrent la belle Italie, ils voient quelque chose de sinistre et de ımbre dans le paysan qui passe à côté d'eux; l'âme, transpor- e de cette fièvre d'amour pour le beau et la volupté, que l'ap- :oche de l'Italie donne aux cœurs nés pour les arts, jouit dé- :ieusement de cette nuance de terreur. Le plat et l'insipide enfuient de ses yeux. J'aime mieux un ennemi qu'un ennuyeux.

Il est vrai, si vous êtes né dans le nord, vous trouverez à la lupart de ces figures une expression odieuse par *excès de force;* ıais il ne leur faut qu'un peu de bienveillance pour devenir elles en un clin d'œil.

La France et l'Angleterre résistent à cette expérience. Le fond e l'expression est l'air grossier ou niais, que la bonté ne fait ıe rendre plus ridicule.

Aux bords du Tibre, même dans les figures les plus dégra- ées, brille l'expression de la force.

Non pas de la force particulière à celui que vous observez. ette expression est dans les traits qu'il a reçus de son père [2]. y a de longues générations que l'image de la force est dans la ımille, quoique peut-être la force elle-même n'y soit plus, et ›uvent les traits dont la forme dépend de l'habitude accusent ne honteuse faiblesse, tandis que les grands traits annoncent :s qualités les plus rares.

Une chose détruit à l'instant la beauté antique, c'est l'air iais [3].

[1] La vallée d'Izèle.

[2] Second principe de la science des physionomies.

[3] L'air niais tient, en général, à la petitesse du nez; quand ce défaut ·remédiable existe dans une tête, il ne peut être corrigé que par la bou- he et le front, et alors ces parties perdent leur expression propre, la *élicatesse* et les *hautes pensées*.

A mesure qu'on avance en Italie, les nez augmentent; ils sont ans mesure dans la grande Grèce : près de Tarente, j'ai trouvé beaucoup ıe profils comme le *Jupiter Mansuetus.* La distance de la ligne du nez à 'œil est énorme; elle est nulle en Allemagne (1799).

CHAPITRE LXXXVII.

DU MOYEN DE LA SCULPTURE.

Le mouvement, cette barrière éternelle des arts du dessin, m'avertit que cette draperie à gros plis informes couvre une cuisse vivante. Mais la sculpture n'admet que des draperies légères, non assujetties à des formes régulières [1].

Le moyen de cet art se réduit à donner une physionomie aux muscles; donc, pour des statues entières, les seules passions qui lui conviennent, après les caractères, sont les passions tournées en habitude; elles peuvent avoir une légère influence sur les formes [2].

Tout ce qui est soudain lui échappe [3].

Les sujets que repousse la sculpture sont ceux où le corps tout entier ne peut pas avoir de physionomie, et cependant, devant être nu, usurpe une part de l'attention.

Tancrède, furieux, combattant le perfide ennemi qui vient d'incendier la tour des chrétiens, et, un quart d'heure après, Tancrède dans l'état le plus affreux où puisse tomber une âme tendre, ne sont qu'un même homme pour la sculpture. De ce sujet si beau elle ne peut presque tirer que deux bustes, car quelle physionomie donner aux épaules de Tancrède penché vers Clorinde pour la baptiser? Ces épaules, nécessairement visibles par la donnée de l'art, et nécessairement sans physionomie par son impuissance, jetteraient du froid. La peinture, plus heureuse, les couvre d'une armure, et ne perd rien.

Elle est supérieure à la sculpture, même dans les deux têtes

[1] De là le ridicule de toutes les statues qu'on élevait en France aux grands hommes avant la Révolution.

[2] La *Madeleine* du marquis Canova, à Paris, chez M. Sommariva, protecteur éclairé de tous les arts, l'un des habitants de cette ville aimable qui, au milieu de toutes les entraves, a donné en peu d'années les Beccaria, les Parini, les Oriani, les Bossi, les Apiani, les Melzi, les Theulié, les Foscolo, etc., etc.

[3] Le comique.

:xpression; car qu'est-ce qu'un buste passionné vu par derre? Au contraire, dans le buste de *caractère* tout a une ex-
əssion, et Raphaël lui-même ne peut approcher du *Jupiter*
msuetus. C'est que le sculpteur peut donner sur chaque forme
bien plus grand nombre d'idées que le peintre.

De là, lorsque, sur les pas du brillant hérésiarque Bernin,
ılpture veut, par ses groupes contrastés, se rapprocher de la
inture, elle tombe dans le même genre d'erreur qu'en jetant
e couleur de chair sur son marbre. La réalité a un charme
i rend tout sacré chez elle; c'est de donner sans cesse de
ıuvelles leçons dans le grand art d'être heureux. Une anecdote
t-elle vraie, elle excite la sympathie la plus tendre; est-elle
ventée, elle n'est que plate; mais les limites des arts sont gar-
es par l'absurde.

Les connaisseurs aiment à comparer le Coriolan de Tite Live
celui du Poussin. Dans l'histoire, Véturie et les dames romai-
:s, pour attendrir le héros sur le sort de sa patrie, lui peignent
ɔme dans la désolation et dans les larmes. Cette touchante
ıage termine dignement leur discours.

Le Poussin l'a traduite par une figure de femme *visible*, et ac-
ımpagnée des symboles de Rome; et cette figure que quelques
ımes romaines indiquent de la main à Coriolan, termine aussi
composition [1].

Les gens de lettres appellent ces sortes de fautes les *beautés*
ɔétiques d'un tableau. Dans Tite Live, l'image de Rome dans la
ɔuleur est immense; chez le Poussin, elle est ridicule. Ce grand
:intre n'a pas senti que c'est parce que la poésie ne peut nous
ire voir l'éclat d'un beau teint qu'elle réunit les lis et les roses
ır les joues d'Angélique.

Shakespeare aurait dit au Poussin : « Ne te rappelles-tu pas
ıe le fluide nerveux ne permet pas que le flambeau de l'atten-
on éclaire à la fois et l'esprit et le cœur? Du moment qu'à côté
'êtres réels un tableau me présente des êtres fictifs, il cesse
'être touchant, et n'est plus pour moi qu'une énigme plus ou
ıoins belle [2]. »

[1] M. Quatremère de Quincy.

[2] De là, il est si cruel que le Tasse, en touchant nos cœurs par les cir-

Le poëte laisse à l'imagination de chaque lecteur le soin de donner des dimensions aux êtres qu'il présente.

Le soleil est un géant qui parcourt sa carrière, ce qui n'empêche pas que les yeux d'Armide ne soient aussi des soleils.

Le *Saint Jérôme* du Corrége venant voir Jésus enfant paraît accompagné du lion, symbole de sa puissante éloquence. Par malheur, personne n'est effrayé de ce lion. Dès lors nous sommes loin de la nature, l'art prend un langage de convention, et tombe dans le froid.

Le plaisant, qui cependant est encore charmant, c'est le tableau de Guido Cagnaci, où le petit agneau de saint Jean ayant soif, le saint, sous la figure du plus beau jeune homme, recueille dans une tasse, à une source qui tombe d'un des rochers du désert, l'eau nécessaire à son agneau [1].

On peut exprimer un rapport entre la comédie et la sculpture. Quel est le caractère de l'Oreste d'*Andromaque?*

Si l'on peut s'élever à croire possibles des choses que nous n'avons pas vues, on conçoit un ordre monastique, composé de jeunes hommes ardents, excités dans le noviciat, par les plai-

constances réelles de la fuite de la pauvre Herminie, quand il arrive au coucher du soleil, qui, par les grandes ombres sortant des forêts, pouvait tellement redoubler ses terreurs, vienne nous parler d'Apollon, de char, de chevaux, et de tout l'oripeau mythologique.

Ma nell' ora che 'l sol dal carro adorno,
Scioglie i corsieri, e in grembo al mar s'annida,
Giunse del bel Giordano alle chiare acque.
Cap. VII, art. 3.

En effaçant trois cents vers de cette espèce, le coloris du Tasse serait aussi pur que celui de Virgile, et son dessin divinement supérieur. Cela sera vrai dans cinq cents ans.

[1] La peinture a quelques petits moyens d'exprimer le *mouvement*. Le vent le plus impétueux agite les arbres d'un paysage; cependant le juste Abel offre son holocauste au milieu de la tempête, et la fumée s'élève tranquillement au ciel comme une colonne verticale.

La draperie de cet ange, violemment rejetée en arrière, me fait sentir la rapidité avec laquelle il est descendu vers Abraham; sa sérénité parfaite et le repos des muscles de cet être divin me montrent qu'il n'a fait aucun effort: il est porté par la volonté de Jehovah.

irs, dans le reste de leur carrière, par les honneurs les plus voiins de la gloire. Cet ordre de sculpteurs est consacré à la recherche de la beauté. On y présente toujours dans la même position Vénus, Jupiter, Apollon ; il ne s'agit pas de faire gesticuler es statues. Tel sculpteur a donné quatre idées par cette cuisse le la Vénus ; le jeune homme entrant dans la carrière aspire à endre sensibles cinq idées. Tout ceci est bizarre ; mais c'est 'histoire de l'art en Grèce [1]. Sur le tronc d'arbre qui sert d'appui au charmant Apollino court un lézard dont la forme est à peine naturelle. Les Grecs, en cela contraires aux Flamands, suivaient le grand principe de l'économie d'attention ; ils donnent seulement l'idée des accessoires. Au contraire, dans la première manière de Raphaël, l'attention s'égare dans le feuillé des arbres. Le sculpteur grec était sûr que son dieu était regardé.

Cimarosa a la pensée d'un bel air, tout est fini. Phidias conçoit l'idée de son *Jupiter*, il lui faut des années pour la rendre.

Il me semble que le grand artiste vivant a une méthode expéditive. Il travaille en terre, et d'excellents copistes rendent mathématiquement sa statue en marbre ; il la corrige ensuite par quelques coups de lime ; mais toujours a-t-il besoin d'une persistance dans son image du beau, dont heureusement la peinture peut se passer [2].

[1] Certainement Pausanias, Strabon, Pline, Quintilien, etc., étaient d'autres hommes que Vasari ; mais, comme lui, ils n'ont pas su se garantir du *vague*, qui, dans les arts, veut dire le faux. Pour peu qu'on n'interprète pas leurs ouvrages avec une logique sévère, on y voit la preuve de tous les systèmes possibles. J'admire souvent les passages que les érudits allemands donnent pour preuve de leurs idées. En accordant à Kant que des mots obscurs sont des idées, et que l'on peut commencer une science par une supposition, on arrive à des résultats qui seraient bien comiques s'ils n'étaient pas trop longs à exposer. Le pédantisme de ces pauvres Allemands est déconcerté si on leur dit : « Soyez clairs. »

On peut faire une science raisonnable, profonde, et qui cependant n'apprenne rien. Tel est le reversi et la partie intelligible du système de Steding ; je conseille au reste le *Pausanias* de M. Clavier, le trente-cinquième livre de Pline et le *Dialogue* de Xénophon. A lire les originaux, on gagne des idées et du temps.

[2] Un génie assez enflammé pour inventer la tête de Pâris, un génie

CHAPITRE LXXXVIII.

Un peintre malais, avec son coloris du plus beau cuivre, qui prétendrait à la sympathie de l'Européen, ne serait-il pas ridicule? Il ne pourrait plaire que comme singulier. On aimerait en lui des marques de génie, mais d'un génie qui ne peut toucher. Voilà les tableaux de Rubens, ou la musique de Haendel à Naples. Jamais, à Venise, les couleurs si fraîches des figures anglaises ne paraîtront naturelles, si ce n'est à ces yeux pour lesquels tout est caché. Ce n'est qu'après que la lente habitude aura ôté l'étonnement que la sympathie pourra naître. Les couleurs, la lumière, l'air, tout est différent en des climats si divers [1]; et je ne trouve pas, en Angleterre, une seule tête qui rapelle les Madones de Jules Romain [2].

Les différences de formes sont tellement moindres que celles de couleurs, que l'Apollon serait beau dans plusieurs parties de l'Asie, de l'Amérique et de l'Afrique, comme en Europe.

La pesante architecture elle-même, si loin de l'imitation de la nature, soupire lorsqu'elle voit les temples grecs transportés à Paris. Il faudrait aussi y transporter ce ciel d'un bleu foncé que j'ai trouvé à Pœstum, même sous l'éclat d'un soleil embrasé. L'architecture gémit lorsqu'au plus beau jour du palais des communes, quand le roi vient y faire l'ouverture des Chambres, elle voit une ignoble tente, rendue nécessaire par l'apparence de pluie, montrer à tous les yeux, en masquant les colonnes et en détruisant leur noblesse, que nous ne sommes que de tristes imitateurs qui n'avons pas pu inventer le *beau* de notre climat [3].

assez calme pour en poursuivre l'exécution pendant plusieurs mois, tel est Canova.

[1] Voir les portraits du Schiavone et de plusieurs Vénitiens, galerie Giustiniani, à Berlin.

[2] Ancien Musée Napoléon, n°s 1014, 1015, 1016. Tempérament bilieux.

[3] Copier le beau à tort et à travers n'est que pédant; c'est le contraire de qui *glanait le beau* dans la nature.

CHAPITRE LXXXIX.

UN SCULPTEUR.

Je n'abandonne point mes Grecs, parce qu'ils deviennent heureux. Ce climat fortuné porte à l'amour; la religion, loin de le glacer, l'encourage. L'exemple des dieux invite les mortels à la douce volupté. On établit les jeux isthmiques, et la Grèce assemblée décerne des prix à la beauté [1].

Par le goût du public, l'artiste est transporté au milieu de juges plus sévères, d'admirateurs plus enthousiastes, de rivaux plus terribles. L'amour de la gloire s'enflamme dans son cœur, autant qu'il est donné au corps humain de pouvoir supporter une passion. Il met bien vite en oubli qu'un jour il désira la gloire pour avoir les regards des plus belles femmes, la considération et les richesses, bonheur de la vie.

Loin de suivre ces plaisirs grossiers, il les prend en horreur; ils affaibliraient, avec ses facultés morales, et ses moyens de sentir et de créer le sublime; il sacrifie tout à cette soif d'une renommée immortelle, sa santé, sa vie. L'existence réelle n'est plus que le vil échafaudage par lequel il doit élever sa gloire. Il ne vit que d'avenir.

On le voit fuir les hommes; sauvage, solitaire, s'accorder à peine la plus indispensable nourriture. Pour prix de tant de soins, si le ciel l'a fait naître sous un climat brûlant, il aura des extases, créera des chefs-d'œuvre, et mourra à moitié fou au milieu de sa carrière [2]; et c'est un tel homme que notre injuste société veut trouver sage, modéré, prudent. S'il était prudent, sacrifierait-il sa vie pour vous plaire, hommes médiocres et sages?

Après tout, se demande le philosophe, comment doit-on es-

[1] Qui est aussi la *sûreté*.

[2] Je suis fâché de le dire : mais, pour sentir le beau antique, il faut être chaste. L'air calme de la sculpture ne peut être rendu que par l'homme qui saurait peindre les passions dans toute leur violence.

timer la vie? est-ce par une longue durée de jours insipides? ou par le nombre et la vivacité des jouissances?

Il y a un demi-siècle que nous savons ces petites particularités sur l'homme de génie; il y a un demi-siècle que tous les ouvriers, en fait d'art, voudraient bien nous persuader qu'ils sont de ce caractère. L'histoire dira :

> Mais plus ils étaient occupés
> Du soin flatteur de le paraître,
> Et plus à nos yeux détrompés
> Ils étaient éloignés de l'être.
>
> VOLTAIRE.

Vous souvenez-vous d'avoir rencontré à Paris, au commencement de la révolution, de jeunes peintres qui avaient arboré un vêtement particulier? Tel est l'abîme de petitesses que côtoient les artistes dans cette ville de vanités. J'ai vu l'auteur de Léonidas se flatter qu'il mettait du génie dans la manière d'écrire son nom au bas de ses tableaux.

CHAPITRE XC.

DIFFICULTÉ DE LA PEINTURE ET DE L'ART DRAMATIQUE.

Beaucoup d'imagination et l'art de bien faire les vers suffisent au poëte épique. Une grande connaissance de la beauté suffit au statuaire. Mais il y a une circonstance remarquable dans le talent du peintre et du poëte dramatique.

On ne voit pas les passions, comme les incendies ou des jeux funèbres [1], avec les yeux du corps. Leurs effets seuls sont visibles. Werther se tue par amour. M. Muzart vient dans la chambre de ce beau jeune homme, et le voit posé sur son lit; mais les mouvements qui ont porté Werther à se tuer, où les verra-t-il?

On ne peut les trouver que dans son propre cœur. Tout homme

[1] *Énéide*, II et V.

i n'a pas éprouvé les folies de l'amour n'a pas plus d'idée s anxiétés mortelles qui brisent un cœur passionné, que l'on ı d'idée de la lune avant de l'avoir vue avec le télescope Ierschel[1]. Nulle description ne peut donner la sensation de tte neige piétinée par un animal dont les pieds seraient nds.

Plaire dans la peinture et dans l'art dramatique, c'est rappe- : l'idée de cette *neige piétinée* aux hommes qui en ont eu une ıe confuse.

Nos poëtes alexandrins décrivent cette vue singulière d'après : qu'ils en trouvent dans la copie d'après nature qu'en fit Ra- ne autrefois. Ce qui est plus amusant que leurs tragédies, c'est : les voir soutenir dans leurs préfaces, biographies, etc., que sage Racine ne fut jamais en proie aux erreurs des passions, qu'il trouva les mouvements d'Oreste et de Phèdre à force de re Euripide.

Comment peindre les passions, si on ne les connaît pas? et ɔmment trouver le temps d'acquérir du talent, si on les sent alpiter dans son cœur?

CHAPITRE XCI.

RÉFLÉCHIR L'HABITUDE.

La mouche éphémère qui éclôt le matin, et meurt avant le oucher du soleil, croit le jour éternel.

De mémoire de rose, on n'a jamais vu mourir de jardinier.

Pour étudier l'homme, tâchons d'oublier que nous n'avons ımais vu mourir de jardinier. Voltaire nous a dit :

> Notre consul Maillet, non pas consul de Rome,
> Sait comment ici-bas naquit le premier homme :
> D'abord il fut poisson ; de ce pauvre animal
> Le berceau très-changeant fut du plus fin cristal ;
> Et les mers des Chinois sont encore étonnées
> D'avoir, par leurs courants, formé les Pyrénées.

[1] Vu et écrit le 26 décembre 1814.

Ce qu'il y a de plaisant dans ces jolis vers, c'est qu ils pourraient bien être notre histoire. Du moins y a-t-il à parier, au commencement du dix-neuvième siècle, que le Nègre si noir et le Danois si blond sont les descendants du même homme[1]. La nature de l'air dans lequel nous nageons constamment, la nature des plantes qui font notre nourriture, ou des animaux que nous dévorons, et qui se nourrissent de ces plantes, varient avec le climat. Est-ce qu'on a jamais prétendu que les perdreaux de Champagne valussent ceux de Périgord? Quand Helvétius a nié l'influence des climats, il a donc dit à peu près la meilleure absurdité du siècle.

Le climat ou le tempérament fait la force du *ressort*. L'éducation ou les mœurs, le *sens* dans lequel ce ressort est employé.

« Il peut être arrivé à d'autres, comme il m'est arrivé à moi, de passer, en Grèce, une première soirée dans la société de quelques jeunes Ioniens qui, avec les traits et le langage des anciens Grecs, chantaient sur leur guitare des hymnes inspirantes. Ils comparaient la puissance turque à celle de Xerxès, et le refrain chanté en chœur était : *Fidèle à ma patrie, je briserai le joug*[2]. Tout à coup le jeune chantre entend sonner la trompette, et quitte l'étranger ravi, pour courir intriguer bassement dans l'antichambre d'un vaivode. Le voyageur se dit en soupirant : Vingt-quatre siècles plus tôt, il eût été Alcibiade. »

Un excellent système d'irrigation tire parti d'une source chétive, et c'est un petit filet d'eau qui fait la richesse de tout le pays d'Hières. Qui élèvera la voix pour appeler la vallée d'Hières une nouvelle Hollande? Qui osera dire que l'Angleterre est le sol natal des Timoléon et des Servilius Ahala[3]?

Le fer du physiologiste interroge les corps d'un Russe et d'un Espagnol qui ont trouvé la mort à la même batterie : les tailles, les apparences sont égales, mais, chez l'un, le poumon se trouve

[1] Et cet homme était noir, disait le célèbre John Hunter Blumenbach : *de l'unité du genre humain*. On a bien créé la plante du blé.

[2] Pistos es ton patrida!
Ton zigon syntripto.
Essai sur les Grecs, par North Douglas. Londres, 1813.

[3] Plutarque, *Vie de Brutus*.

us grand. Voilà une différence frappante, voilà le commence-ent de ce qu'il y a de démontré dans la théorie des tempé-iments.

L'autre partie est une simple concomitance d'effets. Un obus ırt, nous voyons une maison du village sur lequel on tire, fu-ıer et prendre feu. Il est absolument possible que ce soit un u de cheminée; mais il y a à parier pour l'obus. C'est dans examen sévère et microscopique des concomitances que gisent s découvertes à faire.

Quoi de plus différent qu'une chèvre et un loup? Cependant es animaux sont à peu près du même poids. Quoi de plus dif-érent que l'anthropophage du Potose et le Hollandais tranquille, ımant sa pipe devant son canal d'eau dormante, et écoutant ttentivement le bruit des grenouilles qui s'y jettent?

Philippe II et Rabelais devaient paraître différents, même à es yeux de vingt ans. Mais, le jour de l'ouverture de l'Assem-lée constituante, distinguer juste les dispositions secrètes du ougueux Cazalès ou du sage Mounier, tranquilles à leur place, 'était l'affaire de qui avait l'esprit de Bordeu ou de Duclos, et n même temps l'inexorable sagacité du philosophe et la science hysiologique du grand médecin.

Cette chose, si difficile en 1789, sera peut-être assez simple n 1900. Qui sait si l'on ne verra pas que le phosphore et l'es-rit vont ensemble? alors on trouvera un phosphoromètre pour es corps vivants [1]. Il n'y a pas ici effort d'une seule tête. Le ravail peut se partager; il faut une suite de vingt savants pour ıe voir que ce qui est.

Osons parler un instant leur langage. Qui n'a pas éprouvé, ıprès avoir essayé un de ces mets dont l'Inde a enrichi l'Angle-erre (le kari), qu'on a plus de force dans l'organe de la lan-gue? Par le même mécanisme, une bile extrêmement âcre donne

[1] Peut-être parviendra-t-on à saisir entre le galvanisme, l'électricité et le magnétisme, certains fluides dont on entrevoit tout au plus l'existence. Les effets sont sûrs et étonnants. Voyez les phénomènes observés à Celle (Hanovre) par M. le baron Strombeck, l'un des premiers jurisconsultes de l'Allemagne, et l'un des hommes les plus vrais.

plus de force aux grands muscles de la jambe. Nous savons tous qu'un espion espagnol traverse fort bien, en une nuit, vingt lieues de montagnes escarpées. Un Allemand meurt de fatigue à moitié chemin.

Enfin il faut se figurer que ce n'est que pour la commodité du langage que l'on dit le physique et le moral. Lorsqu'on a brisé une montre, où est allé le mouvement[1]?

CHAPITRE XCII.

SIX CLASSES D'HOMMES

Les combinaisons de tempéraments sont infinies; mais l'artiste, pour guider son esprit, donnera un nom à six tempéraments plus marqués, et auxquels on peut rapporter tous les autres[2] :

Le sanguin,
Le bilieux,
Le flegmatique,
Le mélancolique,
Le nerveux,
Et l'athlétique[3].

Cette idée ne dévoile pas tant les individus que les nations.

[1] On sent fort bien qu'on ne parle ici que de l'*être vivant* et de l'intime liaison qui, *pendant la vie*, rend le physique et le moral *inséparables*. A Dieu ne plaise qu'on veuille nier l'immortalité de l'âme, la plus noble consolation de l'humanité !

[2] Si l'on n'a pas voyagé, et que l'on doute des tempéraments, voir le *Voyage* de Volney en Egypte.

[3] J'aurais dû placer ici une copie de la caricature des quatre tempéraments (*Lavater*, I, 263), ou faire graver les dessins que j'ai fait faire dans mes voyages, d'après des gens qui me semblaient offrir les tempéraments à un degré remarquable de *non-mélange*. Mais mon talent n'est pas la patience. Je ne puis me flatter d'obtenir, même des meilleurs graveurs, des estampes ressemblantes aux dessins qu'on leur livre; autrefois les graveurs ne savaient pas dessiner. De nos jours, on les voit hardiment corriger les plus grands maîtres : c'est un honnête étranger qui,

CHAPITRE XCIII.

DU TEMPÉRAMENT SANGUIN.

Ce tempérament est évidemment plus commun en France. l'est la réflexion que je faisais sur les bords du Niémen, e 6 juin 1812, en voyant passer le fleuve à cette armée innomorable, composée de tant de nations, et qui devait souffrir la léroute la plus mémorable dont l'histoire ait à parler. Le somore avenir que j'apercevais au fond des plaines sans fin de la Russie, et avec le génie hasardeux de notre général, me faisait louter. Fatigué de vaines conjectures, je revins aux connaisiances positives, ressource assurée dans toutes les fortunes.

traduisant Molière, se dirait : « Ce caractère d'Orgon, dans le *Tartufe*, a des sentiments qui me semblent approcher de l'inhumain. L'humanité est une belle chose ; donc je vais adoucir un peu ces passages où Orgon choque cette belle vertu. »

Si j'avais rencontré quelque bon graveur allemand, bien patient et bien consciencieux, j'aurais donné une estampe pour rendre sensible la manière de chaque grand peintre.

J'avouerai que rien ne me semble plus ridicule que les gravures des chambres du Vatican par Volpato. Pour voir, à Paris, le style des fresques du Vatican, il faut monter à la Sorbonne, chez un dessinateur dont j'ai oublié le nom, mais qui a rapporté de Rome trois ou quatre têtes dignes des originaux. Les personnes qui en sentiront l'angélique pureté comprendront mon idée; la règle du graveur est inflexible : ou il se sent plus de génie que Louis Carrache, ou il faut tout copier, même les doigts un peu longs de sa *Madone* *.

La *Cène* de Morghen, le portrait de la Fornarina, la *Madonna del Sacco*, la partie supérieure de la *Transfiguration*, donnent à l'âme la sensation affaiblie des originaux, tandis que rien n'est moins Raphaël que la *Force* et la *Modération* dont Morghen a fait un pendant à la *Madone del Sacco*.

Pour le Corrége, peintre presque impossible à rendre, il y a une *Madone* de Bonato qui me semble un miracle : qu'on ferme les persiennes pour la voir dans le demi-jour, on croira voir ce *resplendissant* singulier des tableaux du Corrége.

*Ancien Musée Napoléon, n° 876.

J'avais encore un volume de Cabanis, et, devinant ses idées à travers ses phrases, je cherchais des exemples dans les figures de tant de soldats qui passaient auprès de moi en chantant, et quelquefois s'arrêtaient un instant quand le pont était encombré.

C'est en effet chez les paysans qu'il faut commencer l'étude difficile des tempéraments; l'homme riche échappe avec trop de facilité à l'influence des climats; c'est compliquer le problème.

CARACTÈRES PHYSIQUES DU TEMPÉRAMENT SANGUIN.

Une tête qui a des couleurs brillantes, assez d'embonpoint, et l'expression de la gaieté, une poitrine large, qui annonce, avec un grand poumon, un cœur plus énergique, et par conséquent une chaleur plus considérable et une circulation plus rapide et plus forte; de là cette expression commune en parlant des héros : *Un grand cœur*.

Dans le tissu cellulaire, des extrémités nerveuses bien épanouies, qui recouvrent des membranes médiocrement tendues, doivent recevoir des impressions vives, rapides, faciles. Des muscles souples, des fibres dociles, qu'imprègne une vitalité considérable, mais une vitalité partout égale et constante, doivent donner, à leur tour, des mouvements faciles et prompts, une aisance générale dans les fonctions.

Le tempérament sanguin est donc caractérisé au physique par la vivacité et la facilité des fonctions [1].

[1] Cabanis, I, 442; Crichton, *Mental derangement*, 2 volumes in-8°, 1810; Hippocrate, *Traités des eaux, des airs et des lieux;* Gallien, *Classification des tempéraments;* Darwin, Haller, Cullen, Pinel, Hallé, Zimmermann, etc. En politique, comme dans les arts, on ne peut s'élever au sublime sans connaître l'homme, et il faut avoir le courage de commencer par le commencement, la *physiologie*.

La vie de l'homme se compose de deux vies : la vie *organique* et la vie de *relation*. Le nerf *grand sympathique* est la source de la vie des organes, la respiration, la circulation, la digestion, etc., etc. Le cerveau est la source de la vie de *relation*, ainsi nommée parce qu'elle nous met en relation avec le reste de l'univers. Les végétaux n'ont probablement que

CARACTÈRE MORAL.

Un grand sentiment de bien-être, des idées agréables et brillantes, des affections bienveillantes et douces; mais les habitudes auront peu de fixité; il y aura quelque chose de léger et de mobile dans les affections de l'âme, l'esprit manquera de profondeur et de force [1].

Tout ce que j'avance, c'est qu'on trouvera souvent ces circonstances physiques à côté de ces dispositions morales. Le médecin, qui verra les signes physiques, s'attendra aux effets moraux. Le philosophe, qui trouvera les signes moraux, sera confirmé dans ses observations par l'habitude du corps. Un homme sanguin aura beau jurer une activité infatigable, ce n'est pas à lui, toutes choses égales d'ailleurs, que Frédéric II confiera la défense d'une place importante; il l'appellera, au contraire, s'il veut un aimable courtisan.

On sait que les considérations générales prennent plus de vérité à mesure qu'on les étend sur un plus grand nombre d'individus [2]. Ainsi, dans la retraite de Moscou, l'armée française eût été sauvée par un génie allemand, un maréchal Daun, un Washington. Je voudrais trouver des noms moins célèbres. Il ne fal-

la vie organique; ils vivent, ils ne se décomposent pas; mais, pour eux, point de mouvements, point de reproduction, point de discours.

Les mouvements causés par le *grand sympathique* sont involontaires : il y a de la volonté dans tout ce qui vient du cerveau; plusieurs organes recevant à la fois les nerfs de ces deux centres, certains mouvements sont tantôt volontaires et tantôt involontaires.

De là ce vers fameux, l'histoire de notre vie :

Video meliora, proboque; deteriora sequor.

Le grand sympathique, en ce sens très-mal nommé, serait la cause de l'intérêt personnel, et le cerveau, la cause du besoin de sympathie : voilà les deux principes de l'Orient, Omaze et Arimaze, qui se disputent notre vie. (Voir l'ouvrage sublime de M. de Tracy sur la volonté.)

[1] Pendant que j'étais à Rome, j'avais noté que, parmi mes connaissances, il n'y avait qu'un sanguin, l'aimable marquis Or***.

[2] *Probabilités* de la Place, in-4°, 1814; Tracy, *De la Volonté*.

lait pas de génie, il ne fallait qu'un peu de cet esprit d'ordre si commun dans les armées autrichiennes, mais qui doit être si rare chez un peuple sanguin. Un seul mot peindra tout : prévoir le danger est un ridicule.

Le peintre qui fera Brutus envoyant ses fils à la mort, ne donnera pas au père la beauté idéale du sanguin, tandis que ce tempérament fera l'excuse des jeunes gens. S'il croit que le temps qu'il faisait à Rome le jour de l'assassinat de César est une chose indifférente, il est en arrière de son siècle. A Londres, il y a les jours où l'on se pend [1].

CHAPITRE XCIV.

DU TEMPÉRAMENT BILIEUX.

Aggredior opus difficile. Je prie qu'on excuse trente pages d'une sécheresse mathématique. Pour dire les mêmes choses, au détail et à mesure du besoin, il en faudrait cent, et, pour sentir Michel-Ange, il faut passer là.

La bile est une des pièces les plus singulières de la machine humaine [2] ; formée d'un sang qui s'est dépouillé dans son cours de ses parties lymphatiques, elle est surchargée de matières huileuses. Ce sang rapporte des impressions de vie multipliées de chacun des organes qu'il a parcourus. Attaquée par la chimie, la bile est une substance inflammable, albumineuse, savonneuse. Aux yeux du physiologiste, c'est une humeur très-active, très-stimulante, agissant comme un levain énergique sur les sucs alimentaires et sur les autres humeurs, imprimant aux solides des mouvements plus vifs et plus forts ; elle augmente d'une manière directe leur *ton* naturel ; elle agit directement aussi sur le système nerveux, et par lui sur les *causes immédiates de la sensibilité.* Presque toujours les effets stimulants de la bile coïncident avec ceux de l'humeur séminale, et ces deux substances si puis-

[1] Vent et brouillards au mois d'octobre.

[2] Saint Dominique, Jules II, Marius, Charles-Quint, Cromwell, c'est le tempérament des hommes grands par les *actions.*

antes sur le bonheur et la sensibilité humaines ont des degrés correspondants d'exaltation.

Supposons un homme chez qui leur énergie soit extrême; supposons qu'il y ait chez cet homme un certain état de roideur et de tension dans tout le système, soit dans les points où s'épanouissent les extrémités nerveuses, soit dans les fibres musculaires. Donnons encore à cet homme une poitrine d'une grande capacité, un poumon et un cœur d'un grand volume. voilà l'image du bilieux parfait.

Cette empreinte est la plus forte qui s'observe dans la nature vivante. Tout se tient dans une machine ainsi organisée. L'activité des agents de la génération accroît celle du foie; l'activité de la bile accroît celle de tous les mouvements, et en particulier la circulation du sang. Les deux humeurs qui règnent sur l'individu augmentent la sensibilité des extrémités nerveuses. Tous les mouvements rencontrent des résistances dans la roideur des parties; mais toutes les résistances sont *énergiquement vaincues*. Pour achever ce tableau, voyez le caractère âcre et ardent que la bile imprime à la chaleur des mains; voyez des vaisseaux artériels et veineux d'un plus grand calibre, et une masse de sang plus considérable même que dans le tempérament sanguin.

CARACTÈRE MORAL.

Des sensations violentes, des mouvement brusques et impétueux, des impressions aussi rapides et aussi changeantes que chez le sanguin; mais, comme chaque impression a un degré plus considérable de force, elle devient pour le moment plus dominante encore. La flamme qui dévore le bilieux produit des idées et des affections plus absolues, plus exclusives, plus inconstantes.

Elle lui donne un sentiment presque habituel d'inquiétude. Le bien-être facile du sanguin lui est à jamais inconnu; il ne peut goûter de repos que dans l'excessive activité. Ce n'est que dans les grands mouvements, lorsque le danger ou la difficulté réclament toutes ses forces, lorsqu'à chaque instant il en a la conscience pleine et entière, que cet homme jouit de l'existence. Le bilieux est forcé aux grandes choses par son organisation physique.

Le cardinal de Richelieu dirigeait bien une négociation, mais n'eût peut-être été qu'un fort mauvais ambassadeur. Il faut un homme sanguin et aimable, rachetant sans cesse par les détails l'odieux du fond, comme lord Chesterfield, ou le duc de Nivernais.

Jules Romain et Michel-Ange n'ont peint que des êtres bilieux. Le Guide, au contraire, s'est élevé à la beauté céleste, en ne présentant presque que des corps sanguins. Par là sa beauté manque de sévérité. Cela est singulier en Italie, où les peintres vivaient au milieu d'un peuple bilieux.

CHAPITRE XCV.

LES TROIS JUGEMENTS.

On va m'accuser de tout donner aux tempéraments.

J'en conviens, dans la vie réelle nous avons des indices bien autrement sûrs, bien autrement frappants ; mais dans tous ces signes il y a du mouvement. Importants pour la musique et la pantomime, ils sont nuls pour les arts du dessin, qui restent muets et presque immobiles.

Dès la première seconde qu'un esprit vif aperçoit un homme célèbre, un souverain, par exemple, il vérifie l'idée qu'il s'en est formée. Le jugement porté[1] vient presque toujours de la connaissance que l'esprit vif a des tempéraments.

Quelques secondes après, le jugement physiognomonique[2] modifie cet aperçu.

Au bout de quelques minutes, il est bouleversé à son tour par les jugements qui résultent en foule des mouvements qu'il observe.

Raphaël s'occupait sans cesse des nuances qui influent sur les deux premiers jugements.

Le troisième était moins important pour lui, comme les deux premiers pour Cervantes[3].

[1] Un peu instinctif, dira-t-on peut-être en 1916.

[2] Voir le Traité de la Science des physionomies dans l'École de Venise, tome IV de cet ouvrage.

[3] Mais on voit quelquefois dans le second jugement ce que le troisième

Un horloger habile devine l'heure en voyant les rouages d'une pendule. Le peintre doit montrer par les formes de son personnage le caractère que ses organes le forcent à avoir.

Je sais bien encore qu'avec tous les signes d'un tempérament on peut être d'un tempérament contraire; mais cette vérité, très-importante pour le médecin et le philosophe, ne signifie rien pour le peintre.

Elle est au delà de ses moyens. Philopœmen ne peut pas être condamné à scier du bois.

CHAPITRE XCVI.

LE FLEGMATIQUE.

Le lecteur a-t-il voyagé; je le prie de se rappeler son entrée à Naples et à Rotterdam.

N'a-t-on jamais quitté Paris ; de quelque finesse que l'on soit doué, on court grand risque de suivre les pas d'Helvétius, qui n'a d'esprit qu'en copiant d'après nature les routes que prennent les Français pour arriver au bonheur. On peut ouvrir les *Voyages* [1]; mais l'évidence produite par la foule des petites circonstances manque toujours à qui n'a pas vu avec les yeux de la tête, disait un grand homme.

Un Anglais très-calme décrit ainsi son entrée dans Rotterdam :

« Le nombre de ces petits vaisseaux (*schuytz*) qui parcourent les rues, et leur propreté sont encore moins étonnants que le calme et le silence avec lequel ils traversent la ville. Il est vrai qu'on peut considérer le calme et le silence comme le caractère

ne peut pas donner. Une civilisation très-avancée ne permet pas de dire à un inconnu quelque chose qui décèle ou beaucoup d'esprit, ou beaucoup d'âme; c'est cette circonstance qui a élevé parmi nous la physiognomonie au rang des sciences les plus intéressantes.

[1] Pour l'Italie, de Brosses, Misson, Duclos; pour la Hollande, Voyage fait en 1794, trad. par Cantwell, chez Buisson, an V, tom. I, p. 22.

distinctif de tous les efforts de l'industrie hollandaise : le bruit et l'agitation, ordinaires partout ailleurs lorsque plusieurs hommes s'occupent ensemble d'un travail pénible, sont absolument inconnus en Hollande. . . . . Ces matelots, ces portefaix... chargeant et déchargeant les navires de l'Inde, ne prononcent pas un seul mot assez haut pour qu'on l'entende à vingt toises. Enfin, pour achever de peindre cette nation, le trait marquant de ses militaires, c'est un grand air de modestie [1]. »

CARACTÈRES PHYSIQUES.

Vous voyez s'avancer un gros et grand homme blond avec une poitrine extrêmement large. D'après les observations rapportées jusqu'ici, on s'attend à le trouver plein de feu; c'est le contraire. C'est que ce poumon si vaste, comprimé par une graisse surabondante, ne reçoit, et surtout *ne décompose* qu'une petite quantité d'air. Des organes de la génération et un foie qui manquent d'énergie, un système nerveux moins actif, une circulation plus lente et une chaleur plus faible, des fibres originairement molles, une sanguification entravée par l'abondance des sucs muqueux, telles sont les premières données du tempérament flegmatique [2]

Bientôt les sucs muqueux émoussent la sensibilité des extrémités nerveuses. Ils assoupissent le système cérébral lui-même [3].

[1] Voir les excellents *Mémoires* de Dalrimple sur la révolution de 1688. Le Hollandais semble ne rien vouloir; sa démarche, son regard, n'impriment rien, et vous pouvez converser des heures entières avec lui sans qu'il lui arrive d'*avancer une opinion*. La possession et le repos sont ses idoles.

[2] Un front élevé, les yeux à demi fermés, un nez charnu, les joues affaissées, la bouche béante, les lèvres plates, et un large menton, telle est la physionomie du Hollandais. (DARMSTAD, l. IV, 102.)

[3] L'acte le plus grand, le plus inconcevable de la nature, est d'avoir su tellement modeler une masse de matière brute, qu'on y voie l'empreinte de la vie, de la pensée, du sentiment, et d'un caractère moral. (SULZER.)

Quelle main pourra saisir cette substance légère dans la tête et sous le crâne de l'homme? Un organe de chair et de sang pourra-t-il atteindre

Les fibres charnues que ces mucosités inondent, et qui ne se trouvent sollicitées que par de faibles excitations, perdent graduellement leur ton naturel. La force totale des muscles s'énerve et s'engourdit. De là un petit Gascon vif terrasse un énorme grenadier hollandais.

On ne remarque point l'appétit vif du bilieux ; tout est plus faible dans ce tempérament-ci ; la puberté même, ce miracle de l'organisation, produit des changements moins grands sur la physionomie et la voix. Ces hommes ont souvent des muscles très-gros ; mais ils sont moins velus, et la couleur de leurs cheveux est moins foncée. Les mouvements sont faibles et lents. Il y a une tendance générale vers le repos. Ce tempérament, qui règne en Allemagne, a son extrême en Hollande. La constitution des Anglais peut expliquer leur énergie ; mais comment expliquer la vivacité des cochers russes (mougiks) que nous prîmes à Moskou ?

Privé de société par la solitude héroïque de cette grande ville, ennuyé de mes camarades, j'aimais à parcourir la Slabode allemande et tous ces grands quartiers ruinés par l'incendie. Je ne savais que cinq mots russes ; mais je faisais la conversation par signes avec Arthemisow, le plus vif de mes cochers, et qui tenait toujours mon droski au galop.

L'émigration de Smolensk, de Giat, de Moskou, quittée en quarante-huit heures par tous ses habitants, forme le fait moral le plus étonnant de ce siècle : pour moi, ce n'est qu'avec res-

cet abîme de facultés et de forces internes qui fermentent ou se reposent ? La Divinité elle-même a pris soin de couvrir ce sommet sacré, séjour et laboratoire des opérations les plus secrètes ; la Divinité, dis-je, l'a couvert d'une forêt, emblème des bois sacrés où jadis on célébrait les mystères. On est saisi d'une terreur religieuse à l'idée de ce mont ombragé, qui renferme des éclairs, dont un seul, échappé du chaos, peut éclairer, embellir, ou dévaster et détruire un monde. (Herder.)

Sulzer et Herder sont des philosophes qui jouissent d'une grande réputation en Allemagne ; ce qui n'empêche pas que ces passages, pris au hasard dans leurs œuvres, ne soient d'une force de niaiserie qu'on ne se permettrait pas en France. (Voyez surtout la *Vie de Goëthe*, écrite par lui-même ; Tubingue, 1816.)

pect que je parcourais la maison de campagne du comte Rostopchin [1], ses livres en désordre et les manuscrits de ses filles.

Je voyais une action digne de Brutus et des Romains, digne, par sa grandeur, du génie de l'homme contre lequel elle était faite.

Puis-je admettre quelque chose de commun entre le comte Rostopchin et les bourgmestres de Vienne, venant dans Schœnbrunn faire leur cour à l'empereur, et *avec respect* [2]?

La disparition des habitants de Moscou est tellement peu un fait appartenant au tempérament flegmatique, que je ne crois pas un tel événement possible même en France [3].

CARACTÈRE MORAL.

Comme, par la souplesse et la flexibilité des parties, les fonctions vitales n'éprouvent pas de grandes résistances, le flegmatique ne connaît point cette inquiétude, mère des grandes choses, qui presse le bilieux. Son état habituel est un bien-être doux et tranquille; sa vie a quelque chose de médiocre et de borné. Comme, dans ces grands corps, les organes n'éprouvent que de faibles excitations; comme les impressions reçues par les extrémités nerveuses se propagent avec lenteur, ils n'ont ni la vivacité, ni la gaieté brillante, ni le caractère changeant du sanguin: c'est le tempérament de la constance. On voit d'ici sa douceur,

[1] A demi-lieue de Moscou. Je me permis de ramasser par terre un petit traité manuscrit sur l'existence de Dieu.

[2] Voir le beau tableau de M. Girodet. Ce qui frappe dans le Russe, au premier abord, c'est sa force étonnante; elle s'annonce et par une large poitrine, et par un cou vraiment colossal, qui rappelle sur-le-champ celui de l'*Hercule Farnèse*.

[3] Il faut observer que le despotisme russe, étant presque volontaire chez le paysan, n'a point avili les âmes : le moral est presque digne des pays à constitution.

Quelle est exactement la différence de la vivacité du Russe à celle du Provençal? Pas un vieillard, pas une jambe cassée, pas une femme en couche, n'était resté à Moscou. Mon premier soin fut de parcourir au galop les principales rues.

ı lenteur, sa paresse et tout le *terne* de son existence. Une mé-iocrité exempte de chagrins est son lot habituel [1].

Le théâtre d'Ifland, le célèbre acteur, donne beaucoup de ersonnages de ce genre. Comparez son *Joueur* à celui de Re-nard. Le joueur allemand fait cinq ou six prières à Dieu, et évanouit une ou deux fois ; ce tempérament ne comprend les ıillies qu'un quart d'heure après ; c'est ce qui rend si plaisantes ›s critiques des Allemands sur Molière et Regnard [2].

[1] Ce tempérament forme la partie la plus respectée du public.

« L'abbé Alary, dit Grimm, 1771, vient de mourir à quatre-vingt-un ɔs. Il avait quitté la cour depuis fort longtemps, et vivait doucement à aris, avec la réputation de sagesse dans le caractère, ce qui veut sou-ent dire nullité ; car il n'y a qu'à ne s'affecter de rien, être de la plus elle indifférence pour le bien et pour le mal public ou particulier, louer olontiers tout ce qu'on fait, et ne jamais rien blâmer, s'appliquer à ses ıtérêts, mais sans affiche, et l'on a bientôt la réputation d'un homme ıge *.

La plupart des hommes illustres par *leurs écrits* étant du tempérament ıélancolique, l'homme sage, qui est l'ami de l'homme de génie, croit roir toute sa vie de bonnes raisons de se moquer de lui. Dans ces rela-ons, c'est l'homme de génie qui est l'inférieur. Le Tasse, Rousseau, lozart, Pergolèse, Voltaire sans ses cent mille livres de rente.

[2] C'est un citoyen de Lilliput qui trouve à blâmer dans la taille de Gu-ver. Un homme d'esprit, M. Schleghel, veut bien nous apprendre que ›s comédies de Molière ne sont que des satires tristes.

Il est vrai que M. Schleghel eût été meilleur apôtre que juge littéraire. commence par déclarer qu'il méprise la raison : voilà déjà un grand as ; puis, pour marcher en sûreté de conscience, il ajoute que le Dante, hakspeare et Calderon sont des apôtres envoyés par Notre-Seigneur ésus-Christ, avec *une mission spéciale ;* qu'ainsi on ne peut, sans sacri-ège, retrancher ni blâmer une seule syllabe de leurs ouvrages. Cette elle théorie s'explique très-facilement par le *sens intérieur*. Celui qui a malheur de n'être pas doué du *sens intérieur* ne saurait sentir les poëtes enus sur la terre avec mission. Voulez-vous savoir si vous avez le *sens ıtérieur ?* M. Schleghel vous le dira ; il en a une si grande part, qu'en inq minutes de conversation il se fait fort de connaître si vous êtes du ombre des bienheureux.

Le difficile en cette affaire, c'est qu'il ne faut pas rire ; voilà sans doute ourquoi ces bons Allemands ne goûtent point Molière : au reste, il est

* Ceci disparaît par les deux Chambres.

Voyez Rivarol à Hambourg [1]. Ce tempérament national a pénétré jusque dans les pièces de Schiller, ce spirituel élève du grand Shakspeare. Si l'on compare son rôle de Philippe II au

impossible d'avoir plus de science; et les érudits *à sens intérieur* ne proscrivent point, comme les autres, les traits énergiques.

Je m'imagine que la postérité résumera ainsi la querelle des romantiques et des pédantesques.

Les romantiques étaient presque aussi ridicules que les La Harpe ; leur seul avantage était d'être persécutés. Dans le fond, ils ne traitaient pas moins la littérature comme les religions, dont une seule est la bonne. Leur vanité voulait détrôner Racine ; ils savaient trop de grec pour voir que le genre de Schiller est aussi bon à Weimar, que celui de Racine à la cour de Louis XIV *.

Racine avait pour lès Français des détails charmants, qu'un étranger n'atteindra jamais **. Ce qu'on disait de mieux contre lui, c'est que la sphère d'influence d'un poëte s'étend avec son esprit, qui le tire du détail, pour lui faire présenter le cœur humain par les grands traits, différence de Vanderwerff au Poussin.

Les romantiques, aveugles sur la connaissance de l'homme, ne sentaient pas que la civilisation de leurs peuples féodaux était postérieure à celle de la belle France. Ces gens, qui poursuivaient si hautement l'esprit pour se retrancher au bon sens, ne distinguaient pas que leur littérature allemande en était encore à ses Ronsards; que, lorsqu'on veut avoir une belle littérature, il faut commencer par avoir de belles mœurs.

Ils n'avaient qu'un nom pour eux, dont ils abusaient; mais ils ne voyaient pas d'assez haut les civilisations, pour sentir que Shakspeare n'est qu'un diamant incompréhensible qui s'est trouvé dans les sables.

Il n'y a pas de demi-Shakspeare chez les Anglais ; son contemporain Ben-Johnson était un pédantesque comme Pope, Johnson, Milton, etc.

Après ce grand nom, qui n'est point encore égalé, ils n'avaient que son imitateur Schiller. Ossian leur manquait, qui n'est que du Macpherson construit sur du Burke. Ils ne savaient qu'opposer à Molière ; aussi ne riaient-ils point, soit qu'ils trouvassent plus commode de mépriser ce qu'ils n'avaient pas, soit que réellement leur génie, froid et toujours

[1] Un Anglais, Barington, appelle Montesquieu un auteur *fatigant*.

* Un auteur excellent chez le peuple pour lequel il a travaillé n'est que bon partout ailleurs.

** Le rhythme du rôle de Monime. Les étrangers ont trop de raison pour avoir tant d'honneur.

hilippe II d'Alfieri, on verra une lumière soudaine éclairer es deux nations. L'Italien, par une bizarre manie, se prive d'é-

ionté sur des échasses, fût insensible aux grâces de Thalie *. Loin de ouvoir apprécier ses créations, ils n'en concevaient pas même le mécaisme ; ils ne voyaient pas que la comédie ne peut jaillir que d'une civisation assez avancée pour que les hommes, oubliant les premiers be-oins, demandent le bonheur à la vanité.

Le comique nous plaît parce qu'il nous fait moissonner des jouissances e vanité sur des sottises que l'art du poëte nous montre à l'improviste. 'il était un peuple où la première passion fût la *vanité*, et la seconde : désir de *paraître gai*, ce peuple ne semblerait-il pas né précisément our la comédie ** ?

S'il était une nation rêveuse, tendre, un peu lente à comprendre, manuant de caractère, ne vivant que de bonheur domestique, cette nation e se donnerait-elle pas un ridicule en voulant morigéner les poëtes coiiques qu'elle ne peut comprendre?

Le rire est incompatible avec l'indignation. L'homme qui s'indigne voit :

1° Sûreté, ou grands intérêts ;

2° Attaque de tout cela :

r, l'homme qui songe à sa sûreté est trop occupé pour rire ***.

L'homme pensif, qui se berce l'imagination par les détails enchanteurs e quelque roman dont il sent qu'il serait le héros si le ciel était juste, a-t-il se retirer de cet océan de bonheur pour jouir de la supériorité u'il peut avoir sur un Géronte disant de son fils : « Mais que diable allait-l faire dans cette galère ? »

!ue lui fait la folie de cette repartie adressée au Ménechme grondeur :

Que feriez-vous, monsieur, du nez d'un marguiller?

Il est clair que, pour Alfieri et Jean-Jacques, le comique a toujours été avisible.

Jean-Jacques aurait pu sentir le comique de Shakspeare, qui, ainsi ue la musique, commet la fausseté perpétuelle de donner un cœur tenre et noble à tous les personnages. Voilà le comique *romantique* de I. Schleghel ****.

Il est enfin des gens froids, privés d'imagination, dont l'impuissance se

* Voir toutes les Esthétiques allemandes, et surtout les Mémoires de la marrave de Bareith, bien plus concluants : on verra ce qu'étaient les cours de ce ays en 1740, et si raisonnablement il peut prétendre à la finesse, t. II, p. 10, 12

** En 1770.

*** Les deux Chambres chassent le comique.

**** Le contraire de Gil Blas.

vénements; mais quels vers frappés à la noire bile de la tyrannie!

FILIPPO.

Udisti?

GOMEZ.

Udii.

FILIPPO.

Vedesti?

GOMEZ.

Io vidi.

FILIPPO.

Oh rabbia!

Dunque il sospetto?....

GOMEZ.

.. E omai certezza...

FILIPPO.

E inulto

Filippo è ancor?

GOMEZ.

Pensa...

FILIPPO.

Pensai. — Mi segui.

(Acte II, scène v.

CHAPITRE XCVII.

DU TEMPÉRAMENT MÉLANCOLIQUE.

Une taciturnité sombre, une gravité dure et repoussante, les

décore du vain nom de raisonnables. Ils sont si malheureux, que, sans avoir de passion ni d'intérêt pour rien, et par la seule morosité de leur nature, la détente du comique ne part qu'avec une extrême difficulté, et ils ont le bon ridicule d'être fiers de leur disgrâce. Tel fut Johnson. Comment voir la délicieuse gaieté de la *Critique du Légataire*?

Cependant la cause des romantiques était si bonne, qu'ils la gagnèrent. Ils furent l'instrument aveugle d'une grande révolution. La véritable connaissance de l'homme ramena la littérature de la *miniature maniérée* d'une passion à la peinture en grand de toutes les passions : ils furent le sabre de Scanderberg; mais ils n'eurent jamais d'yeux pour voir ce qu'ils frappaient ni ce qu'il fallait mettre à la place.

ıres inégalités d'un caractère plein d'aigreur, la *recherche de* . *solitude*, un regard oblique, le timide embarras d'une âme ·tificieuse, trahissent, dès la jeunesse, la disposition mélanco- ɿue de Louis XI. Tibère et Louis XI ne se distinguent à la ıerre que durant l'effervescence de l'âge. Le reste de leur vie : passe en immenses préparatifs militaires qui n'ont jamais effet, en négociations remplies d'astuce et de perfidie.

Tous les deux, avant de régner, s'exilent volontairement de la ɔur, et vont passer plusieurs années dans l'oubli et les lan- ıeurs d'une vie privée, l'un dans l'île de Rhodes, l'autre dans ıe solitude de la Belgique.

L'été de leur vie est dominé par les affaires, à travers les- ıelles cependant perce toujours leur noire tristesse.

Vers la fin, quand ils osent de nouveau être eux-mêmes, en :oie à de noirs soupçons, aux présages les plus sinistres, à des ·rreurs sans cesse renaissantes, ils vont cacher l'affreuse image ı despotisme puni par lui-même, le roi dans le château de .essis-les-Tours, l'empereur dans l'île de Caprée. Mais, quoi ı'on en dise, il y a plus de naturel dans les distractions de Ti- ère ; elles ont au moins l'avantage de nous rappeler de char- ıantes *spinthries*.

CARACTÈRE PHYSIQUE.

Si dans le tempérament bilieux si fortement prononcé vous ıbstituez seulement à la vaste capacité de la poitrine un pou- ıon étroit et serré, et que vous supposiez un foie peu volumi- eux, les résistances deviennent à l'instant *supérieures* aux ıoyens de les vaincre. La liqueur séminale reste l'unique prin- ipe d'activité.

La roideur originelle des solides, qui est fort grande, s'accroît e plus en plus par la langueur de la circulation. Ces gens-là ne ont abordables qu'après les repas. Les extrémités nerveuses ont ne sensibilité vive, les muscles sont très-vigoureux, la vie 'exerce avec une énergie constante ; mais elle s'exerce avec mbarras, avec une sorte d'hésitation. Il y a de la difficulté dans ous les mouvements, et ils sont accompagnés d'un sentiment de gêne et de malaise. Il manque une chaleur active et pénétrante : le cerveau n'a point ce mouvement et cette *conscience de sa force*, dont l'effet moral est si nécessaire pour venir à bout de tant d'obstacles. Les forces sont très-grandes, mais elles sont ignorées. L'humeur séminale tyrannise le mélancolique ; c'est elle qui donne une physionomie nouvelle aux impressions, aux volontés, aux mouvements ; c'est elle qui crée dans le sein de l'organe cérébral ces forces étonnantes employées à poursuivre des fantômes, ou à réduire en système les visions les plus étranges. Vous voyez les solitaires de la Thébaïde, les martyrs, beaucoup d'illustres fous ; vous voyez qu'une partie de la biographie des grands hommes doit être fournie par leur médecin.

CARACTÈRE MORAL.

Des impulsions promptes, des démarches directes, trahissent sur-le-champ le bilieux. Des mouvements gênés, des déterminations pleines d'hésitation et de réserve, décèlent le mélancolique. Ses sentiments sont toujours réfléchis, ses volontés semblent n'aller au but que par des détours. S'il entre dans un salon, il se glissera en rasant les murailles[1]. La chose la plus simple, ces gens-là trouvent le secret de la dire avec une passion sombre et contenue. On rit de trouver l'anxiété d'un désir violent dans la proposition d'aller promener au bois de Boulogne plutôt qu'à Vincennes.

Souvent le but véritable semble totalement oublié. L'impulsion est donnée avec force pour un objet, et le mélancolique marche à un autre ; c'est qu'il se croit faible. Cet être singulier est surtout curieux à observer dans ses amours. L'amour est toujours pour lui une affaire sérieuse.

On parlait beaucoup à Bordeaux, à la fin de 1810, d'un jeune homme de la figure la plus distinguée, qui, par amour, venait de se brûler la cervelle ; il voyait tous les soirs la jeune fille qu'il

[1] Voyez la démarche du président de Harlay, dans Saint-Simon. La timidité passionnée est un des indices les plus sûrs du talent des grands artistes. Un être vain, vif, souvent picoté par l'envie, tel que le Français, est le contraire.

mait, mais s'était bien gardé de lui parler de sa passion; il avait d'ailleurs aucun sujet de jalousie. On voit tout cela dans ne lettre qu'il écrivit avant de se tuer. La mort lui avait paru oins pénible qu'une déclaration.

On riait dans un événement si peu fait pour inspirer la gaieté, arce que la lettre une fois connue, lorsqu'on en parla à la jeune ersonne, elle s'écria naïvement : « Hé, mon Dieu ! que ne parit-il! Je ne me serais jamais doutée de son amour; au conaire, s'il y avait une malhonnêteté à faire, elle tombait sur moi e préférence. »

L'espèce de philosophie qui apprend à se tuer pour sortir 'embarras éteint l'esprit de ressource. L'idée de se tuer, étant ès-simple, se présente d'abord, saisit l'esprit par son appaence de grandeur, empêche de combiner, paralyse toute actiité, et donne bien moins d'épouvante que l'incertitude sur les oires circonstances par lesquelles on peut être conduit à mouir. Aussi, au delà du Rhin, les jeunes amants se tuent-ils à tout ropos [1]. Cela exige moins d'activité que d'enlever sa maîtresse, a conduire en pays étranger, et la faire vivre par le travail. Si ous connaissez quelque dessin exact du *Parnasse* de Raphaël u Vatican, cherchez la figure d'Ovide. Si l'on n'a rien de mieux, n peut prendre la collection des têtes dessinées par Agricola, t gravées par Ghigi. Ces têtes, gravées sur un fond blanc, sont ort intelligibles.

Vous verrez bien nettement dans les beaux yeux d'Ovide que la beauté s'oppose à l'expression du malheur. Du reste, cette tête montre assez bien le caractère du mélancolique; elle en a les deux traits principaux, l'avancement de la mâchoire inférieure, et l'extrême minceur de la lèvre supérieure, qui est la marque de la timidité.

Le philosophe reconnaît le tendre amour dans l'austérité d'une

[1] Voir les journaux allemands. Ces pauvres jeunes gens seront peut-être un peu retenus par la réflexion suivante. Dans les arts, comme dans la société, rien de moins touchant que le suicide. Avec quoi sympathiser? Au contraire, si le malheur a fait écrire de grandes choses, on sympathise.

morale excessive, dans les extases de la religion, dans ces maladies extraordinaires qui jadis faisaient de certains individus des prophètes ou des pythonisses. Il le reconnaît dans cette manie de décider, et dans cette horreur pour le doute, si naturelle aux jeunes gens; ce tempérament mélancolique, malgré son caractère chagrin, son commerce difficile, ses extases et ses chimères, est pourtant aimable aux yeux de l'homme qui a vécu. Il aime à serrer la main à un parent de la plupart des grands hommes.

CHAPITRE XCVIII.

TEMPÉRAMENTS ATHLÉTIQUES ET NERVEUX.

Voyons enfin la prépondérance du système sensitif sur le système moteur, et du système moteur sur le système sensitif. Voltaire, dans un petit corps chétif, avait cet esprit brillant qui est le représentant du dix-huitième siècle. Il sera aussi pour nous le représentant du tempérament nerveux.

Il est impossible de trouver un exemple aussi célèbre pour le tempérament athlétique, dont le propre, depuis qu'il n'y a plus de jeux olympiques, est d'empêcher la célébrité.

TEMPÉRAMENT NERVEUX.

Quoi qu'en dise le docteur Gall, il n'est rien moins que prouvé que la force de l'esprit soit toujours en raison de la masse du cerveau[1].

[1] On trouve ensemble les plus belles formes de la tête et le discernement le plus borné, ou même la folie la plus complète. Par malheur pour la peinture, l'on voit, au contraire, des têtes qui s'éloignent ridiculement des belles formes de l'Apollon, donner des idées où il est impossible de ne pas reconnaître du talent et même du génie *. C'est aux médecins idéologues, et, par conséquent, véritables admirateurs d'Hippocrate et de sa manière sévère, de ne chercher la science que dans l'examen des

* Pinel, Manie, 114. Crichton. M. Gall est un homme d'infiniment d'esprit qui ajoute le roman à l'histoire.

Ici il se présente deux branches :

Ou le despotisme du cerveau agit sur des muscles faibles,

Ou il exerce son empire sur des muscles originairement vigoureux.

ESPRIT ET FAIBLESSE, OU LA FEMME.

Cette combinaison amène des impulsions multipliées qui se succèdent sans relâche en se détruisant tour à tour.

Le moindre vent qui d'aventure
Vient rider la face des eaux...
LA FONTAINE.

est un emblème de cette manière d'être mobile qui prête tant de séduction aux femmes vaporeuses ; il ne leur manque que des malheurs pour n'être plus malheureuses. Nous le vîmes dans l'émigration.

Il serait indiscret de citer nos aimables voyageuses. Je vais parler des saintes.

Sainte Catherine de Gênes, nous dit-on, était tellement absorbée par la vivacité de l'amour qu'elle portait à Dieu, qu'elle se

faits, qu'il faut demander justice de tous ces jugements téméraires sur lesquels Paris voit bâtir, tous les vingt ans, quelque science nouvelle, *Facta, facta, nihil præter facta*, sera un jour l'épigraphe de tout ce qu'on écrira sur l'homme *. Mais Buffon répondrait fort bien que le style est tout l'homme, que les faits se prêtent plus difficilement à l'éloquence qu'une théorie vague dont on modifie les circonstances suivant les besoins de la phrase ; et qu'est-ce qu'une circonstance de plus ou de moins ? dit si bien mademoiselle Mars (dans les *Fausses Confidences*).

Voilà une des plus terribles limites qui bornent la peinture. La possibilité du divorce entre le bon et le beau, l'impossibilité *di voltar il foglio*, comme dit Alfieri, l'absence du mouvement, mettent, pour les personnes très-sensibles, la peinture après la musique. L'une est une maîtresse, l'autre n'est qu'un ami ; mais heureux l'homme qui a une maîtresse et un ami.

* On jugera de tous ces poëmes en langue algébrique, qu'en Allemagne un pédantisme sentimental décore du nom de systèmes de philosophie, par un mot : ils ne s'accordent qu'en un point : le profond mépris pour l'*empirisme*. Or, l'empirisme n'est autre chose que l'expérience.

trouvait hors d'état de travailler, de marcher, et même quelquefois de parler; elle n'interrompait un silence expressif que pour s'écrier en soupirant que tous les hommes se précipiteraient à l'envi dans la mer, si la mer était l'amour de Jésus. Entraînée par cette douce erreur, elle allait souvent dans le jardin du monastère conter son bonheur aux arbres et aux fleurs. D'autres fois elle tombait à terre sous les arcades du cloître en s'écriant: « Amour, amour, je n'en puis plus! »

L'excès de sa passion lui fit oublier le soin de se nourrir. Peu à peu elle fut hors d'état d'avaler même une goutte d'eau; une chaleur que rien ne pouvait éteindre lui ôtait le sommeil, et l'on peut dire d'elle, sans exagération poétique, qu'elle fut consumée par le feu de l'amour; elle cessa de parler, peu après de voir, et enfin s'éteignit au sein du plus parfait bonheur. C'est l'amour dégagé des contrariétés qui l'empoisonnent, et de la satiété qui l'éteint.

Anne de Garcias, qui a fondé plusieurs couvents en France; sainte Thérèse de Jésus, autre Espagnole, moururent aussi de cette mort charmante.

Armelle, Française, fut dans sa première jeunesse d'une complexion très-sensible, et même un peu plus portée qu'il ne faut aux erreurs de l'amour terrestre. Sa maîtresse lui conseillait, car elle était simple femme de chambre, de se livrer à des travaux pénibles; mais ces travaux, que le vulgaire regarde comme simplement fatigants, sont horribles pour les âmes tendres, qu'ils privent de leurs douces rêveries. L'auteur de la vie d'Armelle entre ici dans de grands détails. Il raconte qu'avant que son cœur fût enflammé de l'amour de Dieu, il brûlait d'une flamme infernale; que toute son âme était pleine de pensées obscènes et brutales; que les démons présentaient sans cesse à son imagination des images lascives; et, ajoute-t-il en soupirant, les démons obtenaient une victoire aussi complète qu'il pouvaient la désirer.

Elle se convertit. Le nom seul de l'objet aimé changea; elle s'écriait, dans les mêmes transports, qu'elle ne pouvait vivre un instant loin des embrassements de son divin époux. Je ne puis plus parler, disait-elle, l'amour me subjugue de toutes parts.

Une fois, il lui sembla que, pour donner à son bien-aimé une preuve de sa passion, elle se précipitait dans une fournaise ardente, auprès de laquelle les feux de la terre ne sont que glace. Ces illusions la laissaient plongée dans un évanouissement profond. Je vois que l'amour détruit ma vie, disait-elle souvent avec une joie vive et tendre.

Subjuguée par la douce force de cet amour, enivrée et comme plongée dans un abîme immense, elle veillait des nuits entières, attendant les baisers tendres que son céleste amant venait lui donner dans le fond le plus intime de son cœur. Enfin elle crut avoir entièrement perdu son être dans les bras de son amant, et ne plus faire qu'un avec lui. Cette heureuse erreur fut suivie de la réalité, car peu après elle quitta cette vallée de larmes pour voler dans le sein de son Créateur.

Une fois en sa vie, sainte Catherine de Sienne fit l'expérience de mourir. Son esprit monta dans les cieux, et trouva dans les bras de son céleste époux les plaisirs les plus ravissants. Après quatre heures de cet avant-goût du ciel, son âme revint sur la terre. On dit que ce genre d'évanouissement se retrouve bien encore ; mais, dans ce siècle malheureux, le séjour au ciel ne dure qu'un instant.

Je trouve que les saintes du nord avaient le sang-froid nécessaire pour faire de l'esprit. Sainte Gertrude de Saxe, issue de la noble famille des comtes de Hakeborn, s'écriait dans ses froides extases :

« O maître au-dessus de tous les maîtres ! Dans cette pharmacie des aromes de la divinité, je veux me rassasier à tel point, je veux si fort me désaltérer dans cet aimable cabaret de l'amour divin, que je ne puisse plus remuer le pied. »

Revenons dans le midi, où nous trouverons *Marie de l'Incarnation* avec des figures plus élégantes.

« Mon amant est un onguent étendu. Remplie de sa céleste douceur, je veux m'anéantir dans ses chastes embrassements. Mon âme sent continuellement ce charmant moteur qui, avec le plus aimable des feux, l'enflamme tout entière, la consume, et cependant lui fait entonner un chant nuptial éternel. »

Elle ajoute : « La force de l'esprit arrêta les jouissances de mon âme. Ces plaisirs voulaient se répandre au dehors, et dans la partie inférieure; mais l'esprit renvoya tout en arrière, et confina les jouissances dans la partie supérieure. »

Tel est l'empire du cerveau avec des muscles faibles.

TEMPÉRAMENT NERVEUX, DEUXIÈME VARIÉTÉ.

Chez les hommes tels que Voltaire, Frédéric II, le cardinal de Brienne, etc., l'action musculaire est plus faible, les fonctions qui demandent un grand concours de mouvements languissent. En même temps, les impressions se multiplient, l'attention devient plus forte, toutes les opérations qui dépendent directement du cerveau, ou qui supposent une vive sympathie du cerveau avec quelque autre organe, prennent une grande énergie.

Mais, au milieu des succès si flatteurs de l'esprit, la vie ne se répand plus avec égalité dans les diverses parties de cette machine périssable par laquelle nous sentons.

Elle se concentre dans quelques points plus sensibles. Paraissent alors des maladies qui, non-seulement achèvent d'altérer les organes affaiblis, mais dénaturent la sensibilité elle-même.

Voyez la mort de Mozart.

Le tempérament nerveux se développe quelquefois tout à coup chez de petits vieillards français, maigres, vifs, alertes, qui entreprennent sans difficulté les tâches les plus difficiles,

> Et répondent à tout, sans se douter de rien.
>
> VOLTAIRE.

C'est avant la révolution que j'ai vu le plus d'exemples de ce genre de folie, très-nuisible dans les affaires; mais, du reste, assez gai. Ces gens-là donnent fort bien à dîner; et j'aimais fort à me trouver chez eux à la veille de quelque grand danger [1].

[1] Malgré le poids des ans, leur activité est toute corporelle. L'on raconte à Dublin l'histoire d'un homme si mobile, qu'il se sentait forcé de répéter tous les mouvements et toutes les attitudes dont le hasard le rendait témoin; si on l'empêchait d'obéir à cette impulsion, en saisissant ses membres, il éprouvait une angoisse insupportable.

C'est le défaut des singes, qu'un régime suivi pourrait peut-être gué-

Grimm, en parlant de l'abbé de Voisenon (1763, 500), « C'est t fait, dit-il, qu'un jour à la campagne, se trouvant à l'article la mort, ses domestiques l'abandonnèrent pour aller cher-er les sacrements à la paroisse. Dans l'intervalle, le mourant trouve mieux, se lève, prend une redingote et son fusil, et rt par une porte du parc. Chemin faisant, il rencontre le être qui lui porte le viatique, avec la procession; il se met à noux comme les autres passants, et poursuit son chemin. Le n Dieu arrive chez lui avec les prêtres et ses domestiques. ı cherche partout le mourant, qu'on aperçoit enfin sur un iteau voisin tirant des perdrix. »

LE TEMPÉRAMENT ATHLÉTIQUE.

Je prie qu'on se rappelle l'image des hommes les plus forts l'on ait connus. Cette force n'était-elle pas accompagnée d'une ésespérante lenteur dans les impressions morales? Était-ce de es grands corps qu'il fallait attendre les grandes actions[1]?

Chez les anciens même, si grands admirateurs de la force, et si juste titre, Hercule, le prototype des athlètes, était plus meux par son courage que par son esprit. Les poëtes comi-ıes, toujours insolents, s'étaient même permis de prêter à ce eu ce qu'on appelle vulgairement des balourdises. Ce qu'il a peut-être de plus triste et de plus sot sur la terre, c'est un hlète malade.

r. L'homme agissant *au hasard* a fait du même animal l'énorme chien basse-cour et le petit carlin. Il faudrait un prince qui eût pour l'his-ire naturelle la passion que Henri de Portugal avait pour les décou-ertes maritimes; encore n'obtiendrait-on des succès dans ce genre de cherches, comme dans les recherches historiques, qu'en les confiant à es ordres monastiques.

[1] Les peintres d'Italie, le Guerchin, par exemple, n'ayant pas fait cette oservation, ont donné avant tout de la force à leurs saints, et souvent 'en ont fait que des portefaix tristes. Voir le superbe *Saint Pierre* du uerchin *. La sculpture, cherchant la force, côtoie sans cesse ce défaut. ien n'est plus voisin du caractère de Claude que celui de Titus.

* Ancien Musée Napoléon, nº 974.

CHAPITRE XCIX.

SUITE DE L'ATHLÉTIQUE ET DU NERVEUX.

Ces deux derniers tempéraments sont, dans la vie réelle, une des grandes sources de contrastes et de comique.

Rien ne semble plus ridicule au capitaine de grenadiers de la vieille garde que l'homme de lettres contemplatif qu'il rencontre revenant de l'Institut avec sa broderie verte. Un de ses étonnements est qu'un tel homme ait la croix.

Rien ne paraît plus plat à l'homme qui pense et qui a entendu siffler quelques balles dans sa jeunesse, que la vie de café, et cette vanterie perpétuelle et grossière, connue parmi nos braves sous le nom de *blague* : est-ce donc, se dit-il, une chose si miraculeuse que d'aller au feu huit ou dix fois par an? Il est donc bien pénible cet effort, puisque l'on a besoin, pour s'en payer, d'une insolence de tous les moments?

L'horreur du militaire pour tout ce qui pense ou qui en fait semblant est si forte, qu'à l'armée ils l'ont portée jusque sur les gens qui les font vivre. A la parade du Kremlin, j'ai vu Napoléon maltraiter fort un pauvre diable d'intendant qui demandait une escorte pour faire moudre à des moulins, à quelques werstes de Moscou, le blé appartenant à sa garde.

C'est par la même disposition que ce général, à son retour à Paris, accusa publiquement l'idéologie [1] des déraisons de sa campagne.

La première des vérités morales, c'est qu'il est hors de la nature de l'homme de supporter les gens qui ont un mérite absolument différent du sien, dans un genre dont il ne lui reste pas la ressource de contester l'utilité.

Mon opinion particulière, c'est que l'officier français de 1811 était supérieur à tout ce qui a jamais existé parmi les modernes. Ces braves chefs de bataillon, avec leurs grosses mines, leur trente-six ans, leurs j'*étions* et j'*allions* à chaque mot, et leurs

[1] Réponse au sénat. (*Moniteur*; décembre 1812.)

vingt campagnes, auraient battu en un clin d'œil l'armée du maréchal de Saxe, ou celle du grand Frédéric[1]. Ils savaient faire, et non pas dire ; ce qui n'empêche pas que Cabanis n'eût tracé d'avance leur portrait :

« Il en est de la force physique comme de la force morale ; moins l'une et l'autre éprouvent de résistance de la part des objets, moins elles nous apprennent à les connaître. L'homme n'a presque toujours que des idées fausses de ceux sur lesquels il agit avec une puissance non contestée. De là l'ignorance profonde et presque incroyable du cœur humain où l'on surprend les rois, même ceux qui ont de l'esprit ; et la nécessité, pour les souverains de la vieille Europe, d'épouser leurs sujettes, s'ils veulent sauver leur race de l'imbécillité complète.

« L'habitude de tout emporter de haute lutte, le besoin grossier d'exercer tous les jours des facultés mécaniques[2], nous rend plus capables d'attaquer que d'observer, de bouleverser avec violence que d'asservir peu à peu. Penser est un supplice. Entraîné dans une action violente et continuelle, qui presque toujours devance la réflexion et la rend impossible, l'homme obéit à des impulsions qui semblent quelquefois dépourvues même des lumières de l'instinct. Ce mouvement excessif, qui seul peut faire sentir l'existence à l'athlète, lui devient de plus en plus nécessaire, comme l'abus des liqueurs fortes à l'homme du peuple[3]. »

Il faut absolument que l'homme sente pour vivre. Mozart ne

[1] La lutte de la vertu naissante contre l'*honneur*. Si l'on a eu des Moreau et des Pichegru sans noblesse, pourquoi dois-je souffrir le chagrin de voir ma voiture sans armes? Voir la guerre de l'ancien régime dans Bézenval, *Bataille de Fillinghausen*, tome I, page 100.

[2] Les après-déjeuners des commandants de place sont ce qui a le plus fait haïr les Français en Allemagne ; la vile grossièreté de beaucoup de ces agents a donné bien des affiliés à la société de la vertu. (Note de sir W. E.)

[3] Les voleurs à Botany-Bey. La mort la plus certaine ne peut vaincre l'habitude. En Piémont, le Code pénal français a fait périr en vain des centaines d'assassins ; ils dansaient sur l'échafaud. A Ivrée, pour demander si une fête de village a été gaie, on dit : « Combien y a-t-il eu de coups de couteau ? » (Cortellate.) (Note de sir W. E.)

sent qu'à son piano, l'athlète que lorsqu'il est à cheval. Hors de là sa vie est languissante, incertaine, effacée. En Angleterre, ces gens-là ont un nom et un costume ; leur signe de reconnaissance est une cravate de couleur.

CHAPITRE C.

INFLUENCE DES CLIMATS.

Les climats, à la longue, font naître les tempéraments. Le tempérament bilieux peut être acquis chez le matelot hollandais qui s'établit à Naples. Mais, chez son fils ou son petit-fils, il sera naturel.

La douceur de l'air, la légèreté des eaux, la constance de la température, un ciel serein, peuplent un pays de sanguins. On voit combien il est ridicule de parler de la gaieté française sous les brouillards de Picardie, ou au milieu des tristes craies de la Champagne.

Des changements brusques dans l'état de l'air, une chaleur vive, une grande diversité dans le caractère des objets environnants, forment le tempérament bilieux.

Le mélancolique paraît propre à des pays chauds, mais où les alternatives de température sont habituelles, dont l'air est chargé d'exhalaisons, et les eaux dures et crues [1].

Une température douce, avec toutes les autres circonstances heureuses. mais agitée par des variations fréquentes, rend commune dans un pays cette combinaison de tempéraments qu'on peut désigner par le nom de *sanguin-bilieux*. C'est celui des habitants de la France, et je crois que ce n'est pas par vanité française que ce tempérament me semble le plus heureux. L'*envie* me paraît être le plus grand obstacle au bonheur des Français [2], et, s'ils ont assez de fermeté pour défendre leur

[1] Saturéés de sels peu solubles, ou de principes terreux.

[2] Je me garderai bien d'ajouter l'*hypocrisie*. Voyez la *douceur* des défenseurs de la religion appelés aux discussions politiques, et la *loyauté* des chevaliers français.

ɪnstitution de 1814, cette triste passion ne naîtra plus chez ɪs enfants.

Le bilieux-mélancolique, variété si commune en Espagne, en ɪrtugal, au Japon, me semble, au contraire, le tempérament du alheur sous toutes ses formes.

INFLUENCE DU RÉGIME.

Dans le cas où la législation semble démentir le climat, il faut ;aminer d'abord si cette législation n'entraîne pas quelque ıangement de régime. L'usage du vin met une grande différence entre l'immobile Osmanli et le Grec volage, entre le res-ɛctueux Allemand et l'Anglais hardi. Le *porter* est une toute ıtre liqueur que la bière allemande, et l'usage du vin de Porto, ıargé d'eau-de-vie, est aussi commun chez l'ouvrier de Bir-ingham que celui d'une petite bière aquatique chez le pauvre lemand de Ratisbonne [1].

Le seul usage de l'opium sépare à jamais l'Orient de l'Europe. L'habitude du vin, joint à des aliments nourrissants et légers, pproche à la longue du tempérament sanguin. Les aliments ·ossiers, mais nourrissants, tendent à faire prédominer les rces musculaires.

On sait que Voltaire prenait douze ou quinze tasses de café ır jour. L'usage de ce genre de boissons stimulantes, combiné ·ec celui des aromates si chéris de Frédéric II [2], fait prédominer s forces sensitives.

L'abus des liqueurs fortes et des épiceries pousse le tempéra-ıent vers le bilieux.

L'apparition du mélancolique est puissamment favorisée par ɜmploi journalier d'aliments de difficile digestion, et par les ıbitudes qui excitent vicieusement la sensibilité.

La principale différence du Français et de l'Anglais, c'est que ın vit de pain, et l'autre n'en mange pas. Les travaux violents

[1] Observé le 15 octobre 1795, chez Kughenreuter, le fameux faiseur ɜ pistolets.

[2] Thiébaut. Il faisait maison nette.

rapprochent du tempérament athlétique, tandis que les occupations sédentaires donnent de la finesse. Les bûcherons, les portefaix, les ouvriers des ports, sont moins sensibles et plus vigoureux; les tailleurs, les brodeurs, les ouvriers des villes, plus faibles et plus susceptibles d'impressions morales [1].

Les hommes de guerre, les ardents chasseurs, ont les habitudes du bilieux. L'action suit rapidement la parole, et ils aiment à agir. Les artistes, les gens de lettres, les savants, remettent sans cesse la moindre démarche, sont presque toujours affectés de quelque engorgement hypocondriaque, et ont les apparences du mélancolique [2].

Le froid excessif fait que l'on mange et que l'on court beaucoup plus à Pétersbourg qu'à Naples. Le prince russe lui-même, dans son palais de la Néva, sans cesse distrait par des mouvements ou des besoins corporels, n'a que des instants à donner à la pensée. L'homme du midi vit de peu, et dans un pays abondant; l'homme du nord consomme beaucoup dans un pays stérile : l'un cherche le repos comme l'autre le mouvement. L'homme du midi, dans son inaction musculaire, se trouve incessamment ramené à la méditation. Une piqûre d'épingle est, pour lui, plus cruelle qu'un coup de sabre pour l'autre [3]. L'expression dans les arts devait donc naître au midi.

L'antipathie de la force pour l'esprit me fournit une critique sur Raphaël. Je préfère de beaucoup aux siens les *Saint-Jean* de

[1] George Le Roi observe que, quoique le chien n'arrête point naturellement, les excellentes chiennes d'arrêt font des petits qui très-souvent *arrêtent*, sans leçon préalable, la première fois qu'on les met en présence du gibier.

Pour qui a des yeux, toute l'histoire naturelle est dans l'histoire des diverses races de chiens.

[2] Le mélancolique paraît bilieux dans ses écrits, où l'activité constante ne peut pas se voir.

[3] De là l'énergie religieuse et l'amour. La nature a donné la force au nord, et l'esprit au midi, et cependant, grâce au génie de Catherine et d'Alexandre,

C'est du nord maintenant que nous vient la lumière.

VOLTAIRE.

Léonard. Raphaël triomphe dans les têtes d'apôtre ; c'est le sentiment des amateurs les plus délicats, je le sais ; mais, suivant moi, ils montrent trop de force pour annoncer beaucoup d'esprit. Je n'ai jamais trouvé chez eux l'œil du grand Frédéric.

Les apôtres du Guide, toujours sanguins et élégants, n'ont pas la profondeur et l'énergie de pensée qui sont ici de costume [1].

Les plus grands peintres sont pleins de ces fautes-là ; Cervantes et Shakspeare sont les seuls grands artistes du seizième siècle qui me paraissent avoir songé aux tempéraments [2]. Quant à nous, la noblesse du vers alexandrin met nos poëtes bien au-dessus de pareilles minuties, c'est dans Cicéron et Virgile qu'ils étudient le cœur humain. Les champs de bataille et les hôpitaux leur semblent anti-poétiques. Aussi dans leurs ouvrages :

> On trouve telle rime.
>
> PIRON (*Métromanie*).

CHAPITRE CI.

COMMENT L'EMPORTER SUR RAPHAEL?

Dans les scènes touchantes produites par les passions, le

[1] Ancien Musée Napoléon, n° 993.

[2] On sait qu'il est rare de rencontrer des cercles parfaits ; cependant l'on étudie les propriétés du cercle. Pour les tempéraments, on peut chercher des exemples dans l'histoire ; mais elle manque toujours de détails pour les faits que, du temps de l'histoire, l'on n'apercevait pas dans la nature. Il est probable, par exemple, que César n'était pas flegmatique, que Frédéric II n'était pas mélancolique, que François Ier était sanguin, et qu'un grand général, qui aurait fait tant de bien, et qui a fait tant de mal à la France, était bilieux.

Peut-être, dans quelques siècles, l'*hygiène* considérera-t-elle l'espèce humaine comme un individu dont l'éducation physique lui est confiée *. Peut-être qu'après avoir pris tant de peine pour avoir des haras, d'excellents chevaux et de bons chiens de chasse, nous chercherons un jour à créer des Français sains et heureux : c'est ce qu'on nie dans les journaux, et qui doit nous être assez indifférent. L'essentiel, pendant que nous y sommes, est de fuir les sots et de nous maintenir en joie.

* Jérémie Bentham et Dumont, Panoptique, Darwin, Odier.

grand peintre des temps modernes, si jamais il paraît, donnera à chacun de ses personnages la beauté idéale tirée du tempérament fait pour sentir le plus vivement l'effet de cette passion.

Werther ne sera pas indifféremment sanguin ou mélancolique; Lovelace, flegmatique ou bilieux. Le bon curé Primerose, l'aimable Cassio, n'auront pas le tempérament bilieux, mais le juif Shylock, mais le sombre Iago, mais lady Macbeth, mais Richard III. L'aimable et pure Imogène sera un peu flegmatique[1].

D'après ses premières observations, l'artiste a fait l'Apollon

[1] A propos d'Imogène, je cède à la tentation de transcrire la note que je trouve sur mon Shakspeare. J'eus le plaisir, dernièrement, d'assister à la séance d'Athénée *, où M. Jay a fait comparaître ce pauvre Shakspeare, et, dûment interrogé et morigéné, l'a condamné tout d'une voix à n'être jamais qu'*un barbare fait pour plaire à des fous.*

Plus loin, un autre professeur, encore plus grave, fait comparaître devant sa chaire Raynal ou Helvétius, et établit avec eux un petit dialogue pour leur prêter un drôle de style, et leur dire de bonnes vérités : cela s'appelle être un Père de l'Église.

Le barbare Shakspeare aurait tiré un bon parti de ces dialogues. Quoi qu'il en soit, un jeune peintre et moi, nous le lisions à Rome en 1802; nous écrivîmes à la fin du volume, et sans style, comme on va voir :

« Nous venons, Crozet et moi, de lire *Cymbeline* à la villa Aldobrandini; nous avons eu, en beaucoup d'endroits, un plaisir pur, tendre et avoué par la raison. Il y a plusieurs parties (petits discours d'un personnage) qui nous semblent les fruits du plus grand génie dramatique que nous connaissions ; telle est : « *Infidèle à sa couche !* » Toute la scène où se trouvent ces paroles d'Imogène nous paraît exquise pour la pureté, la simplicité et la vérité. Si on y ajoute le charme de la position de cette pauvre Imogène, abandonnée. sans appui, sans autre espérance que celle de Posthumus fidèle, espérance qui est détruite en ce même moment, on trouvera qu'il est difficile de faire une scène plus touchante.

« Il y a très-peu de détails dans la pièce qui ne nous paraissent vrais : chaque scène prise en particulier nous semble une fidèle représentation de la nature ; mais toutes les scènes ne sont pas également intéressantes, ou plutôt leur intérêt n'émane pas directement du sujet principal; car il est difficile, en lisant une scène vraie, de ne pas s'y intéresser; seulement il faut faire l'effort de se prêter à la scène. C'est cet effort qui paraît au soussigné le grand défaut de la contexture des pièces de Shakspeare; mais ce défaut est bien racheté par la grande étendue d'idées, l'immense

* Novembre 1814.

du Belvédère. Mais se réduira-t-il à donner froidement des copies de l'Apollon toutes les fois qu'il voudra présenter un dieu

variété de sensations, de tons, de styles, dont on jouit à la lecture de ce grand poëte.

« Le caractère d'Imogène, le premier de la pièce, nous a fait l'impression du *tendre gracieux*, du mélancolique doux. Imogène est une amante pure, d'un esprit borné, mais juste, sans enthousiasme et sans chaleur, ne concevant que son amour, capable de mourir pour son amant, capable aussi de lui survivre, se bornant, après sa mort, à le regretter, à parler de lui et à pleurer.

« Du reste, ce caractère que nous venons de tracer se devine par le style d'Imogène, par son genre d'affliction, par ses réponses douces et sa résignation, mais ne paraît pas tout à fait fini par le poëte : il n'a pas tiré parti de toutes les circonstances dans lesquelles il place Imogène. Lorsqu'elle voit le cadavre de Cloten, qu'elle prend pour Posthumus, sa douleur n'est pas profonde ; elle parle, tandis qu'elle est restée muette aux accusations de Posthumus que lui a montrées Pisanio ; elle prend le singulier parti de se mettre au service de Lucius ; elle conserve assez de présence d'esprit pour mentir sans raison. Shakspeare aurait pu motiver ce parti de suivre Lucius, en lui faisant craindre de rencontrer Cloten à la cour, et de le voir se réjouir insolemment de la mort de son époux.

« Il n'en est pas moins vrai que nous ne connaissons pas de *jeune première* dans nos poëtes qui ait autant de grâce, qui soit aussi vraie, qu'Imogène, et, j'ose dire, dont on puisse aussi bien calquer le caractère et arrêter la physionomie.

« Rien de plus naturel que la scène de Jachimo et d'Imogène ; rien de gigantesque, rien de superflu ; tout se passe, ce nous semble, exactement comme dans une conversation intéressante, entre des personnages passionnés qui ne se croient pas contemplés du public. Imogène ne déclame point contre la perfidie humaine ; elle s'écrie : « *Hors d'ici ;* — « *holà, Pisanio !* » et regarde Jachimo avec mépris.

« Les caractères du vieux bavard ampoulé monarchique, Bellarius, et des deux frères (caractères purs et jeunes), parfaitement dessinés ; sérénité charmante et noble de celui qui apporte la tête de Cloten ; caractère de Jachimo plein d'esprit. Le mot qu'il prête à Imogène en donnant le bracelet : « *Il me fut cher autrefois*, » annonce même plus que de l'esprit. — De Posthumus, presque entièrement dessiné par ce qu'on dit de lui (noble et froid), et qui paraît l'homme fait pour enflammer Imogène. — De Cloten, excellente peinture d'un brutal insolent et qui se sent soutenu (le caractère le plus hardi et le plus original de la pièce).

« Tous ces caractères, disons-nous, pourraient être plus approfondis,

jeune et beau. Non, il mettra un rapport entre l'action et le genre de beauté : Apollon, délivrant la terre du serpent Python, sera plus fort ; Apollon, cherchant à plaire à Daphné, aura des traits plus délicats.

CHAPITRE CII.

L'INTÉRÊT ET LA SYMPATHIE.

Quant aux figures de simples mortels, véritables objets de la

On conçoit, par exemple, que Cloten puisse être mis dans des positions qui le développent encore davantage.

« L'intérêt, qui n'est jamais très-vif dans le courant de la pièce, se soutient toujours : c'est un beau tableau dans le genre doux et noble.

« Tous les autres caractères sont remplis de vérité. L'Augure, par exemple, le plus court de tous, a un trait de coquinerie de prêtre qui est charmant : c'est la seconde explication du songe, contraire à la première.

« Le dialogue nous semble une voûte dont on ne peut rien ôter sans nuire à sa solidité.

« Le dénoûment est exécuté par un très-grand artiste. L'apparition de Posthumus est très-belle ; mais l'extrême longueur de la scène, et le récit de choses que le spectateur a vues se passer sous ses yeux, tuent l'émotion.

« Ce qui produit en nous la sensation de *grâce pure* dans Imogène, c'est qu'elle se plaint sans accuser personne.

« Johnson, vol. VIII, p. 473, dit : « This play has many just senti-
« ments, some natural dialogues, and some pleasing scenes, but they are
« obtained at the expence of much incongruity. To remark the folly of
« the fiction, the absurdity of the conduct, the confusion of the names,
« and manners of different times, and the impossibility of the events in
» any system of life, were waste criticism upon unresisting imbecility,
« upon faults too evident for detection, and too gross for agravation. »

« Johnson nous paraît avoir eu trop de science, et pas assez de sentiment ; il s'est laissé choquer par *Jachimo* mis à côté de *Lucius*, et parlant d'un Français, fautes que le premier homme médiocre corrigerait en une heure d'attention.

« Les La Harpe auraient bien de la peine à nous empêcher de croire que, pour peindre un caractère d'une manière qui plaise pendant plusieurs siècles, il faut qu'il y ait beaucoup d'incidents qui prouvent le caractère, et beaucoup de naturel dans la manière d'exposer ces incidents. »

einture, comme les dieux de la sculpture, l'artiste remarque ue le caractère d'un homme, c'est sa manière habituelle de hercher le bonheur. Mais les passions altèrent les habitudes norales et leur expression physique. Une passion est un nouveau ut dans la vie, une nouvelle manière d'aller à la félicité qui fait ublier toutes les autres, qui fait oublier l'habitude. Jusqu'à quel point l'homme peut-il oublier son intérêt direct pour se ivrer aux charmes de la sympathie ? Question à faire aux Raphaël, aux Poussin, aux Dominiquin; car on n'y peut répondre qu'en prenant les pinceaux. Le discours ordinaire tombe ici dans e *vague*, cruel défaut de tout ce qu'on écrit sur les arts[1].

CHAPITRE CIII.

DE LA MUSIQUE.

Dans une autre manière de toucher les cœurs, Cimarosa et Pergolèse ont fait des airs d'une beauté ravissante. Mozart a vu que les beaux airs n'étaient beaux que parce qu'ils portaient en eux l'expression du bonheur et de la force ; et, pour représenter les passions mélancoliques, il a négligé la beauté des chants.

CHAPITRE CIV.

LEQUEL A RAISON?

Dans les jours heureux, vous préférerez hautement Cimarosa. Dans ces moments de mélancolie rêveuse et pleine de charmes, que vous rencontriez, à la fin de l'automne, dans le voisinage du château antique, sous ces hautes allées de sycomores, où le silence universel n'était troublé de temps en temps que par le bruit de quelques feuilles qui tombent, c'est le génie de Mozart

[1] Le pouvoir de la sympathie augmente de siècle en siècle, avec la civilisation, avec l'ennui. Le danger était trop fort dans la retraite de Russie pour avoir pitié de personne.

que vous aimiez à rencontrer. C'est un de ses airs que vous vouliez entendre répéter dans la forêt par le cor lointain.

Ses douces pensées et sa joie timide sont d'accord avec ces derniers beaux jours où une vapeur légère semble voiler les beautés de la nature pour les rendre plus touchantes, et où même, quand le soleil paraît dans sa splendeur, l'on sent qu'il nous quitte. En rentrant au château, c'est devant une *Madone* de Raphaël que vous vous arrêtiez plutôt que devant la tête superbe de l'*Apollon*.

Une fois que les grands artistes sont arrivés à cette hauteur, qui osera se présenter pour décider? Ce serait préférer un amour de la veille à un amour du lendemain, et les cœurs passionnés savent trop bien que l'amour pur ne laisse pas de souvenirs.

Quand ce souffle divin nous a abandonnés à notre médiocrité naturelle, nous ne pouvons le juger que par ses effets, et l'admiration n'a point de traces.

La règle générale dit bien qu'on juge du degré d'une passion par la force de celle qu'on lui sacrifie ; mais, dans ce problème, tout est variable, même le moins variable des attachements de l'homme, l'amour de la vie.

Qui se présentera pour décider entre le *Pâris* de Canova et le *Moïse* de Michel-Ange, si l'admiration ne laisse pas de souvenirs, si nul cœur d'homme ne peut sentir en un même jour le charme de ces ouvrages divins?

CHAPITRE CV.

DE L'ADMIRATION.

Celui qui écrit cette histoire ne déclarera point son opinion, qui n'est probablement que l'expression du tempérament que le hasard lui a donné. Le sanguin et le mélancolique préféreront peut-être le *Pâris*. Le bilieux sera ravi de l'expression terrible du *Moïse*, et le flegmatique trouvera que cela le remue un peu.

CHAPITRE CVI.

L'ON SAIT TOUJOURS CE QU'IL EST RIDICULE DE NE PAS SAVOIR.

Quel intérêt ceci peut-il avoir pour un aveugle-né? à peu près utant que pour la plupart des lecteurs. On arrive au Musée vec des femmes, et, en entrant dans la salle de l'*Apollon*, on herche quelque chose de joli; ou l'on est avec un ami, et l'on 'eut se rappeler quelque chose de pensé, quelque phrase sa'ante de Winckelmann. Le provincial même se croit obligé d'adnirer tout haut, et cite le voyage de Dupaty. Personne n'est là oour voir. Même, parmi les vrais fidèles, quel est l'homme qui a a modestie d'aller les yeux baissés, et, en comptant les feuilles lu parquet, jusqu'au tableau qu'il veut sentir? Il vaudrait bien nieux invoquer l'ombre de Lichtemberg[2] et lui demander un not spirituel pour chaque tableau. Quel intérêt puis-je prendre ıux discussions si vives sur le mérite des deux prétendants qui se disputent l'empire de la Chine?

CHAPITRE CVII.

ART DE VOIR.

Pour trouver du plaisir devant l'*Apollon*, il faut le regarder comme on suit un patineur rapide au bassin de La Villette. On admire son adresse tant qu'il est adroit, et l'on se moque de lui s'il tombe. L'affaire du sculpteur était apparemment de plaire à tous les hommes. C'est sa faute s'il n'attache pas un homme bien né, non distrait, ni par des chagrins, ni par des plaisirs bien vifs. Que cet homme ne soit pas humilié, surtout qu'il ne se donne pas de l'admiration par force[2], c'en serait assez pour prendre les arts en guignon.

[1] C'est l'esprit de Chamfort qui est entré dans un professeur allemand, et qui a commenté le divin Hogarth.

[2] Dans le temps que Barthe faisait des héroïdes, Dorat l'aperçut un

Qu'il attende. Dans un an ou deux, un jour que le hasard l'aura conduit au Musée, il sera tout surpris d'arrêter ses yeux sur l'*Apollon* avec plaisir, d'y démêler mille beautés. Chaque contour semble prendre une voix, et cette voix élève et ravit son âme. Il sort tout transporté, et garde un long souvenir de cette visite.

Si les sentiments de ravissement, de bonheur, de plaisir, que j'entends exprimer chaque jour à côté de moi en me promenant dans ces longues salles, étaient sincères, ce lieu serait plus assiégé que la porte d'un ministre; l'on s'y porterait toute l'année, comme les vendredis de l'exposition. Mais tout homme du monde a la science nécessaire pour jouir de la tournure d'une jolie femme, et nous dédaignons d'acquérir la science si facile, et pourtant indispensable, pour voir les tableaux. Aussi le Musée de Paris est-il désert. Ces tableaux disséminés en Italie avaient chaque jour trois ou quatre spectateurs passionnés qui venaient de cent lieues pour les admirer. Ici, je trouve huit ou dix élèves perchés sur leurs échelles, et une douzaine d'étrangers dont la plupart ont l'air assez morne. Je les vois arriver au bout de la galerie avec des yeux rouges, une figure fatiguée, des lèvres inexpressives, livrées à leur propre poids. Heureusement il y a des canapés, et ils s'écrient en bâillant à se démettre la mâchoire : « Ceci est superbe ! » Quel œil humain peut en effet passer impunément sous le feu de quinze cents tableaux [1] ?

soir tout seul, devant le grand bassin du Luxembourg, frappant du pied et se tordant les bras comme un furieux. Il s'approche de lui : « Eh ! qu'avez-vous donc, mon ami? — J'enrage : voilà près d'une heure que je suis ici à lorgner la lune; vous savez tout ce qu'elle inspire à ces diables d'Allemands ; eh bien ! à moi, pas la plus petite chose; je reste plus froid que la pierre, et je m'enrhume. Que le diable emporte la lune et ses poëtes, dont la tendresse me confond ! »

[1] Il m'eût été facile de changer ceci ; mais je le pense encore. Certainement l'enlèvement des objets d'art est un grand soufflet pour la nation ; mais sa gloire, à elle qui les a conquis, n'en reste pas moins intacte.

Comme artiste, il vaut infiniment mieux qu'ils soient en Italie ; ce voyage leur a donné de l'importance aux yeux des gens titrés. Quant à la voix de la raison, elle disait de faire vingt collections assorties, et de les envoyer dans les vingt villes les plus peuplées de l'Europe.

CHAPITRE CVIII.

DU STYLE DANS LE PORTRAIT.

Si je retrouvais cet homme naturel qui n'avait pas de plaisir evant l'*Apollon*, et qui osait l'avouer, j'aimerais sa franchise. i je ne lui voyais pas de répugnance à accepter quelques idées 'un homme à cheveux blancs, je l'amènerais insensiblement evant le buste d'*Antinoüs*, l'aimable favori d'Adrien. Nous par- ons de la tristesse habituelle de ce beau jeune homme. « Il est ien singulier, me dit le curieux, que cette tristesse n'ait pas aissé la moindre ride sur le front d'*Antinoüs;* car, sans doute, drien voulut avoir un portrait ressemblant. — Il est vrai ; mais drien, comme tous les princes voluptueux, comme notre Fran- ois Ier, comme le Léon X des Italiens, avait pour les arts un act fin, bien supérieur à la vaine science des gens froids. Il emandait au portrait d'Antinoüs les mêmes sentiments que lui nspirait cette belle tête. Un jour Antinoüs fut piqué par les noucherons du Nil. Adrien le remarqua un instant ; mais un not indifférent de son ami lui fit oublier la rougeur et la légère nflure causée par les insectes ailés. Si le peintre, qui se jour- à faisait le portrait d'Antinoüs, se fût permis la plaisanterie de opier ces blessures légères, l'empereur aurait été frappé de exactitude ; il aurait pensé beaucoup plus longtemps à ces etites taches rouges qu'en les voyant sur la joue d'Antinoüs. l aurait observé curieusement si l'artiste les avait rendues avec érité, peut-être même il aurait dit un mot sur son talent. Le oir, se souvenant du portrait : Je ne verrai plus ce barbouillage, e serait-il dit. » Durant ce discours, nous passons au salon oisin, où sont exposées ces longues files de bustes si cruelle- nent ressemblants, où le moindre pli de la peau, la moindre errue est saisie comme une bonne fortune. Je vois avec plaisir ue mon inconnu a horreur de cette imitation basse ; et, nous etrouvant devant le buste d'*Antinoüs :* « Ah ! je sens que je espire, me dit-il ; quelle différence entre les sculpteurs anciens t nos ignobles modernes ! »

Vous calomniez ces pauvres gens. — Cela paraît difficile. — J'en conviens; mais la faute n'est pas toute à eux, elle est aussi dans le *style* qu'ils emploient. Croyez que si l'auteur d'*Antinoüs* avait eu affaire à quelque chevalier romain nouveau riche, et curieux de retrouver sur sa grosse figure tous les petits accidents qui la parent dans la nature, le sculpteur ancien, désireux d'être bien payé par le nouveau Midas, aurait fait un fort plat ouvrage. Tout au plus, il se serait sauvé par quelque accessoire... — Vous avez raison, s'écrie l'inconnu en m'interrompant vivement, la tristesse habituelle d'Antinoüs lui avait sans doute donné quelques rides; mais, dans la nature animée et qui change à chaque instant, c'était une grâce. C'eût été un défaut dans ce buste immobile; une telle imitation eût gâté le souvenir touchant qu'Adrien gardait de son ami[1]. La sculpture fixe trop notre vue sur ce qu'elle entreprend d'imiter. Tout ce qui pour être aimable ne veut que peu d'attention est hors de son domaine. Mais aussi cette élévation dans le style ne nuit-elle pas à la ressemblance? — Oui, si c'est un artiste vulgaire, s'il ne sait pas donner aux contours qu'il conserve la véritable physionomie de l'ensemble de la figure; mais voyez à Gênes le buste du gros *Vitellius*[2]. Rien de plus noble, et cependant rien de plus ressemblant.

[1] Les pédants ne prononcent le nom de cet aimable enfant qu'avec une horreur très-édifiante au collége (voy. *Biographie-Michaud*, tom. I); mais, jusqu'ici, l'on n'a vu aucun de ces messieurs mourir pour son ami. La sagesse antique eût été bien étonnée de voir la plus grande preuve d'amour que puisse donner un être mortel, admirée dans la fabuleuse Alceste, à peine remarquée dans Antinoüs.

Une des sources les plus fécondes du *baroque* moderne, c'est d'attacher le nom de vice à des actions non nuisibles.

[2] Dans la belle rue, maison..... Plus un artiste a de *style* dans le portrait, moins il a de mérite aux yeux du physionomiste. Holbein l'emporte sur Raphaël. (*Lavater*, 8°, V, 38.)

CHAPITRE CIX.

QUE LA VIE ACTIVE ÔTE LA SYMPATHIE POUR LES ARTS.

Que j'aime ces liaisons formées par le hasard tout seul, et où n a le plaisir de ne pas savoir le nom de son partner! Tout t découverte, tout est grâce. Il n'y a pas de lien. Tant qu'on plaît on reste ensemble; le plaisir disparaît-il, la société se mpt sans regret, comme sans rancune. Nous nous donnons ndez-vous pour le lendemain, mon inconnu et moi. Il me opose Tortoni. — Non, prenons tout simplement du café. — mc au café de Foy, à midi.

Nous revoilà devant l'*Apollon*. J'essuie d'abord une petite rdée de science. Je vois que mon homme, par respect pour on bavardage de la veille, a envoyé chercher chez son libraire inckelmann et Lessing. — Oublions le savant Winckelmann. Vous avez raison, reprend-il en riant; car c'est en vain que ai cherché une objection qui m'embarrasse fort. L'artiste suime doit fuir les détails; mais voilà l'art qui, pour se perfecmner, revient à son enfance. Les premiers sculpteurs aussi exprimaient pas les détails. Toute la différence, c'est qu'en isant *tout d'une venue* les bras et les jambes de leurs figures, n'étaient pas eux qui fuyaient les détails, c'étaient les détails ii les fuyaient. — Remarquez que pour choisir il faut possér; l'auteur d'*Antinoüs* a développé davantage les détails qu'il gardés. Il a surtout augmenté leur physionomie, et rendu leur pression plus claire. Voyez cet autre portrait : la statue de *apoléon*[1] par Canova; remarquez la jambe, et surtout le pied. prends à dessein les parties les moins nobles, et cependant

[1] L'esprit général de cette histoire montre assez que peu de personnes issent autant que l'auteur l'assassin du duc d'Enghien, du libraire de alle, du capitaine Wright. C'est pour cela qu'il se sert hardiment des ots qui tombent sous sa plume. Napoléon est devenu un personnage storique; il appartient à celui qui étudie l'homme, tout comme au bard politique. De grands saints le regrettent publiquement dans les urnaux. » (*Débats* du 5 juin 1817.) Ri. C.

quelle noblesse! A quelque distance que vous aperceviez la statue, sur-le-champ vous distinguez non-seulement chaque partie du corps, mais aussi que ce corps est celui d'un héros. C'est que les grands contours de cette jambe ont la même physionomie, le même degré de convexité que les grands contours du bras[1].

Il est vrai que tout ceci est invisible et faux pour la foule de ces hommes plongés dans les intérêts grossiers de la vie active, et devant qui le temple des arts se ferme d'un triple verrou. S'ils trouvaient à vendre dans un coin de Rome un fragment du *Gladiateur* Borghèse que voilà, et un fragment de l'*Apollon;* voyant dans le *Gladiateur* une foule de muscles très-bien rendus, ils le préféreraient hautement au dieu du jour. Laissons ces athées des beaux-arts.

Je me donne alors le plaisir de raconter à mon inconnu la manière dont je fais naître le beau antique parmi les Grecs sauvages. Il me fait des objections charmantes. Pour y répondre, nous nous mettons à comparer avec détail chaque partie du *Gladiateur* à la partie correspondante de l'*Apollon*. Nous reconnaissons toujours le même artifice; le sculpteur grec supprimant pour faire un dieu les détails qui auraient trop rappelé l'humanité.

En nous plaçant à la gauche de l'*Apollon*, du côté opposé à la fenêtre, de manière que la main gauche couvre le cou, nous voyons le contour du côté de la lumière formé par cinq lignes ondoyantes. Si nous cherchons au contraire le contour du *Gladiateur*, nous le trouvons toujours composé d'un nombre de lignes bien plus considérable. Et ces lignes se coupent par des angles infiniment plus petits que les contours de l'*Apollon*.

— Croyez-vous, me dit l'inconnu, qu'on puisse supprimer encore plus de détails que dans l'*Apollon*, et aller plus loin dans le style sublime?

— Ma foi, je n'en sais rien. Quelques personnes pensent que

[1] Voir les articles, aussi profondément pensés que bien écrits, que M. Marie Boutard a donnés sur cette *grosse* statue.

C'est la meilleure pièce justificative de la lettre de lord Wellington sur es tableaux d'Italie.

oui, et que si jamais la Grèce est civilisée, ou si des Juifs détournent le cours du Tibre, on déterrera peut-être des ouvrages d'un style plus grandiose encore. J'avoue que cela est possible.

La raison me le dit, mais mon cœur n'en croit rien.
(*L'Éteignoir*, comédie.)

Allons voir les tableaux, me dit l'inconnu. — Mais songez-vous qu'il nous faut faire sur le *coloris* et le *clair-obscur* le même travail que nous avons fait sur les lignes?

Nous montons cependant, et le hasard porte nos pas dans la galerie d'Apollon. Nous remarquons la *Calomnie d'Apelles* par Raphaël, quelques études au crayon rouge, d'après la Fornarina, pour des tableaux de Madones. « Voyez, lui dis-je, les grands artistes en faisant un dessin peu chargé font presque de l'idéal. Ce dessin n'a pas quatre traits, mais chacun rend un contour essentiel. Voyez à côté les dessins de tous ces ouvriers en peinture. Ils rendent d'abord les minuties; c'est pour cela qu'ils enchantent le vulgaire, dont l'œil dans tous les genres ne s'ouvre que pour ce qui est petit. »

CHAPITRE CX.

OBJECTION TRÈS-FORTE.

Je retrouvai mon aimable inconnu. « Ah! me dit-il, voici une objection qui renverse tout. N'y a-t-il pas une différence entre la beauté [1] et le *bon air?* Tous les jours on voit un jeune homme de vingt ans arriver de province. Ce sont bien les couleurs les plus fraîches, c'est la plus belle santé. Un autre jeune homme est arrivé dix ans plus tôt; la vie de Paris lui a fait perdre en quelques mois ces couleurs brillantes et cet air de force. Le nouveau

[1] La beauté est l'expression d'une certaine manière habituelle de chercher le bonheur; les passions sont la manière accidentelle. Autre est mon ami au bal, à Paris, et autre mon ami dans les forêts d'Amérique.

venu est incontestablement plus beau, et cependant il fait l'autre l'écrase. La beauté dont vous m'avez expliqué la naissance n'est donc pas belle partout? cette reine n'est donc pas sûre de son empire? — Vous l'avouerai-je? c'est surtout cette objection très-forte qui me fait croire à la manière dont nous avons vu naître le beau antique.

LIVRE SIXIÈME

DU BEAU IDÉAL MODERNE

Pauca intelligenti.

CHAPITRE CXI.

DE L'HOMME AIMABLE.

Que la beauté ait été trouvée chez les Grecs en même temps qu'ils sortaient de l'état sauvage, c'est ce qu'il est impossible de nier [1]; qu'elle soit tombée du ciel, aucun historien ne le rap-

[1] La Grèce, dans la première époque dont on ait l'histoire, et encore quelle histoire? ce n'est guère qu'une fable convenue; la Grèce, dominée par les féroces Pélages et les grossiers Hellènes, n'eut aucune idée des arts d'imitation.

Vinrent les temps héroïques, et le navire *Argos* si célèbré ne porta probablement que des corsaires qui allaient piller à Colchos l'or que l'on trouvait dans les sables du Phase.

Vint la guerre des sept chefs contre Thèbes, et enfin la célèbre guerre de Troie.

Pendant tout ce temps, on n'a pas le plus petit indice que les beaux-arts aient été cultivés en Grèce, à l'exception de la poésie, qui, chez toutes les nations, comme on le voit en Amérique, est la compagne des héros et des guerriers.

Après la chute de Troie, les chefs qui avaient été longtemps absents de leurs peuplades les retrouvèrent en désordre; leurs femmes même ne les reçurent qu'un poignard à la main. Pour venger ces forfaits, on a les guerres civiles qui durèrent près de quatre siècles, et qui ont trouvé

porte; qu'elle ait été inventée par les raisonnements de leurs philosophes, il n'y a pas moyen de le croire; ils sont trop ridi-

dans Thucydide un narrateur éloquent. Il commence son histoire par peindre rapidement les habitudes et la manière de vivre des Grecs avant le siége de Troie, et depuis cette époque jusqu'au siége où il écrit *.

« Ce n'est, dit-il, que vers le temps de la guerre du Péloponèse que ce pays, qui porte le nom de Grèce, a été habité d'une manière stable; avant cette époque, il était sujet à de fréquentes émigrations.

« Ceux qui s'arrêtaient dans une portion de terrain l'abandonnaient sans peine, repoussés par de nouveaux occupants, qui l'étaient à leur tour par d'autres. Comme il n'y avait point de commerce, que les hommes ne pouvaient sans crainte communiquer entre eux ni par terre ni par mer, chacun ne cultivait que le morceau de terre nécessaire à sa subsistance; ils ne connaissaient point les richesses; ils ne faisaient point de plantations, parce que, n'étant pas défendus par des murailles, ils craignaient toujours qu'on ne vînt leur enlever le fruit de leur labeur. Comme chaque Grec était à peu près sûr de trouver en tous lieux sa subsistance journalière, il ne répugnait point à changer de place. . . . . Sans défense dans leurs demeures, sans sûreté dans leurs voyages, les Grecs ne quittaient point leurs armes; ils s'acquittaient, *armés même, des fonctions de la vie commune*. . . . .

« Les Athéniens, les premiers, déposèrent les armes, prirent des mœurs plus douces, et passèrent à un genre de vie plus sensuel. . . . . Les Corcyréens, après un combat naval, dressèrent un trophée à Leucymne, promontoire de leur île, et y firent mourir tous leurs prisonniers, à l'exception des Corinthiens, qu'ils retinrent esclaves. » (Traduction de Lévêque.)

Changez les noms, ce fragment sera l'histoire des sauvages d'Amérique vers le temps où l'arrivée des Européens vint troubler leur naissante société. Les Pélages n'étaient que des habitants de l'Ouabache, et nous n'avons pas besoin de livres pour savoir que partout les mêmes circonstances donnent les mêmes mœurs. Ce qu'il y a de plaisant, c'est qu'au milieu des avantages sans nombre de notre vie actuelle on nous cite tous les jours en exemple, et avec des regrets comiques, les mœurs et l'esprit de ces malheureux *sauvages grecs*, ou plutôt l'idée assez grotesque que nous nous en sommes faite. Les courtisans lisent des idylles : l'homme n'aime à admirer que ce qui est loin de lui, et les siècles civilisés n'ont rien trouvé de plus loin d'eux que les temps sauvages. Ne faut-il pas, d'ailleurs, que nos petits professeurs d'athénée dissertent chaque année régulièrement sur le plus ou moins de vérité historique de l'Achille

* Voir les *Leçons d'Histoire* de Volney aux écoles normales, excellente préface.

ules; que, comme les beaux tableaux du quinzième siècle, elle oit le fruit inattendu de la civilisation tout entière, c'est ce que es savants allemands les plus opposés à mon idée ne nieront as.

La vraie difficulté est celle-ci : qu'elle soit l'expression de *utile*[1].

Je n'ai pas dit : Je vais vous prouver cela; mais « daignez érifier dans votre âme si par hasard la beauté ne serait pas ela. »

A cet effet, je le répète, il faut d'abord avoir une âme ; ensuite ue cette âme ait un plaisir direct, et non pas de *vanité*, en préence de l'*antique*.

Je ne puis prouver à quelqu'un qu'il a la crampe. Dans cette ffaire une simple dénégation détruit tout. Je n'opère pas sur des bjets palpables, mais sur des sentiments cachés au fond des œurs.

le Racine? Je voudrais bien que le véritable Achille de la guerre de Troie leur apparût au milieu de leurs leçons; ils auraient une belle eur.

Je crains que, malgré la longueur du morceau de Thucydide, vous n'ayez encore de la Grèce une image trop polie. Le pays du monde où l'on connaît le moins les Grecs, c'est la France *, et cela, grâce à l'ouvrage de l'abbé Barthélemy : ce prêtre de cour a fort bien su tout ce qui se faisait en Grèce, mais n'a jamais connu les Grecs : c'est ainsi qu'un petit maître de l'ancien régime se transportait à Londres à grand bruit pour connaître les Anglais. Il considérait curieusement ce qui se faisait à la chambre des communes, ce qui se faisait à la chambre des pairs ; il aurait pu donner l'heure précise de chaque séance, le nom de la taverne fréquentée par les membres influents, le ton de voix dont on portait les *toasts ;* mais sur tout cela il n'avait que des remarques puériles Comprendre quelque chose au jeu de la machine, avoir la moindre idée de la constitution anglaise, impossible **.

Le seul pays où l'on connaisse les Grecs, c'est Gottingue.

[1] Non pas le signe, mais la marque, la saillie extérieure. Le galon, qui est la beauté du peuple, est signe.

* Les arts à l'Italie, l'esprit comique à la France, la science à l'Allemagne, la raison à l'Angleterre, tel a été l'arrêt du destin.

** Voir la correspondance du duc de Nivernois, qui, à la cour, passait pour trop savant. 1763.

Je ne puis que faire une enceinte. Les statues expriment-elles quelque chose? Oui; car on les regarde sans s'ennuyer.

Expriment-elles quelque chose de nuisible? Non; car on les regarde avec plaisir. Quelques cœurs jeunes et simples diront: « Oui, la *Pallas* me fait peur; » mais, quand ils ne seront plus étonnés de cette tête colossale de *Jupiter Mansuetus*, ils diront: « Celle-là me rassure. »

Me voici de nouveau réduit à vous prédire vos sentiments. Par un cercle vicieux, je reviens, comme Bradamante, au pied du roc inaccessible où Atland garde Roger. Ceci ne se prouve pas. Il me faudrait aussi un bouclier magique où se peignissent les cœurs.

On ne prouve pas une analyse de l'amour, de la haine, de la jalousie. Après avoir lu *Othello*, on se dit: « Voilà la nature. »

> . . . . . . Trifles light as air
> Seem tho te jealous confirmations strong
> As proofs from holy writ.
>
> (*Othello*, acte III.)

Mais si un homme s'écrie: « Cela est absolument faux. J'ai été jaloux, et d'une autre manière; » que direz-vous, sinon: « Allons aux voix. »

Ce qui ne prouve absolument rien pour cet homme.

Quant au *bon air*, sans l'oisiveté des cours, sans l'ennui, sans l'amour, sans l'immense superflu, sans la noblesse héréditaire, sans les charmes de la société, je crains bien qu'on ne s'en fût jamais avisé [1].

Rien de tout cela en Grèce; mais une place publique, source éternelle de travaux et d'émotions [2]. Ou prononcez que la beauté

[1] Si l'on avait des doutes sur les bases morales de ce livre, voir Bezenval; j'aime ses Mémoires : il a la première qualité d'un historien, pas assez d'esprit pour inventer des circonstances qui changent la nature des faits; et la seconde, qui est d'écrire sur des temps qui intéressent encore; on y trouve le français de 1770 et la cour de Louis XVI.

[2] Pas de conversation de vanité. De là un des malheurs de nos pédants, qui ne peuvent s'empêcher de mettre Molière et Cervantes au-dessus des comiques anciens.

a rien de commun avec l'imitation de la nature, ou convenez ie, puisque la nature a changé entre le beau antique et le beau oderne, il doit y avoir une différence.

Duclos disait en 1750 :

« L'homme aimable est fort indifférent sur le bien public, dent à plaire à toutes les sociétés où le hasard le jette, et prêt en sacrifier chaque particulier. Il n'aime personne, n'est aimé : qui que ce soit, plaît à tous, et souvent est méprisé et reierché par les mêmes gens.

« Le *bon ton* dans ceux qui ont le plus d'esprit consiste à dire ;réablement des riens, et ne pas se permettre le moindre pro›s sensé, si on ne le fait excuser par les grâces du discours[1] ; à iiler enfin la raison, quand on est obligé de la produire, avec ıtant de soin que la pudeur en exigeait autrefois quand il s'assait d'exprimer quelque idée libre. L'agrément est devenu si :cessaire, que la médisance même cesserait de plaire si elle en ait dépourvue.

« Ce prétendu *bon ton*, qui n'est qu'un abus de l'esprit, ne isse pas d'en exiger beaucoup ; ainsi il devient dans les sots un rgon inintelligible.

« Les choses étant sur le pied où elles sont, l'homme le plus qué n'a pas le droit de rien prendre au sérieux, ni d'y ré›ndre avec dureté. On ne se donne pour ainsi dire que des ırtels d'esprit ; il faudrait s'avouer vaincu pour recourir à d'aues armes, et la gloire de l'esprit est le point d'honneur d'aurd'hui. »

[1] Voilà ce dont les anciens n'eurent jamais d'idée ; ils étaient trop atntifs au fond des choses. Les esprits les plus délicats, Cicéron, Quintiın, etc., parlent des difformités corporelles comme d'objets propres à raillerie. L'aimable Horace a souvent le ton plus grossier que le théâtre :s Variétés. Malgré un esprit étonnant, il eût été fort déplacé dans un lon de 1770. Nos pédants n'ont garde de nous parler de la grossièreté : la rudesse, de l'indélicatesse des anciens, qui passent toute croyance, ıais il faut voir les originaux.

CHAPITRE CXII.

DE LA DÉCENCE, DES MOUVEMENTS CHEZ LES GRECS.

Le bon air, à Athènes, ne différait guère de la beauté ; c'était la même chose à Sparte. Une mode passagère montrée par Alcibiade aux jardins de l'Académie écartait bien un peu de la beauté ; mais le courant des mœurs y reportait toujours ; car les changements rapides dans la mode tiennent à la nullité du citoyen et à la monarchie.

On dit que le *bon air* se remarque plutôt dans un homme en mouvement, et la beauté dans une figure en repos. Faisons la part du mouvement, c'est la source des grâces. C'est une exception charmante faite en notre faveur à la sévérité de cette justice qui n'est plus que pour nous défendre.

Tout ce qui reste de l'antiquité rend témoignage que les mouvements, cette partie du beau que les statues n'ont pu nous transmettre, étaient réglés à Athènes par les mêmes principes que la beauté des formes en repos. Les manières d'un Athénien bien élevé montraient ces habitudes de l'âme que nous lisons dans leurs statues : la force, la gravité, sans laquelle alors il n'y avait point de haute prudence, une certaine lenteur indiquant que le citoyen ne faisait aucun mouvement sans en avoir délibéré.

On venait seulement de déposer les armes. Restait l'habitude de montrer sans cesse la force prête à repousser l'attaque. Or l'homme dont les mouvements ont une rapidité qui peut faire croire que, d'avance, il n'a pas réfléchi à toutes ses actions, est si loin de montrer la force, qu'il donne même cette idée qu'on peut l'attaquer à l'improviste, et par là d'abord avec quelque avantage. La lenteur, la gravité, une certaine grâce étudiée, régnaient donc aux jardins de l'Académie ; surtout rien d'imprévu, rien de ce que nous appelons du *naturel*, aucune trace d'étourderie ni de gaieté. Le chevalier de Grammont et Matha n'eusent paru qu'un instant dans Athènes pour passer aux petites laisons [1].

CHAPITRE CXIII.

DE L'ÉTOURDERIE ET DE LA GAIETÉ DANS ATHÈNES.

Se montrer en étourdi dans les rues d'Athènes, c'est comme un jeune homme connu dans le monde qui paraîtrait, un jour l'hiver, à la terrasse des Feuillants, donnant le bras à une fille; car les mouvements d'un étourdi n'offrent ni l'idée de la force bonne pour le combat, ni moins encore l'idée de la sagesse requise dans les conseils. Alors, à Athènes, comme à Constantinople de nos jours, la gaieté eût été folie.

Je reviens bien vite à ce mot de *grâce*. Rien de plus opposé que la grâce antique ou la *Vénus* du Capitole, et la grâce moderne ou la *Madeleine* du Corrége [2]. Pour comprendre que dix degrés de froid font à Stockholm un temps très-doux, il faudrait commencer par sentir la dureté habituelle du climat; il faudrait sentir la dureté des mœurs antiques. Par malheur, la science éteint l'esprit et désapprend à lire le blanc des lignes [3]; l'on n'a pas en France la moindre idée de l'antique [4].

La grâce aujourd'hui ne saurait exister avec une certaine ap-

[1] Voilà un des avantages de la monarchie absolue tempérée par des chansons, c'est de donner des Molière et des de Brosses. Un Anglais, avec autant d'esprit que le président, qui serait allé en Italie, nous eût laissé un voyage hérissé d'idées d'*utilité publique*, d'idées de *punition*, d'idées d'*argent*; nous n'aurions pas manqué de trouver en route quelque homme réduit à la folie par l'excès du malheur. L'idée de justice et de malheur extrême, si l'on manque à la justice chez un peuple dont le tiers vit d'aumônes et qui est élevé à s'inquiéter sans cesse des dangers de sa liberté, corrompt jusqu'aux ouvrages les plus frivoles. Je ne trouve pas une seule idée triste dans les trois volumes de de Brosses. La vie m'est montrée du côté agréable, et l'auteur est naturel.

[2] Dans le divin *Saint Jérôme*, aujourd'hui à Parme.

[3] Je ne connais encore d'autre exception que le charmant de Brosses. — Salluste.

[4] Pas même dans le *droit*. *J. in jus ambula.*

parence de force; il faut cette nuance d'étourderie si aimable quand elle est naturelle. Or toute apparence de faiblesse, chassant l'idée de *force*, détruisait sur-le-champ la beauté.

La grâce antique était aussi un armistice; l'aspect de la force était caché pour un instant, mais à demi caché : de là des mouvements étudiés ; des gestes imprévus eussent jeté un voile trop sombre. Je croirais qu'au ridicule près la grâce était à Athènes comme la politesse dans un dîner chinois[1], ou parmi les membres d'un congrès européen. Tel mouvement était l'expression de l'idée : *Je désire vous plaire.* Mais, si l'homme en l'honneur duquel on faisait ce mouvement eût voulu rendre la même idée, il eût fait précisément le même geste.

A Paris, l'usage du monde est de déguiser l'idée, et de la faire reconnaître.

Il y a du *charme* quand cette politesse est à la fois si naturelle et si peu copiée de mouvements déjà connus, que nous pouvons un instant saisir l'illusion que l'homme aimable sent réellement ce qu'il exprime[2].

Le comble de ce genre de politesse, ou plutôt le moment où elle change de nature en passant à la réalité, c'est le mot si connu de la Fontaine : « *J'y allais.* » Mais ce mot n'est gracieux que pour les âmes tendres ; la politesse de bien des gens envers le fablier s'en serait rabattue de moitié : faut-il dire que, dans Athènes, la grâce portée à ce point eût à jamais avili ?

La révolution fournit un commentaire à ce qu'on devine ici. Voyez (en 1811) le sérieux de nos jeunes gens et la majesté avec laquelle un bambin de vingt ans déjeune chez Tortoni : c'est tout simple. Il entre, dans ce café, des militaires qu'il ne connaît pas, et qui sont jaloux d'un joli cabriolet, ou quelque ministre qu'il ménage pour une place d'auditeur.

Tout ce qu'on a pensé des Grecs tomberait de soi-même si les usages parmi les nations disparaissaient avec les raisons qui les ont fait naître[3].

[1] Description d'un dîner chinois par un voyageur russe. (*Journal des Débats* et *Bibliothèque britannique*, 1812.)

[2] M. de Fénelon.

[3] Je pourrais embarrasser tout ceci de citations savantes qui donne-

CHAPITRE CXIV.

DE LA BEAUTÉ DES FEMMES.

Dans la république, leurs formes doivent plutôt annoncer le onheur ; dans les monarchies, le plaisir.

Mais voyez quel est le bonheur du colon anglais qui défriche es bois dans les montagnes Bleues, et de l'homme aimable à aris.

Sous la cabane du sauvage, les femmes ne sont que les esclaves u mari, accablées de tous les travaux pénibles[1]. A Sparte, à orinthe, elles ne sortaient jamais du profond respect. En vertu e quoi l'homme, qui est le plus fort, n'aurait-il pas abusé de a force ? L'intimité de l'amour était pour un autre sexe. Si les emmes sortaient de leur nullité, ce n'était pas par le plaisir, 'était pour être quelquefois le conseil du mari, ou, comme euves, pour donner des soins aux enfants ; il leur fallait donc a prudence et le sérieux profond qui en était la marque ; elles levaient donner des enfants capables de défendre la ville, il leur allait donc la force. La ville était-elle devenue puissante à force le batailles, les femmes couraient aux combats de gladiateurs ; t, par un mouvement de la main, le pouce renversé, ordonnaient que le gladiateur seulement blessé par son partenaire fût par lui égorgé sous leurs yeux avides : il fallait de telles mères aux jeunes Fabius.

CHAPITRE CXV.

QUE LA BEAUTÉ ANTIQUE EST INCOMPATIBLE AVEC LES PASSIONS MODERNES.

Vous connaissez Herminie arrivant chez les bergers : c'est une

raient un caractère respectable, et mettraient ces paradoxes sous la protection de tous les sots qui savent du grec. J'aime mieux renvoyer à Heyne et aux Allemands.

[1] Malthus, *de la Population*, 5e édition.

des situations les plus célestes qu'ait inventées la poésie moderne; tout y est mélancolie, tout y est souvenirs.

Intanto Erminia infra l' ombrose piante
D' antica selva dal cavallo è scorta;
Nè più governa in fren la man tremante,
E mezza quasi par tra viva e morta.
Fuggì tutta la notte, e tutto il giorno
Errò senza consiglio e senza guida,
Giunse del bel Giordano a le chiare acque,
E scese in riva al fiume e quì si giacque.
Ma 'l sonno, che de' miseri mortali
È col suo dolce oblio posa e quiete,
Sopì co' sensi i suoi dolori, e l' ali
Dispiegò sovra lei placide e chete.
Non si destò finchè garrir gli augelli.
Non sentì lieti e salutar gli albori,
Apre i languidi lumi. . . . . .
Ma son, mentr' ella piange, i suoi lamenti
Rotti da un chiaro suon ch' a lei ne viene,
Che sembra ed è di pastorali accenti
Misto e di boscarecce inculte avene.
Risorge e là s' indrizza a passi lenti,
E vede un' uom canuto a l' ombre amene
Tesser fiscelle a la sua greggia accanto,
Ed ascoltar di tre fanciulli il canto.
Vedendo quivi comparir repente
L' insolite arme, sbigottir costoro;
Ma gli saluta Erminia, e dolcemente
Gli affida e gli occhi scopre e i bei crin d' oro.
Seguite, dice, avventurosa gente.
. . . .

(TASSO, *canto VII.*)

Dans l'instant où Herminie ôte son casque, et où ses beaux cheveux roulent en boucles d'or sur ses épaules et détrompent les bergers, il faut sur cette charmante figure de la faiblesse, de l'amour malheureux, le besoin du repos, de la bonté venant de sympathie et non d'expérience.

Comment fera la beauté antique, si elle est l'expression de la force, de la raison, de la prudence, pour rendre une situation qui est touchante précisément par l'absence de toutes ces vertus ?

CHAPITRE CXVI.

DE L'AMOUR.

Mais la force, la raison, la haute prudence, est-ce là ce qui fait naître l'amour[1] ?

Les nobles qualités qui nous charment, la tendresse, l'absence des calculs de vanité, l'abandon aux mouvements du cœur, cette faculté d'être heureuses, et d'avoir toute l'âme occupée par une seule pensée, cette force de *caractère* quand elles sont portées par l'amour, cette faiblesse touchante dès qu'elles n'ont plus que le frêle soutien de leur raison, enfin les grâces divines du corps et de l'esprit, rien de tout cela n'est dans les statues antiques.

C'est que l'amour, chez les modernes, est presque toujours hors du mariage; chez les Grecs, jamais. Écoutons les maris modernes : plus de sûreté, et moins de plaisirs. Chez les Grecs, le public parlait comme mari ; chez nous, comme amant ; chez les Grecs, la république, c'est-à-dire la sûreté, le bonheur, la vie du citoyen, sanctifiait les vertus du ménage ; tout ce qu'elles obtiennent de mieux parmi nous, c'est le silence ; et il est assez reconnu qu'elles ne peuvent faire naître l'amour que chez un vieux célibataire, ou chez quelque jeune homme froid et dévoré d'ambition.

[1] N'aimions-nous pas mieux, au Musée, la charmante Hermione de l'*Enlèvement d'Hélène*, du Guide, que les têtes plus imposantes de l'antique? Qui jamais a été amoureux de la tête de la *Vénus* du Capitole ou de la Mamerca ?

Le respect et l'amour ne marchent guère ensemble,

chez les modernes. Un Grec estimait son ami.

CHAPITRE CXVII.

L'ANTIQUITÉ N'A RIEN DE COMPARABLE A LA MARIANNE DE MARIVAUX.

Je ne crois pas que l'antiquaire le plus zélé puisse nier que l'amour, tel que nous le sentons aujourd'hui, l'amour de mademoiselle de l'Espinasse pour M. le comte de G..., l'amour de la religieuse portugaise pour le marquis de Chamilly, tant de passions plus tendres peut-être et du moins plus heureuses, puisqu'elles sont restées inconnues, ne soient une affection moderne. C'est un des fruits les plus singuliers et les plus imprévus du perfectionnement des sociétés.

L'amour moderne, cette belle plante brillant au loin, comme le mancenilier, de l'éclat de ses fruits charmants, qui si souvent cachent le plus mortel poison, croît et parvient à sa plus grande hauteur sous les lambris dorés des cours. C'est là que l'extrême loisir, l'étude du cœur humain, le cruel isolement au milieu d'un désert d'hommes, l'amour-propre heureux, ou désespéré de nuances imperceptibles, la font paraître dans tout son éclat.

Le Grec n'avait jamais ce sentiment; et, sans l'extrême loisir, point d'amour[1].

Je ne parle ici que de cette partie du cœur humain que les formes d'une statue peuvent trahir ; elles sont une prédiction de moments charmants, ou elles ne sont rien ; il y a, sans doute, de l'instinct; mais l'instinct est plus sensible à la peinture.

CHAPITRE CXVIII.

NOUS N'AVONS QUE FAIRE DES VERTUS ANTIQUES.

Rappelons-nous les vertus dont le sculpteur eut besoin jadis dans les forêts de la Thessalie.

[1] L'amour est en Italie, et non aux États-Unis d'Amérique, ou à Londres. La position d'Abailard, le plus grand homme de son siècle, logé

C'étaient, ce me semble, la justice, la prudence, la bonté, et ces trois qualités portées à l'extrême. L'homme voulait ces vertus dans ses dieux, il les eût désirées dans son ami [1]. Or ces grandes qualités sont assez peu de mise en France : non qu'on veuille s'ériger ici en misanthrope. Je proteste que, si je tombe, c'est en cherchant pourquoi le Guide nous est plus agréable que Michel-Ange de Carravage. Je parlerai de moi ; je dirai, en m'excusant ici et pour l'avenir, que toute morale m'ennuie, et que je préfère les contes de la Fontaine aux plus beaux sermons de Jean-Jacques.

Après cette profession de foi, on me permettra d'entreprendre le détrônement des vertus antiques, et de faire observer que nous n'avons que faire de la *force* dans une ville où la police est aussi bien faite qu'à Paris. On n'estime plus la force que pour une seule raison, car nos princes ne sont pas réduits, comme Œdipe,

. . . . A disputer dans un étroit passage
Des vains honneurs du pas le frivole avantage.
(VOLTAIRE.)

La force tombe, même en Angleterre ; et, quand nous rencontrons dans les journaux l'éloge de la vigueur du noble lord N***, nous croyons lire une mauvaise plaisanterie. C'est que la très-grande force a un très-grand inconvénient : l'homme très-fort est ordinairement très-sot. C'est un athlète ; ses nerfs n'ont presque pas de sensibilité [2]. Chasser, boire et dormir, voilà son existence.

Vous n'aimeriez pas, ce me semble, que votre ami fût un Milon de Crotone. Vous plairait-il plus avec cette énergie de caractère et cette force d'attention qui frappe dans la *Pallas* de Velletri ? Non, cette tête sur des épaules vivantes nous ferait peur.

chez le chanoine Fulbert, aimant en secret son écolière, qui adorait sa gloire, était *impossible* dans l'antiquité. *Plura erant oscula quam sententiæ, sæpius ad sinum quam ad libros deducebantur manus.*

[1] Son compagnon d'armes, et non son amuseur.

[2] Boerhaave.

Non, ces vertus antiques ou chasseraient votre ami de France, ou en feraient un solitaire, un misanthrope fort ennuyeux, et fort peu utile dans le monde ; car le vrai ridicule d'Alceste est de se roidir contre l'influence de son gouvernement. C'est un homme qui veut arrêter l'Océan avec un mur de jardin. Philinte aurait dû lui répondre en riant : « Passez la Manche. »

CHAPITRE CXIX.

DE L'IDÉAL MODERNE.

Si l'on avait à recomposer le beau idéal, on prendrait les avantages suivants :

1° Un esprit extrêmement vif.

2° Beaucoup de grâces dans les traits.

3° L'œil étincelant, non pas du feu sombre des passions, mais du feu de la saillie. L'expression la plus vive des mouvements de l'âme est dans l'œil, qui échappe à la sculpture. Les yeux modernes seraient donc fort grands.

4° Beaucoup de gaieté.

5° Un fonds de sensibilité.

6° Une taille svelte, et surtout l'air agile de la jeunesse.

CHAPITRE CXX.

REMARQUES.

Dans nos mœurs, c'est l'esprit accompagné d'un degré de force très-ordinaire qui est la force. Encore même notre force, grâce à la nature de nos armes, n'est plus une qualité physique, c'est du courage.

L'esprit est fort, parce qu'il met en mouvement les machines à coups de fusil. Les modernes se battent fort peu. Il n'y a plus d'Horatius Coclès. Ensuite l'extrême force est beaucoup moins utile dans les batailles ; et, pour les combats particuliers, c'est l'adresse à manier l'épée ou le pistolet qui fait l'avantage. N'était-ce pas une grande force, en 1765, que l'esprit de Beaumarchais? et il ne se battait pas.

Je ne parle pas, pour ce second beau idéal, de l'air de santé, qui va sans dire. Cependant, dans la déroute générale des qualités naturelles, les couleurs trop vives donnent l'air commun. Une certaine pâleur est bien plus noble. Elle annonce plus d'usage du monde, plus de cette force que nous aimons.

CHAPITRE CXXI.

EXEMPLE : LA BEAUTÉ ANGLAISE.

Voyez la tournure des Anglais qui arrivent en France. Indépendamment de leurs modes, ils paraissent singuliers, et les femmes de Paris y trouvent mille choses à reprendre.

Ce n'est pas assurément que leurs couleurs fraîches et leur démarche assurée n'annoncent la santé et la force, et que l'on ne voie dans leurs regards encore plus de raison et de sérieux : c'est précisément parce qu'il y a trop de tout cela. Ils sont plus près que nous du beau antique, et nous trouvons qu'il leur manque, pour être beaux, vivacité et finesse [1].

C'est que les vertus dont le beau antique est la saillie, si l'on ose parler ainsi, sont plus honorées dans un gouvernement libre qu'en France. Voyez les têtes d'Allworthy, de Tom-Jones, de Sophie, du grand peintre Fielding. C'est du beau antique tout pûr, aurait dit Voltaire. Aussi, parmi nous, ces gens-là sont-ils un peu lourds. Les Anglais, de leur côté, encore *puritains* sans le savoir [2], s'arment d'une sainte indignation contre les héros de Crébillon. On en dit du mal même à Paris. Ce sont ce-

[1] Un Anglais debout présente une ligne parfaitement droite. (Tom. IV des *Physion.*)

[2] En Angleterre, faire une partie de piquet le dimanche, ou jouer du violon, est une impiété révoltante. Le capitaine du vaisseau qui portait Bonaparte à Sainte-Hélène lui fit cette burlesque notification.

pendant des portraits très-ressemblants de personnages éminemment modernes.

Le beau idéal antique est un peu républicain[1]. Je supplie qu'à ce mot l'on ne me prenne pas pour un coquin de libéral. Je me hâte d'ajouter que, grâce à l'amabilité de nos femmes, la république antique ne peut pas être, et ne sera jamais un gouvernement moderne.

Jamais en Italie, ni ailleurs, je n'ai trouvé les beaux enfants anglais avec ces cheveux bouclés autour de leurs charmants visages, et ces yeux ornés de cils si longs, si fins, légèrement relevés à l'extrémité, qui donnent à leur regard un caractère presque divin de douceur et d'innocence[2]. Ces teints éblouissants, si transparents, si purs, si profondément colorés à la moindre émotion, que l'étranger rencontre dans les Country-Seats où il a le bonheur d'être admis, c'est en vain qu'il les chercherait dans le reste de la terre. Je n'hésite pas à le dire, si Raphaël avait eu connaissance des enfants de six ans et des jeunes filles de seize de la belle Angleterre, il aurait créé le beau idéal du Nord, touchant par l'innocence et la délicatesse, comme celui du Midi par le feu de ses passions. La science vient approuver cet aperçu de l'âme, et nous dire que dans la jeunesse le tempérament bilieux est une maladie. Pendant la première minute où les yeux du voyageur se fixent sur une beauté anglaise, ils l'embellissent. Dans le Midi, c'est un effet contraire. Le premier aspect de la beauté y est ennemi. L'Italienne qui revoit tout à coup un amant adoré qu'elle croyait à trois cents lieues reste immobile. Ailleurs, on lui saute au cou.

CHAPITRE CXXII.

LES TOILES SUCCESSIVES.

De même que, pour le premier beau idéal, l'artiste est parti

[1] Il annonce les mêmes vertus que commande la république.

[2] Ce n'est qu'en Angleterre que l'on peut comprendre cette phrase du bon Primrose : « My sons hardy and active, my daughters beautiful and *blooming* » non plus que le *auburne hair*.

e l'opinion des femmes, de la tribu encore sauvage, et de l'in-:inct; de même, dans cette seconde recherche de la beauté, ıut-il partir des têtes classiques de l'antiquité.

L'artiste prendra la tête de la *Niobé*, ou la *Vénus*, ou la *Pal-ıs*. Il la copiera avec une exactitude scrupuleuse.

Il prendra une seconde toile, et ajoutera à ces figures divines expression d'une sensibilité profonde.

Il fera un troisième tableau, où il donnera à la même beauté ıtique l'esprit le plus brillant et le plus étendu.

Il prendra une quatrième toile, et tâchera de réunir la sensi-ilité de son second tableau à l'esprit qui brille dans le troi-ème. Il passera bien près de l'*Hermione* du Guide [1].

Surtout le peintre s'assurera, par des épreuves multipliées, ı'il ne supprime que les qualités réellement incompatibles.

Je m'attends bien qu'à la première épreuve, dès qu'il voudra ɔnner une sensibilité profonde à la *Niobé*, l'air de force dispa-îtra.

Ici, il ne sera pas éloigné de l'*Alexandre mourant* de Flo-nce, une des têtes les plus touchantes et les moins belles de ıntiquité.

La *Niobé* [2] a sans doute une certaine expression de douleur; ais c'est la douleur dans une âme et dans un corps pleins d'é-ırgie. Cette douleur serait plus touchante dans un cœur pro-ndément sensible [3]. Or je ne puis trop le redire, les arts du ıssin sont muets; ils n'ont que les corps pour représenter les ıes. Ils agissent sur l'imagination par les sens; la poésie, sur ; sens par l'imagination [4].

[1] *Enlèvement d'Hélène*. Ancien Musée Napoléon, n° 1,008.

[2] A Florence. La comparer avec les mères du *Massacre des Innocents* Guide; et cependant le Guide est peut-être le moins expressif des ands peintres.

[3] La *Madeleine* du marquis Canova.

[4] S'il est vrai qu'avec les traits que nous lui connaissons Socrate ait rté une physionomie parfaitement ignoble, cette âme sublime fut à ıais hors de la portée des arts du dessin; si l'ignoble s'étendait aux ɔuvements, hors de la portée de la pantomime, il ne serait plus resté

Ceci rappelle le mot de je ne sais quel mauvais poëte moderne, qui se flattait d'avoir retrouvé la *douleur antique.*

Je ne crois pas que ce fût là une grande découverte. La douleur antique était plus faible que la nôtre. Voilà tout.

Les jolies femmes du temps du régent avaient déjà des vapeurs, et le maréchal de Saxe était d'une force étonnante, comme son père.

CHAPITRE CXXIII.

LE BEAU ANTIQUE CONVIENT AUX DIEUX.

Mais, dira-t-on, l'idéal moderne n'aura jamais le caractère sublime et l'air de grandeur qui charment dans le moindre bas-relief antique.

L'air de grandeur se compose de l'air de force, de l'air de noblesse, de l'air d'un grand courage.

Le beau moderne n'aura pas l'air de force, il aura l'air de noblesse, et peut-être à un degré supérieur à l'antique.

que la parole ou la poésie; mais il est hors de la nature qu'une grande âme ne se trahisse pas par les mouvements.

« Une physionomie pourra être des plus nobles, des plus honnêtes, des plus judicieuses, des plus spirituelles et des plus aimables; le physionomiste pourra y découvrir les plus grandes beautés, parce que, en général, il appelle *beau* toute bonne qualité qui est exprimée par les sens; mais la forme même ne sera pas belle dans le sens des Raphaël et des Guide. » (Lavater, V, 148.)

Cela tient aux formes reçues des parents, et au pouvoir de l'éducation. Dans la monarchie, le fils de Marius, ne pouvant avoir une compagnie, sera Cartouche. Je suppose que les parents donnent le tempérament, le *ressort;* et l'éducation, le *sens* dans lequel il agit.

La sculpture ne peut pas admettre cette exception. Pour elle, la beauté ne peut jamais être que la *saillie* des vertus; elle suppose toujours qu'il en est de tous les hommes comme d'Hippocrate, qui était le dix-septième grand médecin de sa race. Lavater travaille sur la réalité, si respectable pour l'homme, mais souvent insipide.

Les œuvres de la sculpture ne peuvent avoir cet avantage, et doivent fuir cet inconvénient.

Il aura l'expression d'un grand courage, précisément jusqu'au point où la force de caractère est incompatible avec la grâce. Nous aimons bien le courage ; mais nous aimons bien aussi qu'il ne paraisse que dans le besoin. C'est ce qui gâte les cours militaires. Les méchants disent qu'on y est un peu bête. Catherine II en convenait.

La grâce exclut la force ; car l'œil humain ne peut voir à la fois les deux côtés d'une sphère. La cour de Louis XIV restera longtemps le modèle des cours, parce que le duc de Saint-Simon y était considéré sans uniforme, parce qu'on s'y amusait plus qu'à la ville. Aussi avait-on Molière : on riait de Dorante ami de M. Jourdain, et Napoléon a été obligé de défendre l'*Intrigante;* car, si l'on s'était mis à rire de ses chambellans, où aurait-on fini ?

Par un hasard singulier, l'*Apollon* est plus dieu aujourd'hui que dans Athènes. Cette statue sublime a suivi nos idées. Nous sentons mieux, nous autres modernes, ce que nous serions devant un être tout-puissant. C'est que toutes les fois qu'on nous a fait voir le Père éternel, nous avons aperçu l'enfer au fond du tableau.

Le beau idéal des anciens régnera toujours dans l'Olympe ; mais nous ne l'aimerons parmi les hommes qu'autant qu'ils auront à exercer quelque fonction de la Divinité. Si je dois choisir un juge, je voudrai qu'il ressemble au *Jupiter Mansuetus*. Si j'ai un homme à présenter à la cour, j'aimerai qu'il ait la physionomie de Voltaire.

CHAPITRE CXXIV.

SUITE DU MÊME SUJET.

On me disputera peut-être l'air noble. Mais je représenterai qu'il y a plus de noblesse parmi les modernes, et des séparations plus fines. A Londres, j'ai vu un lord serrer la main d'un riche charcutier de la Cité[1]. J'ai cru voir Scipion l'Africain bri-

[1] Le 6 janvier 1816.

guant pour son frère le commandement de l'armée contre Antiochus.

Dans les dissertations littéraires, voyez les plaintes des gens de lettres sur la rareté des termes nobles, et leur envie pour Homère. C'est un poëte contemporain de Montaigne, qui se serait librement servi, non-seulement du français d'alors, mais encore du picard et du languedocien, et malgré cela toujours noble. Si la chose existe, il ne manque donc plus que le talent de la peindre. Voici une objection. Comme nous n'avons jamais entendu le peuple parler grec ou latin, nous ne trouvons pas un seul mot ignoble dans Virgile ou Homère, ce qui fait un des sujets les plus raisonnables de l'admiration des pédants. L'idéal antique jouit presque du même avantage. Il a été établi sur des formes de têtes un peu différentes des nôtres. Le voyageur est frappé de rencontrer au milieu des ruines d'Athènes des traits qui le remettent tout à coup devant la *Vénus* ou l'*Apollon*. C'est comme dans les environs de Bologne, l'on ne peut faire un pas sans trouver une tête de l'Albane ou du Dominiquin.

CHAPITRE CXXV.

RÉVOLUTION DU VINGTIÈME SIÈCLE.

Rien de plus original n'a jamais existé qu'une réunion de vingt-huit millions d'hommes parlant la même langue et riant des mêmes choses. Jusqu'à quand, dans les arts, notre caractère sera-t-il enfoui sous l'imitation? Nous, le plus grand peuple qui ait jamais existé (oui, même après 1815), nous imitons les petites peuplades de la Grèce, qui pouvaient à peine former ensemble deux ou trois millions d'habitants.

Quand verrai-je un peuple élevé sur la seule connaissance de l'*utile* et du *nuisible*, sans Juifs, sans Grecs, sans Romains?

Au reste, à notre insu, cette révolution commence. Nous nous croyons de fidèles adorateurs des anciens; mais nous avons trop d'esprit pour admettre, dans la beauté de l'homme, leur système, avec toutes ses conséquences. Là, comme ailleurs, nous vons deux croyances et deux religions. Le nombre des idées 'étant prodigieusement accru depuis deux mille ans, les têtes umaines ont perdu la faculté d'être conséquentes.

Une femme, dans nos mœurs, n'énonce guère d'opinion dé- aillée sur la beauté, sans quoi je verrais une femme d'esprit ien embarrassée. Elle admire au Musée la statue de *Méléagre*; t si ce *Méléagre*, que les statuaires regardent avec raison omme un parfait modèle de la beauté de l'homme, entrait ans son salon avec sa figure actuelle, et précisément l'esprit u'annonce cette figure, il serait lourd et même ridicule.

C'est que les sentiments des gens bien nés ne sont plus les aêmes que chez les Grecs. Les amateurs véritables qui ensei- nent au reste de la nation ce qu'elle doit sentir se rencontrent armi les gens qui, nés dans l'opulence, ont pourtant conservé uelque naturel. Quelles étaient les passions de ces gens-là chez es Grecs? quelles sont-elles parmi nous?

Chez les anciens, après la fureur pour la patrie, un amour u'il serait ridicule même de nommer; chez nous, quelquefois amour, et tous les jours ce qui ressemble le plus à l'amour[1]. e sais bien que nos gens d'esprit, même ceux qui ont une âme, onnent bien des moments à l'ambition, soit des honneurs pu- lics, soit des jouissances de vanité. Je sais encore qu'ils ont eu de goûts vifs, et que leur vie se passe plutôt dans une in- ifférence amusée. Alors les arts tombent[2]; mais de temps en emps les événements publics tuent l'indifférence[3].

Au milieu de tout cela, ce sont les passions tendres qui diri- ent le goût.

La rêverie qui aime la peinture est plus mélangée de noblesse ue celle qui s'abandonne à la musique. C'est qu'il y a une beauté léale en peinture : elle est bien moins sensible en musique. 'on voit sur-le-champ une tête vulgaire, et la tête de l'*Apollon*;

[1] Ceci est très-faux pour l'Angleterre, et le deviendra pour nous si les eux Chambres durent. On ne demandera plus d'un grand général: « Est- aimable? » Les femmes de province ont donc raison d'être du parti de éteignoir.

[2] Le règne de Louis XVI.

[3] La révolution.

mais on trouve un *air* donnant les mêmes sentiments, et plus noble ou moins noble que *del signore de Paolino* dans le *Mariage secret.* La musique nous emporte avec elle, nous ne la jugeons pas. Le plaisir en peinture est toujours précédé d'un *jugement.*

L'homme qui arrive devant la *Madonna alla Seggiola* dit : « Que c'est beau ! » Aussi la peinture ne manque-t-elle jamais tout à fait son but, comme il arrive à la musique.

Le spectateur sent plus sa force, il est plus sensible et moins mélancolique au Musée qu'à l'Opéra-Buffa. Il y a un effort pénible pour revenir des enchantements de la musique à ce que le monde appelle les affaires sérieuses, qui est beaucoup moindre en peinture.

Les brouillards de la Seine ne sont donc pas si contraires à la peinture qu'à la musique[1].

Le vent d'ouest est fort rare en été dans la mer du Sud ; mais enfin c'est le seul par lequel on puisse aborder à Lima.

Le soleil est un peu pâle en France ; on y a beaucoup d'esprit, on est porté à mettre de la recherche dans l'expression des pas-

[1] La musique est une peinture tendre ; un caractère parfaitement sec est hors de ses moyens. Comme la tendresse lui est inhérente, elle la porte partout ; et c'est par cette *fausseté* que le tableau du monde qu'elle présente ravit les âmes tendres, et déplaît tant aux autres.

Pourquoi la musique est-elle si douce au malheur ? C'est que, d'une manière obscure, et qui n'effarouche point l'amour-propre, elle fait croire à la douce pitié. Cet art change la douleur sèche du malheureux en douleur regrettante ; il peint les hommes moins durs, il fait couler les larmes, il rappelle le bonheur passé, que le malheureux croyait impossible.

Sa consolation ne va pas plus loin ; à la jeune fille folle d'amour, qui pleure la mort d'un amant chéri, il ne fait que nuire et que hâter les progrès de la phthisie.

L'écueil du comique, c'est que les personnages qui nous font rire ne nous semblent secs et n'attristent la partie tendre de l'âme. La vue du malheur lui ferait négliger la vue de sa supériorité ; c'est ce qui, pour certaines gens, fait le charme d'un bon opéra-buffa, si supérieur à celui d'une bonne comédie : c'est la plus étonnante réunion de plaisirs. L'imagination et la tendresse sont actives à côté du rire le plus fou *.

* Tels sont, supérieurement, *I nimici generosi* de Cimarosa.

sions. On ne sait admirer le simple que quand il est donné par un grand homme; mais chaque jour l'extrême civilisation guérit de ce défaut. Dans tous les pays l'on commence par le simple[1]. L'amour de la nouveauté jette dans la recherche[2], l'amour de la nouveauté ramène au simple[3]. Voilà où nous en sommes; et, pour les choses de sentiment, c'est peut-être à Paris que se trouvent les juges les plus délicats; mais il surnage toujours un peu de froideur[4].

C'est donc à Paris qu'on a le mieux peint l'amour délicat, qu'on a le mieux fait sentir l'influence d'un mot, d'un coup d'œil, d'un regard. Voyez mademoiselle Mars jouant Marivaux, et regardez-la bien, car il n'y a rien d'égal au monde.

Dans Athènes l'on ne cherchait pas tant de nuances, tant de délicatesse. La beauté physique obtenait un culte partout où elle se rencontrait. Ces gens-là n'allèrent-ils pas jusqu'à s'imaginer que les âmes qui habitaient de beaux corps s'en détachaient avec plus de répugnance que celles qui étaient cachées sous des formes vulgaires? Au dernier soupir, elles en sortaient lentement, et peu à peu, afin de ne leur causer aucune douleur violente qui eût altéré la beauté, et de les laisser comme plongés dans un sommeil tranquille[5]. Mais aussi le culte de la beauté n'était que physique, l'amour n'allait pas plus loin, et Buffon eût trouvé chez les Grecs bien des partisans de son système.

Ils ne voyaient point dans les femmes des juges de mérite, et se trouvaient peu sensibles au plaisir d'être aimés. Une femme était une esclave qui faisait son devoir. Voyez le sort d'Andromaque dans Virgile, le Mozart des poëtes. Aussi, dans la science des mouvements de l'âme, les philosophes grecs restèrent-ils des enfants. Voyez les *Caractères* de Théophraste, ou essayez

[1] Anacréon.

[2] Le cavalier Marin.

[3] Parny, les chansons de Moncrif.

[4] Qui est peut-être nécessaire pour bien juger; c'est ce qui fait qu'en Italie on juge moins bien des passions tendres; pour peu que le livre soit passable, il ravit (*Lettere di Oritz*); mais le public y est parfait pour l'ambition, le patriotisme, la vengeance, etc.

[5] Philostrate.

de traduire en grec l'histoire de mademoiselle de la Pommeraie, de *Jacques le Fataliste*.

CHAPITRE CXXVI.

DE L'AMABILITÉ ANTIQUE.

Suivons Méléagre chez Aspasie. Il y était aimable. Par sa force il brillait dans les jeux du cirque, et aimait à en parler. Cela faisait une conversation intéressante parmi des hommes que l'amour de la vie livrait à ces jeux. Chacun d'eux se rappelait que, dans le dernier combat, il avait vu tuer un de ses compagnons, pour avoir lancé son javelot trop loin. Aujourd'hui, dans une bataille, le nombre infini de ces petits drames, qui tous finissent par la mort, manque de physionomie : c'est presque toujours une balle qui entre dans une poitrine; et, une fois qu'on a bien vu l'impression que fait la balle en traversant la peau, la mort du soldat n'offre plus qu'un intérêt de calcul. Si l'on avait le temps d'être ému, ce serait tout au plus un tirage de loterie. Mais le capitaine qui voit tomber son monde pense à l'état de situation qu'il doit fournir le soir. « Si ma compagnie est réduite à moins de quarante hommes, se dit-il, il est impossible qu'elle fasse campagne; il faut qu'on m'envoie des conscrits du dépôt. »

Dans les batailles sanglantes de l'antiquité, l'épée décidait tout ; le capitaine n'était pas derrière sa troupe : chaque mort formait un tableau, et un tableau intéressant pour le chef, toujours dans la mêlée[1].

Athènes, quoiqu'elle eût quatre cent mille esclaves, n'avait que trente mille citoyens. Mais, quand même il y aurait eu un public n'allant pas à la guerre, je dis qu'on y prenait un intérêt tout autre.

Parmi nous, l'État fait la guerre ; cela veut dire, pour le riche habitant de Paris, qu'au lieu de payer au prince dix mille francs

[1] Tite-Live.

d'impôt, il en payera quinze ou vingt mille. Les gens d'un certain rang vont à l'armée par vanité, pour porter aux Tuileries un brillant uniforme, et dans les salons de Paris une certaine fatuité. Ils entendent dire dans les discours payés par le gouvernement que cette vanité est de l'héroïsme, et qu'ils se battent pour leur patrie, et non pour leurs épaulettes. D'ailleurs, si quelque général est emporté par un boulet, l'Académie a la mort d'Épaminondas[1].

Mais qu'est-ce que cela me fait, *à moi*, qui ai toujours ma loge à l'Opéra, mon équipage de chasse, et mes maîtresses? Je m'abonne tout au plus à quelque gazette étrangère[2].

En Grèce, la guerre mettait directement en péril, avec l'existence de toute la société, l'existence de chacun des habitants. Il fallait ou vaincre dans la bataille, ou être prisonnier, et l'on a vu ce que les Corcyréens faisaient des prisonniers. Le vainqueur emmenait tout, les femmes, les enfants, les animaux domestiques; il brûlait les huttes, et ensuite allait demander un triomphe au sénat de Rome.

Ne sachant ce qu'il voulait des bons Allemands, un homme a, dix ans de suite, troublé leur repos ; ils ont fini par se révolter, et, guidés par la lance du Cosaque, ils sont venus nous donner un échantillon des guerres antiques. L'habitant de Paris a entendu le bruit du canon; il a vu son parc ravagé, il a été obligé de faire un uniforme. Mais il faut cinq ou six siècles pour ramener ces événements; à Athènes, on les craignait tous les cinq ou six ans. Avec la différence nécessaire dans la culture de l'esprit, et la différence dans l'amour, voilà qui explique toute l'antiquité.

[1] « Le mot de patrie est à peu près illusoire dans un pays comme l'Europe, où il est égal, pour le bonheur, d'être à un maître ou à un autre. » (MONTESQUIEU.) Chez les anciens, chaque citoyen était occupé du gouvernement de la patrie. Qu'a perdu Sarrelouis à n'être plus France?

[2] Besenval, *Bataille de Fillinghausen*.

Ridicule des prédictions de M. de Choiseul, tom. I, p. 100.

Sautez de là à Tite-Live. Une fenêtre trop étroite fait faire la guerre à Louvois (SAINT-SIMON). Le patriotisme est donc dans l'Europe moderne le ridicule le plus sot.

La belle statue de *Méléagre* avait donc par sa force mille choses intéressantes à dire. S'il paraissait beau, c'est qu'il était agréable ; s'il paraissait agréable, c'est qu'il était utile.

Pour moi l'utilité est de m'amuser, et non de me défendre, et je vois bien vite dans les grosses joues de Méléagre qu'il n'eût jamais dit à sa maîtresse : « Ma chère amie, ne regarde pas tant cette étoile, je ne puis pas te la donner [1]. »

CHAPITRE CXXVII.

LA FORCE EN DÉSHONNEUR.

Le public sent si bien, quoique si confusément, l'existence du beau idéal moderne, qu'il a fait un mot pour lui, l'*élégance*.

Que voit-on dans l'élégance ? D'abord l'absence de toute cette partie de la force qui ne peut pas se tourner en agilité.

Si un jeune homme de vingt ans débute dans le monde avec la taille d'Hercule, je lui conseille de prendre le rôle d'homme de génie. Ses séances avec son tailleur seraient toujours un supplice ; il vaudrait mieux pour lui avoir quinze ans de plus et une taille élancée. C'est que la qualité qui nous est le plus antipathique dans le beau idéal antique, c'est la force [2]. Cela vient-il de l'idée confuse qu'elle est toujours accompagnée d'une certaine épaisseur dans l'esprit ? Cela vient-il de l'observation que l'âge mûr ajoute aux formes sveltes de la jeunesse ? Et qu'est-ce qu'un vieillard dans la monarchie ? Cela vient-il du profond mépris pour le travail ?

Après la force, notre plus grande aversion est pour l'appareil

[1] Mémoires de Marmontel, milord Albemarle. Dans cent ans, lorsque les deux Chambres auront gagné toute l'Europe, les guerres seront courtes, comme les accès d'humeur des enfants. Alors pour le beau :

Novus sæclorum nascitur ordo.

[2] En 1770, un gentilhomme, insulté par un paysan, ne devait pas le rosser avec effort, mais comme en se jouant (Voir Crébillon fils.) Les biens nationaux changent un peu cela.

le la prudence, et le sérieux profond. C'est que la stupidité ressemble un peu au sérieux profond. C'est un écueil pour les staauaires[1].

Enfin, pour qu'aucune des parties du beau antique ne reste nattaquée, l'air de bonté peut paraître quelquefois l'air de la niaiserie qui demande grâce devant les épigrammes, ou l'air de a sottise, qui, comme le renard sans queue, voudrait persuader qu'il n'y a d'esprit que dans le bon sens.

Le bon sens, si déshonoré dans la monarchie, que Montesquieu, avec le style de Bentham, n'eût pas été lu[2]. Le monde est dans une révolution. Il ne reviendra jamais ni à la république antique, ni à la monarchie de Louis XIV. On verra naître un beau *Constitutionnel*.

[1] Dans la monarchie, le gouvernement fait tout pour vous. A quoi rêvez-vous si profondément?

Fish not with this melancholy bait
For this fool-gudgeon, this opinion.
Merch. of Venice, acte I, scène I.

[2] J'ai connu dans le Cumberland un lord très-original (je demande grâce pour ses expressions), qui soutenait que le vrai titre de l'immortel ouvrage de Montesquieu était :

DE L'ESPRIT DES LOIS,

OU

DE L'ART DE FILOUTER,

A L'USAGE DES FILOUS ET DES HONNÊTES GENS;

Les honnêtes gens verront comment on s'y prend pour faire changer les montres de gousset; les fripons, de nouvelles méthodes excellentes pour les pêcher;

PAR M. DE MONTESQUIEU,

BON GENTILHOMME, ANCIEN PRÉSIDENT A MORTIER, EX-AMBITIEUX, ET, SUR SES VIEUX JOURS, IMITATEUR DE MACHIAVEL.

«Ce qu'il y a de plaisant, ajoutait-il, c'est que quand vos badauds voient les doigts des filous s'approcher de leurs goussets, suivant les excellents préceptes de Montesquieu, ils s'écrient : « Bon ! voilà que nous sommes « bien gouvernés ! »

CHAPITRE CXXVIII.

QUE RESTERA-T-IL DONC AUX ANCIENS?

Dans le cercle étroit de la perfection, d'avoir excellé dans le plus facile des beaux-arts.

Dans l'empire du *beau*, en général, d'avoir des préjugés moins baroques, et d'être simples par *simplicité*, comme nous sommes simples à force d'esprit.

Si les anciens ont excellé dans la sculpture, c'est qu'ils ont toujours eu, à cet égard, une bonne constitution, et nous une mauvaise.

C'est que notre religion défend le *nu*, sans lequel la sculpture n'a plus les *moyens d'imiter;* et, dans la Divinité, les passions généreuses, sans lesquelles la sculpture n'a *plus rien à imiter*.

CHAPITRE CXXIX.

LES SALONS ET LE FORUM

Le beau moderne est fondé sur cette dissemblance générale qui sépare la vie de salon de la vie du forum.

Si nous rencontrons jamais Socrate ou Épictète dans les Champs-Élysées, nous leur dirons une chose dont ils seront bien scandalisés, c'est qu'un grand caractère ne fait pas chez nous le bonheur de la vie privée.

Léonidas, qui est si grand lorsqu'il trace l'inscription : *Passant, va dire à Sparte*[1], etc., pouvait être, et j'irai plus loin, était certainement un amant, un ami, un mari fort insipide.

Il faut être homme charmant dans une soirée, et le lendemain gagner une bataille, ou savoir mourir.

Dans ce qu'on appelle en France le *bon air*, la partie qui tient

[1] Voir le beau tableau de M. David. Chose singulière dans l'école française, la tête de Léonidas a une expression sublime!

à ce dont le caractère moderne diffère du caractère antique durera jusqu'à ce qu'une révolution du globe nous rende malheureux et sauvages. La partie qui vient de la mode et du caprice, bien moins considérable qu'on ne le croirait, n'est qu'un effet passager des formes de gouvernements. Un article de la constitution de 1814 proscrit les habits de deux cents louis qu'on portait il y a quarante ans. Si l'on a des élections, on voudra bien se distinguer, mais non offenser.

Toute la distinction des conditions, nuance si essentielle au bonheur d'aujourd'hui, est presque dans la manière de porter les vêtements [1].

Or, il y a *mouvement*, nous sommes hors des arts du dessin; il y a *vêtement*, donc il n'y a plus de sculpture [2].

Ici près est une des sources des caricatures. Les dessinateurs mettent en contraste les deux parties de nos mœurs. Ils entassent toutes les recherches de la mode sur des corps manquant de ce *bon air* primitif, et qui tient à l'essence des mœurs modernes [3]. C'est Potier revêtu de l'habit de Fleury. Nous sentons qu'avec notre frac tout uni nous valons mieux que le prince *Mirliflore*, et nous rions quand un accident imprévu vient prouver à lui sa bêtise, et à nous notre supériorité.

Le bon air moderne a paru en France avant de se montrer ailleurs; mais il est, comme la langue, en chemin pour faire le

[1] Voyez à l'école de natation : on ne peut distinguer les conditions. On sait qu'une duchesse n'a jamais que trente ans pour un bourgeois. Pour les arts, toute l'agitation politique entre l'aristocratie de 1770 et la constitution de 1816 se réduit à changer cette phrase, c'est un *homme bien né*, en celle-ci : c'est un *gentleman* (un homme aisé, qui a reçu une bonne éducation).

[2] Le *bon air* est beaucoup dans la manière de porter les vêtements, et la sculpture antique exige le nu.

[3] Ce n'est pas dans nos histoires, presque toutes vendues d'avance par l'auteur à l'autorité, ou à sa propre considération *, que sont nos mœurs, mais dans les Mémoires, et encore mieux dans les lettres imprimées par hasard **.

* Le père Daniel, Voltaire, etc.

** Saint-Simon, Motteville, Staal, Duclos, Lettres de Fénelon, de madame du Deffand, etc.

tour du monde. En tout pays, les gens d'esprit préféreront le grand Condé au maréchal de Berwick.

Le bon air commença à faire quelques petits séjours parmi nous lorsque la poudre à canon permit aux gentilshommes français de n'être plus des athlètes. On sentit que l'esprit est absolument nécessaire au beau idéal humain. Il faut de l'esprit même pour souffrir, même pour aimer, dirais-je aux Allemands.

Le *Méléagre* plaira à Naples comme à Londres. Oui, mais plaire également partout, n'est-ce pas une preuve qu'on ne plaît infiniment nulle part?

Gustave III, l'abbé Galiani, Grimm, le prince de Ligne, le marquis Caraccioli[1], tous les gens d'esprit qui ont aperçu en France cette perfection passagère de la société n'ont cessé de l'adorer. Tant qu'on ne fera pas de tous les hommes des anges, ou des hommes passionnés pour le même objet, comme en Angleterre, ce qu'ils auront de mieux à faire pour se plaire sera d'être Français comme on l'était dans le salon de madame du Deffand.

Le malheur des modernes, c'est que la découverte de l'imprimerie n'ait pas précédé de deux siècles celle des manuscrits. La chevalerie eût vécu davantage. Alors, *tout par les femmes*. Chez les Grecs, comme chez les Turcs, *tout sans les femmes*. Nous fussions arrivés plus vite à notre beau idéal.

Mais, dira-t-on, un de nos jeunes colonels de l'ancien régime était d'un ridicule outré en se promenant dans Hyde-Park.

Non, c'était de l'*odieux*, couleur du ridicule dans les républiques. D'ailleurs, distinguez l'expression des qualités agréables qui manquaient aux anciens, et la mode. C'est par sa manière de marcher ou de monter à cheval, délicieuse à Paris[2], que ce jeune seigneur égayait John Bull. A Paris, il fallait plaire aux

[1] Qui ne connaît sa réponse à Louis XVI, qui lui faisait compliment sur sa place de vice-roi de Sicile? « Ah ! sire, la plus belle place de l'Europe est celle que je quitte : la place Vendôme. »

[2] Toujours en 1770, Duclos disait : « L'air noble d'aujourd'hui doit donc être une figure délicate et faible ; on ne l'accorderait pas à une figure d'athlète; la comparaison la plus obligeante qu'en feraient les gens de grand monde serait celle d'un grenadier, d'un beau soldat. » (*Consid.*, tom. I, p. 151.)

femmes; à Londres et en Pologne, aux électeurs. Donnez-lui quarante ans, vous lui aurez ôté tout ce qui tenait à la mode, c'est-à-dire à cette partie des manières qui n'a pas d'influence sur l'idéal moderne, dont tour à tour elle exagère tous les éléments [1].

Si la constitution de 1814 tient, l'anecdote de madame Michelin sera horrible dans un demi-siècle [2]. La rouerie aura le sort de l'escroquerie au jeu, dont nous avons vu périr la gloire. Elle fut une grâce dans le chevalier de Grammont à la cour de Louis XIV, et n'était plus qu'une turpitude dans M. de G***, aux chasses de Compiègne, sous Louis XVI.

Si l'élégance, de son sceptre léger, mais inflexible, défend à la force de se montrer dans les figures d'hommes, que sera-ce pour un autre sexe? La force n'y aurait qu'une manière de plaire, car notre manière de juger les jolies femmes en est encore à l'apogée des mœurs monarchiques. Les charmantes figures de Raphaël et du Guide nous semblent un peu lourdes. Nous préférons les proportions de la *Diane chasseresse* [3]; mais, dans nos climats, la sensibilité, comme la voix, est un luxe de santé. Nous admettrons un peu plus de force. En Italie, l'on ne fait pas cette faute. En France, l'opinion, occupée d'autre chose, s'est tue sur la beauté pendant trente ans, et s'est laissé mener par les beaux-arts [4].

CHAPITRE CXXX.

DE LA RETENUE MONARCHIQUE.

La jolie devise italienne *cheto fuor, commosso dentro*, n'aurait rien dit dans l'antiquité, où chaque homme avait des droits

[1] Voir la composition du beau moderne, chapitre CXVII.

[2] Vie privée du maréchal de Richelieu.

[3] Voir, à l'exposition, les formes grêles affectées dans les portraits de femmes.

[4] Elle doit beaucoup à M. David. Notre papier marqué, nos pièces de dix centimes étaient des modèles de beauté, et sans doute les plus souvent regardés.

en proportion de son émotion. Voilà des sources charmantes qui n'existaient pas pour les beaux-arts. Le plus grand défaut d'une belle figure est de ressembler à l'idée de beauté que nous avons dans la tête.

Ainsi le charme divin de la *nouveauté* manque presque entièrement à la beauté. Lorsqu'il s'y trouve réuni, il y a ravissement [1].

La laideur idéale, au contraire, possède cet avantage, que l'œil en parcourt les parties avec curiosité. Dans les pays heureux, où l'âme peut suivre le sentier brillant de la volupté, ce principe a la plus grande influence sur la vie: mais les beaux-arts n'arrivent point jusque-là.

L'*air mutin*, l'imprévu, le singulier, font la *grâce*, cette grâce impossible à la sculpture, et qui échappe presque en entier aux Guide et aux Corrége.

Quelle différence en musique ! Cet air charmant de Rossini [2], cet air de la plus grande beauté n'est point flétri par le plus triste des caractères, l'imitation. Il est vrai que, pour les âmes vulgaires, la peinture tient de plus près à certains plaisirs [3].

Avec quelle idolâtrie seront reçus les chefs-d'œuvre du Raphaël des temps modernes, de l'artiste étonnant qui saurait ôter ce défaut à la beauté!

[1] L'arrivée en Italie.

[2] Voir l'opéra de *Tancredi*. Je pensais ce soir, en entendant ce chef-d'œuvre du Guide de la musique, que le degré de ravissement où notre âme est portée fait le thermomètre du beau musical ; tandis que, du plus grand sang-froid du monde, si l'on me présente un tableau de Louis Carrache, je pourrai dire : « Cela est de la première beauté. »

[3] The smile which sank into his heart, the first time he beheld her, played round her lips ever after : the look with which her eyes first mets his, never passed away. The image of his mistress still haunted his mind, and was recalled by every objects in nature. Even death could not dissolve the fine illusion : for that which exists in imagination is alone imperissable. As one feelings become more ideal, the impression of the moment indeed becomes less violent, but the effect is more general and permanent. The blow is felt only by reflection ; it is the rebound that is fatal. (*Biography of the A.*)

CHAPITRE CXXXI.

DISPOSITIONS DES PEUPLES POUR LE BEAU MODERNE.

En Italie, le climat met des passions plus fortes, les gou-rnements n'y pèsent pas sur les passions; il n'y a pas de capi-e. Il y a donc plus d'originalité, plus de génie naturel. Cha-n ose être soi-même. Mais le peu de force qu'ont les gouver-ments, ils l'ont par l'*astuce.*

L'Italien doit donc être souverainement méfiant. Quand son npérament profondément bilieux lui permettrait le bonheur :ile du sanguin, ses gouvernements sont là pour le lui défen-e. En ce pays, où la nature prit plaisir à rassembler tous les éments du bonheur, l'on ne saurait trop craindre, trop se mé-r, trop soupçonner. La générosité, la confiance dans quelque ıose ou dans quelqu'un y seraient folie. Circonstance malheu-use pour l'Europe, et qu'elle pouvait si facilement corriger en ıant dans ce jardin du monde un roi et les deux Chambres! r la terre où les grands hommes sont encore le moins impos-oles, c'est l'Italie. La végétation humaine y est plus forte. Là trouve le ressort qui fait les grands hommes; mais il est di-gé à contre-sens, les Camille y deviennent des saint Domi-que.

L'Italie a échappé à l'influence de nos monarchies. La vertu y ı plus connue que l'honneur; mais la superstition écrase en-ore le peu de vertu que les gouvernements donnent au peuple[1], dans les paroisses obscures de campagne vient sanctifier sous toit du paysan les plus noires atrocités. Le malheureux est oyé par la planche qui doit le sauver, et il ne peut avoir re-ours à l'opinion ou au *qu'en dira-t-on,* chose inconnue en ce ıys peu vaniteux.

[1] Léopold, le comte de Firmian, Joseph II, ont répandu la vertu, mais ns esprit; il fallait créer des institutions, *forcer les hommes par leur in-rêt* à être bons, et ne pas compter niaisement sur une exception, le ha-ırd qui fait un honnête homme d'un despote.

Ne cherchez pas la grâce des manières, ce savoir-vivre qui faisait le charme de l'ancienne France, et cependant vous ne trouverez pas l'air simple; mais, en sa place, quand l'Italien ose se livrer, la bonté, la raison, et quelquefois une sympathie vive et héroïque; mais rien de flatteur pour la vanité.

L'Italie est insupportable aux gens aimables, aux ci-devant jeunes hommes, aux vieux courtisans. En revanche, celui qui, ballotté par les révolutions, est devenu à ses dépens juste appréciateur du mérite de l'homme, préfère l'Italie.

1° Les gouvernements n'ont pu gâter le climat;

2° Dans les arts, ils n'ont corrompu que la tragédie et la comédie [1]. La musique et les arts du dessin ont été protégés par les princes, chacun en raison de ce qu'ils ont moins d'analogie avec la pensée [2];

3° Quand vous voyez faire une belle action à un Anglais, dites : « C'est la force du gouvernement. »

Quand un Italien fait un trait héroïque, dites : « C'est malgré son gouvernement. »

Ce peuple, ayant du naturel, est fort tendre à l'éducation. Le comte de Firmian, à Milan, avait détruit jusque dans la racine cette méchanceté que Machiavel trouve naturelle à l'Italie. Vingt ans de ce bon gouverneur, laissant libre l'influence du ciel, faisaient déjà naître les grands hommes [3], et, ce qui es plus remarquable, un bon poëte satirique, la chose la plus impossible à l'Italie. Le *Matino* de Parini est supérieur à Boileau, et le comte de Firmian protégea le poëte contre les grands seigneurs dont il peignait les ridicules [4].

Vingt ans plus tard, Bonaparte (ce destructeur de l'esprit de liberté en France) jeta du grandiose dans la civilisation de la haute Italie, par lui bien supérieure au reste [5]. L'admiration cor-

[1] Léopold prohiba la *commedia dell' arte*, beau genre de littérature indigène à l'Italie.

[2] Cimarosa est jeté dans un cachot, et y prend la maladie dont il est mort; Canova est fait marquis.

[3] Beccaria et Verri étaient dans le gouvernement.

[4] Le prince Belgiojoso.

[5] Campagne de Murat en 1815. Incroyable lâcheté. Le meilleur voyage

rigeait le despotisme, ou, pour mieux dire, ne rendait sensibles que dans quelques détails les tristes effets qu'y a vus Montesquieu [1]. Si Bonaparte doit être condamné pour avoir abaissé la France, et surtout Paris, il a incontestablement élevé l'Italie [2]. Il mit le travail en honneur. Toutes les vieilleries tombaient, et sans elles point de despotisme assuré.

En Italie, la multitude des gouvernements, dont on évite l'action par un temps de galop, l'absence totale de justice criminelle, font que les qualités naturelles utiles dans une société naissante sont encore fort estimables. Comme le hasard a fait que ce peuple connaît mieux le beau idéal antique, ses gouvernements font qu'il le sent mieux. « L'Italien est naturellement méchant! s'écrie le voyageur; c'est un homme qui voit le jet d'eau de Saint-Cloud, et qui conclut que la nature de l'eau est de quitter la terre et de s'élancer vers le ciel. »

à faire, plus curieux que celui du Niagara ou du golfe Persique, c'est le voyage de Calabre. Les premiers donnent sur l'homme plus ou moins sauvage des vérités générales et connues depuis cinquante ans. Du reste, à Pétersbourg, comme à Batavia, on trouve l'*honneur*. Passé le Garigliano, ce grand sentiment des modernes n'a pas pénétré.

Les soldats de Murat disaient : « Se il nemico venisse per le strade maestre, si potrebbe resistar, ma viene per i monti. »

Un beau colonel, en grand uniforme, garni de plusieurs croix, arrive à Rome au moment des batailles ; on lui demande ce qu'il vient faire ; il répond avec une franchise inouïe : « Che volete ch' io faccia ? Si tratta di salvarsi la vita. Vanno a battersi, io son venuto qui. »

Le brave général Filangieri cherche à retenir ses soldats, qui répondent à ses cris : « Ma, signor generale, c' è il cannone ; » et ce sont les anciens Samnites qui font de ces sortes de réponses !

Pour pénétrer dans les Calabres, on se déguise en prêtre. Là, on voit les jeunes filles ne sortir qu'armées de fusils ; à tout instant, on entend les armes à feu. Les plus farouches des hommes en sont les plus lâches. Apparemment que leurs nerfs trop sensibles leur font de la mort et des blessures une image trop horrible, et que la colère seule peut faire disparaître. (Note de sir W. E.)

[1] Foscolo était persécuté ; mais les jeunes gens commençaient à lire un peu.

[2] Il fut secondé par un grand ministre, le comte Prina. On sait qu'il fut assassiné par des paysans gagés. Le bon peuple milanais est innocent de ce crime.

Chez les gens bien nés, cette méchanceté se réduit à une très-juste et très-nécessaire méfiance, indispensable là où la justice a laissé tomber son glaive et n'a conservé que son bandeau. La canaille, qui n'est réprimée par rien, est plus méchante qu'ailleurs, ce qui ne prouve autre chose, sinon que l'homme du Midi est supérieur à l'homme du Nord.

Il en est du reproche de méchanceté comme de celui de bassesse. Avant la Révolution, la France était un composé de grands corps qui soutenaient leurs membres. En Italie, l'individu est toujours isolé et en butte à toute la force d'un gouvernement souvent cruel, parce qu'il a toujours peur. Le jour que la justice aura des principes fixes; et que la faveur perdra des droits tout-puissants, la bassesse, étant inutile, tombera. Il est vrai que, dans un pays sans vanité, la bassesse manque de grâces.

J'arrive dans une des villes les plus peuplées de l'Italie. Une jeune femme que je reconduis le soir jusqu'à sa porte me dit : « Retournez sur vos pas, ne passez pas au bout de la rue, c'est un lieu solitaire. »

Je vais de Milan à Pavie voir le célèbre Scarpa. Je veux partir à cinq heures, il y a encore deux heures de soleil. Mon voiturin refuse froidement d'atteler. Je ne puis concevoir cet accès de folie; je comprends enfin qu'il ne se soucie pas d'être dévalisé.

J'arrive à Lucques. La foule arrête ma calèche, je m'informe. Au sortir de vêpres, un homme vient d'être percé de trois coups de couteau. « Ils sont enfin partis ces gendarmes français ! Il y a trois ans que je t'avais condamné à mort, » dit l'assassin à sa victime ; et il s'en va le couteau à la main.

Je passe à Gênes. « C'est singulier, me dit le chef du gouvernement, trente-deux gendarmes français maintenaient la tranquillité ; nous en avons deux cent cinquante du pays, et les assassinats recommencent de tous côtés. »

La gendarmerie française avait déjà changé le beau idéal ; l'on prisait moins la force.

Je vais à l'opéra à ***, je vois chacun prendre ses mesures pour se retirer après le spectacle. Les jeunes gens sont armés d'un fort bâton, Tout le monde marche au milieu de la rue et urne les coins *alla larga*. On a soin de dire tout haut dans le rterre qu'on ne porte jamais d'argent sur soi [1].

Au reste, cès dangers sont profondément empreints dans l'es-it des gens prudents; les voyageurs ne forment qu'une société gitive devant les voleurs; à chaque instant on met les voitures caravane, ou bien on prend une escorte. Quant à moi, je n'ai mais été attaqué, et, sans autre arme qu'un excellent poignard, suis rentré chez moi à toutes les heures de la nuit. La part dicule que les voleurs ont usurpée dans la conversation des ens du monde vient beaucoup de l'ancienneté de leurs droits. epuis trois cents ans, on assassine de père en fils dans la mon-gne de Fondi, à l'entrée du royaume de Naples.

J'ouvre Cellini [2], et je vois en combien d'occasions il se trouva en d'être fort et déterminé. Le Piémont est plein de paysans qui, notoriété publique, se sont enrichis par des assassinats. On m'a pporté le même fait du maître de poste de Bre****. *Il n'en est ne plus considéré.* Rien de plus simple; et, si vous habitiez le ays, vous-même auriez des égards pour un coquin courageux ui, cinq ou six fois par an, a votre vie entre ses mains.

Je désire observer le fait des prairies qui donnent dix-huit oupes dans un an. Je suis adressé à un fermier de *Quarto*, à rois milles de Bologne. Je lui montre quatre hommes couchés u bord de la route sous un bouquet de grands arbres. « Ce sont les voleurs, me répond-il. » Surpris de mon étonnement, il n'apprend qu'il est régulièrement attaqué tous les ans dans sa erme. La dernière attaque a duré trois heures, pendant lesquelles a fusillade n'a pas cessé. Les voleurs, désespérant de le dé-

[1] Quand j'étais en garnison à Novarre, j'observais deux choses : que rès-souvent l'on trouvait dans la campagne des trésors formés par des oleurs morts sans avoir fait de confidence, et que, lorsque, dans la ville, uelqu'un était attaqué, on se gardait bien de crier : *Au voleur!* personne le serait venu; on criait : *Au feu!*

[2] *Vita.* Édition des classiques; les pages 71, 110 et 113 montrent que a force doit entrer dans la beauté d'Italie.

Burckardt, *Journal d'Alexandre VI*, pass. Brantôme.

Rolland, *Voyage à Brescia*; les valets d'auberge faisaient leur service es pistolets à la ceinture.

pouiller, veulent au moins mettre le feu à l'écurie. Dans cette tentative, leur chef est tué d'une balle au front, et ils s'éloignent en annonçant leur retour. « Si je voulais périr, moi, et jusqu'au dernier de mes enfants, continue le fermier, je n'aurais qu'à les dénoncer. Les deux valets de ma bergamine (écurie des vaches) sont voleurs, car ils ont vingt francs de gages par mois, et en dépensent douze ou quinze tous les dimanches au jeu; mais je ne puis les congédier, j'attends quelque sujet de plainte. Hier, j'ai renvoyé un pauvre plus insolent que les autres, qui assiégeait ma porte depuis une heure. Ma femme m'a fait une scène; c'est l'espion des voleurs; j'ai fait courir après lui, et on lui a donné une bouteille de vin et un demi-pain. »

Ne serait-il pas bien ridicule de se battre avec enthousiasme pour un gouvernement sous lequel on vit ainsi? Quand je n'étais encore qu'un enfant dans la connaissance des mœurs italiennes, un beau jeune homme de trente ans, dont j'eus plus tard l'occasion de voir l'héroïque bravoure, me disait, à l'occasion de la mort du général Montbrun, à la Moskowa, que je lui contais : « *Che bel gusto di matto di andar a farsi buzzarar!* »

Le beau idéal moderne est donc encore impossible en Italie. Les qualités qu'il annonce y seraient ridicules par faiblesse; mais l'Italien a une sensibilité trop vraie pour ne pas adorer l'idéal moderne dès qu'il le verra [1].

Si les Allemands, cette nation sentimentale et sans énergie, qui meurt d'envie d'avoir un caractère, et qui ne peut en venir à bout, composaient le beau moderne, ils y feraient entrer un peu plus d'innocence et un peu moins d'esprit [2].

[1] La rareté des empoisonnements prouve que les mœurs de la bonne compagnie ont gagné depuis cinquante ans; en général, on n'empoisonne pas plus qu'en France; je ne connais dans ce genre que la mort d'un beau jeune homme de Lucques.

[2] « Une âme honnête, douce et paisible, exempte d'orgueil et de remords, remplie de bienveillance et d'humanité, une âme supérieure aux sens et aux passions, se découvrent aisément dans la physionomie, etc. » (GELLERT.)

Voilà l'idéal du beau moral des Allemands. L'air passionné des figures de Raphaël leur fait peur.

L'Espagne, qui, après tant de courage, montre tant de bêtise, ra des artistes dans vingt ans, si elle a une constitution. Nous rons alors quel sera son goût, car, depuis Philippe II, elle muette.

Telle est la force des choses et la faiblesse des hommes, que *génie du despotisme* aura semé dans toute l'Europe la constiion anglaise qu'il abhorrait, et par là changé les arts. C'est e mille petits liens enchaînaient le liége au fond des eaux.

CHAPITRE CXXXII.

LES FRANÇAIS D'AUTREFOIS.

Il faut dire à nos neveux qu'il y avait une différence extrême tre le Français de 1770 et le Français de 1811, année qui fut pogée des mœurs nouvelles. On était, en 1811, beaucoup plus ès du beau antique.

Je n'en ferai pas honneur à la renaissance des arts, mais à la urmente qui nous agite depuis trente ans, et par laquelle il y a plus en France ni société, ni esprit de société.

Ballottés par tant d'événements singuliers, et quelquefois dan-ereux, la justice, la bonté, la force, ont gagné; tandis que les ıalités propres à la société ne sont plus estimées; car où les ire estimer? Tout ce qui est né depuis 1780 a fait la guerre, et rise beaucoup la force physique, non pas tant pour le jour du ombat que pour les fatigues de la campagne.

Autrefois il fallait de la gaieté, de l'amabilité, du tact, de la iscrétion, mille qualités qui, réunies sous le nom de *savoir-ivre*, étaient fort goûtées dans les salons de 1770. Il fallait un ertain apprentissage. Aujourd'hui, nous en sommes revenus ux agréments qu'aucun despotisme ne peut ôter du commerce u monde. Un jeune homme de seize ans qui sait danser et se aire est une homme parfait.

Je remarque que l'estime pour la force ne porte pas, comme n Angleterre, sur une occupation favorite. Il n'y a pas de chasse u renard; et le ministère du cardinal de Fleury, avec ses trente ns de paix, nous éloignerait bien vite du beau antique.

CHAPITRE CXXXIII.

QU'ARRIVERA-T-IL DU BEAU MODERNE, ET QUAND ARRIVERA-T-IL?

Par malheur, depuis que le monde s'est mis à adorer le beau idéal antique, il n'a plus paru de grands peintres. L'usage qu'on en fait aujourd'hui en dégoûtera. Pourquoi pas? La Révolution nous a bien dégoûtés de la liberté, de grandes villes ont bien demandé qu'il n'y eût pas de constitution[1] !

La France a des poëtes qui, pour imiter Molière de plus près, le copient tout simplement, et qui, par exemple, pour faire un *défiant*, prennent l'intrigue du *Tartufe*. Mais ils changent les noms.

Cette méthode générale s'applique aussi à la peinture.

Les peintres, ayant appris que l'*Apollon* est beau, copient toujours l'*Apollon* dans les figures jeunes. Pour les figures d'hommes faits, on a le torse du *Belvédère*. Mais le peintre se garde bien de mettre jamais rien de son âme dans son tableau: il pourrait être ridicule. L'art redevient tranquillement, et au milieu d'un concert de louanges, un pur et simple mécanisme, comme chez les ouvriers égyptiens. Les nôtres pourraient se sauver par le coloris; mais le coloris demande un peu de sentiment, et n'est pas précisément une science exacte comme le dessin.

Si nos grands artistes lisaient l'histoire, ils seraient bien scandalisés de voir leur place marquée par la postérité entre Vasari et Santi di Tito. Ceux-ci furent pour Michel-Ange ce qu'ils sont pour l'antique. Précisément les mêmes reproches qu'ils faisaient au Corrége, ils les font à Canova.

La place est faite en France pour un autre Raphaël. Les cœurs ont soif de ses ouvrages. Voyez comme ils ont accueilli la tête de *Phèdre*[2]. Du reste, on admire les expositions actuelles par

[1] La ville de L^{s}, par l'organe du grand poëte comique R.

[2] Tableau de M. Guérin, à Saint-Cloud. Voir les têtes de Didon, d'É

voir, car on dit au public : « Cela n'est-il pas bien conforme à ntique? » Et le pauvre public ne sait que répondre. *Il est ns son tort* [1], et s'écoule tranquillement en bâillant.

e et de Clytemnestre, exposition de 1817. Ce grand artiste fait des ogrès dans la science de l'expression. Quel dommage qu'il s'occupe si u du *clair-obscur !*

[1] Interrogatoire de *l'Esturgeon*, joli vaudeville des Variétés.

LIVRE SEPTIÈME

VIE DE MICHEL-ANGE

... E quel che al par sculpe, e colora
Michel più che mortal, Angiol Divino.
ARIOSTO, C. XXIII.

CHAPITRE CXXXIV.

PREMIÈRES ANNÉES.

Il fallait ces idées pour juger Michel-Ange, maintenant tout va s'aplanir.

Michel-Ange Buonarotti naquit dans les environs de Florence. Sa famille, dont le vrai nom était Simoni-Canossa, avait été illustrée dans les siècles du moyen âge par une alliance avec la célèbre comtesse Mathilde.

Il vint au monde en 1474, le 6 de mars, quatre heures avant le jour, un lundi.

Naissance vraiment remarquable, s'écrie son historien, et qui montre bien ce que devait être un jour ce grand homme! Mercure suivi de Vénus étant reçu par Jupiter sous un favorable aspect, que ne pouvait-on pas se promettre d'un moment si bien choisi par le destin?

Soit que son père, vieux gentilhomme de mœurs antiques, partageât ces idées, soit qu'il voulût simplement lui donner une éducation digne de sa naissance, il l'envoya de bonne heure chez le grammairien Francesco da Urbino, célèbre alors dans Florence. Mais tous les moments que l'enfant pouvait dérober à a grammaire, il les employait à dessiner. Le hasard lui donna ιour ami un écolier de son âge, nommé Granacci, élève du ιeintre Dominique Ghirlandajo. Il enviait le bonheur de Graιacci, qui le menait quelquefois en cachette à la boutique de on maître, et lui prêtait des dessins.

Ce secours enflamma le goût naissant de Michel-Ange; et, lans un transport d'enthousiasme, il déclara chez lui qu'il aban.onnait tout à fait la grammaire.

Son père et ses oncles se crurent déshonorés, et lui firent les emontrances les plus vives; c'est-à-dire que, souvent, le soir, ɔrsqu'il rentrait à la maison ses dessins sous le bras, on le bataiL à toute outrance. Mais il était déjà porté par ce caractère ɜrme dont il donna tant de preuves par la suite. De plus en lus irrité par cette persécution domestique, et sans avoir jamais eçu de leçons régulières de dessin, il voulut tenter l'emploi des ouleurs. Ce fut encore son ami Granacci qui lui fournit des inceaux et une estampe de Martin d'Hollande. On y voyait les iables qui, pour exciter saint Antoine à succomber à la tentaion, lui donnent des coups de bâton [1]. Comme Michel-Ange deait placer à côté du saint des figures monstrueuses de démons, n'en peignit aucune avant d'avoir vu dans la nature les par.es dont il la composait. Tous les jours il allait au marché aux oissons considérer la forme et la couleur des nageoires, des eux, des bouches hérissées de dents, qu'il voulait mettre dans on tableau. Il achetait les poissons les plus difformes, et les pportait à l'atelier. On dit que Ghirlandajo fut un peu jaloux de ette raison profonde; et, lorsque l'ouvrage parut, il disait parɔut, pour se consoler, que ce tableau sortait de sa boutique. Il vait raison; le vieux gentilhomme était pauvre, et avait engagé ɔn fils chez Ghirlandajo en qualité d'apprenti. Le contrat, qui evait durer trois ans, avait cela de remarquable que, contre l'uɜge, le maître s'obligeait à payer à l'élève vingt-quatre florins [2].

[1] J'ai vu cette estampe de Martin Schœn dans la collection Corsini, à ome.

[2] On trouve la note suivante, écrite de la main du vieux Buonarotti ır le livre de Dominique Ghirlandajo :

« 1488. Ricordo questo dì primo d'aprile, come io Lodovico di Leo-

Soixante ans après, Vasari, étant à Rome, porta au vieux Michel-Ange un des dessins faits par lui dans la boutique du Ghirlandajo. Sur une esquisse à la plume qu'un de ses camarades finissait d'après un dessin du maître, il avait eu l'insolence de marquer une nouvelle attitude. Ce souvenir de sa jeunesse réjouit le grand homme, qui s'écria qu'il se rappelait fort bien cette figure, et que, dans son enfance, il en savait plus que sur ses vieux jours.

CHAPITRE CXXXV.

IL VOIT L'ANTIQUE.

Un peintre, touché de l'ardeur de Michel-Ange et des contrariétés qu'il éprouvait, lui donne une tête à copier; la copie faite, il la rend au maître au lieu de l'original : celui-ci ne s'aperçoit de l'échange que parce que l'enfant riait de la méprise avec un de ses camarades. Cette anecdote fit du bruit dans Florence; on voulut voir ces deux peintures si semblables : elles l'étaient de tous points, Michel-Ange ayant eu soin d'exposer la sienne à la fumée pour lui donner l'air antique. Il se servit souvent de cette ruse pour avoir des originaux. Le voilà déjà parvenu au premier point de repos que les jeunes artistes rencontrent dans la longue carrière des arts : il savait copier.

Il n'était pas fort assidu chez Ghirlandajo; désapprouvé par ses nobles parents, traité à la maison comme un polisson indo-

nardo di Bonarotta acconcio Michel-Agnolo mio figliuolo con Domenico e David di Tommaso di Currado, per anni tre prossimi avvenire con questi patti e modi, che il detto Michel-Agnolo debba stare con i sopradetti, detto tempo, a imparare a dipingere e a fare detto esercizio e ciò i sopradetti gli comanderanno, e detti Domenico e David gli debbon dare in questi tre anni, fiorini ventiquattro di suggello : e il primo anno fiorini sei, il secondo anno fiorini otto, il terzo fiorini dieci, in tutta la somma di 96. »

Et plus bas : « Hanne avuto il sopradetto Michel-Agnolo questo di 16 d'aprile fiorini due d'oro in oro, ebbi io Lodovico di Leonardo suo padre da lui contanti lire 12. » (VASARI, X, p. 26.)

ile, il errait le plus souvent dans Florence, sans atelier, sans tude fixe, et s'arrêtant partout où il voyait des peintres. Un our Granacci le fit entrer dans les jardins de Saint-Marc, où l'on plaçait des statues antiques : c'étaient celles que Laurent le Magnifique rassemblait à grands frais. Il paraît que, dès le premier nstant, ces ouvrages immortels frappèrent Michel-Ange. Dégoûté du style froid et mesquin, on ne le revit plus ni à la boutique de Ghirlandajo, ni chez les autres peintres; ses journées ntières se passaient dans les jardins. Il eut l'idée de copier une ête de faune qui offrait l'expression de la gaieté. Le difficile était d'avoir du marbre. Les ouvriers, qui voyaient tous les ours ce jeune homme avec eux, lui firent cadeau d'un morceau le marbre, et lui prêtèrent même des ciseaux. Ce furent les premiers qu'il toucha de sa vie. En peu de jours la tête fut finie : e bas du visage manquait dans l'antique, il y suppléa, et fit à son faune la bouche extrêmement ouverte d'un homme qui rit aux éclats.

Médicis, se promenant dans ses jardins, trouva Michel-Ange qui polissait sa tête [1]; il fut frappé de l'ouvrage, et surtout de la jeunesse de l'auteur : « Tu as voulu faire ce faune vieux, lui dit-il en riant, et tu lui as laissé toutes ses dents ! ne sais-tu pas qu'à cet âge il en manque toujours quelqu'une? » Michel-Ange brûlait de voir le prince se retirer; à peine fut-il parti qu'il ôta une dent à son faune avec tout le soin possible, et attendit le lendemain. Laurent rit beaucoup de l'ardeur du jeune homme, et son grand caractère le portant à protéger tout ce qui paraissait supérieur : « Ne manque pas de dire à ton père, lui dit-il en partant, que je désire lui parler. »

CHAPITRE CXXXVI.

BONHEUR UNIQUE DE L'ÉDUCATION DE MICHEL-ANGE.

On eut toutes les peines du monde à décider le vieux gentilhomme : il jurait qu'il ne souffrirait jamais que son fils fût tail-

[1] Elle est à la galerie de Florence.

leur de pierre. C'était en vain que les amis de la maison tâchaient de lui faire entendre la différence d'un sculpteur à un maçon. Cependant, lorsqu'il fut devant le prince, il n'osa plus lui refuser son fils. Laurent l'engagea à chercher pour lui-même quelque place convenable. Dès le même jour, il donna à Michel-Ange une chambre dans son palais (1489), le fit traiter en tout comme ses fils, et l'admit à sa table, où se trouvaient journellement les plus grands seigneurs d'Italie et les premiers hommes du siècle. Michel avait alors quinze à seize ans : vous jugez l'effet d'un pareil traitement sur une âme naturellement haute.

Médicis faisait souvent appeler son jeune sculpteur pour jouir de son enthousiasme et lui montrer les pierres gravées, les médailles, les antiquités de tout genre dont il formait des collections.

De son côté, Michel-Ange lui présentait chaque jour quelque nouvel ouvrage. Politien, dans lequel toute la science de ce temps-là n'avait pu étouffer entièrement l'homme supérieur, était aussi l'hôte du prince. Il aimait le génie audacieux de Michel-Ange, l'excitait sans cesse au travail, et avait toujours quelque entreprise nouvelle à lui présenter.

Il lui disait un jour que l'enlèvement de Déjanire et le combat des Centaures ferait un beau sujet de bas-relief, et, tout en démontrant la justesse de son idée, il lui conta cette histoire dans le plus grand détail : le lendemain le jeune homme la lui montra ébauchée. Ce bas-relief carré, et dont les figures ont environ une palme de proportion [1], se voit dans la maison Buonarotti à Florence. Je ne sais pas pourquoi Vasari l'appelle le *Combat des Centaures :* ce sont des gens nus qui se battent à coups de pierres et à coups de massue, et il n'y a que la moitié d'un corps de cheval à peine terminé. Ce sont des corps mêlés dans les positions les plus bizarres et les plus difficiles, mais chaque figure a une expression marquée. Il y a des lueurs de génie admirables ; par exemple, cet homme vu par le dos, qui en tire un autre par les cheveux, et cette figure vue de face qui assène un coup de massue : du reste, il y a quelques incorrections.

[1] Deux cent vingt-trois millimètres.

ichel-Ange disait par la suite que toutes les fois qu'il revoyait et ouvrage, il sentait un chagrin mortel de n'avoir pas uniquement suivi la sculpture. Il faisait allusion aux intervalles très-onsidérables, et quelquefois de dix à douze ans, qu'il avait passés ans travailler, triste fruit de ses relations avec les princes. C'était la coutume de Laurent de donner de petits appointements à ous les artistes, et des prix considérables à ceux qui se distinuaient. Les appointements de Michel-Ange furent fixés à cinq ucats par mois, que le prince lui recommandait de porter à son ère; et pour lui, comme après tout il était encore un enfant, il ui fit cadeau d'un beau manteau violet.

Le vieux Buonarotti, enhardi par les offres de Médicis, vint in jour lui dire : « Laurent, je ne sais faire autre chose que lire et écrire, il y a un emploi vacant à la douane qui ne peut être lonné qu'à un citoyen, je viens vous le demander, car je crois pouvoir le remplir avec honneur.

—Vous serez toujours pauvre, lui dit en riant Médicis, qui s'attendait à une tout autre demande; cependant si vous voulez cet emploi, il est à vous jusqu'à ce que nous trouvions quelque chose de mieux. » Cette place pouvait valoir cent écus par an.

Michel-Ange employa plusieurs mois à dessiner à l'église del Carmine la chapelle de Masaccio. Là, comme partout, il fut supérieur, ce dont, comme de juste, il fut récompensé par un sentiment général de haine. Torrigiani, un de ses camarades, lui donna sur le nez un coup de poing si furieux, que le cartilage en fut écrasé, et cet accident augmenta la physionomie d'effort qui se remarque dans la figure de Michel-Ange comme dans celle de Turenne. La main de Dieu punit cet envieux, il alla en Espagne, où il fut un peu brûlé par la sainte inquisition [1].

Cependant Michel-Ange partageait les nobles plaisirs de la société la plus distinguée que le monde eût vue réunie depuis les

[1] Ora torniamo a Torrigiani che conquel mio disegno in mano, disse cosi : « Questo Buonarotti ed io fanciulletti nella chiesa del Carmine dalla capella di Masaccio, e poi il Buonarotti aveva per usanza di uccellare tutti quelli che dissegnavano. Un giorno fra gli altri dandomi noja il detto, mi venne assai più stizza del solito; e stretto la mano, gli detti si gran pugno nel naso ch'io mi sentii fiaccare sotto il pugno quell' osso tenerume

temps d'Auguste. Les amis de Laurent allaient tour à tour habiter avec lui les palais champêtres qu'il se plaisait à bâtir au sein des délicieuses collines qui ont valu à Florence le nom de cité des fleurs. Les superbes jardins de Careggi entendirent les discussions philosophiques se revêtir des grâces de l'imagination, et la philosophie reconnut ce style enchanteur que Platon lui avait prêté jadis dans Athènes. Tantôt la société allait passer les mois les plus chauds dans la délicieuse vallée d'Asciano, où Politien trouvait que la nature semblait prendre à tâche d'imiter les efforts de l'art; tantôt on allait voir achever la charmante villa de Cajano, que Laurent faisait élever sur ses dessins, et qui reçut de Politien le nom poétique d'Ambra. Au milieu des profusions du luxe et des jouissances délicates que rassemblait la maison de l'homme le plus riche de l'univers, on ne le voyait s'occuper constamment avec ses amis que d'une seule chose, le soin de faire oublier qu'il était le maître.

Héritier de la protection que ses ancêtres accordaient aux arts, son âme sentit vivement le *beau* dans tous les genres, et il fit par sentiment ce qu'ils avaient fait par politique.

Inférieur à Côme dans la seule science du commerce, il le surpassa, lui et tous les Médicis, dans les vertus qui font le prince, et la postérité s'est montrée injuste envers un si grand homme en allant choisir la moindre de ses qualités, pour le désigner par le surnom de *Magnifique*.

L'enthousiasme pour l'antiquité aurait pu dégénérer, comme on le voit de nos jours, en admiration lourde et stupide. La sensibilité exquise et passionnée de Laurent, les bons mots que lui inspirait le moindre ridicule, et l'ironie, l'arme ordinaire de sa conversation, éloignaient ce défaut des sots.

Ses poésies dévoilent une âme passionnée pour l'amour, et qui aima Dieu comme une maîtresse, alliance que la nature ne met

del naso come se fosse stato un cialdone; e cosi segnato da me ne resterà infin che vive. »

Queste parole generarono in me tanto odio, perchè vedevo i fatti del divino Michel-Agnolo che non tanto che a me venisse voglia di andarmene seco in Inghilterra, ma non potero patire di vederlo. (Cellini, an. 1518, I, 32.)

que dans ces âmes qu'elle destine à être unies aux plus grands génies. Il avait coutume de dire : « Que celui-là est mort dès cette vie, qui ne croit pas en l'autre. » Avec le même style enflammé, tantôt il chante des hymnes sublimes au Créateur, tantôt il déifie l'objet de ses plaisirs.

Plus grand, comme prince, qu'Auguste et que Louis XIV, il protégea les lettres en homme fait pour y prendre un des premiers rangs, si sa naissance ne l'avait appelé à être le modérateur de l'Italie ; et l'une des erreurs de l'histoire est d'avoir donné le nom de son fils au siècle qu'il fit naître.

Mais, déjà après une courte durée, les beaux jours de Michel-Ange et des lettres commençaient à pâlir. Laurent, à peine âgé de quarante-quatre ans, était conduit au tombeau par une maladie mortelle : il est inutile de dire qu'il sut mourir en grand homme. Son fils, qui depuis fut Léon X, reçut le chapeau de cardinal. La pompe avec laquelle Florence célébra cette fête, la joie sincère des citoyens, l'éclat de leur amour, formèrent la dernière scène d'une si belle vie.

Laurent se fit transporter à la villa de Careggi : ses amis l'y suivirent en pleurant ; il plaisantait avec eux dans les moments de relâche que lui laissaient ses douleurs. Il s'éteignit enfin le 9 avril 1492, et, par sa mort, la civilisation du monde sembla reculer d'un siècle.

On sent que chez ce prince libéral, Michel-Ange apprit tout, excepté le métier de courtisan. Au contraire, il est probable que, se voyant traité en égal par les premiers hommes de son siècle, il se fortifia de bonne heure dans cette fierté romaine qui ne peut se plier au remords des bassesses, et dont sa gloire est d'avoir su donner l'expression si frappante aux prophètes de la Sixtine.

CHAPITRE CXXXVII.

ACCIDENTS DE LA MONARCHIE.

Avec la vie de Laurent le Magnifique finit le bonheur unique de l'éducation de Michel-Ange ; il avait dix-huit ans (1492). Dès le lendemain il retourna tristement chez son père, où le chagrin l'empêchait de travailler. Il vint à tomber beaucoup de neige, chose rare à Florence; Pierre de Médicis eut la fantaisie de faire dans sa cour une figure colossale de neige, et se souvint de Michel-Ange : il le fit appeler, fut très-content de sa statue, et lui fit rendre la chambre et le traitement qu'il avait du temps de son père.

Le vieux Buonarotti, voyant son fils toujours recherché par les gens les plus puissants de la ville, commença à trouver la sculpture moins ignoble, et lui donna des vêtements plus convenables.

Florence s'indignait de la bêtise du nouveau souverain, qui avait débuté par faire jeter dans un puits le médecin de son père. Quant à ses rapports avec les gens d'esprit et les artistes, l'histoire raconte que Pierre se félicitait surtout d'avoir auprès de lui deux hommes rares : Michel-Ange, qu'il regardait comme un grand sculpteur, et ensuite un coureur espagnol parfaitement beau, et si leste, que quelque vite que Pierre pût pousser un cheval, le coureur le devançait toujours.

Depuis sa rentrée au palais, Michel-Ange fit un crucifix de bois presque aussi grand que nature pour le prieur de San Spirito : le moine se trouva homme d'esprit, et voulut favoriser ce génie naissant. Il lui donna une salle secrète dans son couvent, et lui fit fournir des corps, au moyen desquels Michel-Ange put se livrer à toute sa passion pour l'anatomie.

CHAPITRE CXXXVIII.

VOYAGE A VENISE, IL EST ARRÊTÉ A BOLOGNE.

Le musicien de Laurent de Médicis, un nommé Cardière, qui improvisait très-bien en s'accompagnant de la lyre, et qui, du vivant du grand homme, venait tous les soirs chanter devant lui, arriva tout pâle un matin chez Michel-Ange : il lui conta que Laurent lui était apparu la nuit précédente, hideusement couvert d'une robe noire tout en lambeaux, et, d'une voix terrible, lui avait commandé d'aller annoncer à Pierre que sous peu il serait chassé de Florence. Michel-Ange exhorta son ami à obéir à leur bienfaiteur. Le pauvre Cardière s'achemina vers la villa de Careggi pour aller exécuter l'ordre de l'ombre. Il trouva à moitié chemin le prince qui revenait en ville au milieu de toute sa maison, et l'arrêta pour lui faire son message : on peut penser comme il fut reçu.

Michel-Ange, voyant l'endurcissement de Médicis, partit sur-le-champ pour Venise. Cette fuite serait ridicule de nos jours, où les changements politiques n'influent que sur le sort des gouvernants. Il en était autrement à Florence; on y connaissait déjà la maxime, qu'il n'y a que les morts qui ne reviennent point; et les passages de la monarchie à la république, et de la république à la monarchie, étaient toujours accompagnés de nombreux assassinats. Le caractère italien dans toute sa fierté naturelle, plus sombre, plus vindicatif, plus passionné qu'il ne l'est aujourd'hui, profitait du moment pour se livrer à ses vengeances; le calme rétabli, le nouveau gouvernement cherchait des partisans et non des coupables.

A Venise, l'argent manque bientôt à Michel-Ange, d'autant plus qu'il avait pris avec lui deux de ses camarades, et il se met en route pour revenir par Bologne. Il y avait alors dans cette ville une loi de police qui obligeait tous les étrangers qui entraient à porter sur l'ongle du pouce un cachet de cire rouge : Michel-Ange ignorant cette loi fut conduit devant le juge, et condamné à une amende de cinquante livres, qu'il ne pouvait payer. Un Aldrovandi, de cette noble famille chez laquelle l'amour des arts est héréditaire, vit le jugement, fit délivrer Michel-Ange, et l'amena dans son palais. Chaque soir il le priait de lui lire avec sa belle prononciation florentine quelque morceau de Pétrarque, de Boccace ou du Dante.

Aldrovandi se promenant un jour avec lui, ils entrèrent dans l'église de Saint-Dominique. Il manquait à l'autel ou tombeau, qu'avaient travaillé autrefois Jean Pisano et Nicolà dell' Urna, deux petites figures de marbre, un saint Pétrone au sommet du monument, et un ange à genoux qui tient un flambeau.

Tout en admirant les anciens sculpteurs, Aldrovandi demanda

à Michel-Ange s'il se sentirait bien le courage de faire ces statues : « Certainement, » dit le jeune homme ; et son ami lui fit donner cet ouvrage, qui lui valut trente ducats.

Ces figures sont très-curieuses ; on y voit clairement que ce grand homme commença par la plus attentive imitation de la nature, et qu'il en sut rendre les grâces et toute la *morbidezza*.

Si depuis il s'écarta si fort de cette manière, c'est à dessein formé, et pour atteindre au beau idéal. Son style terrible et si grandiose est le fruit de cette idée, de sa passion pour l'anatomie, et du hasard qui lui donna à faire dans la voûte de la chapelle Sixtine à Rome, un ouvrage qui, à suivre les idées qu'on avait alors de la divinité, demandait précisément le style auquel le portait son caractère.

CHAPITRE CXXXIX.

VOULUT-IL IMITER L'ANTIQUE?

Après un peu plus d'un an de séjour, Michel-Ange, menacé d'assassinat par un sculpteur bolonais, rentra dans Florence. Les Médicis en avaient été chassés depuis longtemps [1], et la tranquillité commençait à renaître.

Il fit un petit *saint Jean*, ensuite un *Amour endormi*. Un Médicis, d'une branche républicaine, acheta la première statue, et, charmé de la seconde : « Si tu l'arrangeais, lui dit-il, de manière qu'elle parût nouvellement déterrée, je l'enverrais à Rome ; elle passerait pour antique, et tu la vendrais beaucoup mieux. »

Buonarotti, dans le caractère duquel entrait à merveille cette espèce d'épreuve de son talent, ternit la blancheur du marbre ; la statue partit pour Rome, et Raphaël Riario, cardinal de Saint-George, qui la crut antique, la paya deux cents ducats. Quelque temps après, la vérité ayant percé jusqu'à l'Éminence, elle fut vivement piquée de l'injure faite à la sûreté de son goût. Un de ses gentilshommes fut expédié en toute hâte à Florence, et fei-

[1] Chassés pour la seconde fois en 1494, ils ne rentrèrent à Florence qu'en 1512. (VARCHI, lib. I.)

nit de chercher un sculpteur pour quelque grand travail. Il it tous les ateliers, et enfin alla chez Michel-Ange, qu'il pria e lui montrer quelque essai de son talent : le jeune artiste dit u'il n'avait dans le moment rien de fini ; il prit une plume, car lors le crayon n'était pas en usage, et, tout en causant avec le entilhomme, dessina une main, probablement celle du Musée le Paris [1]. L'envoyé parut charmé du grandiose de son style, le oua beaucoup, et lui demanda quel avait été son dernier ou-rage. Michel-Ange, ne songeant plus à la statue antique, dit u'il avait fait une figure de l'Amour endormi, pris à l'âge de ix à sept ans, de telle grandeur, dans telle position, enfin lui lécrivit la statue du cardinal ; sur quoi le gentilhomme lui avoua e but de son voyage, et l'engagea fort à passer à Rome, pays où il trouverait à déployer et à augmenter ses rares talents. Il lui apprit que, quoique son commissionnaire ne lui eût envoyé que trente ducats pour la statue, elle en avait réellement coûté deux cents à Son Éminence, qui lui ferait justice du fripon. Le cardinal fit en effet arrêter le vendeur, mais ce fut pour reprendre son argent, et lui rendre la statue ; dans la suite elle fut achetée par César Borgia, qui en fit cadeau à la marquise de Mantoue.

Il serait important de savoir si le cardinal était réellement connaisseur. J'ai fait des recherches inutiles. Rien de plus impossible que l'imitation pour un génie original et bouillant : Michel-Ange devait se trahir de mille manières.

A Bologne, il était le miroir de la nature. Avant de s'élancer à sa grande découverte, l'*art d'idéaliser*, se prêta-t-il à imiter l'antique?

Il brûlait de voir Rome, et suivit de près le gentilhomme, qui le logea ; mais il ne trouva dans le cardinal que de la vanité blessée. Négligé par le protecteur sur lequel il avait trop compté, il fit pour un noble Romain, nommé Giacomo Galli, le *Bacchus* de la galerie de Florence. Il voulut rendre sensible, dit Condivi, l'idée que l'antiquité nous a laissée de l'aimable vainqueur des

[1] Du moins la main dessinée pour le cardinal était-elle dans la collection de Mariette.

Indes. Son projet fut de lui donner cette figure riante, ces yeux louchant légèrement et chargés de volupté, qu'on voit quelquefois dans les premiers moments de l'ivresse. Le dieu est couronné de pampres, de la main droite il tient une coupe, qu'il regarde avec complaisance, le bras gauche est recouvert d'une peau de tigre.

Michel-Ange mit plutôt la peau de tigre que l'animal vivant, afin de faire entendre que le goût excessif pour la liqueur inventée par Bacchus conduit au tombeau. Le dieu a dans la main gauche une grappe de raisin qu'un petit satyre plein de malice mange à la dérobée.

CHAPITRE CXL.

IL FAIT COMPTER ET NON SYMPATHISER AVEC SES PERSONNAGES.

Michel-Ange était fait pour exécuter dans les arts la chose précisément qu'il voulait faire, et non pas une autre. Il ne fut jamais homme à se contenter d'à peu près. S'il a erré, c'est son goût qui a eu tort, et non son habileté. S'il n'a pas pris dans la nature les choses que la partie du beau antique connue de son temps lui indiquait, c'est qu'il ne les a pas senties. Je dirais presque qu'il eut l'âme d'un grand général [1]. Toujours confiné dans les pensées directement relatives aux beaux-arts, il mena trop la vie retirée d'un cénobite. Il ne nourrit pas la sensibilité de son âme en l'exposant aux chances ordinaires de la vie : il eût trouvé bien ridicule cette mélancolie qui fit le génie de Mozart.

Je me fonde sur son histoire, imprimée sous ses yeux à Rome en 1553, dix ans avant sa mort. Condivi, son élève, son confident intime, ne voit que par les yeux du maître, est plein de ses

[1] Lady Macbeth ne lui eût pas dit :

I fear thy nature
It is too full o' th' milck of human kindness
To catch the nearest way.

Macbeth, scène VII.

leçons, n'a pas assez d'esprit pour mentir. Le petit écrit qu'il a publié peut donc être regardé comme tissu à peu près uniquement des pensées de Michel-Ange.

S'il était au monde un sujet que ce grand sculpteur fût peu propre à rendre, c'était l'expression voluptueuse du *Bacchus antique.* Dans tous les arts, il faut avoir soi-même éprouvé les sensations que l'on veut faire naître. Sans sa religion, Michel-Ange eût peut-être fait l'*Apollon du Belvédère*, mais jamais la *Madonna alla Scodella*, et je conçois bien que l'aimable Léon X ne l'ait pas employé.

Cette expression de Bacchus qu'il voulut rendre existe sur le marbre dans la statue divine qui est à Paris [1]. Une âme sensible ne la regardera point sans attendrissement : c'est un tableau du Corrége traduit en marbre. En voyant l'image si peu farouche de ce plus ancien des conquérants, vous croyez entendre dans une langue d'une harmonie céleste, et que n'ont point profanée les bouches vulgaires, la belle octave du Tasse,

Amiamo or quando
Esser si puote riamato amando.
C. XVII.

qui proclame la victoire des jouissances de la sensibilité sur celles de l'orgueil.

J'ai revu souvent la statue de Michel-Ange : elle est bien loin de ce caractère de volupté, d'abandon et de divinité qui respire dans le *Bacchus antique.* La statue de Florence m'a toujours paru une idylle écrite en style d'Ugolin.

La poitrine est extrêmement élevée : Michel-Ange devinait l'antique pour l'expression de la force; mais le visage est rude et sans agrément; il ne devinait pas l'expression des vertus. On voit qu'arrivé au point de surpasser tous les sculpteurs de son siècle il s'élançait dans l'idéal au delà de l'imitation servile, mais ne savait où se prendre pour être grand.

Ainsi cet homme, qui, à considérer les dons de la nature, ne

[1] En 1811, Musée des antiques, salle de l'*Apollon*, à droite en entrant.

fut inférieur à aucun de ceux dont l'histoire garde le souvenir, brisa les entraves qui, depuis la renaissance de la civilisation, retenaient les artistes dans un style étroit et mesquin.

Mais les modernes formés par les romans de chevalerie et la religion, et qui veulent de l'âme en tout, diront qu'il lui manqua, en revenant à Florence après Bologne, de trouver l'*Apollon* ou l'*Hercule Farnèse*. Son goût se fût élevé à l'expression des grandes qualités de l'âme, au lieu de se borner à l'expression de la force physique et de la force de caractère ; et ce que notre âme avide demande aux arts, c'est la peinture des passions, et non pas la peinture des actions que font faire les passions.

CHAPITRE CXLI.

SPECTACLE TOUCHANT.

Après le Bacchus, Buonarotti fit, pour le cardinal de Villiers, abbé de Saint-Denis, le groupe célèbre qui a donné son nom à la chapelle dellà Pieta à Saint-Pierre [1]. Marie soutient sur ses genoux le corps de son Fils, que quelques amis fidèles viennent de détacher de la croix.

C'est dommage que les phrases éloquentes de nos prédicateurs, et les estampes de même force qui garnissent les prie-Dieu, nous aient blasé sur ce spectacle déchirant. Nos paysans, plus heureux que nous, ne songeant pas au ridicule de l'exécution, sont directement sensibles au spectacle qu'on met sous leurs yeux.

C'est une observation que j'ai eu l'occasion de faire de la manière la plus frappante dans la jolie église de Notre-Dame de Lorette, sur le bord de l'Adriatique. Une jeune femme fondait en larmes pendant le sermon [2] en regardant un mauvais tableau représentant une Pietà, comme le fameux groupe de Michel-Ange.

[1] Dans cette belle langue italienne, on appelle *una pietà* par excellence la représentation du spectacle le plus touchant de la religion chrétienne.

[2] 16 octobre 1802.

Moi, homme supérieur. je trouvais le sermon ridicule, le tableau détestable ; je bâillais, et n'étais retenu là que par le devoir de voyageur.

Lorsque Louis XI, faisant trancher la tête au duc de Nemours, ordonne que ses petits enfants soient placés sous l'échafaud pour être baignés du sang de leur père, nous frémissons à la lecture de l'histoire; mais ces enfants étaient jeunes, ils étaient peut-être plus étonnés qu'attendris par l'exécution de cet ordre barbare; ils n'avaient pas assez de connaissance des malheurs de la vie pour sentir toute l'horreur de cette journée.

Si l'un d'eux, plus âgé que les autres, sentait cette horreur, l'idée d'une vengeance atroce comme l'offense remplissait sans doute son âme et y portait la vie et la chaleur. Mais une mère au déclin de l'âge, une mère qui ne put aimer son mari, et dont toutes les affections s'étaient réunies sur un fils jeune, beau, plein de génie, et cependant sensible comme s'il n'eût été qu'un homme ordinaire! il n'y a plus d'espoir pour elle, plus de soutien; son cœur est bien loin d'être animé par l'espoir d'une vengeance éclatante : que peut-elle, pauvre et faible femme contre un peuple en fureur? Elle n'a plus ce fils, le plus aimable et le plus tendre des hommes, qui avait précisément ces qualités qui sont senties vivement par les femmes, une éloquence enchanteresse employée sans cesse à établir une philosophie où le nom et le sentiment de l'amour revenaient à chaque instant.

Après l'avoir vu périr dans un supplice infâme, elle soutient sur ses genoux sa tête inanimée. Voilà sans doute la plus grande douleur que puisse sentir un cœur de mère.

CHAPITRE CXLII.

CONTRADICTION.

Mais la religion vient anéantir en un clin d'œil ce qu'il y aurait d'attendrissant dans cette histoire, si elle se passait au fond d'une cabane[1]. Si Marie croit que son Fils est Dieu, et elle ne

[1] Revoir la note à la fin de l'Introduction. Il est inutile de répéter que

peut en douter, elle le croit tout-puissant. Dès lors, le lecteur n'a qu'à descendre dans son âme, et, s'il est susceptible de quelque sentiment vrai, il verra que Marie ne peut plus aimer Jésus de l'amour de mère, de cet amour si intime qui se compose de souvenirs d'une ancienne protection, et d'espérance d'un soutien à venir.

S'il meurt, c'est apparemment que cela convient à ses desseins, et cette mort, loin d'être touchante, est odieuse pour Marie, qui, tandis qu'il se cachait sous une enveloppe mortelle, avait pris de l'amour pour lui. Il devait tout au moins, s'il avait eu pour elle la moindre reconnaissance, lui rendre ce spectacle invisible.

Il est superflu de faire remarquer que cette mort est inexplicable pour Marie. C'est un Dieu tout-puissant et infiniment bon qui souffre les douleurs d'une mort humaine, pour satisfaire à la vengeance d'un autre Dieu infiniment bon.

La mort de Jésus, laissée visible à Marie, ne pouvait donc être pour elle qu'une cruauté gratuite. Nous voilà à mille lieues de l'attendrissement et des sentiments d'une mère.

CHAPITRE CXLIII.

EXPLICATIONS.

On peut faire sa cour à un être tout-puissant, mais on ne peut pas l'*aimer*. Auprès des rois de la terre notre cœur a des moments d'ivresse, si le roi nous prend sous le bras pour faire un tour de jardin.

nous parlons comme peintres, et que nous sommes malheureusement réduits à examiner les productions de l'art sous des rapports purement humains; car, encore une fois, ce sont les actions et les passions des faibles mortels que nous voyons dans les tableaux. Quel peintre serait assez sacrilége pour oser croire qu'il a représenté la Divinité? C'est une prétention qui n'a pu appartenir qu'aux païens, et ces païens tout indignes seraient ravis de la *Sainte Cécile* de Raphaël. Au Musée, combien d'hérétiques ont éprouvé autant de plaisir que les vrais dévots. R. C.

C'est que notre pensée savoure par avance le bonheur qui sera le fruit d'un tel degré de faveur. Et puis, quelque puissants que soient les rois de la terre, ils sont hommes aussi; comme nous ils ont leurs misères.

Si nous avons fait la guerre avec celui qui nous parle, nous l'avons vu faire faire, en souriant, un mouvement à son cheval pour éviter un boulet qui venait en ricochant. Une fois il s'est privé d'un morceau de pain dans un moment où nous en manquions, pour le donner à un malheureux blessé. Un autre jour il a pardonné à des espions accusés d'en vouloir à sa vie. Voilà des actions d'homme, et d'homme aimable, des choses qui nous montrent que, sous plusieurs rapports, ce roi est de chair et de sang comme nous ; des traits enfin qui peuvent quelquefois faire passer, avec la rapidité de l'éclair, par un cœur jeune encore, quelque sentiment ressemblant à de l'amitié.

Mais supposons un instant le prince qui nous traitait si bien exactement tout-puissant, dans toute l'étendue du terme.

Il n'a pas pu chercher à éviter le boulet qui venait en ricochant, il n'avait qu'à lui ordonner de s'arrêter.

Il n'a pas eu à s'imposer un bien grand effort pour pardonner à des assassins ridicules, puisqu'il est immortel.

Il n'a pas pu faire un sacrifice en donnant son dernier morceau de pain au malheureux blessé. Il fallait guérir sur-le-champ le blessé, ou mieux encore faire qu'il n'y eut ni blessé ni malheureux ; on voit que le *beau moral* nous échappe en même temps que l'humanité.

Et même, si ce roi merveilleux vient à guérir le blessé, d'un coup de baguette, il fait une chose fort aisée, et bien inférieure à l'action du prince simple mortel, qui lui donnait son dernier morceau de pain.

En un mot, ce roi tout-puissant, cet être fort par excellence, et au bonheur duquel nous ne saurions contribuer, *ne peut être malheureux*. Voilà le sceau fatal de l'humanité que je cherche en vain sur son front. A l'instant je lis dans mon cœur qu'en quelque position qu'on me place auprès d'un tel être, je ne puis absolument pas l'aimer.

Tel est le plaisir d'aller voir les œuvres des grands artistes :

ils jettent sur-le-champ dans les grandes questions sur la nature de l'homme [1].

CHAPITRE CXLIV.

QU'IL N'Y A POINT DE VRAIE GRANDEUR SANS SACRIFICE.

Quelques philosophes d'académie ne manqueront pas de dire que rien n'est si aisé aux beaux-arts que d'exprimer les sentiments divins. Cela est d'autant plus aisé, qu'il nous est absolument impossible même de concevoir le plus simple des sentiments que la Divinité peut avoir à l'égard de l'homme. Si quelqu'un soutient l'opinion contraire, offrez-lui de l'encre et du papier, et priez-le d'écrire ce qu'il conçoit si bien.

Les arts ne sauraient être touchants qu'en peignant des passions d'hommes, comme vous l'avez vu par l'exemple du plus attendrissant des spectacles que la religion puisse offrir ; dès qu'en admirant les tableaux sublimes placés dans nos églises il entre dans notre tête la moindre idée religieuse, nos larmes se sèchent pour toujours [2]. La religion de F*** n'était qu'un égoïsme tendre.

La jeune femme de Lorette voyait son fils ou son amant assassiné et la tête appuyée sur ses genoux, ou bien elle croyait que cette mère si tendre et si malheureuse avait le pouvoir de la faire entrer en paradis, et elle se repentait amèrement de l'avoir fâchée par ses péchés.

Le spectateur, qui avait assez réfléchi pour connaître que ce n'était pas là ce qu'il devait se figurer, ne savait comment faire pour s'attendrir.

La représentation d'un fait dans lequel Dieu lui-même est acteur peut être singulière, curieuse, extraordinaire, mais ne saurait être touchante. Canova lui-même entreprendrait en vain le

[1] Écrit à Saint-Pierre du Vatican, le 1er juillet, à cinq heures du matin. C'est le moment de voir les églises à Rome ; plus tard, on est gêné par la présence des fidèles. On fait prévenir le portier la veille.

[2] Pour faire place au profond respect.

sujet de Michel-Ange. Il augmenterait le nombre des paysannes de Lorette, mais ne nous donnerait pas de nouveaux sentiments. Dieu peut être bienfaiteur ; mais, comme il ne s'*ôte rien* en nous comblant de bienfaits, ma reconnaissance, si je la sépare de l'espoir d'obtenir de nouveaux avantages par la vivacité de ses transports, ma reconnaissance, dis-je, ne peut qu'être moindre de ce qu'elle serait envers un homme [1].

Et ce Japonais, me dira-t-on, qui, dans le tableau de *Tiarini* placé à Bologne dans la chapelle de Saint-Dominique, voit ressusciter son enfant par saint François-Xavier; s'il sent la reconnaissance la plus vive, répondrai-je, c'est par un homme qu'elle lui est inspirée. Si c'était Dieu qui fît ce miracle, lui qui est tout-puissant, pourquoi a-t-il laissé mourir ce pauvre enfant? Et même saint François-Xavier, de quoi se prive-t-il en le ressuscitant? C'est Hercule ramenant Alceste du royaume des morts, mais ce n'est pas Alceste se sacrifiant pour sauver les jours de son époux.

Le seul sentiment que la Divinité puisse inspirer aux faibles mortels, c'est la terreur, et Michel-Ange sembla né pour imprimer cet effroi dans les âmes par le marbre et les couleurs.

Maintenant que nous avons vu jusqu'où s'étendait la puissance de l'art, descendons à des considérations uniquement relatives à l'artiste.

CHAPITRE CXLV.

MICHEL-ANGE, L'HOMME DE SON SIÈCLE.

Veut-on réellement connaître Michel-Ange? Il faut se faire citoyen de Florence en 1499. Or, nous n'obligeons point les étrangers qui arrivent à Paris à avoir un cachet de cire rouge

[1] C'est ainsi que notre divin Sauveur s'est fait homme lorsqu'il a voulu se rendre sensible à la faiblesse humaine. Les sublimes impressions de tendresse par lesquelles la venue du Messie a tempéré dans nos cœurs le respect du Dieu d'Israël, ne sont autre chose que la douce émanation de ce touchant et incompréhensible mystère.

sur l'ongle du pouce : nous ne croyons ni aux apparitions, ni à l'astrologie, ni aux miracles[1]. La constitution anglaise a montré à la terre la véritable justice, et les attributs de Dieu ont changé[2]. Quant aux lumières, nous avons les statues antiques, tout ce que des milliers de gens d'esprit ont dit à leur sujet, et l'expérience de trois siècles.

Si, à Florence, le commun des hommes eût déjà été à cette hauteur, où ne se fût pas trouvé le génie de Buonarotti? Mais les idées simples d'aujourd'hui alors eussent été surnaturelles. C'est par le cœur, c'est par le ressort intérieur que les hommes de ce temps-là nous laissent si loin en arrière. Nous distinguons mieux le chemin qu'il faut suivre, mais la vieillesse a glacé nos jarrets; et, tels que ces princes enchantés des nuits arabes, c'est en vain que nous nous consumons en mouvements inutiles, nous ne saurions marcher. Depuis deux siècles, une prétendue politesse proscrivait les passions fortes, et, à force de les comprimer, elle les avait anéanties : on ne les trouvait plus que dans les villages[3]. Le dix-neuvième siècle va leur rendre leurs droits. Si un Michel-Ange nous était donné dans nos jours de lumière, où ne parviendrait-il point? Quel torrent de sensations nouvelles et de jouissances ne répandrait-il pas dans un public si bien préparé par le théâtre et les romans! Peut-être créerait-il une sculpture moderne, peut-être forcerait-il cet art à exprimer les passions, si toutefois les passions lui conviennent. Du moins Michel-Ange lui ferait-il exprimer les états de l'âme. La tête de Tancrède, après la mort de Clorinde, Imogène apprenant l'infidélité de Posthumus, la douce physionomie d'Herminie arrivant chez les bergers, les traits contractés de Macduff demandant l'histoire du meurtre de ses petits-enfants, Othello après avoir tué Desdémona, le groupe de Roméo et Juliette se réveillant

[1] Nous parlons des miracles actuels, et sommes pleins de vénération et de foi pour les miracles que Dieu a jugés nécessaires pour l'établissement de la vraie religion.

[2] On veut dire que les hommes s'en sont fait une idée plus juste. (Voyez l'homme de désir.)

[3] Histoire de Maïno, admirable voleur, tué en 1806 près d'Alexandrie. W. E.

ans le tombeau, Ugo et Parisina écoutant leur arrêt de la bouhe de Nicolo, paraîtraient sur le marbre, et l'antique tombeait au second rang.

L'artiste florentin n'a rien vu de tout cela, mais seulement ue la terreur est le premier sentiment de l'homme, qu'elle riomphe de tout, qu'il excellait à la faire naître. Sa supériolté dans la science anatomique est venue lui donner une nou'elle ardeur : il s'en est tenu là.

Comment aurait-il deviné qu'il y avait une autre beauté? Le eau antique, de son temps, ne plaisait que comme bien dessiné. Pour admirer l'*Apollon*, il faut l'urbanité d'Athènes; Mihel-Ange se voyait employé sans cesse à des sujets religieux u à des batailles : une férocité sombre faisait la religion de son iècle.

La volupté inhérente au climat d'Italie et les richesses en avaient éloigné le fanatisme. Avec ses idées de réforme, Savoarole mit un instant à Florence cette noire passion dans tous es cœurs. Ce novateur fit effet, surtout sur les âmes fortes, et 'histoire rapporte que toute sa vie Michel-Ange eut présente à a pensée l'affreuse figure du moine expirant dans les flammes. Il avait été l'ami intime de ce malheureux. Son âme, plus forte que tendre, resta empreinte de la terreur de l'enfer, et il trouva des esprits bien autrement préparés que nous à fléchir sous ce sentiment. Quelques princes, quelques cardinaux étaient déistes, mais le pli de la première enfance restait toujours. Pour nous, nous avons lu Voltaire à douze ans [1].

Tout l'ensemble du quinzième siècle éloigna donc Michel-Ange des sentiments nobles et rassurants dont l'expression fait la beauté du dix-neuvième.

Il fut par excellence le représentant de son siècle, et, comme Léonard de Vinci, il ne devina point les douces mœurs d'un autre âge. La preuve en est dans cette différence caractéristique : devant un personnage de Michel-Ange, nous pensons à ce qu'il fait, et non à ce qu'il sent.

La *Mère du Christ* à la Pietà n'est certainement pas à nos yeux

[1] L'auteur est loin d'approuver ce qu'il rapporte comme historien.

un modèle de beauté, et cependant, quand Michel-Ange l'eut fini, on lui reprocha d'avoir fait si belle la mère d'un homme de trente-trois ans.

« Cette mère fut une vierge, répondit fièrement l'artiste, et vous savez que la chasteté de l'âme conserve la fraîcheur des traits. Il est même probable que le ciel, pour rendre témoignage de la céleste pureté de Marie, permit qu'elle conservât le doux éclat de la jeunesse, tandis que, pour marquer que le Sauveur s'était réellement soumis à toutes les misères humaines, il ne fallait pas que la divinité nous dérobât rien de ce qui appartient à l'homme. C'est pour cela que la Vierge est plus jeune que son âge, et que je laisse au Sauveur toutes les marques du sien[1]. »

Vous voyez le théologien, et non les souvenirs de l'homme passionné employés avec la hardiesse inflexible d'une logique profonde; son siècle était bien loin de lui faire quelque objection sur les muscles trop marqués du Christ. Il n'en a fait qu'un athlète, car avec ses principes du beau idéal il ne pouvait rendre ses vertus[2].

[1] Condivi, page 32. Michel-Ange, comme artiste, pensait donc avec nous que Dieu ne pouvait exciter la sympathie qu'en descendant à la faiblesse humaine, ainsi que nous l'avons dit page 313 à la note.

[2] Du reste, cette *Pietà* de Michel-Ange, dans la première chapelle à droite en entrant, est trop haut et en trop mauvais jour. C'est le malheur des trois quarts des ouvrages d'art placés dans les églises. Cette *Pietà* fut demandée à Michel-Ange par l'ambassadeur de France, le cardinal de Villiers, qui la mit à la chapelle des Français dans l'antique Saint-Pierre. Lorsque Bramante démolit l'ancienne église, la *Pietà* de Buonarotti fut transportée sur l'autel du chœur, et ensuite sur l'autel de la chapelle du Crucifix *. Il y en a une copie en marbre par Nani à l'église dell' Anima, et à Saint-André une copie en bronze. L'église de San-Spirito, à Florence, la même où l'on va voir le *Crucifix* en bois de Michel-

* Le cardinal de Villiers, abbé de Saint-Denis, et ambassadeur de Charles VIII auprès d'Alexandre VI, mourut à Rome en 1499. Le Ciacconio dit de ce cardinal : « Romæ agens curavit fabricari a Michele Angelo Bonarotta, adhuc adolescente, excellentissimam iconem marmoream D. Mariæ, et Filii mortui inter brachia materna jacentis, quam posuit in capella regia Franciæ D. Petri ad Vaticanum templo. »

Pour n'être pas toujours cru sur parole, je transcris quelques-ns des raisonnements de Vasari[1] : il loue la beauté du Christ, n'il trouve *beau* à cause de la grande exactitude avec laquelle ont rendus les muscles, les veines, les tendons. Vous savez ieux que moi que c'est précisément en omettant tous ces déils, et en diminuant la saillie des muscles que l'artiste grec est arvenu à nous faire dire en voyant l'*Apollon :* C'est un dieu !

Un jour Michel-Ange vit à Saint-Pierre un grand nombre d'é-angers qui admiraient son groupe. L'un d'eux demanda le nom e l'auteur ; on répondit : Gobbo de Milan. Le soir, Michel-Ange e laissa renfermer dans l'église : il avait une lampe et des ci-eaux, et, pendant la nuit, grava son nom sur la ceinture de la ierge.

CHAPITRE CXLVI.

LE DAVID COLOSSAL.

Après le groupe de la *Pietà*, les affaires domestiques de Buonarotti le rappelèrent à Florence (1501). Il fit la statue colossale de David, qui est sur la place du Vieux-Palais. On a trouvé l'acte passé pour cet objet. Michel-Ange s'engage envers la confrérie de marchands qui se réunissaient à Santa Maria del Fiore,

Ange, a une copie en marbre. A Marcialla, sur la route de Pise, l'on montre une copie à fresque que l'on dit peinte par Michel-Ange.

[1] Alla quale opera non pensi mai scultore, nè artifice raro potere aggiugnere di disegno ne di grazia, ne' con fatica poter mai di finezza, politezza, e di straforare il marmo con tanto d'arte, quanto Michelagnolo vi fece, perchè si scorge in quella tutto il valore, ed il potere dell' arte. Fra le cose belle che vi sono, oltre i panni divini, si scorge il morto Christo, e non si pensi alcuno di belezza di membra e d' artificio di corpo vedere uno ignudo tanto ben ricerco di muscoli, vene, nerbi, sopra l' ossatura di quel corpo, ne ancora un morto più simile al morto di quello. Quivi è dolcissima aria di testa, ed una concordanza nelle appicature, e congiunture delle braccia, ed in quelle del corpo e delle gambe, i polsi e le vene lavorate, che in vero si maraviglia lo stupore, etc., etc. (VASARI, X, page 30.)

à tirer une statue haute d'environ neuf brasses (cinq mètres vingt-deux centimètres) d'un bloc de marbre gâté longues années auparavant par un sculpteur ignorant. Il doit commencer le travail le 1er septembre 1501. Il recevra chaque mois, pendant deux ans, six florins *larghi;* de plus on lui fournira les ouvriers nécessaires. Michel-Ange fit un modèle de cire, construisit une barraque bien fermée autour du bloc de marbre, et commença son travail le 13 septembre 1501. Il a fort bien résolu le problème : Étant donné un bloc de marbre ébauché, trouver une attitude qui lui convienne. Le David est debout; c'est un très-jeune homme qui tient une fronde. L'on voit encore l'ancienne ébauche au sommet de la tête, et à une épaule qui est restée un peu en dedans.

Il faut suivre les progrès du style de Michel-Ange. Dans le bas-relief du *combat*, il règne une grande sobriété de contours convexes; il y a moins de fierté, et même une certaine douceur d'exécution.

Le *Bacchus* est plus grec qu'aucun de ses autres ouvrages.

Il y a encore un peu de douceur dans la *Pietà* de Saint-Pierre.

Cette douceur expire tout à fait dans le *David* colossal; depuis il fut le terrible Michel-Ange.

Était-ce imitation de l'antique, ou imitation de la nature comme à Bologne?

Soderini, étant venu voir la statue, dit qu'il trouvait un grand défaut, le nez était trop gros. Le sculpteur prend un peu de poussière de marbre et un ciseau, et, donnant quelques coups de marteau sans toucher à sa statue, il laisse tomber à chaque fois un peu de poussière : « Vous lui avez donné la vie, » s'écrie le gonfalonier. Vasari fait les réflexions suivantes [1] : « A dire vrai, depuis que ce *David* est en place (1504), il a entièrement éclipsé la réputation de toutes les statues modernes ou antiques, grecques ou romaines. On peut dire que ni le *Marforio* de Rome, ni le *Tibre* ou le *Nil* du Belvédère, ni les *Géants* de Montecavallo, ne peuvent lui être comparés, tant Michel-Ange a su y réunir de beautés. On n'a jamais vu de pose générale plus gra-

[1] Tome X, page 52, édition de Sienne.

euse, ni de plus beaux contours que ceux des jambes. Il est ›rtain qu'après avoir vu cette statue, l'on ne doit plus conser- ›r de curiosité pour aucun autre ouvrage fait de nos jours ou ıns l'antiquité, par quelque sculpteur que ce soit [1]. »

Soderini donna quatre cents écus à Michel-Ange. Il lui avait it faire un groupe en bronze de *David* et de *Goliath*, qui fut ›rté en France, où l'on ne sait ce qu'il est devenu. Il en est de ême d'un *Hercule* fait avant son voyage à Venise [2].

Des marchands flamands envoyèrent dans leur patrie un bas- ›lief de bronze représentant la *Madone* et l'*Enfant Jésus*. Il ›aucha une statue de *Saint Matthieu*, qui se voit encore dans première cour de Santa Maria del Fiore, et qu'il abandonna ›ut-être comme ayant une position trop contournée.

Pour ne pas laisser tout à fait la peinture, il fit pour Angelo oni cette *Madone* qui est à la tribune de la galerie de Florence, qui y fait une si singulière figure à côté des chefs-d'œuvre de ›âce de Léonard et de Raphaël. C'est *Hercule maniant des fu- aux*. Il y a entre autres dans le lointain quelques figures nues ›nt Michel-Ange s'est amusé à détailler tous les muscles, en ›pit de toute perspective aérienne.

CHAPITRE CXLVII.

L'ART D'IDÉALISER REPARAÎT APRÈS QUINZE SIÈCLES

Soderini, qui goûtait de plus en plus son talent, le chargea de eindre à fresque une partie de la salle du Conseil dans le palais u gouvernement (1504). Léonard de Vinci avait entrepris l'au- ›e moitié.

Il y représentait la victoire remportée à Angbiari sur le célèbre iccinino, général du duc de Milan, et avait choisi pour son pre- ›ier plan une mêlée de cavalerie avec la prise d'un étendard. Buonarotti eut à peindre la guerre de Pise, et prit pour sujet

[1] Au contraire, ce David est fort médiocre, et les jambes surtout sont ›urdes.

[2] Deux mètres trente-deux centimètres de proportion.

principal une circonstance fournie par le récit de la bataille. Le jour de l'action, la chaleur était accablante, et une partie de l'infanterie se baignait tranquillement dans l'Arno, lorsque tout à coup l'on cria : *Aux armes!* Un des généraux de Florence venait d'apercevoir l'ennemi en pleine marche d'attaque sur les troupes de la république.

Le premier mouvement d'épouvante et de courage produit sur ces soldats, surpris par le cri : *Aux armes!* est celui qu'a saisi Michel-Ange.

Benvenuto Cellini, qui a si peu loué, écrivait en 1559 : « Ces fantassins nus courent aux armes, et avec de si beaux mouvements, que jamais ni les anciens ni les modernes n'ont fait œuvre qui arrive à ce point d'excellence. Comme je l'ai dit, le carton du grand Léonard avait aussi un haut degré de beauté. Ces deux cartons furent placés, l'un dans la salle du Pape, et l'autre dans le palais de Médicis. Tant qu'ils durèrent, ils furent l'école du monde. Quoique le divin Michel-Ange ait fait depuis la grande chapelle du pape Jules, il n'atteignit jamais même à la moitié du talent qu'il avait montré dans la bataille de Pise. De sa vie il n'est remonté à la sublimité de ces premiers élans de son génie[1]. »

Vasari cite surtout l'expression d'un vieux soldat qui, pour se garantir du soleil en se baignant, s'était mis sur la tête une couronne de lierre : il s'assied pour se vêtir; mais ses vêtements ne peuvent glisser sur des membres mouillés, et il entend le tambour et les cris qui s'approchent. L'action des muscles de cet homme, et surtout le mouvement d'impatience de la bouche n'ont jamais été égalés. L'on se figure les mouvements passionnés, les raccourcis admirables que Michel-Ange sut trouver parmi tant de soldats nus ou à moitié vêtus. Emporté par le feu de son génie, à peine, pour ne pas perdre ses idées, se donnait-il le temps de tracer ses personnages. Les uns avaient les clairs et les ombres, d'autres étaient au simple contour, d'autres enfin à peine dessinés au charbon.

Les artistes restèrent muets d'admiration à l'aspect d'un tel

[1] Tome Ier, page 31, édition des classiques.

ouvrage. L'art d'idéaliser se montrait pour la première fois : la peinture était affranchie pour toujours du style mesquin. Ils n'avaient jamais eu l'idée d'une telle puissance exercée sur les âmes au moyen du dessin.

Tous les peintres à l'envi se mirent à étudier ce *carton*. Aristote de Sangallo, ami de Michel-Ange; Ridolfo Ghirlandajo, Raphaël d'Urbin [1], Granacci, Bandinelli, Alphonse Berughetta, Espagnol, André del Sarto, le Franciabigio, Sansovino, le Rosso, Pontormo, Pierin del Vaga, tous vinrent y apprendre à voir la nature sous un aspect plus enflammé et plus fort.

Pour ne pas avoir ce concours d'artistes et de curieux dans le lieu même où s'assemblait le gouvernement, on fit porter le carton dans une salle haute, et ce fut l'occasion de sa perte. Lors de la révolution de 1512, quand la république fut abolie, et les Médicis rappelés, personne ne songeant au chef-d'œuvre de Michel-Ange, Baccio Bandinelli, qui avait de fausses clefs de la salle, le coupa en morceaux et l'emporta. A quoi il fut excité par jalousie de ses camarades, et peut-être aussi par amitié pour Léonard que ce carton faisait paraître froid, et par haine pour Michel-Ange. Ces fragments se répandirent dans toute l'Italie; Vasari parle de ceux qui se voyaient de son temps à Mantoue, dans la maison d'Uberto Strozzi. En février 1575, on voulait les vendre au grand-duc de Toscane. Depuis il n'en a plus été question.

Tout ce qui reste aujourd'hui de ce grand effort de l'art, pour sortir de la froide et exacte imitation de la nature, c'est la figure du vieux soldat gravée par Marc-Antoine, et regravée par Augustin de Venise, estampe connue en France sous le nom des *Grimpeurs*. Marc-Antoine a aussi gravé la figure d'un soldat vu par derrière.

Le vulgaire a coutume de dire que Michel-Ange manque d'idéal, et c'est lui qui, parmi les modernes, a inventé l'idéal. Il se délassait de l'extrême application qu'il donnait à ce grand ouvrage par la lecture des poëtes nommés alors vulgaires. Il fit lui-même des vers italiens [2].

[1] Ce grand homme vint à Florence vers la fin de 1504.

[2] Imprimés à Florence en 1623 et 1726. Le manuscrit est à la bibliothèque du Vatican. Les marges sont chargées d'esquisses.

CHAPITRE CXLVIII.

JULES II.

La mort venait d'enlever Alexandre VI, le seul homme, si l'on excepte César Borgia, qui ait réuni à un grand génie les mœurs les plus dissolues, et les vices les plus noirs.

Jules II eut plutôt des vertus déplacées que des vices (1504). Entraîné par une insatiable soif de gloire, inflexible dans ses plans, infatigable à les exécuter, magnanime, impérieux, avide de dominer, sa grande âme se faisait jour en brisant les convenances de la vieillesse et du sacerdoce.

A peine fut-il sur le trône qu'il appela Michel-Ange; mais il hésita plusieurs mois avant de choisir l'ouvrage auquel il l'emploierait. Il eut enfin l'idée de se faire faire un tombeau. Michel-Ange présenta un dessin dont le pape fut ravi. Il l'envoya en toute diligence à Carrare pour extraire les marbres.

En se promenant sur cette côte escarpée, et qui, placée par la nature au fond d'un demi-cercle, sert également de point de vue aux vaisseaux qui viennent de Gênes et à ceux qui arrivent de Livourne, Michel-Ange trouva un rocher isolé qui s'avance dans la mer. Il fut saisi de l'idée d'en faire un colosse énorme qui apparût de loin aux navigateurs. Les anciens, dit-on, ont eu le même projet; du moins les gens du pays montrent-ils dans le roc quelques travaux qu'ils donnent pour un commencement d'ébauche. Le colosse de saint Charles Borromée, près d'Arona, n'est grand que par sa masse, et cependant ce souvenir surnage comme celui de Saint-Pierre de Rome sur tous ceux que le voyageur rapporte d'Italie. Qu'eût donc fait un colosse dessiné par Michel-Ange?

Après huit mois de soins il expédia ses marbres. Ils remontèrent le Tibre, on les débarqua sur la place de Saint-Pierre qui fut presque couverte de ces blocs énormes. Jules II vit qu'il était compris; Michel-Ange fut dans la plus haute faveur.

Qu'on se rappelle ce qu'avaient été les papes et ce qu'ils étaient encore pour un croyant, non pas des rois, mais les représentants de Dieu, mais des êtres tout-puissants sur le salut éternel.

Jules II, dont le génie fier et sévère était fait pour redoubler encore ce respect mêlé de terreur, daigna plusieurs fois aller visiter Michel-Ange chez lui : il aimait ce caractère intrépide, et que les obstacles irritaient au lieu de l'ébranler.

Ce prince alla jusqu'à ordonner la construction d'un pont-levis, qui lui permît de se rendre en secret et à toute heure dans l'appartement de l'artiste : il le combla de faveurs démesurées ; tels sont les termes des historiens.

CHAPITRE CXLIX.

TOMBEAU DE JULES II.

Si Michel-Ange eût connu davantage et la cour et son propre caractère, il eût senti que la disgrâce approchait. Bramante, ce grand architecte à qui l'on doit une partie de Saint-Pierre, était fort aimé du pape, mais fort prodigue. Il employait de mauvais matériaux et faisait des gains énormes[1]. Il craignit une parole indiscrète : aussitôt il commença à dire et à faire dire tout doucement, en présence de Sa Sainteté, que s'occuper de son tombeau avait toujours passé pour être de mauvais augure. Les amis de l'architecte se réunirent aux ennemis de Michel-Ange, qui en avait beaucoup, parce que la faveur n'avait pas changé son caractère. Toujours plongé dans les idées des arts, il vivait solitaire et ne parlait à personne. Avant sa faveur, c'était du génie;

[1] Guarna a imprimé à Milan, en 1517, un dialogue qui a lieu à la porte du paradis, entre Saint-Pierre, Bramante, et un avocat romain. Ce dialogue, plein de feu et fort amusant, montre qu'en Italie l'on avait bien plus d'esprit et de liberté en 1517 que trois siècles après. On y voit Bramante, homme d'esprit, très-peu dupe, et appréciant fort bien les hommes et les choses. Ce dut être un ennemi fort vif et fort dangereux. Une partie de ce dialogue, très-bien traduit, forme les seules pages amusantes du gros livre de Bossi sur Léonard de Vinci, 246 à 249. La prose italienne d'aujourd'hui vaut la musique française.

depuis, ce fut de la hauteur la plus insultante. Toute la cour se réunit contre lui, il ne s'en douta pas, et le pape, aussi sans s'en douter, se trouva avoir changé de volonté.

Cette intrigue fut un malheur pour les arts. Le tombeau de Jules II devait être un monument isolé, carré long, à peu près comme le tombeau de Marie-Thérèse à Vienne, mais beaucoup plus grand. Il aurait eu dix-huit brasses de long sur douze de largeur[1] ; quarante statues, sans compter les bas-reliefs, auraient couvert les quatre faces. Sans doute c'était trop de statues ; l'œil n'eût pas eu de repos ; mais ces statues auraient été faites par Michel-Ange dans tout le feu de la jeunesse, et sous les yeux d'ennemis puissants et excellents juges.

Il est plus que probable que si le projet du tombeau eût tenu, Michel-Ange se serait consacré pour toujours à la sculpture, et n'eût pas employé une partie d'une vie si précieuse à réapprendre la peinture. Il est vrai que ce grand homme y prit une des premières places ; mais enfin la première statue qu'il ait faite pour l'immense monument qu'on lui fit abandonner est le Moïse, et c'est la première. A quels chefs-d'œuvre étonnants ne devait-on pas s'attendre dans le genre colossal et terrible !

D'ailleurs le génie est refroidi par ce genre de malheur, la basse intrigue le forçant à abandonner un grand projet pour lequel son âme a longtemps brûlé.

Le dessin du tombeau montre les bizarreries de l'esprit du siècle ; plusieurs statues auraient représenté les arts libéraux : la Poésie, la Peinture, l'Architecture, etc. ; et ces statues auraient été enchaînées pour exprimer que, par la mort du pape, tous les talents étaient faits prisonniers de la mort.

Toutes les églises étaient petites pour le dessin de Michel-Ange. En cherchant dans Rome une place pour le tombeau de Jules, il lui fit naître l'idée de reprendre les travaux de Saint-Pierre. Michel-Ange ne se doutait guère qu'un jour, après la mort de son ennemi, cette église deviendrait, par sa coupole

[1] Dix mètres quarante-quatre millimètres sur sept mètres quatre-tre-vingt-seize.

Voir la gravure dans M. d'Agincourt.

sublime, le monument éternel de sa gloire dans le troisième des arts du dessin[1].

CHAPITRE CL.

DISGRACE.

Jules II avait ordonné à Michel-Ange de s'adresser directement à lui toutes les fois qu'il aurait besoin d'argent pour le tombeau (1506). Un reste de marbres laissés à Carrare étant arrivés au quai du Tibre, Buonarotti les fit débarquer, transporter sur la place de Saint-Pierre, et monta au Vatican pour demander l'argent qui revenait aux matelots. On lui dit que Sa Sainteté n'était pas visible, il n'insista pas. Quelques jours après, il se rendit derechef au palais. Comme il traversait l'antichambre, un laquais lui barra le passage, et lui dit qu'il ne pouvait pas entrer. Un évêque, qui se trouvait là par hasard, se hâta de réprimander cet homme, et lui demanda s'il ne savait pas à qui il parlait : « C'est précisément parce que je sais fort bien à qui je parle que je ne laisse pas passer, dit le laquais ; je m'acquitte de mes ordres. — Et vous direz au pape, répliqua Michel-Ange, que, si désormais il désire me voir, il m'enverra chercher. »

Il retourne chez lui, ordonne à deux domestiques, qui faisaient toute sa maison, de vendre ses meubles ; se fait amener des chevaux de poste, part au galop, et arrive encore le même jour à Poggibonzi, village situé hors des États de l'Église, à quelques lieues de Florence.

Peu de moments après, il voit arriver aussi au galop cinq courriers du pape, qui avaient ordre de le ramener de gré ou de force où qu'ils le rencontrassent. Michel-Ange ne répondit à cet ordre que par la menace de les faire tuer s'ils ne partaient à l'instant. Ils eurent recours aux prières ; les voyant sans effet, ils se réduisirent à lui demander qu'il répondit à la lettre du

[1] Saint-Pierre, commencé par Nicolas V. Les murs étaient restés à cinq pieds au-dessus du sol. L'ancienne église de Saint-Pierre ne fut démolie que sous Jules II par Bramante.

pape qu'ils lui rendaient, et qu'il datât sa réponse de Florence, afin que Sa Sainteté comprît qu'il n'avait pas été en leur pouvoir de le ramener.

Michel-Ange satisfit ces gens et continua sa route bien armé.

CHAPITRE CLI.

RECONCILIATION, STATUE COLOSSALE A BOLOGNE.

A peine fut-il à Florence que le gonfalonier reçut du pape un bref plein de menaces. Mais Soderini le voyait revenir avec plaisir, et avait à cœur de lui faire peindre la salle du Conseil d'après son fameux carton. Michel-Ange perfectionnait ce dessin célèbre. Cependant on reçut un second bref, et immédiatement après un troisième[1]. Soderini le fit appeler : « Tu t'es conduit avec le pape comme ne l'aurait pas fait un roi de France; nous ne voulons pas entreprendre une guerre pour toi, ainsi prépare-toi à partir. »

Michel-Ange songea à se retirer chez le Grand Turc. Ce prince, dans l'idée de jeter un pont de Constantinople à Péra, lui avait fait faire des propositions brillantes par quelques moines franciscains.

Soderini mit tout en œuvre pour le retenir en Italie. Il lui représenta qu'il trouverait chez le sultan un bien autre despotisme qu'à Rome, et qu'après tout, s'il avait des craintes pour sa personne, la république lui donnerait le titre de son ambassadeur.

Sur ces entrefaites, le pape, qui faisait la guerre, eut des suc-

[1] Julius pp. II, dilectibus filiis prioribus libertatis et vexillifero justitiæ populi Florentini.

Dilecti filii, salutem et apostolicam benedictionem. Michael Angelus sculptor, qui a nobis leviter. et inconsulte discessit, redire ut accepimus ad nos timet, cui nos non succensemus : novimus hujusmodi hominum ingenia. Ut tamen omnem suspicionem deponat, devotionem vestram hortamur velit ei nomine nostro promittere, quod si ad nos redierit, illæsus inviolatusque erit, et in ea gratia apostolica nos habituros, qua habebatur ante discessum. Datum Romæ, 8 julii 1506, Pontificatus nostri anno III.

cès. Son armée prit Bologne, il y vint lui-même, et montrait beaucoup de joie de la conquête de cette grande ville. Cette circonstance donna à Michel-Ange le courage de se présenter. Il arrive à Bologne; comme il se rendait à la cathédrale pour y entendre la messe, il est rencontré et reconnu par ces mêmes courriers du pape qu'il avait repoussés avec perte quelques mois auparavant. Ils l'abordent civilement, mais le conduisent sur-le-champ à Sa Sainteté, qui, dans ce moment, était à table au palais des Seize, où elle avait pris son logement. Jules II, le voyant entrer, s'écrie transporté de colère : « Tu devais venir à nous, et tu as attendu que nous vinssions te chercher. »

Michel-Ange était à genoux, il demandait pardon à haute voix : « Ma faute ne vient pas de mauvais naturel, mais d'un mouvement d'indignation : je n'ai pu supporter le traitement que l'on m'a fait dans le palais de Votre Sainteté. » Jules, sans répondre, restait pensif, la tête basse et l'air agité, quand un évêque, envoyé par le cardinal Soderini, frère du gonfalonier, afin de ménager le raccommodement, prit la parole pour représenter que Michel-Ange avait erré par ignorance, que les artistes tirés de leur talent étaient tous ainsi... Sur quoi le fougueux Jules l'interrompant par un coup de canne[1] : « Tu lui dis des injures que nous ne lui disons pas nous-mêmes, c'est toi qui es l'ignorant; ôte-toi de mes yeux; » et comme le prélat tout troublé ne se hâtait pas de sortir, les valets le mirent dehors à coups de poing[2]. Jules, ayant exhalé sa colère, donna sa bénédiction à Michel-Ange, le fit approcher de son fauteuil, et lui recommanda de ne pas quitter Bologne sans prendre ses ordres.

Peu de jours après, Jules le fit appeler : « Je te charge de faire mon portrait; il s'agit de jeter en bronze une statue colossale que tu placeras sur le portail de Saint-Pétrone. » Le pape mit en même temps à sa disposition une somme de mille ducats.

Michel-Ange ayant fini le modèle en terre avant le départ du pape, ce prince vint à l'atelier. Le bras droit de la statue donnait la bénédiction. Michel-Ange pria le pape de lui indiquer ce

[1] Vasari, X, page 70.

[2] Con matti frugoni diceva Michelagnolo. (Condivi, page 22.)

qu'il devait mettre dans la main gauche, un livre, par exemple : « Un livre! un livre! répliqua Jules II, une épée, morbleu! car pour moi je ne m'entends pas aux lettres. » Puis il ajouta, en plaisantant sur le mouvement du bras droit qui était fort décidé : « Mais, dis-moi, ta statue donne-t-elle la bénédiction ou la malédiction? — Elle menace ce peuple s'il n'est pas sage, » répondit l'artiste.

Michel-Ange employa plus de seize mois à cette statue (1508), trois fois grande comme nature; mais le peuple menacé ne fut pas sage, car ayant chassé les partisans du pape, il prit la liberté de briser la statue (1511). La tête seule put résister à sa furie; on la montrait encore un siècle après; elle pesait six cents livres. Ce monument avait coûté cinq mille ducats d'or[1].

CHAPITRE CLII.

INTRIGUE, MALHEUR UNIQUE.

A peine la statue finie, Buonarotti reçut un courrier qui l'appelait à Rome. Bramante ne put parer le coup : il trouva Jules II inébranlable dans la volonté d'employer ce grand homme, seulement il ne songeait plus au tombeau. Le parti de Bramante venait de faire appeler à la cour son parent Raphaël. Les courtisans l'opposaient à Michel-Ange. Ils avaient eu pour agir tout le temps que Michel-Ange avait été retenu à Bologne. Ils inspirèrent au pape, qui était cependant un homme ferme et un homme d'esprit, l'idée singulière de faire peindre par ce grand sculpteur la voûte de la chapelle Sixte IV au Vatican.

Ce fut un coup de partie; ou Michel-Ange n'acceptait pas, et alors il s'aliénait à jamais le bouillant Jules II, ou il entreprenait ces fresques immenses, et il restait nécessairement au-dessous de Raphaël. Ce grand peintre travaillait alors aux célèbres chambres du Vatican, à vingt pas de la Sixtine.

[1] Le duc Alphonse de Ferrare acheta le bronze et en fit une belle pièce de canon qu'il nomma la *Giulia*. Il conservait la tête dans son musée.

Jamais piége ne fut mieux dressé, Michel-Ange se vit perdu. hanger de talent au milieu de sa carrière, entreprendre de eindre à fresque, lui qui ne connaissait pas même les procédés e ce genre, et de peindre une voûte immense dont les figures evaient être aperçues de si bas! Dans son étonnement, il ne avait qu'opposer à une telle déraison. Comment prouver ce ui est évident?

Il essaya de représenter à Sa Sainteté qu'il n'avait jamais fait n peinture d'ouvrage de quelque importance, que celui-ci deait naturellement regarder Raphaël; mais enfin il comprit dans uel pays il était.

Plein de rage et de haine pour les hommes, il se mit à l'ourage, fit venir de Florence les meilleurs peintres à fresque[1], es fit travailler à côté de lui. Quand il eut vu le mécanisme de e genre, il abattit tout ce qu'ils avaient fait, les paya, se renerma seul dans la chapelle, et ne les revit plus : les autres, ort mécontents, repartirent pour Florence.

Lui-même il faisait le crépi, broyait ses couleurs, et prenait ous ces soins pénibles que dédaignaient les peintres les plus ulgaires.

Pour comble de contrariété, à peine avait-il fini le tableau du *Déluge*, qui est un des principaux, qu'il vit son ouvrage se couvrir de moisissure et disparaître. Il abandonna tout, et se crut lélivré. Il alla au pape, lui expliqua ce qui arrivait, ajoutant : « Je l'avais bien dit à Votre Sainteté, que cet art-là n'est pas le nien. Si vous ne croyez pas à ma parole, faites examiner[2]. » Le pape envoya l'architecte Sangallo, qui montra à Michel-Ange qu'il avait mis trop d'eau dans la chaux employée au crépi, et l fut obligé de reprendre son travail.

Ce fut avec ces sentiments que seul, en vingt mois de temps, l termina la voûte de la chapelle Sixtine : il avait alors trentesept ans.

Chose unique dans l'histoire de l'esprit humain, qu'on ait fait

[1] Jacopo di Sandro, Agnolo di Donnino, Judaco, Bugiardini, son ami Granacci, Aristotile di san Gallo. Voyez Vasari, X, 77.

[2] Condivi, 28.

sortir un artiste, au milieu de sa carrière, de l'art qu'il avait toujours exercé, qu'on l'ait forcé à débuter dans un autre, qu'on lui ait demandé, pour son coup d'essai, l'ouvrage le plus difficile et de la plus grande dimension qui existe dans cet art, qu'il s'en soit tiré en aussi peu de temps sans imiter personne, d'une manière qui est restée inimitable, et en se plaçant au premier rang dans cet art qu'il n'avait point choisi !

On n'a rien vu depuis trois siècles qui rappelle, même de loin, ce trait de Michel-Ange. Quand on considère ce qui dut se passer dans l'âme d'un homme aussi délicat sur la gloire, et aussi sévère pour lui-même, lorsque, ignorant même les procédés mécaniques de la fresque, il se chargea de cet ouvrage immense, on croit apercevoir en lui une force de caractère égale, s'il se peut, à la grandeur de son génie.

L'étranger qui pénètre pour la première fois dans la chapelle Sixtine, grande à elle seule comme une église, est effrayé de la quantité de figures et d'objets de tout genre qui couvrent cette voûte.

Sans doute il y a trop de peinture. Chacun des tableaux ferait un effet centuple s'il était isolé au milieu d'un plafond de couleur sombre. C'était le début d'une passion. On retrouve le même défaut dans les loges de Raphaël et dans les chambres du Vatican [1].

CHAPITRE CLIII.

CHAPELLE SIXTINE.

Les gens qui n'ont aucun goût pour la peinture voient du moins avec plaisir les portraits en miniature. Ils y trouvent des couleurs agréables et des contours que l'œil saisit avec facilité. La peinture à l'huile leur semble avoir quelque chose de rude et de sérieux ; surtout les couleurs leur paraissent moins belles.

[1] La *Voûte* et le *Jugement dernier*, au fond de la chapelle, sont de Michel-Ange ; le reste des murailles a été peint par Sandro, Pérugin et les autres peintres venus de Florence. Il y a un très-bon Pérugin.

Il en est de même des jeunes amateurs relativement aux tableaux à fresque. Ce genre est difficile à voir; l'œil a besoin d'une éducation, et, cette éducation, l'on ne peut guère se la donner qu'à Rome.

A ce moment du voyage de l'âme sensible vers le beau pittoresque, se trouve cet écueil si dangereux : « Prendre pour admirable ce qui, dans le fait, ne donne aucun plaisir. »

Rome est la ville des statues et des fresques. En y arrivant, il faut aller voir les scènes de l'histoire de Psyché peintes par Raphaël dans le vestibule du palais de la Farnésine. On trouvera dans ces groupes divins une dureté dont Raphaël n'est pas tout à fait coupable, mais qui est fort utile aux jeunes amateurs et facilite beaucoup la vision.

Il faut résister à la tentation, et fermer les yeux en passant devant les tableaux à l'huile. Après deux ou trois visites à la Farnésine, on ira à la galerie Farnèse d'Annibal Carrache.

On ira voir la salle des Papirus, peinte à la bibliothèque du Vatican par Raphaël Mengs. Si, par sa fraîcheur et son afféterie, ce plafond fait plus de plaisir que la galerie de Carrache, il faut s'arrêter. Cette répugnance ne tient pas à la différence des âmes, mais à l'imperfection des organes. Une quinzaine de jours après, l'on peut se permettre l'entrée des chambres de Raphaël au Vatican. A l'aspect de ces murs noircis, l'œil jeune encore s'écriera : *Raphael ubi es?* Ce n'est pas mettre trop de temps que d'accorder huit jours d'étude pour sentir les fresques de Raphaël. Tout est perdu si l'on use sur des tableaux à l'huile la sensibilité à la peinture déjà si desséchée par les contrariétés du voyage.

Après un mois de séjour à Rome, pendant lequel l'on n'aura vu que des statues, des maisons de campagne, de l'architecture ou des fresques, l'on peut enfin, un jour de beau soleil, se hasarder à entrer dans la chapelle Sixtine : il est encore fort douteux que l'on trouve du plaisir.

L'âme des Italiens, pour lesquels peignit Michel-Ange, était formée par ces hasards heureux qui donnèrent au quinzième siècle presque toutes les qualités nécessaires pour les arts, mais de plus, et même chez les habitants de la Rome actuelle, si avilis par la théocratie, l'œil est formé dès l'enfance à voir toutes les différentes productions des arts. Quelque supériorité que veuille s'attribuer un habitant du Nord, d'abord très-probablement son âme est froide, en second lieu ; son œil ne sait pas voir, et il est arrivé à un âge où l'éducation physique est devenue bien incertaine.

Mais supposons enfin un œil qui sache voir et une âme qui puisse sentir. En levant les yeux au plafond de la Sixtine, vous apercevez des compartiments de toutes les formes, et la figure humaine reproduite sous tous les prétextes.

La voûte est plane, et Michel-Ange a supposé des arêtes soutenues par des cariatides; ces cariatides, comme il est naturel de le penser, sont vues en raccourci. Tout autour de la voûte, et entre les fenêtres, sont les figures de prophètes et de sibylles. Au-dessus de l'autel où se dit la messe du pape, on voit la figure de Jonas, et, au centre de la voûte, à partir du Jonas jusqu'au-dessus de la porte d'entrée, sont représentées les scènes de la Genèse dans des compartiments carrés, alternativement plus grands et plus petits. C'est ces compartiments qu'il faut isoler par la pensée de tout ce qui les environne, et juger comme des tableaux. Jules II avait raison, ce travail serait bien plus facile si les peintures étaient relevées par des fonds d'or comme à la salle des Papyrus. A cette distance, l'œil a besoin de quelque chose d'éclatant.

La sculpture grecque ne voulut rien reproduire de terrible : on avait assez des malheurs réels. Ainsi, dans le domaine de l'art, rien ne peut être comparé à la figure de l'Être éternel tirant le premier homme du néant[1]. La pose, le dessin, la draperie, tout est frappant; l'âme est agitée par des sensations qu'elle n'est pas habituée à recevoir par les yeux. Lorsque dans notre malheureuse retraite de Russie nous étions tout à coup réveillés au milieu de la nuit sombre par une canonnade opiniâtre, et qui à chaque moment semblait se rapprocher, toutes les forces de l'homme se rassemblaient autour du cœur, il était en présence du destin, et, n'ayant plus d'attention pour tout ce

[1] Quatrième carré.

qui était d'un intérêt vulgaire, il s'apprêtait à disputer sa vie à la fatalité. La vue des tableaux de Michel-Ange m'a rappelé cette sensation presque oubliée. Les âmes grandes jouissent d'elles-mêmes, le reste a peur et devient fou.

Il serait absurde de chercher à décrire ces peintures. Les monstres de l'imagination se forment par la réunion de diverses parties qu'on a observées dans la nature. Mais aucun lecteur qui n'a pas été devant les fresques de Michel-Ange, n'ayant jamais vu une seule des parties dont il compose les êtres surnaturels, et cependant, dans la nature qu'il nous fait apparaître, il faut renoncer à en donner une idée. On pourrait lire l'Apocalypse, et un soir, à une heure avancée de la nuit, l'imagination, obsédée des images gigantesques du poëme de saint Jean, voir des gravures parfaitement exécutées d'après la Sixtine. Mais plus les sujets sont au-dessus de l'homme, plus les gravures devraient être exécutées avec soin pour attirer les yeux.

Les tableaux de cette voûte peints sur toile formeraient cent tableaux aussi grands que la *Transfiguration*. On y trouve des modèles de tous les genres de perfection, même de celle du clair-obscur. Dans de petits triangles au-dessus des fenêtres on découvre des groupes qui sont presque tous remplis de grâce [1].

CHAPITRE CLIV.

SUITE DE LA SIXTINE.

Il y a dans le *Déluge* une barque chargée de malheureux qui cherchent en vain à aborder l'arche : battue par des vagues énormes, la barque a perdu sa voile et n'a plus de moyen de salut ; l'eau pénètre, on la voit couler à fond.

Près de là se trouve le sommet d'une montagne qui, par la crue des eaux, est devenue comme une île. Une foule d'hommes

[1] Ces triangles, que la plupart des voyageurs n'aperçoivent même pas, sont au nombre de soixante-huit. Il faut avoir le courage de faire le tour de la chapelle dans la galerie qui passe devant les fenêtres. (Écrit ce chapitre dans cette galerie le 13 janvier 1807.)

et de femmes, agités de mouvements divers, mais tous affreux à voir, cherchent à se mettre un peu à couvert sous une tente : mais la colère de Dieu redouble, il achève de les détruire par la foudre et des torrents de pluie[1].

Le spectateur, choqué de tant d'horreurs, baisse les yeux et s'en va. Il m'est arrivé de ne pouvoir retenir à la Sixtine de nouveaux arrivants que j'y avais conduits. Les jours suivants, je ne pouvais plus les faire arrêter dans les églises de Rome devant aucun ouvrage de Michel-Ange. J'avais beau leur dire : « Il est au-dessus d'un homme, quelque grand qu'on veuille le supposer, de deviner, non pas une vérité isolée, mais tout l'ensemble de l'état futur du genre humain. Michel-Ange pouvait-il prévoir quelle marche prendrait l'esprit humain ; si par exemple il serait soumis à l'influence de la liberté de la presse ou à celle de l'inquisition ? »

On sent qu'il était tout à fait impossible de trouver ou de reconnaître la beauté des dieux ou le *beau idéal antique*, sous l'empire universel d'un préjugé aussi féroce que celui qui représentait Dieu comme l'être souverainement méchant[2]. Une religion qui admettait la prescience dans sa Divinité, et qui

[1] Le Dieu des catholiques pouvait les anéantir sans souffrances en un clin d'œil. Les souffrances sans témoins sont inutiles. Voyez Bentham.

[2] Quel est en France le vrai chrétien qui, en lisant le sage abbé Fleury, ne voie avec orgueil que rien n'est plus opposé que la superstition italienne du quinzième siècle et la religion sublime et consolante des de Belloy et des du Voisin. Si nous avons le bonheur de suivre la religion de l'Évangile dégagée de toutes les superstitions dont l'intérêt personnel l'avait souillée, à qui avons-nous une telle obligation, si ce n'est à ce clergé français, aussi remarquable par les lumières que par la haute pureté de ses mœurs ?

Comme historien, nous prions toujours le lecteur de se souvenir que Michel-Ange ne put vivre et employer son génie que sous l'influence des idées du quinzième siècle. Voilà pourquoi nous nous trouvons forcés d'entrer dans le développement de ces idées et d'en admettre les conséquences.

Ce n'est qu'en tremblant que, dans un livre destiné à analyser l'effet des passions les plus mondaines, nous touchons aux plus redoutables vérités du christianisme. Ri. C.

ajoutait : *Multi sunt vocati, pauci vero electi*[1], défendait à jamais à ses Michel-Ange de devenir des Phidias[2]. Elle faisait bien toujours son Dieu à l'image de l'homme ; mais, l'idéalisant en sens contraire, elle lui ôtait la bonté, la justice et les autres passions aimables, pour ne lui réserver que les fureurs de la vengeance et la plus sombre atrocité[3].

Quelle figure auraient faite dans le *Jugement dernier* le *Jupiter Mansuétus* ou l'*Apollon* du Belvédère? Ils y auraient semblé niais. L'ami de Savonarole ne voyait pas la bonté dans ce juge terrible qui, pour les erreurs passagères de cette courte vie, précipite dans une éternité de souffrances.

Le fond de tout grand génie est toujours une bonne logique. Tel fut l'unique tort de Michel-Ange. Semblable à ces malheureux que l'on voit figurer de temps en temps devant les tribunaux, et qui assassinent les petits enfants pour en faire des anges, il raisonna juste d'après des principes atroces.

Être trop fort dans ce qui manque à la plupart des grands hommes fut l'unique malheur de cet être étonnant. La nature lui donna le génie, une santé de fer, une longue carrière, elle aurait dû, pour achever son ouvrage, le faire naître sous l'empire de préjugés raisonnables, chez un peuple où les dieux ne fussent que des hommes riches et heureux comme en Grèce, ou dans un pays où l'Être suprême fût souverainement juste, comme parmi certaines sectes de l'Angleterre.

CHAPITRE CLV.

EN QUOI PRÉCISÉMENT IL DIFFÈRE DE L'ANTIQUE.

Tandis que ces idées étaient bien présentes aux nouveaux arrivants, je les conduisais au musée Pio-Clémentin, car à Rome le plus ancien arrivé fait le cicerone.

[1] Beaucoup sont appelés, mais peu sont élus.

[2] Comparez la mythologie à la Bible (toujours sous le rapport de l'art).

[3] Ce qui est peut-être un malheur pour la peinture ; mais qu'est-ce que des arts frivoles comparés aux intérêts éternels de la morale et des gouvernements basés sur la religion? Ri. C.

Comment faire naître la terreur par la forme d'un bras?

Je leur faisais voir le fleuve antique où Michel-Ange a fait la tête, le bras droit avec l'urne, et quelques petits détails : « Regardez bien le bras gauche, le torse, les jambes qui sont antiques, figurez-vous l'être auquel ce corps doit appartenir, et de là sautez brusquement au bras et à la tête de Michel-Ange. Vous trouverez quelque chose de *chargé* et de *forcé.* » Très-souvent l'on ne voyait que les différences physiques. Ce jour-là, nous quittions bien vite le Musée, et nous allions dans le monde.

Les limites des deux styles sont encore plus frappantes si l'on compare les jambes antiques de l'*Hercule Farnèse* à Naples, avec les jambes qu'avait faites Guglielmo della Porta, peut-être d'après le modèle de Michel-Ange. Vingt ans après avoir découvert et restauré la statue, on retrouva les jambes antiques (1560), et Michel-Ange conseilla, dit-on, de laisser les modernes [1].

Il y avait au moins, chez ce grand homme, défaut de sentiment pour l'harmonie générale. Mais probablement il prenait cette *douceur* de l'antique pour une beauté de convention.

Si Corneille avait refait le rôle de Bajazet dans la tragédie de Racine, n'aurions-nous pas raison de préférer ce rôle à celui de l'auteur? Voilà ce que Michel-Ange croyait sentir.

Je sortais un jour du musée Clémentin avec un duc fort riche et fort *libéral*, mais pour qui le difficile [2] est toujours synonyme de beau. Il proscrivait Michel-Ange avec hauteur, et j'étais furieux. « Convenez donc, lui disais-je, que la vanité, que les gens de votre naissance mettent dans les cordons, vous la portez dans les arts. Vous êtes plus heureux de posséder tel manuscrit ignoré et inutile, ou tel vieux tableau de Crivelli [3], que de voir une nouvelle madone de Raphaël, et malgré la sagacité et la force de votre génie, vous n'êtes pas juge compétent dans les arts. Je vous demande un peu d'attention pour le mot *idéaliser.* L'antique altère la nature en diminuant la saillie des muscles, Michel-Ange en l'augmentant. Ce sont deux partis opposés. Ce-

[1] Carlo Dati, *Vite de Pittori*, pag. 117.

[2] Le chant de madame Catalani.

[3] École de Venise.

lui de l'antique triomphe depuis cinquante ans, et proscrit Michel-Ange avec la rage d'un *ultra*. Le parti de l'antique a l'honneur d'être le plus noble, et vous avez l'avantage du nombre, je l'avoue. Il y a cinquante amateurs du *difficile* contre un homme sensible qui aime le beau. Mais dans cent ans, même les gens à vanité répéteront les jugements des gens sensibles, car à la longue on s'aperçoit que les aveugles ne jugent pas des couleurs. Contentez-vous de vous moquer des ridicules que se donnent les pauvres gens sensibles; leur royaume n'est pas de ce monde. Battez-les dans le salon, mais, le lendemain matin, ne comparez pas votre réveil soucieux et sec au bonheur que leur donne encore le souvenir de *Teresa et Claudio*[1].

« A côté d'un de ces beaux sites des environs de Rome, reproduits si divinement par le pinceau suave du Lorrain, portez une chambre obscure, vous aurez un paysage dans la chambre obscure. C'est le style de l'école de Florence avant l'apparition de Michel-Ange. Vous aurez le même site dans le tableau de l'artiste; mais, en idéalisant, il a mêlé la peinture de son âme à la peinture du sujet. Il enchantera les cœurs qui lui ressemblent, et choquera les autres. Il est vrai, le paysage de la chambre obscure plaira à tous, mais plaira toujours peu. — C'est ce que nous verrons demain, » dit l'amateur, piqué de l'approbation que deux ou trois femmes donnaient au parti du sentiment.

Le lendemain, nous prîmes deux des meilleurs paysagistes de Rome, et une chambre obscure. Nous choisîmes un site[2]; nous priâmes les artistes de le rendre l'un dans le style paisible et charmant du Lorrain, l'autre avec l'âme sévère et enflammée de Salvator Rosa.

L'expérience réussit pleinement, et nous donna une idée du style froid et exact de l'ancienne école, du style noble et tranquille des Grecs, du style terrible et fort de Michel-Ange. Cela nous avait amusés pendant quinze jours; on discuta beaucoup, et chacun garda son avis.

Pour moi, j'ai souvent regretté que la salle du couvent de

[1] Joli opéra de Farinelli qu'on donnait alors au théâtre Alberti.

[2] Près du tombeau des Horaces et des Curiaces.

Saint-Paul[1], et la chapelle Sixtine ne fussent pas dans la même ville. En allant les voir toutes deux, un de ces jours où l'on voit tout dans les arts, on en apprendrait plus sur Michel-Ange, le Corrége et l'antique, que par des milliers de volumes. Les livres ne peuvent que faire remarquer les circonstances des faits, et les faits manquent à presque tous les amateurs.

CHAPITRE CLVI.

FROIDEUR DES ARTS AVANT MICHEL-ANGE.

Au reste, si nous étions réduits à ne voir pendant six mois que les statues et les tableaux qui peuplaient Florence durant la jeunesse de Michel-Ange, nous serions enchantés de la beauté de ses têtes. Elles sont au moins exemptes de cet air de maigreur et de malheur qui nous poursuit dans les premiers siècles de cette école.

On voit que la peinture rend sensible cette maxime de morale, que la condition première de toutes les vertus est la force[2]; si les figures de Michel-Ange n'ont pas ces qualités aimables qui nous font adorer le *Jupiter* et l'*Apollon*, du moins on ne les oublie pas, et c'est ce qui fonde leur immortalité. Elles ont assez de force pour que nous soyons obligés de compter avec elles.

Rien de plus plat qu'une figure qui veut imiter le beau antique, et n'atteint pas au sublime[3]. C'est comme la longanimité des hommes faibles, qu'entre eux ils appellent du courage. Il faut être l'*Apollon* pour oser résister au *Moïse;* et encore tout ce qui n'a pas de la noblesse dans l'âme trouvera le *Moïse* plus à craindre que l'*Apollon*.

[1] A Parme.

[2] Si je parlais à des géomètres, j'oserais dire ma pensée telle qu'elle se présente : la peinture n'est que de la morale construite.

[3] Que me sert la profonde attention et la bonté d'un être faible ? S'il se mettait en colère, il me ferait plus d'effet; s'il exprimait la douleur, il pourrait me toucher.

Le *caractère* en peinture est comme le chant en musique: on s'en souvient toujours, et l'on ne se souvient que de cela[1].

Dans tout dessin, dans toute esquisse, dans toute mauvaise gravure où vous trouverez de la force, et une force déplaisante par excès, dites sans crainte : Voilà du Michel-Ange.

Sa religion l'empêchant de chercher l'expression des nobles qualités de l'âme, il n'idéalisait la nature que pour avoir la force. Quand il voulut donner la beauté à des figures de femme, il regarda autour de lui, et copia les têtes des plus jolies filles, toutefois, en leur donnant, malgré lui, l'expression de la force, sans laquelle rien ne pouvait sortir de ses ciseaux.

Telle est cette figure d'*Ève*, à la voûte de la chapelle Sixtine, la *Sibylle Érithrée* et la *Sibylle Persique*[2].

Le principal désavantage de Michel-Ange, par rapport à l'antique, est dans les têtes. Ses corps annoncent une très-grande force, mais une force un peu lourde.

CHAPITRE CLVII.

SUITE DE LA SIXTINE.

C'est, comme on voit, à la Sixtine que sont ces modèles si souvent cités du genre terrible ; et une preuve qu'il faut une âme pour ce style-là, comme pour le style gracieux, c'est que les Vasari, les Salviati, les Santi-di-Tito et toute cette tourbe de gens médiocres de l'école de Florence, qui pendant soixante ans copièrent uniquement Michel-Ange, n'ont jamais pu parvenir jusqu'au *dur* et au *laid*, en cherchant le majestueux et le terrible. Comme, dans la sculpture, le calme des passions ne peut être

[1] Talma n'a fait qu'une mauvaise chose en sa vie, c'est nos tableaux. Voir *Léonidas*, les *Sabines*, *Saint Étienne*, etc.

[2] Zeuxis plus membris corporis dedit, id amplius atque augustius ratus ; atque ut existimant Homerum secutus cui validissima quæque forma *etiam in feminis* placet. (Quint., *Inst. or.*, XII, c. 10.)

Marc-Antoine a gravé Adam et Ève et la figure de Judith. Bibliothèque du roi.

rendu que par l'homme qui a senti toutes leurs fureurs, ainsi, pour être terrible, il faut que l'artiste offense chacune des fibres pour lesquelles on peut sentir les grâces charmantes, et de là passe jusqu'à mettre notre sûreté en péril.

En France, nous confondons l'*air grand* avec l'air grand seigneur[1]; c'est à peu près le contraire. L'un vient de l'habitude des grandes pensées, l'autre de l'habitude des pensées qui occupent les gens de haute naissance. Comme les grands seigneurs n'ont jamais existé en Italie, il est rare de voir un Français sentir Michel-Ange.

L'air de hauteur des figures de la Sixtine, l'audace et la force qui percent dans tous leurs traits, la lenteur et la gravité des mouvements, les draperies qui les enveloppent d'une manière hors d'usage et singulière, leur mépris frappant pour ce qui n'est qu'humain, tout annonce des êtres à qui parle *Jéhovah*, et par la bouche desquels il prononce ses arrêts.

Ce caractère de majesté terrible, et surtout frappant dans la figure du *prophète Isaïe*, qui, saisi par de profondes réflexions pendant qu'il lisait le livre de la loi, a placé sa main dans le livre pour marquer l'endroit où il en était, et, la tête appuyée sur l'autre bras, se livrait à ses hautes pensées, quand tout à coup il est appelé par un ange. Loin de se livrer à aucun mouvement imprévu, loin de changer d'attitude à la voix de l'habitant du ciel, le prophète tourne lentement la tête, et semble ne lui prêter attention qu'à regret[2].

Ces figures sont au nombre de douze; celle de *Jonas*, si admirable par la difficulté vaincue; le *prophète Jérémie*, avec cette draperie grossière qui donne le sentiment de la négligence qu'on a dans le malheur, et dont les grands plis ont cependant tant de majesté; la *Sibylle Érithrée*, belle quoique terrible[3]. Toutes font connaître à l'homme sensible une nouvelle beauté idéale. Aussi Annibal Carrache préférait-il de beaucoup la voûte de la

[1] Duclos, *Considérations*.

[2] Les prophètes de Michel-Ange ont de commun avec l'antique l'attention profonde, et par conséquent le mouvement de la bouche.

[3] C'est un ennemi qu'on estime.

chapelle Sixtine au *Jugement dernier.* Il y trouvait moins de science.

Tout est nouveau et cependant varié, dans ces vêtements, dans ces raccourcis, dans ces mouvements pleins de force.

Il faut faire une réflexion sur la majesté. Un grand poëte qui a chanté Frédéric II me disait un jour : Le roi, ayant appris que les souverains étrangers blâmaient son goût pour les lettres, dit au corps diplomatique réuni à une de ses audiences : « Dites à vos maîtres que si je suis moins roi qu'eux, je le dois à l'étude des lettres. »

Je pensai sur-le-champ : mais vous, grand poëte, quand vous chantiez la magnanimité de Frédéric, vous sentiez donc que vous mentiez ; vous cherchiez donc à faire effet ; vous étiez donc hypocrite.

Grand défaut de la poésie sérieuse, et que n'eut pas Michel-Ange, il était dupe de ses prophètes.

L'impatient Jules II, malgré son grand âge, voulut plusieurs fois monter jusqu'au dernier étage de l'échafaud. Il disait que cette manière de dessiner et de composer n'avait paru nulle part. Quand l'ouvrage fut à moitié terminé, c'est-à-dire quand il fut fini de la porte au milieu de la voûte, il exigea que Michel-Ange le découvrît ; Rome fut étonnée.

On dit que Bramante demanda au pape de donner le reste de la voûte à Raphaël, et que le génie de Buonarotti fut troublé par l'idée de cette nouvelle injustice. On accuse Raphaël d'avoir profité de l'autorité de son oncle pour pénétrer dans la chapelle et étudier le style de Michel-Ange avant l'exposition publique. C'est une de ces questions qu'on ne peut décider, et j'y reviendrai dans la vie de Raphaël. Au reste, la gloire du peintre d'Urbin n'est point de n'avoir pas étudié, mais d'avoir réussi. Ce qu'il y a de sûr, c'est que Michel-Ange, poussé à bout, découvrit au pape les iniquités de Bramante, et fut plus en faveur que jamais. Il racontait, sur ses vieux jours, à ceux qui lui disaient que cette seconde moitié de la voûte était peut-être ce qu'il avait jamais fait de plus sublime en peinture, qu'après cette exposition partielle il referma la chapelle et continua son travail, mais, pressé par la furie de Jules II, il ne put terminer ces fresques comme il l'aurait voulu[1]. Le pape, lui demandant un jour quand il finirait, et l'artiste répondant comme à l'ordinaire, « Quand je serai content de moi : — Je vois que tu veux te faire jeter à bas de cet échafaud, reprit le pape. » C'est ce dont je te défie, dit en lui-même le peintre; et, étant allé sur le moment à la Sixtine, il fit démonter l'échafaud. Le lendemain, jour de Toussaint 1511, le pape eut la satisfaction qu'il désirait depuis si longtemps, il dit la messe dans la Sixtine.

Jules II se donna à peine le temps de terminer les cérémonies du jour, il fit appeler Michel-Ange pour lui dire qu'il fallait enrichir les tableaux de la voûte avec de l'or et de l'outre mer (1511). Michel-Ange, qui ne voulait pas refaire son échafaud, répondit que ce qui manquait n'était d'aucune importance. — Tu as beau dire, il faut mettre de l'or. — Je ne vois pas que les hommes portent de l'or dans leurs vêtements, répondit Michel-Ange. — La chapelle aura l'air pauvre. — Et les hommes que j'ai peints furent pauvres aussi.

Le pape avait raison. Son métier de prêtre[2] lui avait donné des lumières. La richesse des autels et la splendeur des habits augmentent la ferveur des fidèles qui assistent à une grand'messe.

Michel-Ange reçut pour cet ouvrage trois mille ducats, dont il dépensa environ vingt-cinq en couleurs[3].

Ses yeux s'étaient tellement habitués à regarder au-dessus de sa tête, qu'il s'aperçut vers la fin, avec une vive inquiétude, qu'en dirigeant ses regards vers la terre il n'y voyait presque plus; pour lire une lettre, il était obligé de la tenir élevée : cette incommodité dura plusieurs mois.

Après le plafond de la Sixtine, sa faveur fut hors d'atteinte; Jules II l'accablait de présents. Ce prince sentait pour lui une vive sympathie, et Michel-Ange était regardé dans Rome comme le plus chéri de ses courtisans.

[1] Par exemple, les siéges des prophètes ne sont pas dorés dans la seconde moitié de la chapelle.

[2] Louis XIV a dit : « Mon métier de roi. » R. C.

[3] En multipliant par dix les sommes citées pendant le seizième siècle, on a la somme qui achèterait aujourd'hui les mêmes choses : Michel-Ange reçut quinze mille francs, qui équivalent à cent cinquante mille francs.

CHAPITRE CLVIII.

EFFET DE LA SIXTINE.

Je crois que le spectateur catholique, en contemplant les *Prophètes* de Michel-Ange, cherche à s'accoutumer à la figure de ces êtres terribles devant lesquels il doit paraître un jour. Pour bien sentir ces fresques, il faut entrer à la Sixtine le cœur accablé de ces histoires de sang dont fourmille l'Ancien-Testament [1]. C'est là que se chante le fameux *Miserere* du vendredi saint. A mesure qu'on avance dans le psaume de pénitence, les cierges s'éteignent; on n'aperçoit plus qu'à demi ces ministres de la colère de Dieu, et j'ai vu qu'avec un degré très-médiocre d'imagination l'homme le plus ferme peut éprouver alors quelque chose qui ressemble à de la peur. Des femmes se trouvent mal lorsque les voix, faiblissant et mourant peu à peu, tout semble s'anéantir sous la main de l'Éternel. On ne serait pas étonné en cet instant d'entendre retentir la trompette du jugement, et l'idée de clémence est loin de tous les cœurs.

Vous voyez combien il est absurde de chercher le beau antique, c'est-à-dire l'expression de tout ce qui peut rassurer, dans la peinture des épouvantements de la religion.

Comme doivent s'y attendre les génies dans tous les genres, on a tourné en reproche à Michel-Ange toutes ces grandes qualités; mais une fois que la mort a fait commencer la postérité pour un grand homme, que lui font dans sa tombe toutes les faussetés, toutes les contradictions des hommes? Il semble que, du sein de cette demeure terrible, ces génies immortels ne peuvent plus être émus qu'à la voix de la vérité. Tout ce qui ne doit exister qu'un moment n'est plus rien pour eux. Un sot paraît dans la chapelle Sixtine, et sa petite voix en trouble le silence auguste par le son de ses vaines paroles; où seront ces paroles? où sera-t-il lui-même dans cent ans? Il passe comme la poussière, et

[1] La loi de grâce nous permet de porter un œil humain sur l'histoire du peuple qui n'est pas celui de Dieu. R. C.

les chefs-d'œuvre immortels s'avancent en silence au travers des siècles à venir.

CHAPITRE CLIX.

SOUS LÉON X, MICHEL-ANGE EST NEUF ANS SANS RIEN FAIRE.

On rapporte que du temps que Michel-Ange travaillait à la Sixtine, un jour qu'il voulait faire une course à Florence pour la fête de Saint-Jean, et répondait, comme à son ordinaire : « *Quand je pourrai,* » à la question : « Quand finiras-tu? » L'impatient Jules II, à portée duquel il se trouvait, lui donna un coup de la petite canne sur laquelle il s'appuyait, en répétant en colère : « *Quand je pourrai! quand je pourrai!* »

A peine fut-il sorti, que le pontife, craignant de le perdre pour toujours, lui envoya Accurse, son jeune favori, qui lui fit toutes les excuses possibles, et le pria de pardonner à un pauvre vieillard qui avait toujours lieu de craindre de ne pas voir la fin des ouvrages qu'il ordonnait. Il ajouta que le pape lui souhaitait un bon voyage, et lui envoyait cinq cents ducats pour s'amuser à Florence.

Jules II (1513), en mourant, chargea deux cardinaux de faire finir son tombeau. L'artiste, de concert avec eux, fit un nouveau dessin moins chargé; mais Léon X, qui était le premier pape de Florence, voulut y laisser un monument. Il ordonna à Michel-Ange d'aller faire un péristyle de marbre à Saint-Laurent, belle église, qui, comme vous savez, n'a encore pour façade qu'un mur de brique fort laid. Michel-Ange quitta Rome les larmes aux yeux; le nouveau pape avait obligé les deux cardinaux à se contenter de sa promesse de faire à Florence les statues nécessaires. A peine arrivé à Florence, et de là à Carrare, il fut dénoncé à Léon X, comme préférant, par intérêt particulier, les marbres de Carrare, pays étranger, à ceux qu'on pouvait tirer de la carrière de Pietra-Santa en Toscane. L'artiste prouva que ces marbres n'étaient pas propres à la sculpture. L'autorité voulut avoir raison. Michel-Ange se rendit dans les montagnes de

Pietra-Santa ; quand les marbres furent tirés de la carrière avec des peines infinies, il fit établir un chemin difficile pour les conduire à la mer. De retour à Florence, après plusieurs années de soins, il trouva que le pape ne songeait plus à Saint-Laurent, et les marbres sont encore sur le rivage de la mer. Buonarotti, piqué d'avoir vu Léon X lui donner constamment tort dans cette affaire, et le prendre pour un homme à argent, resta longtemps sans rien faire. Les gens raisonnables ne manqueront pas de remarquer qu'il aurait dû profiter du moment pour finir le tombeau de Jules II. Mais quand les gens raisonnables comprendront-ils qu'il est certains sujets dont, pour leur honneur, ils ne devraient jamais parler [1] ?

L'Académie de Florence envoya des députés à Léon X, pour le prier de rendre à sa patrie les cendres du grand poëte florentin, qui sont encore à Ravenne, où il mourut dans l'exil. L'adresse originale existe [2]: voici la signature de notre artiste : « Moi, Michel-Ange, sculpteur, adresse la même prière à Votre Sainteté, offrant de faire au divin poëte un tombeau digne de lui. »

Voilà tout ce que l'histoire rapporte de Michel-Ange pendant neuf longues années. On sait qu'il vivait à Florence comme un des nobles les plus considérés, et l'éclat de sa gloire rejaillissait sur sa famille ; car nous avons vu que son père était pauvre, et cependant lorsque Léon X vint revoir sa patrie, et y étaler toute sa grandeur, en 1515, Pietro Buonarotti, frère de Michel-Ange, se trouvait l'un des neuf premiers magistrats.

Michel-Ange, dégoûté de tout travail, s'était cependant remis par raison à faire les statues de Jules II, lorsque le poison ravit aux arts un de leurs plus grands protecteurs.

Ce prince aimable et digne de son beau pays eut pour successeur un Flamand. Ce barbare voulait faire détruire le plafond de la Sixtine, qui, disait-il, ressemblait plus à un bain public qu'à la voûte d'une église [3]. On accusa Michel-Ange, devant lui,

[1] L'artiste qui ne voit pas le modèle idéal, que peut-il faire?

[2] Archives de l'hôpital de Santa-Maria-Nuova, à Florence.

[3] Vianesio, ambassadeur de Bologne, lui faisant remarquer au Belvédère le groupe de *Laocoon*, il détourna la tête en s'écriant : « *Sunt idola antiqaorum.* » (*Lettere de principi*, I, 96.)

d'oublier le tombeau de Jules, pour lequel cependant il avait déjà reçu seize mille écus (1523). Buonarotti voulait courir à Rome. Le cardinal de Médicis, qui quelques mois après fut Clément VII, le retint à Florence pour lui faire construire la salle de la bibliothèque, la sacristie et les tombeaux de sa famille à Saint-Laurent. Ce sont les seuls tombeaux modernes qui aient de la majesté. C'est le genre qui tient le plus au gouvernement. Les tombeaux antiques étaient sublimes par le souvenir des hommes qu'ils enfermaient. Les modernes ne sauraient être que riches, car le souvenir seul de la *vertu* peut être touchant, le souvenir de l'*honneur* n'est qu'amusant. *Saint-Denis* est mesquin et gai. Les *Capucins* de Vienne ressemblent à un cabinet d'antiquailles; Michel-Ange a vaincu tout cela.

Le pape flamand eut pour successeur Clément VII, prince hypocrite et faible, dont le sort fut de paraître digne du trône jusqu'à ce qu'il y montât. Michel-Ange continuait à Florence les travaux ordonnés.

Le duc d'Urbin, neveu de Jules II, lui fit dire qu'il songeât à sa vie, ou à finir le tombeau de son oncle. Buonarotti vint à Rome. Clément n'hésita pas à lui conseiller d'attaquer lui-même les agents du duc, ne doutant pas que Michel-Ange, par le haut prix qu'il mettait aux ouvrages déjà faits, ne se trouvât créancier de la succession. Rien ne prouve que Michel-Ange ait suivi ce lâche conseil. Il vit en arrivant où la politique du pape le conduisait, et n'eut rien de plus pressé que de regagner Florence. Bientôt après, la malheureuse Rome fut mise à feu et à sang par l'armée du connétable de Bourbon [1].

CHAPITRE CLX.

DERNIER SOUPIR DE LA LIBERTÉ ET DE LA GRANDEUR FLORENTINES.

Florence saisit l'occasion, et se débarrassa des Médicis [2]. Il

[1] Peinture naïve et vive de ce grand événement dans Cellini, qui se trouva renfermé au château Saint-Ange avec le pape, et qui y fit les fonctions d'officier d'artillerie.

[2] Les orateurs du peuple prouvèrent que depuis peu d'années les Mé-

s'agissait de choisir un gouvernement. Le gonfalonnier était dévot, les moines de Savonarole toujours ambitieux. Le gonfalonnier proposa de nommer roi Jésus-Christ; on passa au scrutin, et il fut élu, mais avec vingt votes contraires [1]. Le nom de ce roi n'empêcha pas son vicaire, Clément VII, de lancer contre sa patrie tous les soldats allemands qu'il put acheter en Italie. Ces barbares, ivres de joie, s'écrièrent en apercevant Florence du haut de l'Apennin : « Prépare tes brocarts d'or, ô Florence! nous venons les acheter à mesure de pique [2]. » L'armée des Médicis était de trente-quatre mille hommes; les Florentins n'en avaient que treize mille [3].

Le gouvernement de Jésus-Christ, qui dans le fait était républicain, nomma Michel-Ange membre du comité des Neufs, qui dirigeait la guerre; et de plus, gouverneur et procureur général pour les fortifications. Ce grand homme, préférant la vertu des républiques au faux honneur des monarchies, n'hésita pas à défendre sa patrie contre la famille de son bienfaiteur. A peine eut-il fait le tour des remparts, qu'il démontra que, dans l'état actuel des choses, l'ennemi pouvait entrer. Il prévoyait le danger, les sots l'accusèrent de le craindre. C'est précisément ce que nous avons vu à Paris, en mars 1814. Ce qu'il y a de plaisant, c'est que celui qui dans le conseil d'État l'accusa de pusillanimité, parce qu'il disait que les Médicis pouvaient entrer, fut le premier à avoir la tête tranchée après le retour de ces princes [4]. Michel-Ange couvrit la ville d'excellentes fortifications [5]. Le siége commença, l'ardeur de la jeunesse était extrême; mais Buonarotti se convainquit bientôt que Florence était trahie par

dicis avaient fait dépenser à la ville, et toujours pour leur propre avantage, la somme énorme d'un million neuf cent mille ducats.

[1] Le titre officiel du nouveau roi était : Jesus Christus Rex Florentini populi S. P. decreto electus. (SEGNI, lib. I.)

[2] Le 24 octobre 1529. (VARCHI, 10.)

[3] Il paraît que, dans cette occasion il y eut des dons patriotiques; Michel-Ange prêta à sa patrie mille écus (cinquante mille francs d'aujourd'hui.)

[4] Varchi, X, 293.

[5] Vauban, Nardi, 338; Varchi, lib. VIII; Ammirato, lib. XXX.

ses nobles. Il se fit ouvrir une porte, et partit pour Venise avec quelques amis et douze mille florins d'or. Là, pour fuir les visites et retrouver sa chère solitude, il alla se loger dans la rue la plus ignorée du quartier de la Giudeca. Mais la vigilante *seigneurie* sut son arrivée, l'envoya complimenter par deux *Savj*, et lui fit toutes les offres possibles. Bientôt arrivèrent sur ses pas des envoyés de Florence. Il entendit la voix du devoir; il crut que l'on pourrait chasser l'infâme Malatesta, et rentra dans sa patrie.

Sa première opération fut de défendre le clocher de San-Miniato, point capital, et fort maltraité par l'artillerie ennemie. En une nuit il le couvrit de matelas du haut en bas, et les boulets ne firent plus d'effet.

Tout ce que la liberté mourante peut faire de miracles, malgré la trahison des chefs, fut déployé dans ce siége. Il ne manqua à Florence, pour se sauver, que le régime de la terreur. Pendant onze mois, au milieu des horreurs de la famine, les citoyens se défendirent en gens qui savent ce que c'est que le pouvoir absolu. Ils tuèrent quatorze mille soldats au pape; ils perdirent huit mille des leurs. A la fin, ils voulaient au moins livrer bataille avant de capituler. Malatesta était en correspondance secrète avec le général ennemi. La bataille ne fut pas donnée.

Le premier article de la capitulation qui ouvrit la porte aux Médicis était l'oubli des injures. D'abord on ne parla que de clémence et de bonté. Tout à coup, le 31 octobre, on vit trancher la tête à six des citoyens les plus braves. Le nombre des emprisonnés et des exilés fut immense [1]. Sur-le-champ l'on envoya arrêter Michel-Ange. Sa maison fut fouillée jusque dans les cheminées; mais il n'était pas homme à se laisser prendre. Il disparut, au grand chagrin de la police des Médicis, qui pen-

[1] Paul Jove dit fort bien :

« Cæterum pontifex quod suæ existimationis pietatisque fore existimabat tueri nomen quod sibi desumpserat moderatâ utens ultione paucissimorum pœnâ contentus fuit. »

« Il n'y a point de gens que j'aie plus méprisés que les petits beaux esprits, et les grands qui sont sans probité, » dit Montesquieu, *Œuvres posthumes*. (*Stéréot.*, page 120.)

dant plusieurs mois perdit son temps à le chercher[1]. Ces princes voulaient sa tête, parce qu'ils le croyaient l'auteur d'un propos qui, ayant quelque chose de bas, était devenu populaire. « Il fallait, disait-on, raser le palais des Médicis, et établir sur la place le marché aux mulets; » allusion à la naissance de Clément VII.

Ce prince hypocrite avait du goût pour la sculpture; il écrivit de Rome que, si l'on parvenait à trouver Buonarotti, et qu'il s'engageât à terminer les tombeaux de Saint-Laurent, on ne lui fit aucun mal. Ennuyé de la retraite, Michel-Ange descendit du clocher de San-Nicolo-Oltre-Arno, et, sous le couteau de la terreur, il fit en peu de mois les statues de Saint-Laurent. Depuis longues années il n'avait vu ni ciseaux ni marteaux. Il commença, comme de juste, par faire une petite statue d'Apollon, pour le Valori.

L'année d'avant, lorsqu'il était question de fortifier Florence, les nobles représentèrent que, quelle que fut l'habileté de Michel-Ange, il serait utile qu'il allât voir Ferrare, chef-d'œuvre de l'art de fortifier et de l'habileté du duc Alphonse.

Ce prince reçut Michel-Ange comme cet homme illustre était reçu dans toute l'Italie. Il prit plaisir à lui montrer ses travaux, et à discuter leur force avec un si excellent connaisseur; mais, lorsqu'il fut sur son départ : « Je vous déclare, lui dit-il, que vous êtes mon prisonnier; je ferais une trop grande faute contre cette tactique dont nous avons tant parlé, si, lorsque le hasard met un si grand homme en ma puissance, je le laissais partir sans rien tirer de lui. Vous n'aurez votre liberté qu'autant que vous me jurerez de faire quelque chose pour moi; statue ou tableau, peu m'importe, pourvu que ce soit de la main de Michel-Ange. »

Buonarotti promit, et, pour se délasser des soucis du siége, il fit un tableau des amours de Léda. La fille de Thestius reçoit les embrassements du cygne, et, dans un coin du tableau, Castor et Pollux sortent de l'œuf. Lors de la chute de Florence, Al-

[1] Varchi, 448. Le procureur général chargé des assassinats juridiques par le pape se nommait Baccio Valori. (Vasari, X, 115.)

phonse envoya en toute hâte un de ses aides de camp, qui eut l'adresse de déterrer Michel-Ange ; mais la sottise de dire en voyant le tableau : « *Quoi, n'est-ce que ça ?* — *Quel est votre état ?* répliqua Michel-Ange. » Le courtisan piqué, et voulant plaisanter Florence, grande ville de commerce : « Je suis marchand. — Eh bien ! vous avez fait ici de mauvaises affaires pour votre patron. Allez-vous-en comme vous êtes venu. » Peu après, Antonio Mini, un des garçons de l'atelier, qui avait deux sœurs à marier, s'étant recommandé à Buonarotti, il lui fit cadeau de cette *Léda* et de deux caisses de modèles et de dessins. Mini porta tout cela en France. François Ier acheta la *Léda*, qui, comme tous les tableaux de ce genre, a sans doute péri sous les coups de quelque confesseur [1].

Le carton est à Londres, dans le cabinet de M. Lock. On dit que Michel-Ange, oubliant la fierté de son style, si contraire au sujet, s'était rapproché de la manière du Titien ; j'en doute fort.

A Ferrare, il avait vu le portrait du duc, par le grand peintre de Venise, et l'avait extrêmement loué. Probablement dans ce petit genre il trouvait le Titien un des premiers.

Je ne dissimulerai pas que, durant son pouvoir à Florence, Buonarotti fit une petite injustice. Il y avait eu rivalité entre Bandinelli et lui pour un beau bloc de marbre de neuf brasses (cinq mètres vingt-deux millimètres). Clément VII avait adjugé le marbre à Bandinelli. Buonarotti tout-puissant se le fit donner à son tour, quoique son rival eût déjà ébauché sa statue. Il fit

[1] J'apprends que c'est le confesseur du ministre Desnoyers, sous Louis XIII, qui eut cet avantage. Le ministre donna l'ordre de brûler le tableau, qui cependant appartenait à la couronne. Son ordre ne fut pas exécuté à la lettre, car Mariette vit reparaître le pauvre tableau en 1740, mais dans un triste état. Il fut restauré et vendu en Angleterre, où il ne lui manque plus que de tomber dans les mains de quelque puritain, et nous avons le front de demander à nos artistes de la beauté grecque ! du despotisme et la loi d'Israël à cette canaille.

Le tableau était peint en détrempe. Ce qu'il y a de mieux sur ce sujet charmant, après le tableau du Corrége, c'est le groupe antique de Venise. Je n'ose transcrire la description de de Brosses qui n'exagère rien. Les dessins de Mini passèrent au cabinet du roi, et dans les collections de Crozat et de Mariette.

modèle de Samson qui étouffe un Philistin; mais les Médicis ndirent le marbre à Bandinelli.

CHAPITRE CLXI.

STATUES DE SAINT LAURENT.

Toutes les statues de Saint-Laurent ne sont pas terminées. ns le genre terrible, ce défaut est presque une grâce. L'on it en entrant deux tombeaux : l'un à droite, l'autre à gauche, ntre les murs de la chapelle. Dans des niches au-dessus des mbeaux sont les statues des princes. Sur chacune des tombes, nt couchées deux statues allégoriques.

Par exemple, une femme endormie représente la *Nuit*[1]; une gure d'homme, couchée d'une manière bizarre, est le *Jour*. es deux statues sont là pour signifier le temps qui consume ut. On sent bien que ces statues représentent le Jour et la Nuit, omme le Courage et la Clémence, comme deux êtres moraux uelconques et de sexe différent. On est presque toujours sûr e bâiller, dès qu'on rencontre les Vertus ou les Muses. Il n'y a our les caractériser que quelques attributs de convention. C'est omme la musique descriptive.

J'aime assez la *Nuit*, malgré sa position contournée où le ommeil est impossible; c'est qu'elle a fait faire à Michel-Ange les vers qui ont de l'âme.

Un jour il trouva écrit sous la statue :

La notte che tu vedi in si dolci atti
Dormir, fu da un Angelo scolpita
In questo sasso, e perchè dorme ha vita;
Destala se nol credi, e parleratti [2].

[1] Vasari s'écrie : « Chi è quegli che abbia per alcun secolo in tale arte veduto mai statue antiche o moderne cosi fatte? (X., 109.)

[2] La nuit, que tu vois plongée dans un si doux sommeil, fut tirée de ce marbre par la main d'un *ange*, et parce qu'elle dort elle est vivante. Si tu en doutes, éveille-la.

RÉPONSE.

Il me plaît de dormir, encore plus d'être de marbre. Tant que dure le

Michel-Ange écrivit au bas du papier

Grato m' è il sonno, e più l' esser di sasso,
Mentre che'l danno, e la vergogna dura,
Non veder non sentir m' è gran ventura,
Però non mi destar! deh parla basso!

Heureuse l'Italie si elle avait beaucoup de tels poëtes!

CHAPITRE CLXII.

FIDÉLITÉ AU PRINCIPE DE LA TERREUR.

Il y a dans cette sacristie sept statues de Michel-Ange[1]. A gauche, l'*Aurore*, le *Crépuscule*, et dans une niche au-dessus, le *duc Laurent;* c'est Lorenzo, duc d'Urbin, mort en 1518, le plus lâche des hommes[2]. Sa statue est la plus sublime expression que je connaisse de la pensée profonde et du génie[3]. Ce fut la seule ironie que Michel-Ange osa se permettre.

Ici nul mouvement exagéré, nulle ostentation de force : tout est du naturel le plus exquis. Le mouvement du bras droit surtout est admirable; il tombe négligemment sur la cuisse; toute la vie est à la tête.

A droite, le *Jour*, la *Nuit* et *Julien de Médicis*. Dans les deux figures d'hommes âgés, qui sont sur les tombeaux, on trouve une imitation frappante du *Torse du Belvédère;* mais imitation teinte du génie de Michel-Ange. Le torse était probablement Hercule mis au rang des dieux, et recevant Hébé des mains de Jupiter. Pour rendre sensible la teinte de divinité, l'artiste grec a di-

règne de la platitude et de la tyrannie, ne pas voir, ne pas sentir, m'est un bonheur suprême. Donc ne m'éveille pas ; je t'en prie, parle bas.

Le premier quatrain est de G. B. Strozzi.

[1] Outre deux candélabres.

[2] « Il più vil di quell' infame schiatta dè Medici, » dit Alfieri. Après Léon X, cette famille épuisée n'a plus donné que des imbéciles ou des monstres.

[3] Cette statue rappelle d'une manière frappante le silence du célèbre Talma.

minué la saillie de tous les muscles et de toutes les petites parties. Il a passé avec une douceur extrême des saillies aux parties rentrantes. Tout cela pour produire un effet contraire à celui que se proposait Michel-Ange [1].

Ses principes sur la nécessité de la terreur ne sont nulle part plus frappants que dans la *Madone* avec l'*Enfant Jésus*, qui est

[1] Époques des statues.

Le *Torse* fut trouvé in Campofiore, sous Jules II *.

L'*Hercule Farnèse*, qui est à Naples, dans les thermes d'Antonin, sous Paul III.

Le *Laocoon*, vers la fin du pontificat de Jules II, dans les bâtiments annexés aux thermes de Titus **.

L'*Ariane couchée*, sous Léon X.

Michel-Ange, spectateur de ces découvertes et de l'enthousiasme qu'elles excitaient, aurait pu sentir le prestige de la nouveauté si son génie ferme n'eût pas tenu par des racines trop profondes à la nécessité de faire peur aux hommes pour les mener.

Les plus anciens renseignements sur la découverte des antiques à Rome se trouvent dans des espèces de *guides* imprimés pour les voyageurs. Ces bouquins, intitulés : *Mirabilia Romæ*, furent imprimés par Adam Rot, de 1471 à 1474. Cela se vendait aux étrangers avec le Manuel des indulgences : rien de plus vague et de plus inutile.

Les premières notions précises sont données par le livre que F. Albertino publia en 1510 : *Opusculum de mirabilibus novæ et veteris Romæ*. Il indique comme étant connus dix ans avant la mort de Raphaël, et plus de cinquante avant celle de Michel-Ange :

Les deux Colosses de Monte-Cavallo,

L'*Apollon du Belvédère*,

La *Vénus* avec l'inscription : *Veneri felici sacrum*.

Le *Laocoon*,

Le *Torse*,

L'*Hercule et l'Enfant*,

La statue de *Commode en Hercule*,

Un autre *Hercule* en bronze,

La *Louve du Capitole*, qui fut frappée de la foudre au sénat,

Le *Cheval de MarcAurèle*.

* Metalloteca de' Mercati, page 367, note d'Assalti.

** Felix de' Fredi, qui le trouva, eut une pension viagère considérable. Dans ce temps, la découverte d'un monument suffisait pour assurer la fortune d'une famille.

entre les deux tombeaux. Les formes du Sauveur du monde sont celles d'Hercule enfant. Le mouvement plein de vivacité avec lequel il se tourne vers sa mère montre déjà la force et l'impatience. Il y a du naturel dans la pose de Marie, qui incline la tête vers son Fils. Les plis des vêtements n'ont pas la simplicité grecque, et prennent trop d'attention. A cela près, les parties terminées sont admirables.

L'idéal de Jésus enfant est encore à trouver. Je suppose toujours deux choses : que Marie ignore qu'il est tout-puissant, et que Jésus ne veut pas se montrer Dieu. Le *Jésus* de la *Madona alla Seggiola* est trop fort, et manque d'élégance; c'est un enfant du peuple. Le Corrége a rendu divinement les yeux du Sauveur du monde, comme il rendait tout ce qui était amour; mais les traits n'ont pas de noblesse. Le Dominiquin, si admirable dans les enfants, les a toujours faits timides. Le Guide, avec sa beauté céleste, aurait pu rendre l'expression du Dieu souverainement bon, s'il lui eût été donné de faire les yeux du Corrége.

Dans la sacristie de Saint-Laurent, sculpture, architecture, tout est de Michel-Ange, à l'exception de deux statues. La chapelle est petite, bien tenue, dans un jour convenable. C'est un des lieux du monde où l'on peut le mieux sentir le génie de Buonarotti. Mais le jour que cette chapelle vous plaira vous n'aimerez pas la musique.

Michel-Ange ne restait à Florence qu'en tremblant. Il se voyait sous la main du duc Alexandre, jeune tyran qui ne débutait pas mal dans le genre de Philippe II, mais qui eut la bêtise de se laisser assassiner à un prétendu rendez-vous avec une des jolies femmes de la ville.

Les Philippe II ont une haine mortelle pour les faiseurs de quatrains, et Michel-Ange ne sortait point de nuit. Le duc l'ayant envoyé querir pour monter à cheval et faire avec lui le tour des fortifications, Buonarotti se rappela contre qui elles avaient été élevées, et répondit qu'il avait ordre de Clément VII de consacrer tout son temps aux statues. Il fut heureux de ne pas se trouver à Florence, lors de la mort du pape.

Voici la suite des tracasseries qui lui rendirent le service de l'en éloigner.

Les procureurs du duc d'Urbin l'attaquèrent de nouveau; pour leur répondre il se rendit à Rome. Clément, qui voulait l'avoir à Florence, lui prêtait toute faveur. Il n'en avait pas besoin pour gagner ce procès, mais sa plus grande affaire était de ne pas retomber au pouvoir d'Alexandre. Il fit un arrangement secret avec les gens du duc. Il n'était réellement à découvert que pour quelques centaines de ducats, car il n'en avait reçu que quatre mille, sur lesquels il avait payé tous les faux frais. Il fit l'aveu d'une dette considérable; le pape, ne se souciant pas de la payer, ne put s'opposer à ce qu'il signât une transaction qui l'obligeait à passer chaque année huit mois à Rome.

CHAPITRE CLXIII.

MALHEUR DES RELATIONS AVEC LES PRINCES.

Le dessin du tombeau fut réduit à une simple façade de marbre appliquée contre le mur, ainsi qu'on le voit à San Pietro in Vincoli.

Cependant Clément VII, au lieu de laisser Michel-Ange remplir ses engagements, voulut qu'il peignît encore à la chapelle Sixtine deux immenses tableaux : au-dessus de la porte, *Lucifer et ses anges précipités du ciel*, et vis-à-vis, sur le mur du fond, derrière l'autel, le *Jugement dernier* [1]. Buonarotti, toujours froissé par la puissance, feignait de ne s'occuper que du carton du *Jugement*, mais en secret travaillait aux statues.

[1] Michel-Ange avait, dit-on, dessiné la *Chute de Satan*. Un peintre sicilien qui broyait ses couleurs fit une fresque d'après son carton, à la Trinité-du-Mont *, chapelle de Saint-Georges. Encore que mal exécutée, on prétendait reconnaître le dessin de Buonarotti dans ces figures nues qui *pleuvent du ciel*, comme dit Vasari, X, 119.

* C'est dans une des chapelles de cette église, restaurée par Sa Majesté Louis XVIII, que se trouve, en 1817, la *Descente de Croix* faite par Daniel de Volterre sur un dessin de Michel-Ange. Quoique dégradée au dernier point, cette peinture de trois siècles l'emporte encore par la vivacité des couleurs sur les saints peints dans la même chapelle, en 1816, par les élèves de l'école de France.

Clément mourut[1]. A peine Paul III (Farnèse) fut-il sur le trône, qu'il envoya chercher Michel-Ange : « Je veux avoir tout ton temps. » Michel-Ange s'excusa sur le contrat qu'il venait de signer avec le duc d'Urbin. « Comment, s'écria Paul III, il y a trente ans que j'ai ce désir, et, maintenant que je suis pape, je ne pourrais le satisfaire ? Où est-il ce contrat, que je le déchire ? »

Buonarotti se voyait déjà vieux, il ne voulait pas mourir insolvable envers le grand homme qui l'avait aimé. Il fut sur le point de se retirer sur les terres de la république de Gênes, dans une abbaye de l'évêque d'Aleria, son ami, et là de consacrer le reste de ses jours à finir le tombeau.

Quelques mois auparavant, il avait eu dessein d'aller s'établir à Urbin, sous la protection du duc. Il y avait même envoyé un homme à lui pour acheter une maison et des terres. En Italie, la protection des lois était loin de suffire, ce qui, encore aujourd'hui, maintient l'énergie contre la politesse.

Toutefois, craignant le pouvoir du pape[2], et espérant se tirer d'affaire avec des promesses, il resta dans Rome.

[1] CHRONOLOGIE DES PAPES :

Nicolas, précurseur des Médicis, 1447—1455.
Calixte III, 1455—1458.
Pie II, Æneas-Silvius, littérateur célèbre, 1458—1464.
Paul II, 1464—1471.
Sixte IV, 1471—1484.
Innocent VIII, 1484—1492.
Alexandre VI, 1492—1503.
Pie III, 22 septembre 1503—18 octobre 1503.
Jules II, 1503—1513.
Léon X, 1513—1521.
Adrien VI prenait le *Laocoon* pour une idole, 1522—1523.
Clément VII, 1523—1534, hypocrite et faible, amène les plus grands malheurs de Rome.
Paul III, 1534—1549, adorait son fils, le plus insolent des hommes, celui qui viola l'évêque et fut tué dans son fauteuil à Plaisance.
Jules III, 1550—1555.
Marcel II, vingt et un jours, en 1555.
Paul IV, 1559—1565.

[2] Cellini était toujours à Rome. (Voir les mœurs publiques sous le pape

Paul III, voulant le plier à ses desseins par des égards, lui fit l'honneur insigne d'une visite officielle ; il se rendit chez lui accompagné de dix cardinaux : il voulut voir le carton du *Jugement*, et les statues déjà faites pour le tombeau.

Le cardinal de Mantoue, apercevant le *Moïse*, s'écria que cette statue seule suffirait pour honorer la mémoire de Jules. Paul, en s'en allant, dit à Michel-Ange : « Je prends sur moi de faire que le duc d'Urbin se contente de trois statues de ta main ; d'autres sculpteurs se chargeront des trois qui restent à faire. »

En effet, un nouveau contrat fut passé avec les procureurs du duc. Michel-Ange ne voulut point profiter de cet arrangement forcé, et, sur les quatre mille ducats qu'il avait reçus, il en déposa quinze cent quatre-vingts pour le prix des trois statues. Ainsi finit cette affaire qui, pendant de si longues années, avait troublé son repos[1].

Il faut que l'artiste se réduise strictement, à l'égard des princes, à sa qualité de fabricant, et qu'il tâche de placer sa fabrique en pays libre ; alors les gens puissants, au lieu de le vexer, seront à ses pieds. Surtout, l'artiste doit éviter tout lien particulier avec le souverain chez lequel il habite. Les courtisans lui feraient payer cher les plaisirs de vanité. En voyant nos mœurs actuelles, le profond ennui des protecteurs, la bassesse infinie des protégés, je croirais assez que dorénavant les artistes ne sortiront plus que de la classe riche[2].

Farnèse.) La force nécessaire à chaque instant rendait la *beauté moderne* impossible.

Cellini est très-bien traduit en anglais.

[1] Voir deux lettres d'Annibal Caro, le célèbre traducteur de l'*Énéide*, qui demande grâce pour Michel-Ange à un ami du duc d'Urbin. (*Lettere Pittoriche*, tom. III, pag. 133 et 145.)

[2] Grimm et Collé, *passim*. Le seul grand poëte vivant est pair d'Angleterre. Je vois bien que l'énergie s'est réfugiée dans la classe de la société qui n'est pas polie * ; mais les deux chambres vont rendre l'énergie à tout le monde, même à cette grande noblesse qui, par tout pays, se

* Voir l'état des gardes nationaux qui se sont fait tuer dans les événements de 1814 et 1815. A Paris, les grandes passions et les exemples de fidélité héroïque sont dans la classe ouvrière. Les généraux devenus riches ne se battent plus.

CHAPITRE CLXIV

LE MOÏSE A SAN PIETRO IN VINÇOLI.

Jules II choisit Saint-Pierre-aux-Liens pour le lieu de son tombeau, parce qu'il aimait ce titre cardinalice que son oncle Sixte IV, qui commença sa fortune, avait porté, qu'il porta lui-même trente-deux ans, et qu'il donna successivement aux plus chéris de ses neveux.

Le Moïse eut une influence immense sur l'art. Par ce mouvement de flux et de reflux, si amusant à observer dans les opinions humaines, personne ne le copie plus depuis longtemps, et le dix-neuvième siècle va lui rendre des admirateurs.

Les institutions de Lycurgue ne durèrent qu'un instant. La loi de Moïse tient encore malgré tant de siècles et tant de mépris. Du fond de son tombeau, le législateur des Hébreux régit encore un peuple de neuf millions d'hommes ; mais la sainteté dont on l'a affublé nuit à sa gloire comme grand homme.

Michel-Ange a été au niveau de son sujet. La statue est assise, le costume barbare, les bras et une jambe nus, la proportion trois fois plus grande que nature.

Si vous n'avez pas vu cette statue, vous ne connaissez pas tous les pouvoirs de la sculpture. La sculpture moderne est bien peu de chose. Je m'imagine que si elle avait à concourir avec les Grecs, elle présenterait une *danseuse* de Canova et le *Moïse*. Les Grecs s'étonneraient de voir des choses si nouvelles et si puissantes sur le cœur humain.

Dans le profond mépris où était tombée cette statue, avec sa physionomie de bouc [1], l'Angleterre a été la première à en demander une copie. A la fin de 1816, le prince régent l'a fait modeler. Pour l'opération des ouvriers en plâtre, on a été obligé de la sortir un peu de sa niche. Les artistes ont trouvé que cette nouvelle position convenait mieux, et elle y est restée.

compose de gens effacés, aussi polis qu'insignifiants. La crainte du mépris force les pairs anglais à être savants.

[1] Azara, Falconnet, Milizia, etc., etc.

CHAPITRE CLXV.

SUITE DU MOÏSE.

Un des bonheurs de cette statue, c'est le rapport singulier que le hasard a mis entre le caractère de l'artiste et celui du prince. Cette harmonie, qui existe aussi pour le tombeau de Marie-Christine, à Vienne, manque à la tombe d'Alfieri. L'Italie, qui pleure sur ses cendres n'est pas cette Italie dont il voulut réveiller l'indignation.

A la droite du *Moïse* il y a une figure de femme plus grande que nature, qui, les yeux et les mains levés au ciel, et un genou fléchi, représenté la vie contemplative.

A la gauche, une statue qui désigne la vie active se regarde attentivement dans un miroir qu'elle tient de la main droite.

Singulière image pour la vie active ! Au reste, on est revenu en Italie de tous ces emblèmes, par lesquels on prétendait donner à une statue telle ou telle signification particulière. Ce style détestable ne règne plus qu'en Angleterre[1].

CHAPITRE CLXVI.

LE CHRIST DE LA MINERVE. — LA VITTORIA DE FLORENCE.

Peu de temps avant le sac de Rome, Michel-Ange y avait envoyé Pietro Urbano son élève, qui plaça dans l'église de la Minerve un *Christ sortant du tombeau et triomphant de la mort.*

C'était une occasion d'imiter les Grecs; le mot de l'Évangile *speciosus formâ præ filiis hominum* [2] devait le conduire à la beauté agréable, si quelque chose pouvait conduire un grand homme. Ce Christ, fait pour Metello de' Porcari, noble Romain, n'est encore qu'un athlète.

[1] Statues de Guidhall.

[2] Jésus, le plus beau des enfants des hommes.

La piété touchante des fidèles a forcé de donner à cette statue des sandales de métal doré. Aujourd'hui même, une de ces sandales a presque entièrement disparu sous leurs tendres baisers.

En arrivant à Florence, il faut aller dans le grand salon du Palazzio Vecchio ; c'est là qu'est la statue dite *della Vittoria*. C'est un grand jeune homme tout à fait nu. C'est le type du style de Michel-Ange. Il l'avait fait à Florence pour le tombeau de Jules II ; les formes hardies et grandioses sont à leur place ; ici, elles montrent la force qui mène à la victoire. La tête est petite et insignifiante.

Ce jeune guerrier tient un esclave enchaîné sous ses pieds. Cette statue eût fait valoir le *Moïse* par un admirable contraste. *Moïse* exprime le génie qui combine, et la *Vittoria* la force qui exécute [1].

Deux figures d'esclaves, destinées aussi au tombeau de Jules, font le plus bel ornement des salles de sculpture moderne, ajoutées par Sa Majesté Louis XVIII au musée du Louvre [2]. Ce prince, ami des arts, a dit-on, le projet de réunir au Louvre les plâtres des quatre cents statues les plus célèbres, antiques ou modernes [3].

[1] Il y a des gens qui, à propos de Michel-Ange, osent prononcer le mot *incorrection*. (Voyez l'article de l'*Incorrection*, dans la *Vie du Corrége*, tom. IV.)

[2] On pourrait faire copier à Rome, par Camuccini, les beaux tableaux de Raphaël et du Dominiquin. On enverrait M. Girodet copier le *Jugement dernier* et la *Sixtine*. M. Prudhon irait à Dresde enlever pour nous la *Nuit du Corrége*, le *Saint Georges* et les autres chefs-d'œuvre. On formerait ainsi une salle que les sots se donneraient peut-être l'air de négliger. Mais on les forcerait à l'admiration, par la quantité des tableaux copiés.

C'est peut-être le seul moyen de sauver notre école. Chez une nation où il est de bon ton de ne pas avoir de gestes, il faut absolument des Michel-Ange pour empêcher les artistes de copier Talma *. (Voyez l'exposition de 1817.)

[3] Ces statues avaient appartenu au duc de Richelieu ; elles correspondent à celles qui sont indiquées dans le dessin du tombeau. Au jardin de Boboli, à Florence, on montre quelques ébauches attribuées à Michel-Ange.

A Bruges, à l'église de Notre-Dame, il y a une *Madone* avec l'*Enfant*

* Faut-il dire que ce qui est sublime dans un Raphaël serait froid à la scène?

CHAPITRE CLXVII.

MOT DE MICHEL-ANGE SUR LA PEINTURE A L'HUILE.

Paul III, ayant désormais Michel-Ange tout à lui, voulut qu'il ie travaillât plus qu'au *Jugement dernier*.

Conseillé par Fra Sébastien del Piombo, il voulait qu'il peignît . l'huile. Michel-Ange répondit qu'il ne se chargeait pas du ta-leau, ou qu'il le ferait à fresque, et que la peinture à l'huile ne :onvenait qu'à des femmes ou à des paresseux. Il fit jeter à terre a préparation appliquée au mur par Fra Sébastien, donna lui-nême le premier crépi, et commença l'ouvrage.

CHAPITRE CLXVIII.

LE JUGEMENT DERNIER.

> Videbunt Filium hominis venientem in nubibus cœli cum virtute multâ et majestate.
>
> MATTH., XXIV.

La peinture, considérée comme un art imitant les profondeurs le l'espace, ou les effets magiques de la lumière et des couleurs, i'est pas la peinture de Michel-Ange. Entre Paul Véronèse, ou e Corrége et lui, il n'y a rien de commun. Méprisant, comme Alfieri, tout ce qui est accessoire, tout ce qui est mérite secon-laire, il s'est attaché uniquement à peindre l'homme, et encore l l'a rendu plutôt en sculpteur qu'en peintre.

Il convient rarement à la peinture d'admettre des figures en-tièrement nues. Elle doit rendre les passions par les regards, et la physionomie de l'homme qu'il lui a été donné d'exprimer,

Jésus en marbre, qu'on dit de Michel-Ange. Elle est probablement de son école. C'est une capture faite par un corsaire flamand, qui allait de Civita-Vecchia à Gênes.

plutôt que par la forme des muscles. Son triomphe est d'employer les raccourcis et les couleurs des draperies.

Nos cœurs ne peuvent plus lui résister quand, à tous ces prestiges, elle joint son charme le plus puissant, le clair-obscur. Cet ange eût été froid, si son beau corps eût été aperçu dans un plan parallèle à l'œil et dans tout son développement; le Corrége le fait fuir en raccourci, et il produit un effet plein de chaleur [1]

Les peintres qui ne peuvent faire de la peinture donnent des copies de statues. Michel-Ange mériterait les reproches qu'on leur adresse s'il s'était arrêté comme eux dans le *non-agréable;* mais il est allé jusqu'au *terrible*, et d'ailleurs, les figures qu'il présente dans son *Jugement dernier* n'avaient été vues nulle part avant lui.

Le premier aspect de ce mur immense, tout couvert de figures nues, n'est point satisfaisant. Un tel ensemble n'a jamais frappé nos regards dans la nature. Une figure nue, isolée, se prête facilement à l'expression des qualités les plus sublimes. Nous pouvons considérer en détail la forme de chaque partie, et nous laisser charmer par sa beauté; vous savez que ce n'est que par la forme des muscles en repos que l'on peut rendre les habitudes de l'âme. Si une belle figure nue ne nous transporte pas par le sentiment du sublime, elle rappelle facilement les idées les plus voluptueuses. Une délicieuse incertitude entre ces deux situations de l'âme agite nos cœurs à la vue des *Grâces* de Canova. Sans doute une belle figure nue est le triomphe de la sculpture; ce sujet convient encore beaucoup à la peinture; mais je ne crois pas qu'il soit de son intérêt de présenter à la fois plus de trois ou quatre figures de ce genre. La plus grande ennemie de la volupté c'est l'indécence [2]; d'ailleurs, l'attention que le spectateur

[1] *Madonna alla scodella*, au haut du tableau, à gauche. Cela est encore plus frappant dans l'*Annonciation* du Barroche. (Palais Salviati, à Rome, 1817.) Le principe moral est celui-ci : *Voir beaucoup en peu d'espace;* c'est le contraire dans un bas-relief peint.

[2] Le Corrége a fait tout ce qui est possible en ce genre dans la *Léda*, qui disparut du Musée en 1814. Une ou deux figures nues de plus, et l'indécence commençait. Porporati a gravé une réplique d'une partie de la *Léda*, qui est au palais Colonne, à Rome. La piété y a fait voiler

nne à la forme des muscles est volée à celle qu'il doit à l'expres-
n des sentiments : et cette attention ne peut être que froide[1].
Une seule figure nue s'adresse presque sûrement à ce qu'il y
de plus tendre et de plus délicat dans l'âme; une collection
beaucoup de figures nues a quelque chose de choquant et de
ossier. Le premier aspect du *Jugement dernier* a excité chez
oi un sentiment pareil à celui qui saisit Catherine II le jour
'elle monta au trône, lorsqu'en entrant dans les casernes
régiment des gardes, tous les soldats à demi vêtus se pres-
ient autour d'elle [2].

Mais ce sentiment, qui a quelque chose de machinal, disparaît
en vite, parce que l'esprit avertit qu'il est impossible que l'ac-
on se passe autrement. Michel-Ange a divisé son drame en
nze scènes principales.

En s'approchant du tableau, l'on distingue d'abord, vis-à-vis
e l'œil, à peu près au milieu, la barque de Caron [3]. A gauche
st le purgatoire; ensuite vient le premier groupe : les morts,
éveillés dans la poussière du tombeau par la trompette terrible,
ecouent leurs linceuls et se revêtent de chairs. Quelques-uns

ar des cheveux une partie du sein de la jeune fille nue qui joue dans
eau.

[1] Car nous avons bien d'autres moyens de juger du caractère que ceux
u'on peut tirer de la forme d'un muscle.

[2] Rulhière.

[3] Suivre cela sur une gravure. Voici la disposition du tableau de Mihel-Ange :

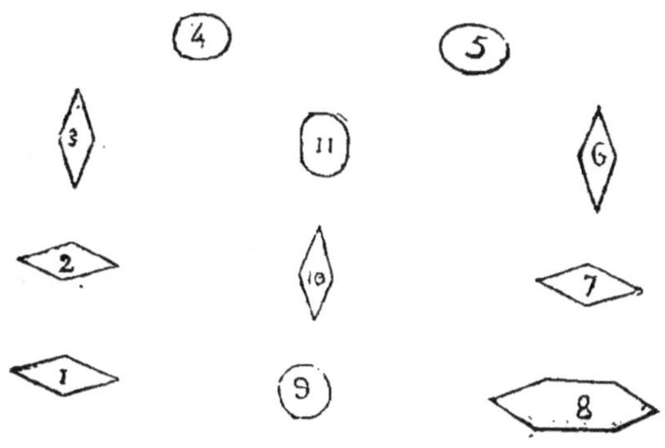

montrent encore leurs os dépouillés; d'autres, toujours opprimés par ce sommeil de tant de siècles, n'ont que la tête hors de terre; une figure tout à fait à l'angle du tableau soulève avec effort le couvercle du tombeau. Le moine qui de la main gauche montre le juge terrible est le portrait de Michel-Ange.

Ce groupe est lié au suivant par des figures qui montent d'elles-mêmes au jugement; elles s'élèvent plus ou moins vite, et avec plus ou moins de facilité, suivant le fardeau de péchés dont elles ont à rendre compte. Pour montrer que le christianisme a pénétré jusque dans les Indes, une figure nue tire vers le ciel, avec un chapelet, deux nègres, l'un desquels est vêtu en moine. Parmi les figures de ce second groupe qui montent au jugement, on distingue une figure sublime qui tend une main secourable à un pécheur dont la tête, au milieu de l'anxiété la plus dévorante, tourne cependant les yeux vers le Christ avec quelque lueur d'espoir.

Le troisième groupe à la droite du Christ est entièrement composé de femmes dont le salut est assuré. Une seule est tout à fait nue. Il n'y a que deux têtes de femmes âgées; toutes parlent. Il n'y a qu'une tête vraiment belle, suivant nos idées; c'est cette mère qui protége sa fille effrayée et regarde le Christ avec une noble assurance. Il n'y a que ces deux figures dans tout le tableau qui ne soient pas transportées de terreur. Cette mère rappelle un peu, par son mouvement, le groupe de Niobé.

Au-dessus de ces femmes, le quatrième groupe est formé d'êtres étrangers à l'action; ce sont des anges portant en triomphe les instruments de la passion. Il en est de même du cinquième groupe placé à l'angle du tableau, à droite.

Au-dessous, à la gauche du Sauveur, est le triomphe de Michel-Ange; c'est le corps des bienheureux, tous hommes. On distingue la figure d'Énoch. Il y a deux groupes qui s'embrassent; ce sont des parents qui se reconnaissent. Quel moment! se revoir après tant de siècles, et à l'instant où l'on vient d'échapper à un tel malheur! Il était naturel que des prêtres [1] blâmassent ce transport et soupçonnassent un motif honteux. Les

[1] Du quinzième siècle

lerniers saints de ce groupe montrent les instruments de leur nartyre aux damnés, afin d'augmenter leur désespoir. Pour ce nouvement, il dut être généralement approuvé. C'est ici que se rouve cette étrange distraction de Michel-Ange. Saint Blaise, n montrant aux damnés des espèces de *râteaux*, apparemment 'instrument de son martyre, se penche sur sainte Catherine, qui st entièrement nue et se retourne vivement vers lui. Daniel de 'olterre fut spécialement chargé de donner un vêtement à sainte 'atherine et de retourner vers le ciel la tête de saint Blaise.

Le septième groupe suffirait seul pour graver à jamais le souenir de Michel-Ange dans la mémoire du spectateur le plus roid. Jamais aucun peintre n'a rien fait de semblable, et jamais l ne fut de spectacle plus horrible.

Ce sont les malheureux proscrits, entraînés au supplice par es anges rebelles. Buonarotti a traduit en peinture les noires mages que l'éloquence brûlante de Savonarole avait jadis gra-ées dans son âme. Il a choisi un exemple de chacun des *péchés apitaux*. L'avarice tient une clef. Daniel de Volterre a masqué n partie l'horrible punition du vice, le plus à droite contre la ordure du tableau. Emporté par son sujet, l'imagination égarée ar huit ans de méditations continues sur un jour si horrible our un croyant, Michel-Ange, élevé à la dignité de prédicateur, t ne songeant plus qu'à son salut, a voulu punir de la manière a plus frappante le vice alors le plus à la mode. L'horreur de ce upplice me semble arriver au vrai sublime du genre.

Un des damnés semble avoir voulu s'échapper. Il est emporté ar deux démons et tourmenté par un énorme serpent. Il se ient la tête. C'est l'image la plus horrible du désespoir. Ce groupe seul suffirait à immortaliser un artiste. Il n'y a pas la moindre idée de cela ni chez les Grecs, ni parmi les modernes. J'ai vu des femmes avoir l'imagination obsédée pendant huit jours de la vision de cette figure qu'on leur avait fait comprendre. Il est inutile de parler du mérite de l'exécution. Nous sommes séparés par l'immensité de cette perfection vulgaire. Le corps humain, présenté sous les raccourcis et dans les positions les plus étranges, est là pour l'éternel désespoir des peintres.

Michel-Ange a supposé que ces damnés, pour arriver en enfer, devaient passer par la barque de Caron; nous assistons au débarquement. Caron, les yeux embrasés de colère, les chasse de sa barque à coups d'aviron. Les démons les saisissent de toutes les manières. On remarque cette figure dans la constriction de l'horreur qu'un diable entraîne par une fourche recourbée qu'il lui a enfoncée dans le dos.

Minos est consulté. C'est la figure de messer Biaggio [1]. Il indique du doigt la place que le malheureux doit occuper dans les flammes qu'on voit dans le lointain. Cependant messer Biaggio a des oreilles d'âne; il est placé, non sans dessein, directement au-dessous de la punition d'un vice infâme. Sa figure a toute la bassesse que peut admettre l'horreur du sujet; le serpent qui fait deux fois le tour de son corps le mord cruellement, et indique le chemin qui l'a conduit en enfer [2]. L'Idéal de ces démons était presque aussi difficile à trouver que l'idéal de l'Apollon, et bien autrement touchant pour des chrétiens du quinzième siècle.

La caverne qui est à gauche de la barque de Caron représente le purgatoire, où il n'est resté que quelques diables qui se désespèrent de n'avoir personne à tourmenter. Les derniers pécheurs qui y étaient épurés en sont tirés par des anges. Ils s'échappent malgré les démons qui veulent les retenir, et ont fourni à Michel-Ange deux grouges superbes.

Au-dessus de l'affreux nocher est le groupe des sept anges qui réveillent les morts par la trompette terrible. Ils ont avec eux quelques docteurs chargés de montrer aux damnés la loi qui les condamne, et aux nouveaux ressuscités la règle par laquelle ils seront jugés.

Nous arrivons enfin au onzième groupe. Jésus-Christ est représenté dans le moment où il prononce la sentence affreuse. La plus vive terreur glace tout ce qui l'environne; la Madone détourne la tête, et frissonne. A sa droite est la figure majestueuse d'Adam. Rempli de l'égoïsme des grands périls, il ne songe

1 L'un des critiques de Michel-Ange. Voir l'anecdote, page 374.

2 Le nom de ce grand maître des cérémonies pourrait-il donner la clef de l'action de saint Blaise?

nullement à tous ces hommes qui sont ses enfants. Son fils Abel le saisit par le bras. Près de sa main gauche l'on voit un de ces patriarches antédiluviens qui comptaient leurs années par siècles, et que l'extrême vieillesse empêche de se tenir debout.

A la gauche du Christ, saint Pierre fidèle à son caractère timide, montre vivement au Sauveur les clefs du ciel qu'il lui confia jadis, et où il tremble de ne pas entrer. Moïse, guerrier et législateur, regarde fixement le Christ avec une attention aussi profonde qu'exempte de terreur. Les saints qui sont au-dessus ont ce mouvement plein de nature et de vérité qui nous fait tendre le bras à l'ouïe de quelque événement épouvantable.

Au-dessous du Christ, saint Barthélemy lui montre le couteau avec lequel il fut écorché. Saint Laurent se couvre de la grille sur laquelle il expira. Une femme placée sous les clefs de saint Pierre a l'air de reprocher au Christ sa sévérité.

Jésus-Christ n'est point un juge, c'est un ennemi ayant le plaisir de condamner ses ennemis. Le mouvement avec lequel il maudit est si fort, qu'il a l'air de lancer un dard.

CHAPITRE CLXIX.

SUITE DU JUGEMENT DERNIER.

Entre les onze groupes principaux sont jetées quelques figures dans un plan plus éloigné ; par exemple, au-dessus des morts qui sortent de terre, deux figures qui montent au jugement.

Les personnages des trois groupes, au bas du tableau, ont six pieds de proportion. Ceux qui environnent Jésus-Christ ont douze pieds. Les groupes au-dessous ont huit pieds de proportion. Les anges qui couronnent le tableau n'ont que six pieds [1].

Des onze scènes de ce grand drame, trois seulement se passent sur la terre. Les huit autres ont lieu sur des nuées plus ou moins rapprochées de l'œil du spectateur. Il y a trois cents personnages ; le tableau a cinquante pieds de haut sur quarante de large.

[1] Écrit et mesuré à la chapelle Sixtine, le 23 janvier 1807. 34.

Certainement le coloris n'a ni l'éclat ni la vérité de l'école de Venise; il est loin cependant d'être sans mérite, et devait, dans la nouveauté, avoir beaucoup d'harmonie. Les figures se détachent sur un bleu de ciel fort vif. Dans ce grand jour où tant d'hommes devaient être vus, l'air devait être très-pur.

Les figures d'en bas sont les plus terminées. Les anges qui sonnent de la trompette sont finis avec autant de soin que pour le tableau de chevalet le plus près de l'œil. L'école de Raphaël admirait beaucoup l'ange du milieu, qui étend le bras gauche. Il parait tout gonflé. On sentit vivement la difficulté vaincue dans la figure d'Adam, qui, malgré les muscles les plus pleins et les mieux formés, montre l'extrême vieillesse où parvint ce premier des hommes. La peau tombe.

Le sujet du *Jugement dernier*, comme tous ceux qui exigent plus de huit ou dix personnages, n'est pas propre à la peinture. Il a de plus un défaut particulier; il fallait représenter un nom bre immense de personnages, n'ayant autre chose à faire que d'écouter; Michel-Ange a parfaitement vaincu cette difficulté [1].

Aucun œil humain ne peut apercevoir distinctement l'ensemble de ce tableau. Quelque souverain, ami des arts, devrait le faire copier en panorama.

La manière toute poétique dont Michel-Ange a traité son sujet est bien au-dessus du génie froid de nos artistes du dix-neuvième siècle. Ils parlent du tableau avec mépris, et seraient hypocrites s'ils parlaient autrement. On ne peut pas *faire sentir*, et je ne répondrai pas aux objections. En général elles passent jusqu'à l'injure, parce qu'ils sont vexés de je ne sais quelle sensation de grandeur qui pénètre jusque dans ces âmes sèches. Buonarotti a fait ses personnages nus; comment les faire autrement? Zucheri a fait à Florence un jugement vêtu, qui est ridi-

[1] Je ne suis pas assez théologien pour résoudre une objection qui a pu influer sur la *disposition* de Michel-Ange. Le *Jugement dernier* ne me semble qu'une affaire de cérémonie. Il n'est jugement que pour les gens qui viennent de mourir à cause de la fin du monde. Tous les autres pécheurs savent déjà leur sort et ne peuvent s'étonner. Le purgatoire étant supprimé, peut-être les âmes qui ne sont pas assez épurées vont-elles en enfer.

cule. Signorelli en a fait un à demi-nu à Cortone, il a mieux réussi.

Comme les grands artistes, en formant leur idéal, suppriment certains ordres de détails, les artistes-ouvriers les accusent de ne pas voir ces détails. Les jeunes sculpteurs de Rome[1] ont le mépris le plus naturel pour Canova. L'un d'eux me disait ces propres paroles que j'écoutais avec un vif plaisir : « Canova ne sait pas faire un homme. Placez dans une galerie, au milieu de vingt statues antiques, deux statues de Canova, vous verrez que le public s'arrêtera devant celles de Canova. L'antique, au contraire, est froid ! »

Les livres de peinture sont pleins des défauts de Michel-Ange[2]. Mengs, par exemple, le condamne hautement; mais, après avoir lu ses critiques, allez voir le *Moïse* de Mengs à la chapelle des Papyrus, et le *Moïse* de San-Pietro in Vincoli. Nous sommes ici sur un de ces sommets tranchants qui séparent à jamais l'homme de génie du vulgaire. Je ne voudrais pas répondre que beaucoup de nos artistes ne donnent la préférence au *Moïse* de Mengs, à cause du raccourci du bras. Comment des âmes vulgaires n'admireraient-elles pas ce qui est vulgaire?

Pour que cet article ne soit pas incomplet, je vais transcrire les principales critiques. D'ailleurs, tout homme a raison dans son goût; il faut seulement compter les voix.

Les ouvriers en peinture disent que les jointures des figures de Michel-Ange sont peu sveltes, et paraissent faites seulement pour la position dans laquelle il les place. Ses chairs sont trop pleines de formes rondes. Ses muscles ont une trop grande quantité de chair, ce qui cache le mouvement des figures. Dans un bras plié comme le bras droit du Christ, par exemple, les muscles *extenseurs* qui font mouvoir l'avant-bras sur le bras, étant aussi *renflés* que les muscles *adducteurs*, on ne peut juger du mouvement par la forme. On ne voit pas de muscles en repos dans les figures de Michel-Ange. Il a mieux connu que personne la position de chaque muscle, mais il ne leur a pas donné leur

[1] 1817; note de sir W. E.

[2] Milizia, traduit par Pomereuil, Azzara, Mengs.

forme véritable. Il fait les tendons trop charnus et trop forts. La forme des poignets est outrée. Sa couleur est rouge, quelques-uns vont jusqu'à dire qu'il n'a pas de clair-obscur. Les contours des figures sont *ressentis*, subdivisés en petites parties[1]. La forme des doigts est outrée[2]. Ces prétendus défauts étaient d'autant plus séduisants pour Michel-Ange, que c'était le contraire du style timide et mesquin où il trouva son siècle arrêté; il inventait l'idéal. La haine du style froid et plat a conduit le Corrége aux raccourcis, et Michel-Ange aux positions singulières. Ainsi la postérité nous reprochera d'avoir haï la tyrannie; elle n'aura pas senti comme nous les douceurs des dix dernières années.

J'avoue que l'ange qui passe la cuisse droite sur la croix (quatrième groupe), a un mouvement auquel rien ne pouvait conduire que la haine du style plat.

Ceci nous choque d'autant plus, que le caractère du dix-neuvième siècle est de chercher les émotions fortes, et de les chercher par des moyens simples. Le *contourné*, le *chargé d'ornements*, nous paraît sur-le-champ *petit*. Le grandiose de l'architecture de Michel-Ange est un peu masqué par ce défaut.

Les reproches que le vulgaire fait à Michel-Ange et au Corrége sont directement opposés, et l'on y répond par le même mot.

CHAPITRE CLXX.

SUITE DU JUGEMENT DERNIER.

Je crois me rappeler qu'il n'y a pas une seule figure de Michel-Ange à Paris[3]. Cela est tout simple. Cependant, comme ce pays a produit un Le Sueur qui a senti la grâce sans le climat d'Italie, je dirai au jeune homme qui sentirait par hasard que des statues copiées et alignées en *bas-relief* ne sont pas de la

[1] Comparer le *Gladiateur* à l'*Apollon*.

[2] Voir les paupières de la *Pallas* de Velletri.

[3] A l'exception des *Deux Esclaves* ébauchés, du Louvre.

peinture : « Étudiez la gravure du *Jugement dernier*, par Metz [1], elle est dessinée au *verre*, et d'une fidélité scrupuleuse. Par conséquent elle ne présente pas la pensée de Michel-Ange, mais seulement ce que la censure permit de laisser à Daniel de Volterre. La planche d'ensemble de M. Metz donne le dessin de Buonarotti. Mieux encore, cherchez une petite gravure [2] faite avant Daniel de Volterre. Voilà le contre-poison du style froid, et théâtral, comme le séjour de Venise est le seul remède à votre coloris gris-terreux. »

CHAPITRE CLXXI.

JUGEMENT DES ÉTRANGERS SUR MICHEL-ANGE.

Comme Mozart dans la statue de *Don Juan*, Michel-Ange, aspirant à la terreur, a réuni tout ce qui pouvait déplaire [3] dans toutes les parties de la peinture : le dessin, le coloris, le clair-obscur, et cependant il a su attacher le spectateur. On se figure les belles choses qu'ont dites sur son compte les gens qui sont venus le juger sur les règles du genre efféminé, ou sur celles du *beau idéal antique*. C'est nos La Harpe jugeant Shakspeare.

Un écrivain fort estimé en France, M. Falconnet, statuaire célèbre, ayant à parler du *Moïse*, s'écrie, en s'adressant à Michel-Ange : « L'ami, vous avez l'art de rapetisser les grandes choses! » Il ajoute qu'après tout ce *Moïse* si vanté ressemble bien plutôt à un galérien qu'à un législateur inspiré.

M. Fuessli, qui a écrit sur les arts avec tout l'esprit d'un Bernois, dit [4] : « Tous les artistes font de leurs saints des vieillards, sans doute parce qu'ils pensent que l'âge est nécessaire

[1] *Rome*, 1816, 240 francs. La prendre en atlas.

[2] Elle porte ces mots : *Apud Carolum Losi*. Le cuivre appartient, en 1817, à M. Demeulemeester, l'auteur des charmantes aquarelles des loges de Raphaël, et l'un des hommes qui comprennent le mieux le dessin des grands maîtres.

[3] Excepté par le mépris.

[4] *Lettres de Winckelmann*, tom. II.

pour donner la sainteté, et ce qu'ils ne peuvent donner de majesté et de gravité, ils le remplacent par des rides et de longues barbes. On en voit un exemple dans le *Moïse* de l'église de Saint-Pierre aux Liens, du ciseau de Michel-Ange, qui a sacrifié la beauté à la précision anatomique, et à sa passion favorite le terrible ou plutôt le gigantesque. On ne peut s'empêcher de rire quand on lit le commencement de la description que le judicieux Richardson donne de cette statue : « *Comme cette pièce est très-fameuse, il ne faut pas douter qu'elle ne soit aussi très-excellente.* » S'il est vrai que Michel-Ange ait étudié le bras du fameux satyre de la villa Ludovisi, qu'on regarde à tort comme antique; il est très-probable aussi qu'il a étudié de même la tête de ce satyre, pour en donner le caractère à son Moïse ; car tous deux, comme Richardson le dit lui-même, ressemblent à une tête de bouc. Il y a sans doute dans l'ensemble de cette figure quelque chose de monstrueusement grand qu'on ne peut disputer à Michel-Ange : c'était une tempête qui a présagé les beaux jours de Raphaël. »

Le célèbre chevalier Azara, qui passait, dans le siècle dernier, pour un homme aimable, et qui écrit pourtant avec tout l'emportement d'un pédant, dit :

« Michel-Ange, durant sa longue carrière, ne fit aucun ouvrage de sculpture, de peinture, ni peut-être même d'architecture, dans l'idée de plaire ou de représenter la beauté, chose qu'il ne connut jamais, mais uniquement pour faire pompe de son savoir. Il crut posséder un style grandiose, et il eut exactement le style le plus mesquin, et peut-être le plus grossier et le plus lourd. Ses contorsions ont été admirées de plusieurs; cependant il suffit de jeter un coup d'œil sur son *Jugement dernier* pour voir jusqu'où peut aller l'extravagance d'une composition[1]. »

[1] *Œuvres de Mengs*, édition de Rome, pag. 108. On peut avoir de l'affectation en apparence sans manquer au naturel : voir Pétrarque et Milton. Ils pensaient ainsi. Plus ils voulaient bien exprimer leurs sentiments, plus ils nous semblent affectés.

Michel-Ange employa plus de douze ans à étudier la forme des muscles, un scalpel à la main. Une fois il faillit périr de la mort de Bichat.

Winckelmann aura sans doute écrit sur Michel-Ange quelque chose de semblable, que je ne puis citer, parce que je n'ai pas lu cet auteur.

On rapporte une particularité singulière du célèbre Josué Reynolds, le seul peintre, je crois, qu'ait eu l'Angleterre. Il faisait profession d'une admiration outrée pour Michel-Ange. Dans le portrait qu'il envoya à Florence, pour la collection des peintres, il s'est représenté tenant un rouleau de papier sur lequel on lit : *Dissegni dell' immortal Buonarotti.* Au contraire, il affecta, toute sa vie, dans la conversation, comme dans ses écrits, un mépris souverain pour Rembrandt, et cependant c'est sur ce grand peintre qu'il s'est uniquement formé; il n'a jamais rien imité de Michel-Ange; et, à sa mort, tous les tableaux du maître hollandais qui se trouvèrent dans sa collection étaient originaux et excellents, tandis que ce qu'il avait de Michel-Ange était copie, et même au-dessous de la critique.

Je comprends que les brouillards de la Hollande et de l'Allemagne, avec leurs gouvernements minutieux, ne sentent pas Michel-Ange. Mais les Anglais m'étonnent; le plus énergique des peuples devrait sentir le plus énergique des peintres.

Il est vrai que l'Anglais, au milieu des actions les plus périlleuses, aime à faire pompe de son sang-froid. D'ailleurs, outre qu'il n'a ni le temps ni l'*aisance nécessaire* [1] pour s'occuper de bagatelles comme les arts, il s'est empoisonné dans ce moment par je ne sais quel système du *pittoresque*, et ces sortes de livres retardent toujours une nation de quinze à vingt ans. Il y a un penchant général pour la mélancolie et l'architecture gothique, qui est de bon goût, car il est inspiré par le climat, mais qui éloigne pour longtemps de la force triomphante de Michel-Ange. Enfin, les femmes seules ont le temps de s'occuper des arts, et l'on ne peint guère qu'à la gouache et à l'aquarelle.

[1] Le climat et l'habitude *forcée* des pensées raisonnables font que beaucoup d'Anglais ne sentent pas la musique; beaucoup aussi n'ont pas le sens de la peinture. Voir les charmantes absurdités de M. Roscoe sur Léonard de Vinci. *Vie de Léon X*, IV, chap. XXII. Ils donnent le nom de grimace à l'expression naturelle des peuples du Midi. Warden. Ils ont trop d'orgueil, comme les Français trop de vanité, pour comprendre l'étranger.

Comme ce peuple a encore l'aisance d'une grande maison qui se ruine, il en devrait profiter pour mettre à Londres cinq ou six choses de Michel-Ange; cela relèverait admirablement ce je ne sais quoi de monotone et de plat qu'a l'ensemble de la plus grande ville d'Europe [1].

Mais enfin il faut tôt ou tard qu'elle comprenne Michel-Ange, la nation pour qui l'on a fait et qui sent si bien ces vers de Macbeth :

I have almost forgot the taste of fears :
The time has been, my senses would have cool'd
To hear a night-shriek; and my fell of hair
Would at a dismal treatise rouse, and stir
As life were in't : I have sopp' o full with horrors
Direness, familiar to my slaught' rous thoughts
Cannot once start me. — Wherefore what's that cry [2]?
Macbeth, acte V.

CHAPITRE CLXXII.

INFLUENCE DU DANTE SUR MICHEL-ANGE.

Messer Biaggio, maître de cérémonies de Paul III, qui l'accompagna lorsqu'il vint voir le *Jugement* à moitié terminé, dit à Sa Sainteté qu'un tel ouvrage était plutôt fait pour figurer dans une hôtellerie que dans la chapelle d'un pape. A peine le prince fut-il sorti, que Michel-Ange fit de mémoire le portrait de Messer Biaggio, et le plaça en enfer sous la figure de Minos. Sa poitrine, comme nous l'avons vu, est entourée d'une horrible queue

[1] L'exposition de 1817 montre que l'école anglaise est sur le point de naître. Je crains qu'elle n'en ait pas le temps. Les ministres répondent par de la tyrannie aux cris de la *réforme*, qui tous les jours devient moins déraisonnable; il va y avoir révolution.

[2] Les Anglais ont un autre goût qui les rapproche de Michel-Ange. La sublimité étonnante des beaux arbres qui peuplent leurs campagnes compense à mes yeux, pour les arts, tous les désavantages de leur position.

En France, on ne peut pas avoir l'idée de ces chênes vénérables, dont plusieurs ont vu Guillaume le Conquérant.

de serpent, qui en fait plusieurs fois le tour [1]. Grandes plaintes du maître de cérémonies, à qui Paul III répondit ces propres paroles : « Messer Biaggio, vous savez que j'ai reçu de Dieu un pouvoir absolu dans le ciel et sur la terre, mais je ne puis rien en enfer ; ainsi restez-y. »

Les petits esprits n'ont pas manqué de faire cette critique à Michel-Ange : « Vous avez placé en enfer Minos et Caron [2]. »

Ce mélange est bien ancien dans l'Église. Dans la messe des morts, l'on trouve le Tartare et les sybilles. A Florence, depuis deux siècles, le Dante était comme le prophète de l'enfer. Le premier mars 1304, le peuple avait voulu se donner le plaisir de voir l'enfer. Le lit de l'Arno était le gouffre. Toute la variété des tourments inventés par la noire imagination des moines ou du poëte, lacs de poix bouillante, feux, glaces, serpents, furent appliqués à des personnes véritables, dont les hurlements et les contorsions donnèrent aux spectateurs un des plaisirs les plus utiles à la religion.

Il n'y a rien d'étonnant à ce que Michel-Ange, entraîné par l'habitude de son pays, habitude qui dure encore, et par sa passion pour le Dante, se figurât l'enfer comme lui.

Le génie fier de ces deux hommes est absolument semblable [3].

[1] Le Dante avait dit :

> Stavvi Minos orribilmente e ringhia
> Esamina le colpe nell' intrata
> Giudica e manda secondo ch' avvinghia.
> Dico che quando l' anima mal nata
> Li vien dinanzi, tutta si confessa,
> E quel conoscitor delle peccata
> Vede qual luogo d' inferno è da essa :
> Cingessi con la coda tante volte,
> Quantunque gradi vuol che giù sia messa.
>
> *Inferno*, c. v.

[2]

> Caron demonio con occhi di bragia
> Loro accennando, tutte le raccoglie,
> Batte col remo qualunque si adagia.
>
> *Inferno*

[3] *Lettre du Dante à l'empereur Henri*, 1311.

Si Michel-Ange eût fait un poëme, il eût créé le comte Ugolin, comme, si le Dante eût été sculpteur, il eût fait le *Moïse.*

Personne n'a plus aimé Virgile que le Dante, et rien ne ressemble moins à l'*Énéide* que l'*Enfer*. Michel-Ange fut vivement frappé de l'antique, et rien ne lui est plus opposé que ses ouvrages.

Ils laissèrent au vulgaire la grossière imitation des dehors. Ils pénétrèrent au principe : *Faire ce qui plaira le plus à mon siècle.*

Pour un Italien du quinzième siècle, rien de plus insignifiant que la tête de l'*Apollon*, comme *Xipharès* pour un Français du dix-neuvième.

Comme le Dante, Michel-Ange ne fait pas plaisir : il intimide, il accable l'imagination sous le poids du malheur, il ne reste plus de force pour avoir du courage, le malheur a saisi l'âme tout entière. Après Michel-Ange, la vue de la campagne la plus commune devient délicieuse; elle tire de la stupeur. La force de l'impression est allée jusque tout près de la douleur; à mesure qu'elle s'affaiblit, elle devient plaisir.

Comme le Dante, pour un prisonnier, la vue d'une fresque de Michel-Ange serait pour longtemps horrible. C'est le contraire de la musique, qui donne de la tendresse même à ses tyrans.

Comme le Dante, le sujet que présente Michel-Ange manque presque toujours de grandeur et surtout de beauté. Qnoi de plus plat, à l'armée, qu'une fille qui assassine l'imprudent qui couche chez elle? Mais ses sujets s'élèvent rapidement au sublime par la force de caractère qu'il leur imprime. Judith n'est plus Jacques Clément, elle est Brutus.

Comme le Dante, son âme prête sa propre grandeur aux objets dont elle se laisse émouvoir, et qu'ensuite elle peint, au lieu d'emprunter d'eux cette grandeur.

Comme le Dante, son style est le plus sévère qui soit connu dans les arts, le plus opposé au style français. Il compte sur son talent et sur l'admiration pour son talent. Le sot est effrayé, les plaisirs de l'honnête homme s'en augmentent. Il sympathise avec ce génie mâle.

Chez Michel-Ange, comme devant le Dante, l'âme est glacée

ar cet excès de sérieux. L'absence de tout moyen de rhétori-
ue augmente l'impression. Nous voyons la figure d'un homme
ui vient de voir quelque objet d'horreur.

Le Dante veut intéresser les hommes qu'il suppose malheu-
ùx. Il ne décrit pas les objets extérieurs comme les poëtes
ançais. Son seul moyen est d'exciter la sympathie pour les
notions qui le possèdent. Ce n'est jamais l'objet qu'il nous
ontre, mais l'impression sur son cœur [1].

Possédé de la fureur divine, tel qu'un prophète de l'Ancien
estament, l'orgueil de Michel-Ange repousse toute sympathie.
dit aux hommes : « Songez à votre intérêt, voici le Dieu d'Is-
ël qui arrive dans sa vengeance. »

D'autres dessinateurs ont rendu avec quelque succès Homère
Virgile. Toutes les gravures que j'ai vues pour le Dante sont
ridicule le plus amusant [2]. C'est que la force est indispen-
ble, et rien de plus rare aujourd'hui.

Michel-Ange lisait le grand peintre du moyen âge dans une
ition in-folio, avec le commentaire de Landino, qui avait six
uces de marge. Sans s'en apercevoir il avait dessiné à la plume,
r ces marges, tout ce que le poëte lui faisait voir. Ce volume a
ri à la mer.

CHAPITRE CLXXIII.

FIN DU JUGEMENT DERNIER.

Pendant que Michel-Ange peignait le *Jugement dernier*, il
nba de son échafaud, et se fit à la jambe une blessure dou-
ıreuse. Il s'enferma et ne voulut voir personne. Le hasard
ınt conduit chez lui, Bacio Rontini, médecin célèbre, et pres-
e aussi capricieux que son ami, il trouva toutes les portes
mées. Personne ne répondant, ni domestiques ni voisins,
ntini descendit avec beaucoup de peine dans une cave, et de

E caddi, come corpo morto cade.

DANTE.

Le comte Ugolin, de Josué Reynolds.

là remontant avec non moins de travail, parvint enfin à Buonarotti qu'il trouva enfermé dans sa chambre, et résolu à se laisser mourir. Bacio ne voulut plus le quitter, lui fit faire de force quelques remèdes, et le guérit.

Michel-Ange mit huit ans au *Jugement dernier*, et le découvrit le jour de Noël 1541 ; il avait alors soixante-sept ans[1].

L'ouvrage qui facilite le plus l'étude de cet immense tableau, obscurci par la fumée des cierges, est à Naples. C'est une esquisse très-bien dessinée : on la croit de Buonarotti lui-même, et qu'elle fut peinte sous ses yeux par son ami Marcel Venusti. Les figures ont moins d'une palme, mais, quoique de petite proportion, conservent admirablement le caractère grand et terrible. Ce tableau curieux est aussi frais que s'il était peint de nos jours. Il est sans prix aujourd'hui que l'original a tant souffert.

On m'assure qu'il y a chez les Colonnes, à Rome, une seconde copie de Venusti.

CHAPITRE CLXXIV.

FRESQUES DE LA CHAPELLE PAULINE.

Paul III ayant fait construire une chapelle tout près de la Sixtine (1549), la fit peindre par le grand homme dont il disposait. On y va chercher les restes de deux grandes fresques : la *Conversion de saint Paul*, et le *Crucifiement de saint Pierre*. Huit ou dix fois par an on célèbre les *Quarante-Heures* dans cette chapelle avec une quantité de cierges étonnante. Je n'ai pu distinguer que le cheval blanc de saint Paul. Il faudrait se hâter de faire copier ces tableaux[2].

[1] L'Arétin, cet homme d'esprit, l'*opposition* du moyen âge, envoya des idées à Michel-Ange pour son *Jugement dernier*, et eut avec lui une correspondance suivie. *Lettres de l'Arétin*, tom. I, pag. 154 ; II, 10 ; III, 45 ; IV, 37.

[2] Mais il n'y a plus d'argent pour rien. J'ai trouvé trois ouvriers au Campo-Vaccino, cent dix-huit à Pompéia, au lieu de cinq cents qu'y employait Joachim. (Février 1817, W. E.)

Ce fut le dernier ouvrage de Michel-Ange, qui eut même, disait-il, beaucoup de peine à l'achever. Il avait soixante-quinze ans. Ce n'est plus l'âge de la peinture, et encore moins de la fresque. L'on montre à Naples quelques cartons faits pour ces deux tableaux.

CHAPITRE CLXXV.

MANIÈRE DE TRAVAILLER.

On trouve dans un livre du seizième siècle : « Je puis dire d'avoir vu Michel-Ange âgé de plus de soixante ans, et avec un corps maigre qui était bien loin d'annoncer la force, faire voler en un quart d'heure plus d'éclats d'un marbre très-dur, que n'auraient pu le faire en une heure trois jeunes sculpteurs des plus forts; chose presque incroyable à qui ne l'a pas vue. Il y allait avec tant d'impétuosité et tant de furie, que je craignais, à tout moment, de voir le bloc entier tomber en pièces. Chaque coup faisait voler à terre des éclats de trois ou quatre doigts d'épaisseur, et il appliquait son ciseau si près de l'extrême contour, que si l'éclat eût avancé d'une ligne tout était perdu[1]. »

Brûlé par l'image du beau, qui lui apparaissait et qu'il craignait de perdre, ce grand homme avait une espèce de fureur contre le marbre qui lui cachait sa statue.

L'impatience, l'impétuosité, la force avec laquelle il attaquait le marbre, ont fait peut-être qu'il a trop marqué les détails. Je ne trouve pas ce défaut dans ses fresques.

Avant de peindre au plafond de la Sixtine, il devait calquer journellement sur le crépi les contours précis qu'il avait déjà tracés dans son *carton*. Voilà deux opérations qui corrigent les défauts de l'impatience.

Vous vous rappelez que, pour la fresque, chaque jour le peintre fait mettre cette quantité de *crépi* qu'il croit pouvoir employer : sur cet enduit encore frais, il calque avec une pointe dont l'effet

[1] Blaise de Vigenère, images de Philostrates, pag. 855; notes.

est facile à suivre à la chapelle Pauline, les contours de son dessin. Ainsi l'on ne peut improviser à fresque, il faut toujours avoir vu l'effet de l'ensemble dans le *carton*.

Pour ses statues, l'impatience de Buonarotti le porta souvent à ne faire qu'un petit modèle en cire ou en terre. Il comptait sur son génie pour les détails. « On voit dans Buonarotti, dit Cellini, qu'ayant fait l'expérience de l'une et de l'autre de ces méthodes, c'est-à-dire de sculpter les figures en marbre d'après un modèle de grandeur égale à la statue, ou beaucoup plus petit; à la fin, convaincu de l'extrême différence, il se résolut à employer le premier procédé. C'est ce dont j'eus occasion de me convaincre, quand je le vis travailler aux statues de Saint-Laurent [1]. »

Canova fait une statue en terre. Ses ouvriers la moulent en plâtre et la lui traduisent en marbre. Le matériel de cet art est réduit à ce qu'il doit être; c'est-à-dire que, quant à la difficulté manuelle, le grand artiste de nos jours peut faire vingt ou trente statues par an.

Je ne sais si la gravure en pierre rendra le même service aux Morghen, et aux Müller.

CHAPITRE CLXXVI.

TABLEAUX DE MICHEL-ANGE

Ils sont fort rares. Il méprisait ce petit genre. Presque tous ceux qu'on lui attribue ont été peints par ses imitateurs, d'après ses dessins. Le silence de Vasari et le peu de patience de l'homme le prouvent également.

Tout au plus quelques-uns ont-ils été faits sous ses yeux. On y trouve une distribution de couleurs qui se rapproche de ses idées. Alors ils sont de Daniel de Volterre, ou de Fra Sébastien, ses meilleurs imitateurs. Ces tableaux originaux auront été copiés, tantôt par des peintres flamands, tantôt par des Italiens d'écoles différentes, comme le prouve la diversité du coloris.

[1] Traité de sculpture.

Les sujets ainsi exécutés sont le *Sommeil de Jésus enfant*, la *Prière au jardin des Olives*, la *Déposition de Croix*. Le tableau de Michel-Ange qu'on rencontre le plus souvent dans les galeries, c'est *Jésus expirant sur la croix;* d'où est venu le conte d'un homme mis en croix par Buonarotti. Souvent il y a un *Saint Jean* et une *Madone*, d'autres fois deux anges qui recueillent le sang du Sauveur.

Le meilleur crucifix est celui de la Casa Chiappini, à Plaisance. Bologne en a trois dans les collections Caprara, Bonfigliuoli, et Biancani [1].

Fra Sébastien, de l'école de Venise, que Michel-Ange aimait à cause de sa couleur excellente et quelquefois sublime, fit à Rome, d'après ses dessins, la *Flagellation* et la *Transfiguration* [2]. C'était dans le temps que Raphaël finissait son dernier tableau; on dit que le peintre d'Urbin, ayant su que Michel-Ange fournissait des dessins à Fra del Piombo, s'écria qu'il remerciait ce grand homme de le croire digne de lutter contre lui. Fra Sébastien peignit une *Déposition* à Saint-François, à Viterbe.

Il répéta sa *Flagellation* de Rome pour un couvent de Viterbe; et, à la Chartreuse de Naples, le voyageur, en admirant la plus belle vue de l'univers, peut voir une troisième *Flagellation*, que l'on prétend peinte par Buonarotti lui-même.

Venusti fit, d'après ses dessins, deux *Annonciations*, les *Limbes* du palais Colonne, *Jésus au Calvaire*, au palais Borghèse, sans parler de l'admirable *Jugement dernier*, de Naples. Franco fit l'*Enlèvement de Ganymède*, qui est passé à Berlin avec la galerie Giustiniani. On y voit merveilleusement la force de l'aigle et la peur du jeune homme; les ailes de l'aigle ne sont pas ridiculement disproportionnées avec le poids qu'il enlève, comme dans le petit groupe antique de Venise [3]. Mais, d'un autre côté, l'expression admirable et l'amour de l'aigle antique manquent entièrement. Il n'y a pour les sentiments tendres que la douleur

[1] Bottari donne la liste de ces crucifix. J'en ai trouvé dans les galeries Doria et Colonne, à Rome.

[2] A Saint-Pierre in Montorio.

[3] Dans la grande salle du Conseil, sur la Piazzetta, 1817.

du chien fidèle de Ganymède, qui voit son maître enlevé dans les airs.

Pontormo fit *Vénus et l'Amour*, et l'*Apparition du Christ*, sujet qu'il répéta pour Citta-di-Castello, Michel-Ange ayant dit que personne ne pouvait mieux faire.

Salviati et Bugiardini peignirent plusieurs de ses dessins. Dans l'âge suivant, les artistes y avaient souvent recours.

On dit que la cathédrale de Burgos a une *Sainte Famille* de Buonarotti [1]. J'ai parlé de celle qui est à la galerie de Florence, et dont l'originalité est incontestable. Elle est peinte en détrempe, et, quoique le coloris soit faible, le tableau semble parfaitement conservé. Cette *Madone* a l'air d'escamoter l'enfant Jésus, et sa physionomie d'Égyptienne achève de rappeler une idée ridicule. Une partie de cette critique s'applique à la *Madone* en marbre, de Saint-Laurent. Les enfants ne sont que de petits hommes.

Dans l'empire des lettres, on cite plusieurs grands génies dont les idées, pour être goûtées du public, ont eu besoin d'être éclairées par des littérateurs à qui il n'a fallu d'autre mérite que l'art d'écrire. C'est ainsi que les peintures de Michel-Ange, altérées par le temps, ou placées à une trop grande distance de l'œil, font très-souvent plus de plaisir dans les copies que dans l'original.

Ses dessins, qui ne sont pas fort rares, étonnent toujours. Il commençait par dessiner sur un morceau de papier le squelette de la figure qu'il voulait faire, et sur un autre il le revêtissait de muscles. Ses dessins se divisent en deux classes; les premières pensées jetées à la plume et sans détails; 2° ceux qu'il fit pour être exécutés et qui peuvent l'être par le peintre le plus médiocre. Tout y est [2].

Un génie aussi impatient ne devait pas faire de portraits; on ne cite qu'un dessin d'après Tomaso de' Cavalieri, jeune noble romain auquel il trouvait de rares dispositions pour la peinture.

[1] La *Madone*, l'*Enfant Jésus* debout sur une pierre auprès du berceau; figures de grandeur naturelle; tableau provenant de la Casa Mozzi de Florence. (*Conca*, I, 24.)

[2] Mariette avait le dessin du *Christ triomphant de la Minerve.*

On montre au palais Farnèse le buste de *Paul III;* au Capitole, le buste de *Faërne.*

Après les fresques de la chapelle Pauline, Michel-Ange ne put rester oisif. Il disait que le travail du maillet était nécessaire à sa santé. A soixante-dix-neuf ans, lorsque Condivi écrivait, il travaillait encore de temps en temps à une *Déposition de Croix*, groupe colossal dont il voulait faire présent à quelque église, sous la condition qu'on le mettrait sur son tombeau.

Ce groupe où la seule figure du Christ est terminée, fut placé au dôme de Florence[1]. L'on aurait mieux fait de suivre la volonté du grand homme. C'était pour lui un tombeau plus caractéristique, et surtout bien autrement noble que celui de Santa Croce.

CHAPITRE CLXXVII.

MICHEL-ANGE ARCHITECTE.

Il faut considérer la bibliothèque de Saint-Laurent à Florence, le Capitole, la Coupole, et les parties extérieures de Saint-Pierre de Rome.

En 1546 mourut Antoine de Sangallo, architecte de Saint-Pierre. Bramante était mort en 1514, Raphaël en 1520. Depuis longtemps Michel-Ange survivait à ses rivaux, et à tous les grands hommes qui avaient entouré sa jeunesse. Il était le dieu des arts, mais le dieu d'un peuple avili. On n'admirait plus que lui, on ne copiait plus que ses ouvrages, et en voyant tous ses copistes il s'était écrié : « Mon style est destiné à faire de grands sots ! »

Il était enfin vainqueur des intrigues qui avaient poursuivi sa jeunesse. Mais la victoire était triste; en perdant ses rivaux, il avait perdu ses juges. Il regrettait leurs injures. Il se trouvait seul sur la terre. Nous avons encore un éloge passionné qu'il fit de Bra-

[1] Derrière le grand autel, sous la coupole de Brunelleschi. C'est le plus touchant des groupes de Michel-Ange; cela tient au capuchon de la figure qui tient Jésus-Christ.

mante. Qui lui eût dit, dans le temps de la chapelle Sixtine, qu'il pleurerait un jour Bramante et Raphaël!

Après la mort de Sangallo, on hésita longtemps pour le successeur; enfin Paul III eut l'idée de faire appeler le vieux Michel-Ange. Le pontife lui ordonna, presque au nom du ciel, de prendre ce fardeau dont il refusait de se charger.

Il alla à Saint-Pierre, où il trouva les élèves de Sangallo tout interdits. Ils lui montrèrent avec ostentation le modèle fait par leur maître. « C'est un pré, dirent-ils, où il y aura toujours à faucher. — Vous dites plus vrai que vous ne pensez, répondit Michel-Ange; au reste, c'est malgré moi qu'on m'envoie ici. Je n'ai qu'un mot à vous dire, faites tous vos efforts, employez tous vos amis pour que je ne sois pas l'architecte de Saint-Pierre. »

Il dit à Paul III : « Le modèle de Sangallo avec tant de ressauts, d'angles, et de petites parties, se rapproche plus du genre gothique que du goût sage de l'antiquité, ou de la belle manière des modernes. Pour moi j'épargnerai deux millions et cinquante ans de travaux, car je ne regarde pas les grands ouvrages comme des rentes viagères. »

En quinze jours il fit son modèle de Saint-Pierre qui coûta vingt-cinq écus. Il avait fallu quatre ans pour exécuter le modèle de Sangallo, qui en avait coûté quatre mille [1].

Paul III eut le bon esprit de faire un décret [2] qui conférait à Buonarotti un pouvoir absolu sur Saint-Pierre. En le recevant, Michel-Ange ne fit qu'une objection : il pria d'ajouter que ses fonctions seraient gratuites. Au bout du mois, le pape lui ayant envoyé cent écus d'or, Michel-Ange répondit que telles n'étaient pas les conventions, et il tint bon, en dépit de l'humeur du pape. Malgré sa critique de Sangallo, l'architecture de Michel-Ange est encore pleine de ressauts, d'angles, de petites parties qui voilent le grandiose de son caractère.

[1] Je l'ai encore vu au Belvédère en 1807, avec celui de Michel-Ange.

[2] Ou *motu-proprio*. (*Bonanni templum Vaticanum*, pag. 64.) Le bref de Paul III parle de Michel-Ange presque dans les termes du respect.

CHAPITRE CLXXVIII

HISTOIRE DE SAINT-PIERRE.

Vers l'an 324, l'infâme Constantin posa la première pierre. En 626, Honorius y fit mettre des portes d'argent massif. En 846, les Sarrasins les emportèrent; ils ne purent rentrer dans Rome, mais Saint-Pierre était alors hors des murs.

L'histoire de ce que les prêtres osèrent faire dans cet antique Saint-Pierre passerait pour une satire sanglante[1]. Il fut pillé, brûlé, ravagé une infinité de fois, mais les murs restèrent debout. Durant les treizième et quatorzième siècles, plusieurs papes le firent réparer. Enfin Nicolas V conçut le projet de rebâtir Saint-Pierre, et appela Léon-Baptiste Alberti. A peine les murs étaient-ils hors de terre, que ce pape mourut (1455); tout fut abandonné jusqu'à ce qu'un autre grand homme montât sur ce trône. Le 18 avril 1506, Jules II, alors âgé de soixante-dix ans, descendit d'un pas ferme et sans vaciller dans la tranchée profonde ouverte pour les fondations de la nouvelle église, et posa la première pierre. Bramante était l'architecte. Son dessin était grave, simple, magnifique. Après lui Raphaël, Julien de Sangallo, Fra Joconde de Vérone, continuèrent l'édifice. Léon X y dépensa les sommes énormes qui firent le bonheur de l'Allemagne. Le plan primitif se détériorait tous les jours, lorsque enfin le même homme qui avait donné l'idée de reprendre Saint-Pierre fut chargé de diriger les travaux. Il fit le dessin de la partie là plus étonnante, de celle qui donne de la valeur au reste, de celle qui n'est pas imitée des Grecs. En 1564, Vignole succéda à Buona-

[1] Par exemple, sous Paul V, Grimaldo dit :

« Tempore Clementis VIII ego Jacobus Grimaldus habui hanc notam.... sub Paulo V presbyteri illi, quibus cura imminebat dictæ bibliothecæ, vendiderunt plures libros illis qui tympana feminarum conficiunt, et inter alios, ex malâ fortunâ, dicti libri S. Petri contigit etiam numerari, vendi distrahi et in usu tympanorum verti, obliterari, quæ memoriæ in eo descriptæ id omni vitio, et inscitiâ et malignitate presbyterorum. »

rotti. La coupole fut terminée sous Clément VIII; il y eut plusieurs architectes. Enfin le plus médiocre de tous, Charles Maderne, gâtant ce qui avait été fait avant lui, finit Saint-Pierre en 1613, sous Paul V.

Le Bernin ajouta la colonnade extérieure, admirable introduction!

Le talent des rois est de connaître les talents. Quand un prince a reconnu un grand génie, il doit lui demander un plan, et l'exécuter à l'aveugle. La manie des conseils et des examens excessifs tue les arts. Saint-Pierre, exécuté selon le plan de Michel-Ange, serait en architecture bien mieux que l'*Apollon du Belvédère*[1].

Malgré ses énormes défauts et tous les outrages de la médiocrité, Saint-Pierre est ce que les hommes ont jamais vu de plus grand[2].

A mesure que nous connaissons mieux la Grèce, nous voyons disparaître la grandeur matérielle que les pauvres pédants ont voulu donner à ce petit peuple. Il fut grand par la liberté et par l'esprit[3]. Les érudits, que cette sorte de grandeur déconcerte, ont voulu lui donner les avantages du despotisme, les édifices énormes.

Suivant eux, le temple de Jupiter à Athènes avait quatre stades de tour; dans le fait, il avait environ soixante-dix-sept pieds de large sur cent quatre-vingt-dix de long[4].

Le temple de Jupiter à Olympie était plus petit que la plupart de nos églises[5].

[1] Dumont a publié les mesures de saint Pierre en 1753, à Paris; on y voit le mauvais goût des détails. Costagutti, Bonanni, Fontana, Ciampini ont donné des descriptions.

[2] Peut-être trouvera-t-on quelque chose de comparable dans les Indes.

[3] *Histoire de la Grèce*, par Mitford. On y voit les Grecs toujours divisés en deux partis, comme les États-Unis : le démocratique et l'aristocratique.

[4] Stuart, Leroy, Vernon, Pausanias, et surtout l'excellent *Voyage* de M. Hobhouse, l'historien.

[5] Pausanias dit soixante-huit pieds de haut, deux cent trente de long, quatre-vingt-quinze de large, compris le portique qui entourait le temple.

Le temple de Diane à Éphèse était chargé d'ornements comme Notre-Dame de Lorette, mais n'avait pas plus d'étendue que le temple de Jupiter Olympien.

Le Parthénon d'Athènes, le temple de la Fortune-Prénestine à Rome n'étaient pas plus grands. Ce dernier était une espèce de jardin anglais, destiné à inspirer le respect.

Je me figure quelque chose de ressemblant aux îles Borromées. On montait par des terrasses fabriquées les unes au-dessus des autres ; on traversait des galeries, des édifices accessoires, l'on arrivait enfin à une simple colonnade en demi-cercle d'une admirable élégance, au milieu de laquelle la statue de la *Fortune* était assise sur un trône.

Nous n'avons rien de comparable à ce charmant édifice. Nous ne savons pas nous emparer des âmes. C'est un genre qui manque, et dont les sanctuaires d'Italie ne donnent qu'une faible idée[1]. Une église construite ainsi sur un promontoire, au milieu des beaux arbres de l'Angleterre, toucherait sans doute les cœurs d'une manière certaine[2].

Le temple de Salomon n'avait que cinquante-cinq pieds de haut et cent dix de long. Sainte-Sophie, à partir du croissant ottoman, n'a que cent quatre-vingts pieds de haut.

Saint-Pierre a six cent cinquante-sept pieds de long, quatre cent cinquante-six de large, et la croix est à quatre cent dix pieds de terre. Jamais le symbole d'aucune religion n'a été si près du ciel[3].

[1] La *Madonna del Monte*, près Varèse.

[2] Par exemple sur Mount-Edgecombe.

[3] En 1694, l'architecte Fontana calcula que Saint-Pierre avait déjà coûté deux cent trente-cinq millions.

La nef a treize toises quatre pieds de largeur; sa hauteur sous la clef de la voûte est de vingt-quatre toises ; la voûte a trois pieds six pouces d'épaisseur. La hauteur, à partir du pavé jusqu'au-dessous de la boule qui surmonte la coupole, est de soixante-trois toises cinq pouces. Cette boule a de diamètre six pieds deux pouces *. Une croix de treize pieds

* On me conta qu'il y a quelques années, pendant que deux religieux espagnols étaient dans la boule, survint un tremblement de terre qui la faisait aller en cadence. On ne peut pas être mieux gîté que dans cette boule pour sentir un

Saint-Paul de Londres est d'un quart plus petit. La *Vierge* du dôme de Milan est à trois cent trente-cinq pieds de haut.

Toute description est inutile à qui n'a pas vu Saint-Pierre. Ce n'est point un temple grec, c'est l'empreinte du génie italien croyant imiter les Grecs.

Excepté Michel-Ange, les architectes n'ont pas eu assez d'esprit pour voir qu'ils voulaient réunir les contrastes. La religion était une fête en Grèce, et non pas une menace. L'imitation du grec a chassé la terreur bien plus frappante dans les édifices gothiques. D'ailleurs, il y a trop d'ornements; si les apôtres saint Pierre et saint Paul revenaient au Vatican, ils demanderaient le nom de la divinité qu'on adore en ce lieu.

CHAPITRE CLXXIX.

UN GRAND HOMME EN BUTTE A LA MÉDIOCRITÉ.

Sangallo faisait aussi le palais Farnèse; Paul III pria Michel-Ange de s'en charger. Il n'y manquait, à l'extérieur, que la corniche. Michel-Ange la dessina et en fit exécuter un morceau en bois qu'il fit monter au haut du palais et mettre en place, afin de pouvoir juger.

Ainsi, à Paris, lorsqu'il a été question du palais sur le mont de Passy, les gens qui savent combien il est difficile de n'être pas mesquin dans cette position désiraient qu'on exécutât d'abord la façade en bois, et qu'on fît de ce même palais une décoration pour l'Opéra.

est placée sur cette boule : on l'illumine tous les ans, le soir du jour de Saint-Pierre. C'est le plus brave ouvrier de Rome qui est chargé de cette opération. Il se confesse et communie pour la forme, car il n'y a jamais d'accident. Je l'ai vu monter très-gaillard. A Rome, comme partout, l'énergie s'est réfugiée dans cette classe *.

tremblement, à cause de la longueur du levier. Un de ces pauvres moines en mourut de frayeur sur la place. (De Brosses, III, 15.)

* Le maître maçon parlant au cardinal Aquaviva. *Voyage de Duclos*. Rome en 1814, in-8° imprimé à Bruxelles.

La partie supérieure de la cour du palais Farnèse est aussi de Michel-Ange, et le voyageur le reconnaît bien vite au respect qu'elle imprime[1]. Paul III mourut(1549). Jules III, son successeur, confirma d'abord les pouvoirs de Michel-Ange; mais les élèves de Sangallo intriguèrent. Le pape se résolut à tenir une congrégation où les petits architectes promettaient de démontrer que Michel-Ange avait gâté Saint-Pierre (1551).

Le pape ouvrit la séance en disant à Michel-Ange que les intendants de Saint-Pierre disaient que l'église serait obscure. « Je voudrais entendre parler ces intendants. » Le cardinal Marcel Cervino, pape peu après, se leva en disant : « C'est moi.— Monseigneur, outre la fenêtre que je viens de faire exécuter, il doit y en avoir trois autres dans la voûte.—Vous ne nous l'avez jamais dit. — Je ne suis pas obligé, et je ne le serai jamais, à dire ni à vous, monseigneur, ni à tout autre, quels sont mes projets. Votre affaire est d'avoir de l'argent et de le garantir des voleurs; la mienne est de faire l'église. Saint-père, vous voyez quelles sont mes récompenses. Si les contrariétés que j'endure à construire le temple du prince des Apôtres ne servent pas au soulagement de mon âme, il faut avouer que je suis un grand fou. »

Le pape, lui imposant les mains, lui dit : Elles ne seront perdues ni pour votre âme, ni pour votre corps, n'en doutez nullement; » et sur-le-champ il lui donna le privilége, à lui, ainsi qu'à son élève Vasari, d'obtenir double indulgence, en faisant à cheval les stations aux sept églises.

Dès cet instant, Jules III l'aima presque autant que Jules II autrefois. Il ne faisait rien à la Vigne-Jules sans prendre ses conseils, et dit plusieurs fois, voyant le grand âge de Michel-Ange, qu'il ôterait volontiers aux années qui lui restaient à vivre pour ajouter à celles de cet homme unique; s'il lui survivait, comme l'ordre de la nature semblait l'annoncer, il voulait

[1] Michel-Ange voulait placer dans la cour le fameux *Taureau Farnèse* qu'on venait de découvrir cette année-là, et, qui plus est, lui donner une perspective charmante, et faire qu'il se détachât sur un fond de verdure qu'il mettait au delà du Tibre. Ce groupe célèbre fait aujourd'hui l'ornement de la délicieuse promenade de Chiaja à Naples, sur le bord de la mer.

le faire embaumer, afin que son corps fût aussi immortel que ses ouvrages.

Buonarotti, étant un jour survenu à la Vigne-Jules, y trouva le pape au milieu de douze cardinaux; Sa Sainteté le fit asseoir à ses côtés, honneur extrême dont il se défendit en vain.

Côme II, grand-duc de Toscane, le malheureux père d'Éléonore, avait envoyé plusieurs messages à son ancien sujet pour l'engager à venir terminer Saint-Laurent. Michel-Ange avait toujours refusé; mais Jules III ayant eu pour successeur ce même cardinal Marcel auquel Buonarotti avait osé répondre, le grand-duc lui écrivit à l'instant, et fit porter la lettre par un de ses camériers secrets. Michel-Ange, qui connaissait Côme [1], attendait pour voir le caractère du nouveau pape, qui le tira d'embarras en mourant après vingt et un jours de règne.

Lorsque Michel-Ange alla au baisement de pied de son successeur, Paul IV, ce prince lui fit les plus belles promesses. Le grand but de Michel-Ange était d'avancer assez Saint-Pierre de son vivant, pour le mettre hors des atteintes de la médiocrité; c'est à quoi il n'a pas réussi.

Tandis qu'il songeait à Saint-Pierre, le pieux Paul IV songeait à faire repiquer le mur sur lequel il avait peint jadis le *Jugement dernier*, Il n'était pas d'un vieux prêtre de sentir que l'indécence est impossible dans ce sujet [2].

Pour Michel-Ange, il faisait des épigrammes sur les idées

[1] Cellini, page 279.

[2] Sous Pie V, Dominique Carnevale, barbouilleur de Modène, corrigea encore quelques indécences; il restaura quelques fentes de la voûte, et refit un morceau de sacrifice de Noé, qui était tombé.

Sous Jules II, l'imitation de l'antique était allée jusqu'au point d'honorer d'une épitaphe, dans l'église de Saint-Grégoire, la belle Impéria, l'Aspasie de son siècle :

« Imperia cortisana Romana quæ digna tanto nomine raræ inter homines formæ specimen dedit. Vixit annos XXVI, dies XII, obiit 1511, die 15 augusti. »

Impéria laissa une fille aussi belle que sa mère, qui, plutôt que de céder au cardinal Petrucci, qui l'avait entraînée dans une de ces maisons où Lovelace conduisit Clarice, prit un poison qui, à l'instant, la fit tomber morte à ses pieds.

baroques que sa longue carrière le mettait à même d'observer. Vers ce temps, il perdit Urbino, domestique chéri qu'il avait depuis longtemps, et, quoique âgé de quatre-vingt-deux ans, il le veilla tout le temps de sa maladie, et passa plusieurs nuits sans se déshabiller. Il lui disait un jour : « Urbin, si je venais à mourir, que ferais-tu? — Je chercherais un autre maître. — Pauvre Urbin, je veux t'empêcher d'être malheureux. » En même temps il lui donna vingt mille francs.

Ligorio, architecte napolitain, voyait avec pitié Michel-Ange ne tirer aucun parti d'une aussi bonne chose que la direction de Saint-Pierre. Il disait qu'il était tombé en enfance. Sur quoi Michel-Ange fit quelques jolis sonnets qu'il envoya à ses amis.

Il terminait en même temps le modèle de la coupole de Saint-Pierre, exécutée après sa mort par Giacomo della Porta. Qui le croirait? un architecte osa proposer, un siècle après, en pleine congrégation, de démolir cette coupole, et de la refaire sur un nouveau dessin de son cru [1]. La barbarie n'est pas allée jusqu'à ce point, mais, au lieu d'être une croix grecque, comme dans le plan de Michel-Ange, Saint-Pierre est une croix latine, et, dans les détails, des embellissements mesquins et jolis ont souvent remplacé la sombre majesté [2]. Rien ne prête plus au sublime qu'un grand édifice à coupole, où le spectateur a toujours sur sa tête la preuve de la puissance immense qui a bâti.

En même temps qu'il faisait le plan de Saint-Pierre, Michel-Ange ébauchait une tête de *Brutus* qui se voit à la galerie de Florence. Ce n'est pas le Brutus de Shakspeare, le plus tendre des hommes, mettant à mort, en pleurant, le grand général qu'il admire, parce que la patrie l'ordonne : c'est le soldat le plus dur, le plus déterminé, le plus insensible. Le cou surtout est admirable. La bassesse italienne a gravé sur le piédestal :

« Dum Bruti effigiem sculptor de marmore ducit
In mentem sceleris venit, et obstupuit. »

[1] Bottari sur Vasari, page 286.

[2] On trouve au-dessus d'une porte de la bibliothèque du Vatican la *Vue de Saint-Pierre*, tel que Michel-Ange l'avait conçu.

Milord Sandwick, haussant les épaules, fit impromptu la réponse suivante :

> Brutum effecisset sculptor, sed mente recursat
> Tanta viri virtus, sistit et obstupuit. »

Michel-Ange avait copié son *Brutus* d'une Corniole antique. Il ne ressemble nullement à la physionomie touchante et noble du *Brutus* que nous avions dans la salle du *Laocoon*.

Le grand-duc Côme vint à Rome, et combla Buonarotti de marques de distinction. On observa que son fils, D. François de Médicis, ne parlait jamais au grand homme que la barrette à la main.

Ce fut à l'âge de quatre-vingt-huit ans que Michel-Ange fit le dessin de Sainte-Marie des Anges, dans les thermes de Dioclétien.

La *nation florentine*, comme on dit à Rome, voulait bâtir une église. Buonarotti fit cinq dessins différents ; voyant qu'on choisissait le plus magnifique, il dit à ses compatriotes, que s'ils le conduisaient à fin, ils surpasseraient tout ce qu'avaient laissé les Grecs et les Romains. Ce fut peut-être la première fois de sa vie qu'il lui arriva de se vanter.

Le but d'un temple étant en général la terreur, Michel-Ange se rapproche beaucoup plus du beau parfait en architecture qu'en sculpture. Les temples grecs ont plus de grâce[1]. Ce qu'il y a de singulier, c'est que lorsqu'il s'agit de bâtir une église à Paris, à Londres ou à Washington, l'on n'ait pas l'idée de choisir dans les dessins de Michel-Ange. Le petit moderne mesquin est toujours préferé, et l'église admirée aujourd'hui est ridicule dans vingt ans. Si Frédéric II, ce prince qui eut le caractère d'achever les édifices qu'il commençait, eût connu Michel-Ange, il n'eût pas rempli Berlin de colifichets. Au reste, on élevait de son temps un arc de triomphe à Florence, au moins aussi ridicule que les deux églises de Berlin [2].

[1] Voir le pourquoi dans Montesquieu : *Politique des anciens dans la religion*.

[2] Comparez cela à l'église des Chartreux, à Rome. C'est là que les insensibles doivent courir en arrivant pour sentir l'architecture.

Michel-Ange dirigeait Saint-Pierre depuis dix-sept ans ; mais toujours inexorable pour les gens médiocres et les fripons, il était toujours en butte à leurs intrigues. Il n'eut jamais d'autre soutien à la cour que le pape, quand il se trouvait homme de goût. Une fois, excédé des contrariétés qu'on lui suscitait, il envoya sa démission, et écrivit en homme qui sent sa dignité (1560). On chassa les dénonciateurs qui étaient des sous-architectes de Saint-Pierre, et le dévouement de Michel-Ange pour ce grand édifice qu'il regardait comme un moyen de salut lui fit tout oublier. Il y travaillait encore, lorsque la mort vint terminer sa longue carrière, le 17 février 1563. Il avait quatre-vingt-huit ans, onze mois et quinze jours.

CHAPITRE CLXXX.

CARACTÈRE DE MICHEL-ANGE.

Dans sa jeunesse, l'amour de l'étude le jeta dans une solitude absolue. Il passa pour orgueilleux, pour bizarre, pour fou. Dans tous les temps la société l'ennuya. Il n'eut pas d'amis ; pour connaissances quelques gens sérieux : le cardinal Polo, Annibal Caro, etc. Il n'aima qu'une femme, mais d'un amour platonique : la célèbre marquise de Pescaire, *Vittoria Colonna*. Il lui adressa beaucoup de sonnets imités de Pétrarque. Par exemple :

. . . Dimmi di grazia, amor, se gli occhi miei
Veggono il ver della beltà ch' io miro,
O s' io l' ho dentro al cor, che ovunque giro
Veggo più bello il viso di costei.

Elle habitait Viterbe, et venait souvent le voir à Rome.

La mort de la marquise le jeta pour un temps dans un état voisin de la folie. Il se reprochait amèrement de n'avoir pas osé lui baiser le front, la dernière fois qu'il la vit, au lieu de lui baiser la main [1].

[1] Condivi.

Ce qui prouve bien qu'il idéalisait lui-même la figure humaine, et qu'il ne copiait pas l'idéal des autres, c'est que cet homme, qui a si peu fait pour la beauté agréable, l'aimait pourtant avec passion où qu'il la rencontrât. Un beau cheval, un beau paysage, une belle montagne, une belle forêt, un beau chien le transportaient. On médit de son penchant pour la beauté, comme jadis de l'amour de Socrate.

Il fut libéral ; il donna beaucoup de ses ouvrages ; il assistait en secret un grand nombre de pauvres, surtout les jeunes gens qui étudiaient les arts. Il donna quelquefois à son neveu trente ou quarante mille francs à la fois.

Il disait : « Quelque riche que j'aie été, j'ai toujours vécu comme pauvre. » Il ne pensa jamais à tout ce qui fait l'essentiel de la vie pour le vulgaire. Il ne fut avare que d'une chose : son attention.

Dans le cours de ses grands travaux, il lui arrivait souvent de se coucher tout habillé pour ne pas perdre de temps à se vêtir. Il dormait peu, et se levait la nuit pour noter ses idées avec le ciseau ou les crayons. Ses repas se composaient alors de quelques morceaux de pain, qu'il prenait dans ses poches le matin, et qu'il mangeait sur son échafaud tout en travaillant. La présence d'un être humain le dérangeait tout à fait. Il avait besoin de se sentir fermé à double tour pour être à son aise, disposition contraire à celle du Guide. S'occuper de choses vulgaires était un supplice pour lui. Énergique dans les grandes qui lui semblaient mériter son attention, dans les petites il lui arriva d'être timide. Par exemple, il ne put jamais prendre sur lui de donner un dîner.

De tant de milliers de figures qu'il avait dessinées, aucune ne sortit de sa mémoire. Il ne traçait jamais un contour, disait-il, sans se rappeler s'il l'avait déjà employé. Ainsi ne se répéta-t-il jamais. Doux et facile à vivre pour tout le reste, dans les arts il était d'une méfiance et d'une exigence incroyables. Il faisait lui-même ses limes, ses ciseaux, et ne s'en rapportait à personne pour aucun détail.

Dès qu'il apercevait un défaut dans une statue, il abandonnait tout, et courait à un autre marbre ; ne pouvant approcher avec la réalité de la sublimité de ses idées, une fois arrivé à la maturité du talent, il finit peu de statues. « C'est pourquoi, disait-il un jour à Vasari, j'ai fait si peu de tableaux et de statues. »

Il lui arriva, dans un mouvement d'impatience, de rompre un groupe colossal presque terminé, c'était une *Pietà*.

Vieux et décrépit, un jour le cardinal Farnèse le rencontra à pied, au milieu des neiges, près du Colysée, le cardinal fit arrêter son carrosse pour lui demander où diable il allait par ce temps et à son âge : « A l'école, répondit-il, pour tâcher d'apprendre quelque chose. »

Michel-Ange disait un jour à Vasari : « Mon cher Georges, si j'ai quelque chose de bon dans la tête, je le dois à l'air élastique de votre pays d'Arezzo que j'ai respiré en naissant, comme j'ai sucé avec le lait de ma nourrice l'amour des ciseaux et du maillet. » Sa nourrice était femme et fille de sculpteurs.

Il loua Raphaël avec sincérité; mais il ne pouvait pas le goûter autant que nous. Il disait du peintre d'Urbin, qu'il tenait son grand talent de l'étude et non de la nature.

Le chevalier Lione, protégé par Michel-Ange, fit son portrait dans une médaille, et lui ayant demandé quel revers il voulait, Michel-Ange lui fit mettre un aveugle guidé par son chien avec cet exergue :

Docebo iniquos vias tuas, et impii ad te convertentur.

CHAPITRE CLXXXI

SUITE DU CARACTÈRE DE MICHEL-ANGE.

Michel-Ange ne fit pas d'élèves, son style était le fruit d'une âme trop enflammée; d'ailleurs les jeunes gens qui l'entouraient se trouvèrent de la plus incurable médiocrité.

Jean de Bologne, l'auteur du joli *Mercure*, ferait exception, s'il n'était pas prouvé qu'il ne vit Buonarotti qu'à quatre-vingts ans. Il lui montra un modèle en terre; l'illustre vieillard chaugea la position de tous les membres, et dit en le lui rendant : « Avant de chercher à finir, apprends à ébaucher. »

Vasari, le confident de Michel-Ange, nous donne quelques jours positifs sur sa manière de s'estimer soi-même : « Attentif au principal de l'art qui est le corps humain, il laissa à d'autres l'agrément des couleurs, les caprices, les idées nouvelles [1]; dans ses ouvrages on ne trouve ni paysages, ni arbres, ni fabriques. C'est en vain qu'on y chercherait certaines gentillesses de l'art et certains enjolivements auxquels il n'accorda jamais la moindre attention; peut-être par une secrète répugnance d'abaisser son sublime génie à de telles choses [2]. »

Tout cela se trouve dans la première édition de son livre, que Vasari présenta à Michel-Ange, le seul artiste vivant dont il eût écrit la vie ; hommage dont le grand homme le remercia par un sonnet. Vasari put d'autant mieux approfondir les motifs secrets de Michel-Ange, qu'il l'accompagnait toujours dans les promenades à cheval dont ce grand artiste prit l'habitude vers la fin de sa vie.

Il y a beaucoup de portraits de Michel-Ange [3]; le plus ressemblant est le buste en bronze du Capitole par Ricciarelli. Vasari cite encore les deux portraits peints par Bugiardini et Jacopo del Conte. Michel-Ange ne se peignit jamais [4].

[1] Tom. X, page 245.

[2] Tom. X, page 253.

[3] Buonarotti fut maigre, plutôt nerveux que gras; les épaules larges, la stature ordinaire, les membres minces, les cheveux noirs, cela ressemble assez au tempérament bilieux.

Quant à la figure, le nez écrasé, les couleurs assez animées, les lèvres minces, celle de dessous avançant un peu. De profil, le front avançait sur le nez, les sourcils peu fournis, les yeux petits. Dans sa vieillesse il portait une petite barbe grise longue de quatre à cinq doigts *.

[4] Ou seulement une fois, si l'on veut le reconnaître dans le moine du *Jugement dernier*. Les portraits cités ont probablement servi de modèle à ceux qu'on trouve au Capitole, à la galerie de Florence, au palais Caprara de Bologne, et à la galerie Zelada de Rome. Tous les portraits gravés de Michel-Ange sont parmi ceux de la collection Corsini, qui en réu-

* Condivi, page 83.

CHAPITRE CLXXXII.

L'ESPRIT, INVENTION DU DIX-HUITIÈME SIÈCLE.

L'esprit n'a guère paru dans le monde que du temps de Louis XIV et de Louis XV. Ailleurs on n'a pas eu la moindre idée de cet art de faire naître le rire de l'âme, et de donner des jouissances délicieuses par des mots imprévus.

Au quinzième siècle, l'Italie ne s'était pas élevée au-dessus de ces pesantes vérités que personne n'exprime parce que tout le monde les sait. Aujourd'hui même les écrivains sont bien heureux dans ce pays, il est impossible d'y être lourd.

L'*esprit* du temps de Michel-Ange consistait dans quelque allusion classique, ou dans quelque impertinence grossière [1]. Ce n'est donc pas comme agréables que je vais transcrire quelques mots de l'homme de son temps, qui passa pour le plus spirituel et le plus mordant : de nos jours ces mots ne vaudraient pas la peine d'être dits.

Un prêtre lui reprochant de ne s'être pas marié, il répondit comme Épaminondas. Il ajouta : « La peinture est jalouse et veut un homme tout entier. »

Un sculpteur qui avait copié une statue antique se vantait de l'avoir surpassée. — « Tout homme qui en suit un autre ne peut passer devant. » C'était son ennemi, l'envieux Bandinelli de Florence, qui croyait faire oublier le Laocoon par la copie qui est à la galerie de Florence [2].

nit plus de trente mille. Les meilleurs de Michel-Ange sont ceux qui ont été gravés par Morghen et Longhi, quoique, comme tous les graveurs actuels, ils aient prétendu embellir leur modèle, c'est-à-dire imiter l'expression des vertus dont l'antique est la *saillie*, et qui souvent sont opposées au caractère de l'homme. (Rome, 23 janvier 1816. W. E.)

[1] Ses reparties à Bologne.

[2] Titien, pour se moquer aussi de la vanité insupportable de Bandinelli, fit faire une excellente estampe en bois représentant trois singes, un grand et deux petits, dans la position de Laocoon et de ses fils. Ce

Sébastien del Piombo, le quittant pour aller peindre une figure de moine dans la chapelle de San-Pietro in Montorio : « Vous gâterez votre ouvrage. — Comment? — Les moines ont bien gâté le monde qui est si grand, et vous ne voulez pas qu'ils gâtent une petite chapelle? »

Passant à Modène, il trouva certaines statues de terre cuite, peintes en couleur de marbre, parce que le sculpteur ne savait pas le travailler : « Si cette terre se changeait en marbre, malheur aux statues antiques ! » Le sculpteur était Antoine Begarelli, l'ami du Corrége.

Un de ses sculpteurs mourut. On déplorait cette mort prématurée · « Si la vie nous plaît, dit-il, la mort, qui est du même maître, devrait aussi nous plaire. »

Vasari lui montrant un de ses tableaux : « J'y ai mis peu de temps. — Cela se voit. »

Un prêtre, son ami, se présenta à lui en habit cavalier, il feignit de ne pas le reconnaître. Le prêtre se nomma : « Je vois que vous êtes bien aux yeux du monde ; si le dedans ressemble au dehors, tant mieux pour votre âme. »

On lui vantait l'amour de Jules III pour les arts : « Il est vrai, dit-il, mais cet amour ne ressemble pas mal à une girouette. »

Un jeune homme avait fait un tableau assez agréable, en prenant à tous les peintres connus une attitude ou une tête ; il était tout fier et montrait son ouvrage à Michel-Ange : « Cela est fort bien, mais que deviendra votre tableau au jour du jugement, quand chacun reprendra les membres qui lui appartiennent. »

Un soir, Vasari, envoyé par le pape Jules III, alla chez lui, la nuit déjà avancée ; il le trouva qui travaillait à la *Pietà*, qu'il rompit ensuite ; voyant les yeux de Vasari fixés sur une jambe du Christ qu'il achevait, il prit la lanterne comme pour l'éclairer, et la laissa tomber : « Je suis si vieux, dit-il, que souvent la mort me tire par l'habit pour que je l'accompagne. Je tomberai tout à coup comme cette lanterne, et ainsi passera la lumière de la vie. »

groupe, tel qu'il existe à la galerie de Florence, a été endommagé par un incendie.

Michel-Ange n'était jamais plus content que lorsqu'il voyait arriver dans son atelier à Florence, Menighella, peintre ridicule de la Valdarno. Celui-ci venait ordinairement le prier de lui dessiner un *saint Roch* ou un *saint Antoine*, que quelque paysan lui avait commandé; Michel-Ange, qui refusait les princes, laissait tout pour satisfaire Menighella, lequel se mettait à côté de lui et lui faisait part de ses idées pour chaque trait. Il donna à Menighella un crucifix qui fit sa fortune par les copies en plâtre qu'il vendait aux paysans de l'Apennin. Topolino le sculpteur, qu'il tenait à Carrare pour lui envoyer des marbres, ne lui en expédiait jamais sans y joindre deux ou trois petites figures ébauchées, qui faisaient le bonheur de Michel-Ange et de ses amis. Un soir qu'ils riaient aux dépens de Topolino, ils jouèrent un souper à qui composerait la figure la plus contraire à toutes les règles du dessin. La figure de Michel-Ange, qui gagna, servit longtemps de terme de comparaison dans l'école pour les ouvrages ridicules.

Un jour, au tombeau de Jules II, il s'approche d'un de ses tailleurs de pierre, qui achevait d'équarrir un bloc de marbre; il lui dit d'un air grave que depuis longtemps il remarquait son talent, qu'il ne se croyait peut-être qu'un simple tailleur de pierre, mais qu'il était statuaire tout comme lui, qu'il ne lui manquait tout au plus que quelques conseils. Là-dessus Michel-Ange lui dit de couper tel morceau dans le marbre, jusqu'à telle profondeur, d'arrondir tel angle, de polir cette partie, etc. De dessus son échafaud il continua toute la journée à crier ses conseils au maçon, qui, le soir, se trouva avoir terminé une très-belle ébauche, et vint se jeter à ses pieds en s'écriant : « Grand Dieu ! quelle obligation ne vous ai-je pas ; vous avez développé mon talent, et me voilà sculpteur. »

Il fut véritablement modeste. On a une lettre dans laquelle il remercie un peintre espagnol d'une critique faite sur le *Jugement dernier*[1].

Son historien remarque qu'il reçut des messages flatteurs de plus de douze têtes couronnées. Lorsqu'il alla saluer Charles-

[1] Recueil des Lettres de Pino dà Cagli, Venezia, 1574.

Quint, ce prince se leva sur-le-champ, lui répétant son compliment banal : « Qu'il y avait au monde plus d'un empereur, mais qu'il n'y avait pas un second Michel-Ange. »

Notre François Ier voulut l'avoir en France, et, quoique ses instances fussent inutiles, pensant que quelque changement de pape pourrait le lui envoyer, il lui ouvrit à Rome un crédit de quinze mille francs pour les frais du voyage. Michel-Ange eût peut-être fait la révolution que ne purent amener André del Sarto, le Primatice, le Rosso et Benvenuto Cellini.

Tous quittèrent la France sans avoir pu y allumer le feu sacré. Nos ancêtres étaient trop enfoncés dans la grossière féodalité pour goûter les charmantes têtes d'André del Sarto ; Michel-Ange leur eût donné ce sentiment de la terreur doublement vil comme égoïste et comme lâche. Il eût pu avoir un succès populaire. Une statue colossale d'Hercule en marbre bien blanc, placée à la barrière des Sergents, fait plus pour le goût du public que les quinze cents tableaux du Musée.

Jamais homme ne connut comme Michel-Ange les attitudes sans nombre où peut passer le corps de l'homme. Il voulut écrire ses observations ; mais, dupe du mauvais goût de son siècle. il craignit de ne pouvoir pas assez *orner* cette matière. Son élève Condivi se mêlait de littérature. Il lui expliqua toute sa théorie sur le corps d'un jeune Maure parfaitement beau, dont on lui fit présent à Rome pour cet objet ; mais le livre n'a jamais paru.

CHAPITRE CLXXXIII.

HONNEURS RENDUS A LA CENDRE DE MICHEL-ANGE

Ses restes furent déposés solennellement dans l'église des Apôtres. Le pape annonçait le projet de lui élever un tombeau dans Saint-Pierre, où les souverains seuls sont admis. Mais Côme de Médicis, qui voulait distraire de la tyrannie par le culte de la gloire, fit secrètement enlever les cendres du grand homme. Ce dépôt révéré arriva à Florence dans la soirée. En un instant les fenêtres et les rues furent pleines de curieux et de lumières confuses.

L'église de Saint-Laurent, réservée aux obsèques des seuls souverains, fut disposée magnifiquement pour celles de Michel-Ange. La pompe de cette cérémonie fit tant de bruit en Italie, que, pour contenter les étrangers qui, après qu'elle avait eu lieu, accouraient encore de toutes parts, on laissa l'église tendue pendant plusieurs semaines.

Cellini, Vasari, Bronzino, l'Ammanato, s'étaient surpassés pour honorer l'homme qu'ils regardaient, depuis tant d'années, comme le plus grand artiste qui eût jamais existé.

Les principaux événements de sa vie furent reproduits par des bas-reliefs ou des tableaux[1]. Entouré de ces représentations vivantes, Varchi prononça l'oraison funèbre. C'est une histoire détaillée, arrangée de façon à ne pas déplaire au despote. Florence est heureuse, dit-il, de montrer dans un de ses enfants ce que la Grèce, patrie de tant de grands artistes, n'a jamais produit : un homme également supérieur dans les trois arts du dessin.

Lors de la cérémonie on trouva le corps de Michel-Ange changé en momie par la vieillesse, sans le plus léger signe de décomposition. Cent cinquante ans après, le hasard ayant fait ouvrir son tombeau à Santa-Croce, on trouva encore une momie parfaitement conservée, complétement vêtue à la mode du temps.

CHAPITRE CLXXXIV.

LE GOUT POUR MICHEL-ANGE RENAÎTRA.

Voltaire ni madame du Deffand ne pouvaient sentir Michel-Ange. Pour ces âmes-là, son genre était exactement synonyme

[1] Suivant moi, rien ne gâte plus la mémoire des grands hommes que les louanges des sots. Les personnes qui sont d'un avis contraire pourront aller voir à Florence une galerie consacrée à la mémoire de Michel-Ange. Elles y trouveront chaque trait de sa vie figuré dans un tableau

de laid, et qui plus est, du laid à prétention, la plus déplaisante chose du monde.

Les jouissances que l'homme demande aux arts vont revenir sous nos yeux presque à ce qu'elles étaient chez nos belliqueux ancêtres.

Lorsqu'ils commencèrent à songer aux arts, vivant dans le danger, leurs passions étaient impétueuses, leur sympathie et leur sensibilité dures à émouvoir. Leur poésie peint l'action des désirs violents. C'était ce qui les frappait dans la vie réelle, et rien de moins fort n'aurait pu faire impression sur des naturels si rudes.

La civilisation fit des progrès, et les hommes rougirent de la véhémence non déguisée de leurs appétits primitifs.

On admira trop les merveilles de ce nouveau genre de vie. Toute manifestation de sentiments profonds parut grossière.

Une politesse cérémonieuse [1], bientôt après des manières plus gaies et plus libres de tout sentiment, réprimèrent et finirent par faire disparaître, au moins en apparence, tout enthousiasme et toute énergie [2].

Comme le bois, léger débris des forêts, suit les ondes du torrent qui l'emporte, aussi bien dans les cascades et les détours rapides de la montagne que dans la plaine, lorsqu'il est devenu fleuve tranquille et majestueux, tantôt haut, tantôt bas, mais toujours à la surface de l'onde, de même les arts suivent la civilisation. La poésie d'abord si énergique prit un raffinement affecté, tout devint persiflage, et de nos jours l'énergie eût souillé ses doigts de roses [3].

médiocre. Cette galerie, élevée sur les dessins de Pierre de Cortone, coûta cent mille francs au neveu du grand homme, qui s'intitulait Michel-Ange le Jeune. Elle fut ouverte en 1620.

[1] Manières espagnoles en France sous Louis XIV; ensuite siècle de Louis XV. Romans de Duclos et de Crébillon, M. Vacarmini. On ne pardonnait à l'énergie qu'autant qu'elle était employée à faire de l'argent.

[2] A la Révolution, l'énergie du quatorzième siècle ne se retrouva que dans le *Bocage* de la Vendée, où n'avait pas pénétré la politesse de la cour.

[3] En 1785, Marmontel, Grimm, Morellet.

Tant qu'il est nouveau et en quelque sorte distingué de plaisanter avec grâce sur tous les sujets, la dérision agréable de toute passion vraie et de tout enthousiasme donne presque autant d'éclat dans le monde que la possession de ces avantages [1]. On ne supporte plus les passions que dans les imitations des arts. On voudrait même avoir les fruits sans l'arbre. Les cœurs amusés par la dissipation ne sentent presque pas l'absence de plaisirs qu'ils n'ont plus la faculté de goûter.

Mais, quand le talent de se moquer de tout est devenu vulgaire, quand des générations entières ont usé leur vie à faire les mêmes choses frivoles, avec le même renoncement à tout autre intérêt que celui de vanité, et la même impossibilité de laisser quelque gloire, on peut prédire une révolution dans les esprits. On traitera gaiement les choses gaies, et sérieusement les choses sérieuses ; la société gardera sa simplicité et ses grâces ; mais, la plume à la main, un dédain profond des petites prétentions, et des petites élégances, et des petits applaudissements, se répandra dans les esprits. Les grandes âmes reprendront leur rang, les émotions fortes seront de nouveau cherchées ; on ne redoutera plus leur prétendue grossièreté. Alors le fanatisme a sa seconde naissance [2], et l'enthousiasme politique son premier véritable développement. Voilà peut-être où en est la France. La présence de tant de jeunes officiers si braves et si malheureux, refoulés dans les sociétés particulières, a changé la galanterie.

Je crois que ces vers de Shakspeare ont eu bien des applications :

She lov'd me for the dangers j had pass'd
And j lov'd her, that she did pity them [3].
(*Othello*, acte I, scène III.)

[1] Correspondance de madame du Deffand ; cela voile le plus grand des ridicules : *s'ennuyer*.

[2] Madame de Krudner, Peschel ; la Société de la Vierge, avec le tutoiement.

[3] Elle m'aima à cause des dangers que j'avais courus, et je l'aimai parce qu'elle en eut pitié.

L'usage de la garde nationale va changer la partie de nos mœurs qui appartient aux arts du dessin [1]. Ici le nuage de la politique éclipse notre âme. Pour suivre l'observation, il faut passer à une nation voisine, qui, pendant vingt ans exilée du continent, en a été plus elle-même.

La poésie anglaise est devenue plus enthousiaste, plus grave, plus passionnée [2]. Il a fallu d'autres sujets que pour le siècle spirituel et frivole qui avait précédé. On est revenu à ces caractères qui animèrent les poëmes énergiques des premiers et rudes inventeurs, ou on est allé chercher des hommes semblables parmi les sauvages et les barbares.

Il fallait bien avoir recours aux siècles ou aux pays où l'on permettait aux premières classes de la société d'avoir des passions. Les classiques grecs et latins n'ont pas offert de ressource dans ce besoin des cœurs. La plupart appartiennent à une époque aussi artificielle et aussi éloignée de la représentation naïve des passions impétueuses que celle dont nous sortons.

Les poëtes qui ont réussi depuis vingt ans en Angleterre, non-seulement ont plus cherché les émotions profondes que ceux du dix-huitième siècle, mais, pour y atteindre, ils ont traité des sujets qui auraient été dédaigneusement rejetés par l'âge du bel esprit.

Il est difficile de ne pas voir ce que cherche le dix-neuvième siècle : une soif croissante d'émotions fortes est son vrai caractère.

On a revu les aventures qui animèrent la poésie des siècles grossiers; mais il s'en faut bien que les personnages agissent et parlent, après leur résurrection, exactement comme à l'époque reculée de leur vie réelle et de leur première apparition dans les arts.

On ne les produisait pas alors comme des objets singuliers, mais tout simplement comme des exemples de la *manière d'être* ordinaire.

Dans cette poésie primitive, nous avons plutôt les résultats

[1] La démarche change, et, à Paris, le perruquier couche sur le même lit de camp que le marquis (1817).

[2] *Edinburgh Rewiew*, n° 54, page 277.

que la peinture des passions fortes; nous trouvons plutôt les événements qu'elles produisaient que le détail de leurs anxiétés et de leurs transports.

En lisant les chroniques et les romans du moyen âge, nous, les gens sensibles du dix-neuvième siècle, nous supposons ce qui a dû être senti par les héros, nous leur prêtons une sensibilité aussi impossible chez eux que naturelle chez nous.

En faisant renaître les hommes de fer des siècles reculés, les poëtes anglais seraient allés contre leur objet, si les passions ne se peignaient dans leurs ouvrages que par les vestiges gigantesques d'actions énergiques : c'est la passion elle-même que nous voulons.

C'est donc par une peinture exacte et enflammée du cœur humain que le dix-neuvième siècle se distinguera de tout ce qui l'a précédé [1].

On me pardonnera d'avoir pris cette révolution en Angleterre. Les arts du dessin n'ont pas une vie continue dans l'histoire du Nord, on ne les voit prospérer de temps en temps qu'à l'aide de quelque abri. Il faut donc prendre les lettres, et la France, occupée de ses *ultra* et de ses *libéraux*, n'a pas d'attention pour les lettres, il est vrai que quand l'époque de paix sera venue, en dix ans, nous nous trouverons à deux ou trois siècles de nos poëtes spirituels et froids.

La soif de l'énergie nous ramènera aux chefs-d'œuvre de Michel-Ange. J'avoue qu'il a montré l'énergie du corps qui parmi nous exclut presque toujours celle de l'âme. Mais nous ne sommes pas encore arrivés au *beau moderne*. Il nous faut chasser l'afféterie; le premier pas sera de sentir que dans le tableau de *Phèdre*, par exemple, Hippolyte appartient au beau antique, Phèdre à la beauté moderne, et Thésée au goût de Michel-Ange.

[1] Le dix-neuvième siècle portera les gens de génie au rôle de Fox ou de Bolivar; ceux qui se consacreront aux arts, il les portera à une peinture froide. Mais une peinture froide n'est pas de la peinture. Ceux qui échapperont à ces deux écueils marcheront dans le sens du chapitre.

En 1817, j'aimerais parbleu bien mieux être un Fox qu'un Raphaël. (W. E.)

La force athlétique éloigne le feu du sentiment; mais, la peinture n'ayant que les corps pour rendre les âmes, nous adorerons Michel-Ange jusqu'à ce qu'on nous ait donné de la force de passion absolument exempte de force physique.

Nous avons longtemps à attendre, car un nouveau quinzième siècle est impossible, et même alors il restera toujours à Michel-Ange les caractères odieux et terribles.

ÉPILOGUE

COURS DE CINQUANTE HEURES

Il n'est pas impossible qu'après avoir lu ce livre quelqu'un se dise : « Ce sujet, quoique mal traité, est pourtant intéressant.— Je veux connaître les styles des divers écoles, et les grands peintres. » Il ira demander avis à quelque amateur. On lui proposera Vasari, 16 vol. in-8° ; Baldinucci, 15 ou 20 vol. in-4° ; les livres de Félibien, de Cochin, de Reynolds, de Richardson, etc., etc.

Je suppose qu'il se fixe à quelque ouvrage en 3 vol. in-4°, où il trouvera à peu près une idée par feuille d'impression. Trois in-4° font cinquante heures de lecture. Or je prétends, pour peu que ce lecteur ait la faculté de penser par lui-même, qu'il peut, en cinquante heures, devenir presque artiste.

1° Pour prendre une idée du coloris, il ira passer en diverses fois 10 heures à l'école de natation. . . . . 10 h.

2° Il ira au palais des Arts et à la Sorbonne, où, moyennant une légère rétribution, il sera admis à l'école du nu. Il ira quatre fois dessiner, une demi-heure chaque fois [1]. 2

12 h.

[1] A l'instant où un modèle quitte ses vêtements, ses membres sont *d'accord*, si l'on peut parler ainsi. Dans la nature, si un homme serre le poing droit, par un mouvement de colère, la main gauche change de physionomie, et, sans nous en rendre compte, nous sommes très-sensi-

D'autre part... 12 h.

3° Il achètera des gravures médiocres, d'après Raphaël et Michel-Ange, les *Sacrements* du Poussin, par exemple, fera arranger une glace en forme de table, placera un miroir au-dessous réfléchissant contre la glace la lumière d'une fenêtre. Il attachera une feuille de papier à l'estampe par quatre épingles, et, armé d'un crayon, il suivra au calque les contours de chaque figure.

4° Il est essentiel qu'avant d'aller voir la *Transfiguration*, la *Communion de saint Jérôme*, ou le *Martyre de saint Pierre*, le jeune adepte les dessine ainsi sur sa table de glace. Il n'est pas moins essentiel qu'il se livre à cet exercice seul, et sans se laisser empoisonner par les avis d'aucun amateur, quelque éclairé qu'on le suppose. On sent qu'il ne s'agit pas d'apprendre à dessiner, mais bien d'apprendre à penser. L'ennui le portera à une foule de petites remarques insignifiantes pour tout autre, très-profitables pour lui, parce qu'elles seront de lui. Je voudrais consacrer au calque des estampes quarante séances de demi-heure chacune. 20

5° Il achètera le *Gladiateur* (muscles disséqués), par Sauvage ; il le calquera.. 2

6° Il apprendra par cœur le nom des principaux muscles, le deltoïde, les pectoraux, les gémeaux, le tendon d'Achille, etc., etc. 1

Il comprendra que si le deltoïde est contracté, il faut que le biceps soit étendu. Beaucoup de peintres manquent

35 h.

bles à ces sortes de changements, à ce que je crois, un peu par instinct. Saint Bernard fit de grandes conversions en Allemagne en parlant aux Germains le latin qu'ils n'entendaient pas.

L'étude du modèle peut ôter au peintre le sentiment de l'*accord* des membres ; il y a des choses qu'il faut savoir ne pas imiter. Copier le modèle sans savoir l'anatomie, c'est transcrire un langage qu'on n'entend pas. Mais, dira-t-on, l'anatomie ne paraît pas dans les tableaux des grands peintres ; elle paraissait dans leurs esquisses.

Ci-contre... 35 h.

à cette règle, et cherchent tout simplement, non pas une belle position, mais un beau contour.

7° S'il en a le courage, il ira au jardin des Plantes se faire montrer ces vingt muscles dont il sait les noms. A l'amphithéâtre, deux séances de demi-heure chacune[1]. . 1

8° Si le jeune amateur veut sacrifier trente louis à cette fantaisie, il ôtera les gravures, cartes géographiques, portraits, qui meublent sa chambre à coucher, et y placera vingt gravures[2] avec des cadres noirs et des glaces parfaitement pures. Il mettra dans un angle le plâtre entier de la *Vénus de Médicis*, recouvert d'une cloche de gaze. Il aura soin de prendre ce plâtre à la fabrique du Musée, sous peine de se gâter l'œil en admirant de faux contours. Il se procurera les bustes de l'*Apollon*, de la *Diane* de Velletri, du *Jupiter Mansuetus*. Il achètera au péri-

---

36 h

[1] Le meilleur livre d'anatomie pour les artistes est celui de Charles Bell. Londres, 1806, in-4° de cent quatre-vingt-cinq pages.

[2] La *Cène*, de Léonard, gravée par Raphaël Morghen ; la *Transfiguration*, du même, cent vingt francs la nouvelle, quarante francs l'ancienne. Les *Jeux de Diane*, du Dominiquin ; le *Martyre de saint André*, fresque du Dominiquin; *Saint André allant au supplice*, du Guide. Les portraits de Raphaël et de la Fornarina, de Morghen; l'*Aurore* du Guide ; l'*Aurore* du Guerchin. La *Léda*, du Corrége, par Porporati ; la *Déjanire*, de Bervic; la *Sainte Cécile*, de Massart ; la *Madeleine*, du Corrége, par Longhi; le *Mariage de la Vierge*, du même. La *Famille en Égypte* et l'*Arcadie*, du Poussin. Quelques paysages du Lorrain; quelques gravures des chambres du Vatican, par Volpato, quoique la pureté virgilienne de Raphaël y soit cruellement ornée. Huit *Prophètes* ou *Sibylles*, de Michel-Ange, au bistre ; le *Jugement dernier*, de Michel-Ange, gravé par Metz. Le *Saint Jean* et la *Madone de Saint-Sisto*, de Müller; quelques gravures de Bartolozzi, d'après un auteur classique; quelques gravures de Strange. La *Danse*, de l'Albane, par Rosaspina; la *Madone*, du Guide, par Gandolfo ; la *Madone alla Seggiola*, par Morghen ; la *Madone del Sacco*, par le même ; le *Laocoon*, de Bervic *.

* Il faut acheter deux de ces gravures par semaine, celles pour lesquelles on se sentira du goût, et les changer souvent de place.

D'autre part... 36 h.

style du Théâtre-Français une cinquantaine de médailles antiques en soufre. Tout cela restera étalé dans sa chambre pendant six mois. Je suppose qu'il perdra 4 heures à considérer cet attirail [1]. 4

Il n'a encore employé que 40 heures à son étude de la peinture.

9° Il emploira les 10 heures qui lui restent à calquer la nature elle-même. Il se procurera une glace légèrement dépolie à l'acide fluorique, qui remplacera un carreau d'une fenêtre d'où l'on ait une belle vue. Un demi-cercle en gros fil de fer, fixé par un bout dans la croisée, portera à l'autre une petite plaque de fer-blanc, doublée de velours noir, avec un très-petit trou au milieu. Je prétends que l'amateur qui veut suivre mon traitement applique l'œil contre ce lorgnon, et, soutenu par le dos d'une chaise, dessine le paysage sur sa glace dépolie. En vingt séances, de demi-heure chacune, il prendra l'habitude *de se figurer*, entre tout ce qu'il regardera avec des yeux de peintre et lui, *une glace sur laquelle, en idée, il tracera des contours.* Rien ne lui sera plus aisé, après cela, que de voir les raccourcis, autrement si difficiles. 10

TOTAL. . . . . 50 h.

Il verra plusieurs des apôtres du Corrége à la coupole de Parme, qui, de grandeur colossale pour le spectateur, n'ont pas deux pieds de hauteur effective. Tendre le bras nu et armé d'une épée contre une glace donne une première idée du raccourci.

Ce cours de cinquante heures fini, mais de cette manière et non autrement, et avec le soin de se sevrer totalement de toute

[1] Je ne porte pas en compte le temps qu'il gagnera dans le monde à étudier la distribution de la lumière, ou le génie de Rembrandt et du Guerchin, sur la figure des ennuyeux qu'il faut quelquefois faire semblant d'écouter.

lecture sur les arts, fût-ce les lettres qui nous restent de Raphaël, de Michel-Ange ou d'Annibal Carrache [1], je prétends que mon amateur aura toutes les idées élémentaires de la peinture. Il ne lui restera plus qu'à s'accoutumer aux phrases par lesquelles les auteurs désignent ces idées, et il ne pourra s'accoutumer aux phrases qui n'ont point d'idées.

Je ne puis rien lui dire des auteurs français que je n'ai pas lus. Il trouvera le grand goût des arts dans les Lettres de Debrosses sur l'Italie. S'il sait l'italien, je lui conseille la *Felsina pittrice* de Malvasia, qu'il faut lire en présence des tableaux de Bologne que nous avons à Paris ; ensuite Zanetti, *della Pittura veneziana*, toujours avec la même précaution ; ensuite le volume de Bellori. Pour l'historique, la *Vie anonyme de Raphaël*, publiée à Rome en 1790 ; la *Vie de Michel-Ange*, par Condivi : les *Vies des peintres vénitiens*, par Ridolfi ; la *Vie de Léonard*, par Amoretti. Il en saura assez alors pour n'être pas endormi par la *Philosophie platonicienne*, de Mengs, et pour profiter de ce qu'il y a de juste dans ses *Réflexions sur Raphaël, le Corrége et le Titien* [2] ; mais toujours aller vérifier sur les tableaux ce que tous ces auteurs en disent, et ne *le croire qu'autant qu'on le voit*.

C'est là la règle sans exception. Il vaut infiniment mieux ne pas voir tout ce qui est que de voir sur parole [3]. Le voile qui est sur les yeux peut tomber ; mais l'homme qui croit sur parole restera toute sa vie un triste perroquet brillant à l'académie, et cruellement ennuyeux dans un salon. Il ne voit plus les petites circonstances de ses idées ; il ne peut plus les comparer et s'en faire de nouvelles, du moment qu'il prend la funeste habitude de croire que Michel-Ange est un grand dessinateur, uniquement parce que c'est un lieu commun de toutes les brochures sur les arts.

[1] *Lettere Pittoriche*, recueil en six volumes.

[2] *Œuvres de Mengs*, trad. par Jansen.

[3] Ainsi, ne pas lire ce qu'on ne peut pas vérifier. C'est ce qui m'empêcherait de conseiller à un jeune amateur, à Paris, la judicieuse *Histoire de la peinture* par le jésuite Lanzi, six volumes in-8°. C'est un guide sûr.

C'est à l'école de natation et aux ballets de l'Opéra qu'il doit trouver que Michel-Ange a rendu avec une vérité énergique les singuliers raccourcis qu'il aperçoit. Les livres ne doivent être que des indicateurs. Le curieux qui prend les vérités telles qu'elles sont dans l'auteur n'a qu'une très-petite partie même de l'idée de cet auteur. Par exemple, Mengs admire le Corrége et déteste le Tintoret. Si l'amateur se jette en aveugle dans l'admiration de Mengs, il ne verra plus dans les coupoles de Parme ce que le Tintoret y admirait, la vérité et la force des mouvements. Après ce cours de cinquante heures, si le lecteur a encore de la patience, il faut recommencer dans le même ordre.

Je répéterai à mon amateur le conseil de l'homme rare qui commença mon éducation pittoresque à Florence. Je n'étais pas sans un secret orgueil pour certains premiers prix d'académie d'après nature que j'avais remportés dans une école assez bonne, mais française. Il me fit promettre de ne parler de peinture à qui que ce fût d'un an entier, et me conseilla les exercices précédents. Cet arrangement fait, quand je lui parlais des arts, il ne me répondait guère que par monosyllabes : « Il faut laisser naître vos idées. — J'aime bien cette image d'un de vos grands écrivains, qui peint un enfant semant une fève, et allant gratter la terre une heure après pour voir si elle a germé. »

Je n'en obtins rien de mieux pendant plus d'un an ; et lorsque enfin il rompit le silence, il fut enchanté de me voir en état de disputer contre lui, et, sur plusieurs points, d'un avis extrêmement différent. « C'est sans doute par ces précautions, me disait-il, que le sage Louis Carrache formait le Guide, et le Dominiquin, et tant de peintres de son école, tous bons, et, ce qui fait peut-être encore plus d'honneur au maître, tous différents entre eux. »

Un génie élevé se méfie de ses découvertes ; il y pense souvent. Dans une chose qui intéresse de si près son bonheur, il se fait une objection de tout.

Ainsi un homme de génie ne peut faire qu'un certain nombre de découvertes. Il est rare qu'il ose partir de ses découvertes comme de bases inattaquables. On a vu Descartes déserter une méthode sublime, et, dès le second pas, raisonner comme un moine.

Ghirlandajo devait sans cesse trembler de se tromper dans la perspective aérienne, et d'outrer sa découverte. Au contraire, l'artiste qui naît dans une bonne école est *averti* des effets de la nature; il apprend à les voir, il apprend à les rendre, et n'y songe plus. La force de son esprit est employée à faire des découvertes au delà.

Aujourd'hui l'esprit humain prend une marche contraire. Il s'éteignait faute de secours, il est étouffé par les exemples. Ce serait un avantage pour les artistes que demain il ne restât plus qu'un tableau de chaque grand maître.

Dès qu'ils font autre chose qu'avertir le génie qu'il y a telle beauté possible, ils nuisent. Mais ils servent au public, en produisant des plaisirs, et des plaisirs variés comme le *caractère* des lieux où ils sont répandus.

Les alliés nous ont *pris* onze cent cinquante tableaux. J'espère qu'il me sera permis de faire observer que nous avions acquis les meilleurs *par un traité*, celui de *Tolentino*. Je trouve dans un livre anglais, et dans un livre qui n'a pas la réputation d'être fait par des niais, ou des gens vendus à l'autorité :

« The indulgence he showed to the Pope at Tolentino, when Rome was completely at his mercy, procured him no friends, and excited against him many enemies at home. » (*Edinburg Rewiew*, décembre 1816, page 471.)

J'écris ceci à Rome, le 9 avril 1817. Plus de vingt personnes respectables m'ont confirmé ces jours-ci qu'à Rome l'opinion trouva le vainqueur généreux de s'être contenté de ce traité. Les alliés, au contraire, nous ont pris nos tableaux *sans traité*.

APPENDICE

TABLE CHRONOLOGIQUE

DES ARTISTES LES PLUS CÉLÈBRES.

PEINTRES ET DESSINATEURS.	SCULPTEURS ET GRAVEURS.
IXe SIÈCLE AVANT JÉSUS-CHRIST.	
	895. Dibutade, Grec, mort en 895.
VIIIe SIÈCLE AVANT JÉSUS-CHRIST.	
765. Ludius, Grec.	
VIIe SIÈCLE AVANT JÉSUS-CHRIST.	
654. Cléophante, Grec.	
VIe SIÈCLE AVANT JÉSUS-CHRIST.	
	590. Turianus, d'Étrurie. 568. Dipaenus, Grec. 569. Scyllis, Grec. 560. Mnésarque, graveur, Grec. 538. Bupale, Grec. 539. Antermus, Grec.

PEINTRES ET DESSINATEURS.	SCULPTEURS ET GRAVEURS.
Vᵉ SIÈCLE AVANT JÉSUS-CHRIST.	
480. Agatharque, Grec.	487. Téléphanès, Grec.
457. Panacus, Grec.	453. Sophroniscus, Grec.
439. Apollodore, Grec.	445. PHIDIAS, Grec.
424. Damophile. Grec.	444. Alcamène, Grec.
423. Gorgasus, Grec.	430. Scopas, Grec.
422. POLIGNOTE, Grec.	410. Myron, Grec.
420. Timarète, Grecque.	
420. PARRHASIUS, Grec.	
400. Micon, Grec.	
IVᵉ SIÈCLE AVANT JÉSUS-CHRIST.	
380. ZEUXIS, Grec.	399. Socrate, Grec.
360. Pamphile, Grec.	355. Briaxis, Grec.
352. Pausias, Grec.	354. Timothée, Grec.
350. Timanthe, Grec.	353. Léocharès, Grec.
331. Antiphile, Grec.	352. Echion, Grec.
330. APELLE, Grec.	351. Thérimachus, Grec.
329. Melantius, Grec.	350. Lysippe, Grec.
328. Amphion, Grec.	340. PRAXITÈLE, Grec.
327. Asclépiodore, Grec.	329. Céphisodote, Grec.
320. PROTOGÈNE, Grec.	327. Lysistrate, Grec.
303. Nicias, Grec.	326. Eutycrate, Grec.
300. Aristide, Grec.	325. Pyrgotelès, Grec.
IIIᵉ SIÈCLE AVANT JÉSUS-CHRIST.	
269. Fabius Pictor.	289. Charès, Grec.
	232. Polyctète, Grec.
IIᵉ SIÈCLE AVANT JÉSUS-CHRIST.	
111. Euphranor, Grec.	176. Euphranor, Grec.
Iᵉʳ SIÈCLE AVANT JÉSUS-CHRIST.	
61. Timomaque, Grec.	72. Arcésilaüs, Grec.
	70. Posis, Romain.
	57. Praxitèle, grav. et sculpt. Romain.
	28. Diogène, Grec.
1ᵉʳ SIÈCLE DEPUIS JÉSUS-CHRIST.	
	14. Dioscoride, graveur, Grec.
	15. Apollonide, graveur, Grec.

PEINTRES ET DESSINATEURS.	SCULPTEURS ET GRAVEURS.
	17. Solon, graveur, Grec. 18. Cronius, graveur, Grec. 40. Archélaüs, Grec. 66. Zénodore, Gaulois. 76. Agésandre, Grec. 77. Polydore, Grec. 78. Athénodore, Grec.
IIe SIÈCLE DEPUIS JÉSUS-CHRIST.	
	138. Maxalas, graveur, Grec.
XIIIe SIÈCLE DEPUIS JÉSUS-CHRIST.	
1294. Taffi (André), Ital. 1300. Cimabué, Ital.	
XIVe SIÈCLE DEPUIS JÉSUS-CHRIST.	
1312. Gaddo Gaddi, Ital. 1340. Lorenzetti (Ambrozio), Ital. 1350. Gaddi (Taddeo), Ital. 1389. Pisani (André), Ital.	1360. Calendario (Phil.), Italien. 1389. Pisani (André), Italien.
XVe SIÈCLE DEPUIS JÉSUS-CHRIST.	
1426. Eych (Hub. Van), Flamand. 1427. Eych (Jean Van) ou Bruges (J. de), Flamand. 1433. Antoine de Messine, Ital. 1443. Francesca (Pietro della), It. 1488. Verrochio (André), Ital.	1466. Donato, dit le Donatello, Italien.
XVIe SIÈCLE DEPUIS JÉSUS-CHRIST.	
1501. Bellin (Gentil), Ital. 1511. Giorgion (le), Ital. 1512. Bellin (Jean), Ital. 1517. Mantegna (André), Ital. 1518. Vinci (Léonard de), Ital. 1518. Francia (François), Ital. 1520. Raphael (d'Urbin), Ital. 1521. Cosimo (Pietro), Ital. 1524. Pérugin (Pierre), Ital. 1527. Maturino, ital. 1528. Durer (Albert), Allemand. 1529. Matsys (Quintin) Mesius, Flamand. 1530. André del Sarto, Italien.	1526. Propertia de Rossi, Italien. 1528. Rustici (Jean-Franç.), Ital 1540. Marc-Antoine, Italien. 1546. Valerio Vincentini, Italien. 1548. Nassaro (Math. del), Ital. 1551. Caraglio (J.-J.), Italien. 1552. Anichini (Louis), Italien. 1555. Benardi (Jean), Italien. 1570. Cellini (Benvenuto), Ital. 1572. Goujon (Jean), Français. 1574. Ponce (Paul), Italien. 1578. Cort (Corneille), Holl. 1589. Biragne (Clément), Italien. 1590. Pilon (Germain), Français.

PEINTRES ET DESSINATEURS.	SCULPTEURS ET GRAVEURS.
1533. Lucas de Leyde, Hollandais.	1590. Vico (Enée), Italien.
1534. CORRÈGE (Le), Italien.	1598. Bry (Théod. de), Flamand.
1540. Pordenone (J.-A. Licinio de), Italien.	
1540. Parmesan (Le), Italien.	
1541. Rosso (Le), maître Roux, It.	
1543. Caravage (Polidore de), It.	
1546. Romain (Jules), Italien.	
1547. Buonacorsi ou Perrin del Vaga, Italien.	
1554. Holbein (Jean), Allemand-Suisse.	
1560. Abbate (Nicolo del), Italien.	
1561. Pordenone le jeune (Jules Licinio de), Italien.	
1563. Salviati (le Rossi ou Franc), Italien.	
1564. MICHEL-ANGE BUONAROTTI, Italien.	
1564. Udine (Jean de), Italien.	
1566. Zuccharo (Thadée), Italien.	
1570. Primatice (Franc), Italien.	
1570. Floris (Franc), Flamand.	
1574. Hesmekerk, Hollandais.	
1576. TITIEN (Le), Italien.	
1582. Schiavone, Italien.	
1585. Cangiage ou Cabiazi (Lucas), Italien.	
1588. VERONESE (Paul), Italien.	
1589. Cousin (Jean), Français.	
1590. Vargas (Louis de), Espag.	
1590. Muziano (Jérôme), Italien.	
1592. Tibaldi (Pelegrino), Ital.	
1592. Bassan (Le), Italien.	
1592. Sophonisbe de Crémone, Italien.	
1594. Tintoret (Le), Italien.	
1594. Schwartz (Christ), Allem.	

XVIIe SIÈCLE DEPUIS JÉSUS-CHRIST.

PEINTRES ET DESSINATEURS.	SCULPTEURS ET GRAVEURS.
1606. Farinato (P.), Italien.	1606. Bologne (Jean de), Italien.
1607. Vermander (Ch.), Flam.	1612. Thomassin (Phil.), Franç.
1612. Baroche (Frédéric), Italien.	1629. Sadeler (Gilles), Belge.
1613. Civoli (Louis), Italien.	1630. Gonnelli (Jean), Italien.
1617. Paduanino (Francesco), It.	1635. Callot (Jacques), Français.
1618. CARRACHE-ANNIBAL.	1639. Vosterman (Lucas), Holl.

PEINTRES ET DESSINATEURS.	SCULPTEURS ET GRAVEURS.
1619. Calvart (Denis), Flamand.	1644. Quesnoy (Fr. le), Flamand.
1619. Freminet (Martin), Franç.	1648. Villamène (François), Ital.
1622. Porbus (Fr.), Flamand.	1654. Algari (Alexandre), Italien.
1624. Feti (Dominique), Italien.	1658. Guillain (Simon), Français.
1629. Bril (Paul), Flamand.	1660. Sarazin (Jacques), Franç.
1629. Paggi (J.-J.), Italien.	1660. Bosse (Abraham), Français.
1630. Carlone (Jean), Italien.	1666. Volterre (Daniel de), Ital.
1630. Tempesta (Antoine), Ital.	1667. Lasne (Michel), Français.
1630. Gonelli (Jean), Italien.	1668. Obstal (Gerard van), Holl.
1631. Scorza-Sinibaldo, Italien.	1671. Silvestre (Israël), Français.
1632. Valentin, Français.	1674. Marsy (Balthasar), Franç.
1634. Venius-Otto, Hollandais.	1676. Chauveau (François), Fr.
1635. Callot, (Jacques), Français.	1678. Ballin (Claude), Français.
1637. Romboutz (Théod.), Flam.	1678. Nanteuil (Rob.), Français.
1648. Blanchart (Jacq.), Français.	1680. Bernini (Jean-Laurent), It.
1640. Rubens (Pietre-Paul), Flam.	1681. Marsy (Gaspard), Flamand.
1640. Baur ou Bawr (Guill.), All.	1686 Anguier (Michel), Franç.
1640. Arpino (Jos. Ces. d'), Ital.	1690. Hongre (Etienne le). Fr.
1641. Le Dominiquin, Italien.	1693. Poilly (François), Français.
1641. Van-Dyck (Ant.), Flamand.	1694. Desjardins (Martin Bogaert), Flamand.
1641. Vouet (Simon), Français.	1699. Anguier (François), Franç.
1641. Le Guide, Italien.	1699. Roullet (Jean-Louis), Fr.
1642. Breughel (Jean), Flamand.	1700. Zumbo (Gaétan-Jules).
1645. Toutin (Jean), peintre en émail, Français.	
1647. Lanfranc (Jean), Italien.	
1647. Blomaert (Abraham), Holl.	
1647. Dobson (Guill.), Anglais.	
1650. Pierre (François du), Fr.	
1654. Légers (Gérard et Daniel), Flamands.	
1654. Poter (Paul), Hollandais.	
1655. Le Sueur (Eustache), Fr.	
1655. Pierre (Guillaume du), Fr.	
1655. Testelin (Louis), Français.	
1656. Hire (Laurent de la), Fr.	
1656. Espagnolet (L'), Espagnol.	
1657. Stella (Jacques), Français.	
1657. Snyders (François), Flam.	
1658. Metzu (Gabriel), Holl.	
1660. Van-Huden (Lucas), Holl.	
1660. Albane (L'), Italien.	
1660. Poelemburg (Corn.), Holl.	
1660. Michel-Ange-des-Batailles, Italien.	
1660. Cavedone (Jacques), Ital.	
1660. Metelli (Augustin), Italien.	

PEINTRES ET DESSINATEURS.	SCULPTEURS ET GRAVEURS.
1660. Bréenberg (Barthol.), Holl. 1660. Veenin (J.-B.), Hollandais. 1660. VELASQUEZ (Diego de), Esp. 1661. Sacchi (André), Italien. 1663. Dorigny (Michel), Français. 1664. Miel (Jean), Flamand. 1665. POUSSIN (Nicolas), Français. 1665. Dufresnoy (Ch. Alph.), Fr. 1666. Daniel de Volterre. 1667. LE GUERCHIN, Italien. 1668. Wouvermans (Phil.), Holl. 1670. Benedette (Benoît Castiglione le), Italien. 1670. Veronese (Alex.), Italien. 1671. Bourdon (Sébast.), Franç. 1673. Rosa (Salvator), Italien. 1673. Schurman (Anne-Marie de), Hollandais. 1673. Fiori (Mario di), Italien. 1674. Boullongne (Louis), Fr. 1674. Champagne (Phil.), Flam. 1674. REMBRANDT (Paul), Holl. 1675. Diepenbeck (Abrah.), Flam. 1675. Fievre (Cl. le), Français. 1676. Chauveau (François), Fr. 1678. Nanteuil (Rob.), Français. 1678. Jordaens (Jacq.), Flamand. 1678. Dujardin (Karel), Holl. 1680. Grimaldi (Jean-François), surnommé le Bolognese, Italien. 1680. Bernini ou Bernin (Jean-Laurent), Italien. 1680. Dow (Gérard), Hollandais. 1680 Lely (Pierre), All.-Anglais. 1681. Mieris (François). Holl. 1681. Terburg (Girard), Holl. 1682. Gelée (Claude-Lorrain), Français. 1683. Sandrurt (Joachim), All. 1683. Berghem (Nicolas), Holl. 1684. Coquès-Gonzalès, Esp. 1684. Robert (Nicolas), Français. 1685. MURILLO (Barthél.), Esp. 1685. Van-Ostade (Adrien), All. 1686. Dolci (Charles), Italien. 1687. Nestcher (Gasp.), Allemand.	

PEINTRES ET DESSINATEURS.	SCULPTEURS ET GRAVEURS.
1688. Mellun (Claude), dessinateur, Français.	
1689. Ciro-Ferri, Italien.	
1690. Brun (Charles le), Français.	
1690. Vander-Meulen (Ant.-Fr.), Flamand.	
1691. Slingeland (Jean-Pierre), Hollandais.	
1691. Petitot (Jean), Genevois.	
1693. Rousseau (Jacq.), Français.	
1694. Teniers (David), Flamand.	
1695. Félibien (And.), écrivain français.	
1695. Mignard (Pierre), Français.	
1699. Preti (Mathias), surnommé le Calabrois, Italien.	

XVIIIe SIÈCLE DEPUIS JÉSUS-CHRIST.

PEINTRES ET DESSINATEURS.	SCULPTEURS ET GRAVEURS.
1704. Parrocel (Joseph), Franç.	1703. Smith (Jean), Anglais.
1705. Jordans (Lucas), Italien.	1703. Audran (Gérard), Français.
1707. Coypel (Noël), Français.	1707. Edelinck (Gerard), Franç.
1709. Piles (Roger de), écrivain français.	1713. Théodon (Jean-Bapt.), Fr.
1711. Chéron (Elisabeth-Sophie), Française.	1714. Clerc (Sébast. le), Franç.
1712. Vender-Heyden (Jean), Hollandais.	1715. Girardon (François), Fr.
1713. Maratte (Carle), Italien.	1720. Coysevox (Antoine), Fr.
1716. Fosse (Charles de la), Fr.	1721. Picart (Etienne), Holl.
1717. Jouvenet (Jean), Français.	1725. Reisen (Ch. Christ), Ang.
1717. Boullongne (Bon.) Franç.	1728. Simonneau (Charles), Fr.
1717. Merian (Marie-Sibylle), All.	1733. Picart (Bernard), Français.
1717. Santerre (J.-B.), Français.	1733. Coustou (Nicol.), Français.
1721. Vatteau (Ant.), Français.	1733. Cléve (Joseph Van), Franç.
1722. Coypel (Ant.), Français.	1737. Sirlet (Flavius), Français.
1723. Kneller (Godefroy), All.	1739. Drevet (Pierre fils), Franç.
1724. Lutti (Benedetto), Italien.	1741. Thomassin (Henri-Simon), Français.
1730. Troy (Franc. de), Français.	1743. Lorrain (Robert le), Franç.
1733. Boullongne (Louis), Fr.	1743. Becker (Phil.-Christ.), All.
1733. Picart (Bernard), dessinateur, Français.	1744. Pautre (Pierre le), Franç.
1734. Raoux (Jean), Français.	1744. Frémin (René-Franç.), Esp.
1734. Tournhill (Jacq.), Anglais.	1746. Barrier (Franç.-Julien), Fr.
1735. Rivalz (Ant.), Français.	1748. Germain (Thomas), Fr.
1735. Vivien (Jean), Français.	1749. Tardieu (Nicol.-Henri), Fr.
1735. Ranc (Jean), Français.	1754. Cochin (Ch.-Nicolas), Fr.
	1754. Vinache (Jean-Joseph), Fr.
	1754. Cochin (Ch.-Nicolas père), Français.

PEINTRES ET DESSINATEURS.	SCULPTEURS ET GRAVEURS.
1736. Hallé (Cl. Guy), Français.	1755. Lépicié (Bernard), Fr.
1737. Moine (Franç. le), Français.	1757. Duchange (Gaspard), Fr.
1739. Bianchi (Pierre), Italien.	1759. Dassier (J.-Ant.), Genev.
1743. Arlaud (Jacq.-Ant.), Genev.	1759. Adam (Lambert-Sigisbert), Français.
1743. Rigaud (Hyacinthe), Fr.	1761. Duvivier (Jean), Français.
1743. Desportes (François), Fr.	1763. Slodtz (René-Michel), Fr.
1745. Vanloo (Jean-Baptiste), Fr.	1764. Dacier (Jean), Français.
1746. Largillière (Nic.), Français.	1765. Balechou (Nicolas), Fr.
1747. Crespi (Jos.-Mar.), Italien.	1769. François (Jacq.-Ch.), Fr.
1749. Subleyras (Pierre), Fr.	1775. Schmidt (George-Frédéric), Prussien.
1749. Vanhuysum (Jean), Holl.	1777. Coustou (Guill.), Français.
1752. Troy (Jean-Franç. de), Fr.	1778. Piranési (Jean-Bapt.), Ital.
1752. Parrocel (Charles), Fr.	1784. Lépicié (Nic.-Bernard), Fr.
1754. Cases (P.-Jacq.), Français.	1785. Pigalle (Jean-Bapt.), Fr.
1754. Piazetta (J.-Bap.), Italien.	1790. Cochin (Ch.-Nicolas fils), F.
1755. Oudry (J.-Bap.), Français.	
1757. Carriera (Rosa-Alba), Ital.	
1760. Sylvestre (Louis), Français.	
1761. Galloche (Louis), Français.	
1761. Hogarth (Guill.), Anglais.	
1763. Verdussen (J.-Pierre), Fr.	
1765. Vanloo (Carle), Français.	
1766. Servandoni (J.-N.), Italien.	
1766. Nattier (Jean-Marc), Fr.	
1767. Massé (J.-B.), Français.	
1768. Restaut (Jean), Français.	
1770. Boucher (François), Fr.	
1771. Vanloo (Louis-Michel), Fr.	
1779. Mengs (Ant.-Raphaël), All.	
1786. Watelet (Cl.-Henri), Fr.	
1789. Vernet (Joseph). Français.	
1792. Reynolds (Josué), Anglais.	

XIXe SIÈCLE DEPUIS JÉSUS-CHRIST.

1805. Greuze (J.-B.), Français.	1809. Masquelier (Nic.-Fr.-Jos.), Français.
1806. Barry (Jacques), Anglais.	1810. Chaudet (François).
1807. Vien, Français.	1816. Bossi (Giuseppe), Milanais.
1807. Opie, Anglais.	

ARTISTES VIVANTS

Canova (Antonio), marquis d'Ischia, né en 1757 à Possagno, près de Trévise.

Appiani (André), peintre, né à Bosizio, dans le Milanais, vers 1750.
Morghen-Raphaël, graveur à Florence.
Longhi, graveur à Milan.
Cammucini, peintre à Rome.
Landi, *idem* à Rome.
Thorwalsen, sculpteur danois, à Rome.
Garavaglia, graveur à Milan.
Anderloni, *id.*
Raffaelli, mosaïste à Milan.
Sabatelli, peintre et dessinateur, *id.*
Demeulemeester, dessinateur et graveur, à Rome.
Metz, dessinateur, à Rome.
David, peintre français.
Girodet, *id.*
Guérin, *id.*
Gros, *id.*
Gérard, *id.*
Prudhon, *id.*
Isabey, peintre en miniature.
Bervic, graveur.
Ponce, *id.*
Desnoyers, *id.*
Massard.
West, peintre, à Londres.
Westall, *id.*
Woolett, graveur, à Londres.
Bartolozzi, graveur, en Portugal.
Sanquirico, Landriani, Fuentès, Perego, peintres de décorations à Milan.
Benvenuti, peintre, à Florence.

COMPOSITEURS CÉLÈBRES

	né en	mort en
Pergolese.	1704	1733
Cimarosa.	1754	1801
Mozart.	1756	1792
Durante.	1693	1755
Leo.	1694	1745
Vinci.	1705	1732
Hasse.	1705	1783
Haendel.	1684	1759

Galuppi.	né en 1703	mort en 1785
Jomelli.	1714	1774
Porpora.	1685	1767
Benda.	1714	1790
Piccini	1728	1800
Sacchini.	1735	1786
Paisiello.	1741	1816
Guglielmi.	1727	1804
Anfossi	1736	1775
Sarti	1730	1802
Traetta	1738	1779
Ch. Bach.	1735	1782
Haydn.	1732	1809

COMPOSITEURS VIVANTS

Rossini, né à Pezzaro en 1783.
Mayer, né en 1765.
Zingarelli, né en 1752.
Paër.
Beethowen.

LISTE DES GRANDS PEINTRES

Je sais ce que je perds à sortir du vague. Je prête le flanc aux critiques amères des gens qui *savent* la peinture, et aux critiques respectables des gens qui sentent autrement. Je n'écris pas pour eux ; c'est pour toi seulement, noble Wilhelmine. Tu n'es plus et j'ose invoquer ton nom ! Mais peut-être ton petit appartement dans le monastère, au milieu de la forêt, est-il échu en partage à quelque âme semblable à la tienne. Combien tu étais inconnue ! Que de jours j'ai passés près de toi ! Tu n'étais que la plus belle et la plus silencieuse des femmes ! Le ciel si sévère envers moi m'a privé d'une consolation à tous mes malheurs, en ne permettant pas que je pusse lire avec toi cette ouvrage entrepris pour tâcher de t'oublier. Je placerai du moins ici la liste que je t'envoyais pour guider ton attention parmi cette foule de grands artistes dont le nombre t'effrayait.

CINQ ÉCOLES.

ÉCOLE DE FLORENCE.

Michel-Ange (1474 — 1563).
Léonard, chef de l'école lombarde (1452 — 1519).
2. Le Frate.
2. André del Sarto.
3. Daniel de Volterre.
4. Le Bronzino.
4. Pontormo.
4. Le Rosso.
4. Le Cigoli.
Cimabue.
Giotto.
Masaccio. } Intérêt historique.
Ghirlandajo.
Lippi.
Vasari, écrivain.

ÉCOLE ROMAINE.

Raphael (1483 — 1520).
2. Jules Romain.
2. Le Poussin.
3. Le Fattore.
3. Perino del Vaga.
3. Salvator Rosa.
3. Le Lorrain.
3. Gaspard Poussin.
3. Polydore de Carravage.
3. Michel-Ange de Carravage.
3. Le Garofolo.
4. Frédéric Zuccari.
4. Pierre Perrugin.
5. Raffaellino da Reggio.
5. Le cavalier d'Arpin.
2. Le Baroche.
4. Andrea Sachi.
4. Carle Maratte.
3. Pierre de Cortone.

3. Rapaphël Mengs.
6. Battoni.

ÉCOLE LOMBARDE.

Léonard de Vinci.

Imitateurs de Léonard à Milan.

3. Luini (Bernardino).
4. Cesare da Sesto.
4. Salaï.
3. Gaudenzio Ferrari.
4. Marco d'Oggione ; duquel les meilleures copies de la *Cène*.
5. Le Morazzone.
4. Le Mantègne, probablement le maître du Corrége (1430 — 1506).
Le Corrège (1494 — 1534).
3. Le Parmigianino.
4. Daniel Crespi.
4. Camille Procacini.
4. Hercule Procacini.
5. Jules César-Procacini.
6. Lomazzo, écrivain.

ÉCOLE VÉNITIENNE.

Giorgion, mort d'amour en 1511, à trente-quatre ans. Morto da Feltre, un de ses élèves, lui avait enlevé sa maîtresse.
Le Titien (1477 — 1576).
2. Paul Veronèse.
2. Le Tintoret.
2. Jacques Bassan.
3. Paris-Bordone.
3. Sébastien Fra del Piombo.
4. Palma vecchio.
4. Palma giovine.
4. Le Moretto.
4. Jean d'Udine.
4. Le Padovanino.
5. Le Liberi.
6. Les deux Bellin, maîtres du Giorgion et du Titien.

ÉCOLE DE BOLOGNE.

Annibal Carrache.
Guido Reni (1575 — 1642).

Le Dominiquin (1586 — 1614).
Le Guerchin (1590 — 1666).
2. Louis Carrache.
2. Augustin Carrache.
2. L'Albane (1578 — 1660).
2. Lanfranc, le peintre de coupoles (1581 — 1647).
3. Simon Cantarini, detto il Pesarèse, mort jeune,
4. Tiarini.
4. Lionello Spada.
4. Lorenzo Garbieri.
4. Le Cavedone.
4. Le Cignani.
5. Le Primatice.
5. Élisabeth Cirani.
5. Bagnacavallo.
5. Francia.
5. Inocenzo da Imola.
5. Melozzo.
5. Dosso Dossi.
5. Le Bonone.

Un ami me donna les listes qui précèdent; j'y mis des numéros en parcourant l'Italie et le musée de Dresde; je n'en mis point à ces noms dont le rang changeait à mes yeux comme les dispositions de mon âme.

NOTE POUR LA PAGE 80.

L'éditeur aurait mis un carton, s'il n'avait trouvé dans le *Gentlemen Magasine* d'avril 1817, page 365, la bulle que N. S. P. le pape a adressée, le 29 juin 1816, au primat de Pologne.

Les lignes suivantes sont assez remarquables :

« Horruimus sane vaferrinum, inventum, quo vel ipsa religionis fondamenta labefactantur, adhibitisque in consilium...... vener. fratr. N. S. R. E. cardinalibus, quænam pontificiæ auctoritatis remedia *ad eam pestem*, quoad fieri posset curandam delendamque opportuniora futura sint...... cum tua jam sponte exarseris ad impias novatorum machinationes detegendas et opugnandas...... experimento autem manifestum esse, e sacris Scripturis, quæ vulgari lingua edantur, plus detrimenti quam utilitatis oriri ob hominum temeritatem, etc., etc. »

FIN.

TABLE

LIVRE PREMIER.

LIVRE SECOND.

PERFECTIONNEMENT DE LA PEINTURE DE GIOTTO A LÉONARD DE VINCI, DE 1349 A 1466.

LIVRE TROISIÈME.

VIE DE LÉONARD DE VINCI.

LIVRE QUATRIÈME.

DU BEAU IDÉAL ANTIQUE.

LIVRE CINQUIÈME.

SUITE DU BEAU ANTIQUE.

LIVRE SIXIÈME.

DU BEAU IDÉAL MODERNE.

LIVRE SEPTIÈME.

VIE DE MICHEL-ANGE.

AUTEURS QUI TRAITENT DE LA PEINTURE.

www.ingramcontent.com/pod-product-compliance
Lightning Source LLC
LaVergne TN
LVHW010530100826
845148LV00001B/138

9782012177178